Nelles Verlag

Foto: Christian Février, NPL (Arco-Images)

Südsee

Autoren:
Michael Brillat,
Marianne Weissbach

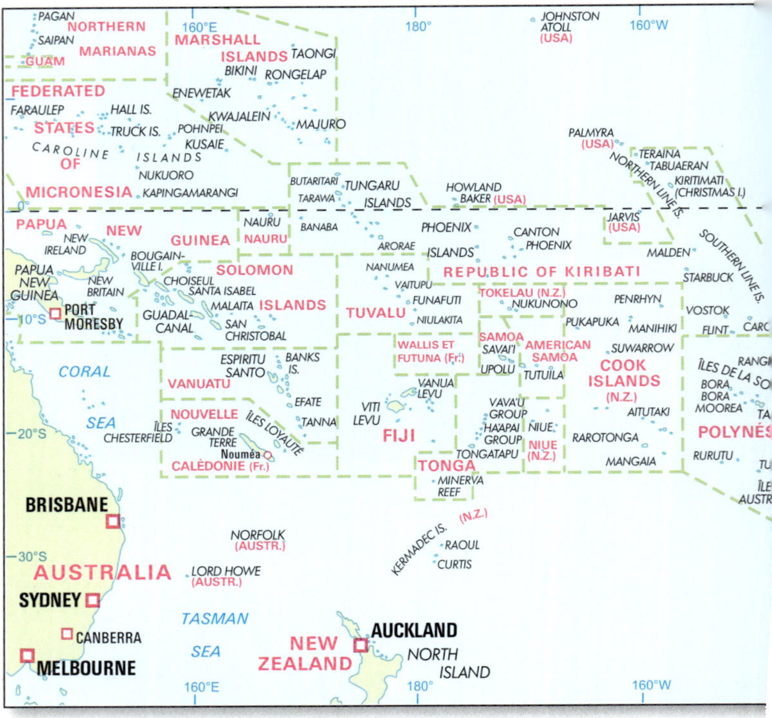

KARTENVERZEICHNIS

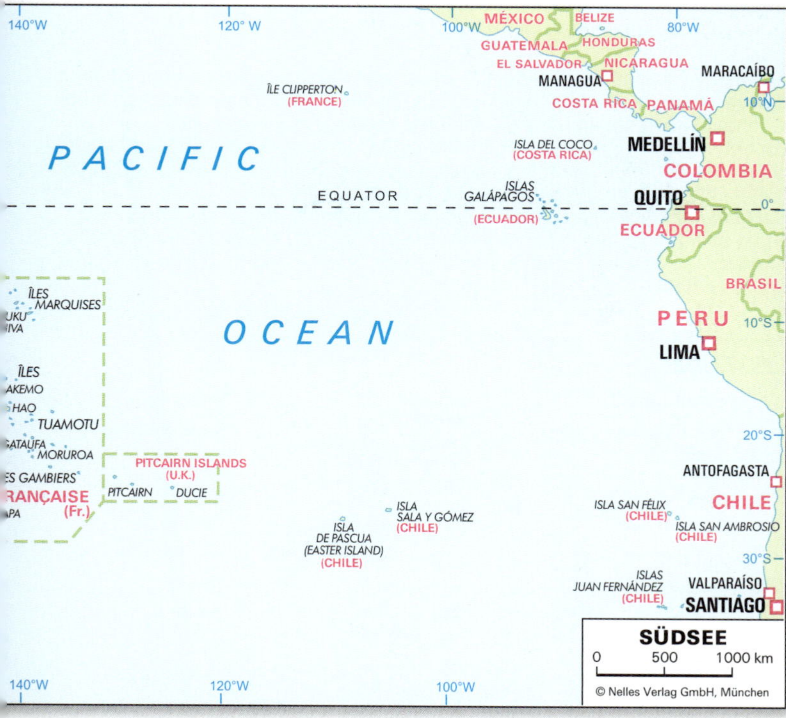

KARTENVERZEICHNIS

Liebe Leserin, lieber Leser,

AKTUALITÄT wird in der Nelles-Reihe groß geschrieben. Unsere Korrespondenten dokumentieren laufend die Veränderungen der weltweiten Reiseszene, und unsere Kartografen berichtigen ständig die auf den Text abgestimmten Karten.
Wir freuen uns über jeden Korrekturhinweis! Unsere Adresse: Nelles Verlag, Machtlfinger Str. 26 Rgb., D-81379 München, Tel. +49 (0)89 3571940, Fax +49 (0)89 35719430, E-Mail: Info@Nelles.com, Internet: www.Nelles.com
Haftungsbeschränkung: Trotz sorgfältiger Bearbeitung können fehlerhafte Angaben nicht ausgeschlossen werden, der Verlag lehnt jegliche Produkthaftung ab. Alle Angaben ohne Gewähr. Firmen, Produkte und Objekte sind subjektiv ausgewählt und bewertet.

LEGENDE

Sehenswürdigkeit	Pago Pago – im Text genannter Ort	Staatsgrenze
Öffentliches bzw. bedeutendes Gebäude / Denkmal	internationaler Flughafen / Flughafen, Flugplatz	Durchgangsstraße
Hotel, Resort	UNESCO Welterbe	Hauptstraße
Restaurant, Club	Nationalpark	Landstraße
Einkaufszentrum / Markt	Strand	Piste, Fahrweg
Botschaft	Golfplatz	Wanderweg, Pfad
Kirche	Aussichtspunkt	Eisenbahn
Touristeninformation	Höhle	Seilbahn
Busstation	Antike Stätte	Riff
Hospital / Postamt	Lemafa Pass – Pass	Maritimer Park
	Otemanu 727 – Berggipfel (Höhe in Meter)	Fähre

IMPRESSUM

SÜDSEE
© Nelles® Verlag GmbH
81379 München

Druck: Bayerlein, Germany
Einband durch DBGM geschützt

- R1518 -

1 FEATURES

2 GESCHICHTE UND KULTUR

3 SALOMONEN

4 VANUATU

5 NEUKALEDONIEN

6 FIDSCHI

7 SAMOA-INSELN

8 TONGA

9 COOK-INSELN

10 FRANZÖSISCH-POLYNESIEN

11 OSTERINSEL

12 REISE-INFORMATIONEN

istian Février, NPL (Arco-Images)

Der Schoner Shenandoah vor dem Barriereriff von Bora-Bora

ie Clarke, opulent-images (iStockphoto)

Folklore auf Rabi Island, Fidschi

HÖHEPUNKTE

Salomonen

Guadalcanal: Dutzende Schiffe aus dem Zweiten Weltkrieg liegen direkt vor der Küste; auch für Schnorchler sind sie gut zu sehen: ein Dorado für jeden Wrack-Taucher.

Marovo Lagoon, Western Province: Schnorcheln oder Tauchen in der größten Lagune der Welt. Absolut unberührte Unterwasserwelt, unwirkliche Farben der Korallen und ein aktiver Unterwasservulkan.

Langa Langa Lagoon, Malaita: Künstliche Karolleninseln in der Lagune mit Hütten auf Stelzen, die im Wasser stehen.

Vanuatu

Vulkan Mount Yasur, Tanna: Mit dem Auto bis zum Kraterrand: näher kann man einem aktiven Vulkan nicht kommen. Besondern attraktiv und spannend bei einer Nachttour.

Naghol, Pentecost: Das Festival der Turmspringer war das Vorbild für das Bungee Jumping. Junge Männer befestigen Lianen an ihren Fesseln und stürzen sich kopfüber von einem Gerüst in die Tiefe (April bis Juni).

Neukaledonien

Tjibaou Cultural Centre, Noumea, Grand Terre: Entworfen vom bekannten Architekten Renzo Piano, inspiriert von der traditionellen Dorfbauweise der Kanaken.

Loyalitäts-Inseln: Weiße Strände aus feinstem Sand, türkisfarbenes Wasser, gute Schnorchelreviere und dazu exquisite französische Südsee-Küche.

Fidschi

Kings Road, Viti Levu: Von Suva nach Nadi oder umgekehrt. Ländliches Fidschi in all seinen Schattierungen: Dörfer, Flüsse, Regenwald, Zuckerrohr, malerische Küstenabschnitte und freundlich winkende Fidschianer am Straßenrand. Flusstour mit dem Auslegerboot auf dem Navua River ins Hochland, vorbei an steilen Klippen und Regenwald, der Besuch eines Gebirgsdorfes ist inklusive. Flußabwärts geht es auf einem Bambusfloß.

Long Beach, Nacula Island, Yasawa Islands: Weißer Pulversand, unwirkliche türkise Wasserfarbe, auch bei Ebbe gut zum Schwimmen.

Sawa-I-Lau, Yasawa Islands: zwei Kalksteinhöhlen mit herrlichen Süßwasserpools, zu denen man eine Leiter hinuntersteigt – oder springt.

Rainbow Reef, Taveuni, Somosomo Strait: Eines der fünf besten Tauchreviere der Welt. Zahlreiche Tauchbasen auf Taveuni und Vanua Levu.

Levuka, Ovalau: 2013 von der Unesco zum Weltkulturerbe erklärt; eintauchen in Kolonialzeiten, als Levuka noch Hauptstadt des Landes war. Ideal für eine Tagestour.

Samoa

To Sua Trench, Upolu: Zwei steile runde Felssenken, die in einem türkisblauen Pool mit Meerwasser münden, zu dem man hinuntersteigen kann.

Matavera, Tafatafa und **Vava'u:** Schöne Strände der Südküste; in einfachen Beach Fales kann man hier auch übernachten.

Savai'i: Bei einer Inselrundfahrt mit anschließender Übernachtung in einem Beach Fale versteht man, warum Samoa die Wiege Polynesiens ist.

Tonga

Vava'u: Kajakfahren oder Segeln durch die verträumte Inselwelt. Walbeobachtung mit besonderem Kick: wer sich traut, kann zu den Humpback-Walen ins Wasser springen – wohl einmalig auf der Welt.

Ha'apai: Lange weiße Strände, tolle Tauchreviere und kaum Tourismus – Tonga wie vor hundert Jahren.

Cook Inseln: Irgendwo ist immer eine Island Night mit polynesischen

Rechts: Auf Bora-Bora werden Südseeträume wahr.

Foto: btrenkel (iStockphoto)

Tänzen, Gesang und Essen aus dem Erdofen. Nirgendwo in der Südsee besser als hier. Besuch eines Gottesdienstes am Sonntagmorgen; die Gesänge gehen unter die Haut – ein Muss auch für Nichtchristen.

Rarotonga: Südseeflair mit westlichem Komfort. Mit dem Fahrrad um die Insel und den Duft von Frangipani und Gardenien genießen. Samstagmorgen lockt der farbenfrohe Punanga Nui Market; hier trifft sich die ganze Insel samt Touristen. Manchmal gibt es auch eine Tanzshow.

Aitutaki Lagoon: Bootstour durch die sagenhafte türkisblaue Lagune, mit Picknick auf einem Motu.

Atiu Caves, Atiu: Ein Labyrinth von Höhlen. In Einigen gibt es Pools und seltene Vögel, so in der winzigen Kopeka-Höhle. Bester Führer ist „Birdman George".

Französisch-Polynesien

Tahiti: Geländewagentour in die Bergwelt mit spitzen Bergspitzen und unzähligen Wasserfällen.

Moorea: Baie de Cook, der mystische Mount Rotui wacht über die Bucht; am schönsten zum Sunset im Bali Hai Hotel. Belevedere: Fahrt zum Aussichtspunkt mit Blick auf Baie de Cook und Baie d'Oponohu; unterwegs polynesische Tempel und Maraes.

Bora Bora: Unvergleichlich ist das Blau der Lagune, das mit dem markanten Mount Otemanu im Hintergrund kontrastiert.

Maupiti: So schön wie Bora Bora, nur kleiner und noch relativ unverdorben.

Huahine: Die Insel des Lichts, geruhsames Leben, malerische Buchten, archäologische Fundstätten, überschaubarer Tourismus. Tuamotus: Traumstände auf den Atollen, polynesisches Leben pur und sagenhafte Unterwasserwelt. Am besten sind Fakarava und Tikehau. Besuch einer Perlenfarm, wo die begehrten schwarzen Perlen gezüchet werden.

Marquesas: Die beste Tour zu der abgelegenen Inselgruppe der Marquesas ist die mit der „Aranui 3" (dauert 16 Tage ab Tahiti).

„Nave Nave Mahana“ (Tag des Wohlgefallens), Paul Gauguin, 1896

Foto: Thierry Borredon

KUNSTHANDWERK UND SOUVENIRS

Traditionell haben die Werke der südpazifischen Künstler eine bestimmte soziale, religiöse oder materielle Funktion. Durch Verzierungen wird Gebrauchsgegenständen eine besondere Wichtigkeit oder Kraft verliehen. Vielleicht ist es so zu erklären, dass bis heute die „freie" Kunst eine nur untergeordnete Rolle in der Südsee spielt, gutes Kunsthandwerk aber hoch geschätzt wird.

Die natürlichen Ressourcen sind auf den Inseln begrenzt. Als Materialien finden Pflanzen- und Tierprodukte Verwendung, u. a. Blätter, Pflanzenfasern, Rinde, Hölzer, Knochen, Häute, Haare, Schildpatt, Muscheln, Korallen und auf den vulkanischen Inseln auch Steine. Tonvorkommen sind selten, und deshalb konnte sich nur an wenigen Orten Töpferei entwickeln – z. B. ist das Sigatoka Valley auf Fidschi ein Zentrum traditioneller Töpferkunst.

Oben: Ein Stück Tapa wird bemalt. Rechts: Flechten mit Kokospalmblättern.

Die Webkunst wurde nie ausgeübt, die Frauen flechten jedoch kunstvolle Matten und Gegenstände wie Taschen, Hüte, Fächer und Körbe, oft mit komplizierten Mustern und meist aus den getrockneten Blättern der Schraubenpalme (*Pandanus*-Baum, auf Tahiti *fara*), auch Binsen und Hibuskusfasern finden Verwendung. Ideale Materialien für gröbere Strukturen sind die Blätter von Kokospalmen.

Manchmal werden die Materialien vor der Verarbeitung gekocht, durch Schaben weichgemacht und mit Pflanzenfarben eingefärbt. Verzierungen entstehen auch durch das Einflechten von braunen oder schwarzen Mustern, Matten erhalten farbige Akzente durch Federn oder bunte Wollfäden. Für die weichen, fast weißen Hüte der Austral- und Cook-Inseln nimmt man die jungen Triebe der Kokospalmenblätter. Die schönsten und festesten Körbe fertigen die Bewohner der Tonga-Inseln. Ihre Stabilität erhalten sie durch ein inneres Gerüst aus den Mittelrippen von Palmenblättern.

Der für die Südsee typische Rindenbaststoff heißt *tapa* (auf Fidschi auch *masi*, auf Tonga auch *ngatu*). Zur Herstellung wird die innere Rinde des Papiermaulbeerbaums abgeschabt und solange eingeweicht und mit Holzschlegeln breitgeschlagen, bis sie dünn und weich ist. Mehrere Stücke, übereinander gelegt und mit klebrigen Pflanzensäften und weiterem Schlagen verbunden, bilden den Tapastoff.

Das filzartige, weißliche Material, vereinzelt auch braun oder gelblich eingefärbt, kann nun – unter Verwendung von rotbraunen und schwarzen Naturfarben – mit Ornamenten und geometrischen Mustern bemalt werden. Mit einiger Erfahrung lässt sich erkennen, von welcher Inselgruppe, manchmal sogar von welcher Insel, ein bestimmter Stoff stammt. Die größten und feinsten *tapas* werden auf den Tonga-Inseln hergestellt. Aber auch auf den Samoa- und Fidschi-Inseln sind schöne *tapa*-Stücke in großer Auswahl erhältlich.

Auf allen Inseln hat die Kunst des Holzschnitzens Tradition, die Qualität der angebotenen Stücke reicht von atemberaubender Schönheit bis zu Touristenramsch. Bevorzugte Objekte sind Ahnenfiguren, Keulen und Speere, Zeremonialpaddel, Kopfstützen, Kavaschalen, Tierskulpturen und Trommeln.

Wunderschöne Gefäße, manchmal Kopien alter Kava- oder Ölschalen, kann man auf den Fidschi-Inseln erstehen. Dort graben die Holzschnitzer ihre fertigen Stücke eine zeitlang in Mangrovenschlamm ein, um ihnen eine schwarze Farbe zu verleihen.

Schnitzereien mit den feinsten Ornamenten und dem größten Detailreichtum stammen von den Marquesas, die mit den prächtigsten Perlmutt-Einlegearbeiten von den Salomonen. Verwendung finden meist tropische Harthölzer, Schnitzereien aus Sandelholz werden heute nur noch auf wenigen Inseln (z. B. auf Tonga und den Marquesas) angeboten. Auf der Osterinsel und den Marquesas fertigen Künstler auch Skulpturen aus Stein.

Foto: Matthias Eberhardt

Eine Fülle von schönem Schmuck aus Muscheln und Korallen, seltener Rinder- und Walknochen, lässt Frauenherzen höher schlagen. Besonders reich ist die Auswahl an Perlmutt-Arbeiten (gravierte Gürtelschnallen, Haarspangen etc.) in Französisch-Polynesien.

Traditionell benutzten die Polynesier und Fidschianer keine Masken (Gesichter wurden bemalt oder tatauiert, auf Vanuatu gab es Masken aus Lehm und Pflanzenfasern). Bei den geschnitzten Masken in *Handicrafts*-Läden handelt es sich in den meisten Fällen um Fantasieprodukte für Touristen.

Schwer zu bekommen sind die prächtigen polynesischen Tanzkostüme, die mit Flechtarbeiten, Muscheln und Federn reich verziert sind. Die traditionellen „Grasröcke" der Einheimischen bestehen meist aus Eibisch-Rinde (*burao*).

Fidschi hat die größte Auswahl an Kunsthandwerk. Aber Vorsicht: Es sind Asien-Importe darunter.

Foto: Holger Leue

TATAU, TATTOO, TÄTOWIERUNGEN

Vorbei sind die Zeiten, in denen man Tätowierungen mit Seeleuten oder Knastbrüdern in Verbindung brachte, die auf ihrem Bizeps Anker, Herzen und Meerjungfrauen zur Schau stellten. Mittlerweile hat sich eine ausgeprägte *Tattoo*-Kultur entwickelt: Nicht nur Jugendliche, auch Sportler und Schauspieler zeigen gerne nackte Haut mit Motiv. Dabei ist nur wenigen bewusst, dass der südpazifische Raum die Wiege dieser uralten Körperkunst ist. Das Wort tätowieren (französisch: *tatouer*, englisch: *tattoo*) stammt wohl vom polynesischen *tatau* – „eine Wunde schlagen".

Südpazifische Tätowierungen bestehen aus kunstvollen abstrakten Mustern und Ornamenten. Mit einem bestimmten „Design" aus stilisierten Objekten konnte eine Geschichte erzählt werden, die für den Träger des Schmucks eine besondere Bedeutung besaß. Tätowierungen waren früher nicht nur Zierde, sondern auch ein Statussymbol, Bestandteil einer Initiation oder eine Auszeichnung für einen mutigen Krieger. Teure, differenzierte Tätowierungen erhöhten die Chancen, einen attraktiven Partner zu finden; bestimmte „Trauermuster" verdeutlichten den Schmerz.

In Samoa lästerte man über einen Mann, der nicht tätowiert war: „er ist wie Taro ohne Geschmack", und noch heute sagt man in Streitigkeiten: „lass' Dich erst einmal tätowieren, bevor Du weiter mit mir sprichst".

Seeleute der ersten europäischen Entdeckerschiffe brachten „Andenken" in Form von Tätowierungen mit nach Hause. Die europäischen Missionare bekämpften die Zurschaustellung nackter, tätowierter Körper aufs heftigste; die bekehrten Einheimischen begannen, europäische Kleidung zu tragen, traditionelle Ornamente und Muster gingen verloren oder vermischten sich mit europäischen Elementen.

Oben und rechts: Tatau – „eine Wunde schlagen". Tätowierungen sind Zierde und Statussymbol zugleich.

In Melanesien sind vor allem Narbentätowierungen üblich, die auf dunkler Haut besser zur Geltung kommen als Farbtätowierungen. Man ritzt die Haut und infiziert die entstandene Wunde, so dass sie nur schwer heilt und deutliche Narben hinterlässt.

In der Kunst der blauschwarzen Farbtätowierung, die auf hellerer Haut intensiv hervorleuchtet, brachten es die Polynesier zur Meisterschaft. Auf einigen Inseln, z. B. auf Tahiti, verwendet man heute Maschinen dafür, auf anderen wird die Farbe noch immer mit Tatauierkämmen und Schlegeln in die Haut eingebracht. Einst wurden diese Kämme, die wie kleine Harken aussehen, aus Muschelschale, Schildpatt oder Knochen gefertigt. Für die Farbe verbrannte man den Samen der Lichtnuss (*Aleurites moluccana*), der Ruß wurde mit Kokosöl zu einer Paste vermischt. Die Tatauiermeister arbeiteten mit Assistenten, die die Hautpartien strafften und mit Rindenbaststoffen das Blut von den Wunden tupften.

Besonders eindrucksvoll sind die Tätowierungen aus Samoa, die von der Hüfte bis zu den Knien reichen. Bei Männern werden große Flächen mit detaillierten Mustern versehen – das Ergebnis wirkt, als trüge man ein Kleidungsstück. Die Ornamente der Frauen sind feiner und lockerer verteilt. Eine umfangreiche, kostspielige Tätowierung konnte manchmal Jahre in Anspruch nehmen.

Der Tatauiermeister galt als Experte und wurde mit Ehrfurcht empfangen, wenn er mit seiner ganzen Familie zum Auftraggeber zog. Dieser hatte sie mit allem Notwendigen zu versorgen. Bezahlt wurde nach verschiedenen Arbeitsabschnitten mit Matten, Tapa-Stoffen, Nahrungsmitteln etc.

Auf Samoa lässt sich noch immer die Mehrzahl der Männer im Jünglingsalter nach hergebrachter Sitte tätowieren. Es ist ein großes Ereignis, und jeder Samoaner ist stolz darauf. Freunde und Familie kommen zusammen, wenn an einer Tätowierung gearbeitet wird. Sie singen Lieder, erzählen Geschichten und machen Scherze, um von den großen Schmerzen abzulenken.

Foto: Paul Spierenburg

In alter Zeit trugen die Einwohner der Marquesas-Inseln die umfangreichsten Tätowierungen. Alle nur erreichbaren Körperteile wurden verziert, auch die Kopfhaut, die Hände, das Innere der Nasenlöcher und manchmal sogar die Zunge. Im 19. Jahrhundert waren eine zeitlang großflächige Tätowierungen im Schachbrettmuster beliebt.

Der Deutsche Karl von den Steinen, der 1897 bei seinem Besuch auf den Marquesas von den tätowierten Männern und Frauen tief beeindruckt war, hat die Ornamente und Muster aufgezeichnet und in einem Buch veröffentlicht. Es dient heute so manchem polynesischen Tatauierer als Arbeitsvorlage. Besonders junge Polynesier zeigen wieder „geschmückte Haut" – und einige von ihnen tragen mit Stolz ihre Gesichtstätowierungen. Wer ein eintätowiertes Souvenir mitnehmen will, kann sich z. B. in Französisch-Polynesien und Samoa verzieren lassen.

Foto: Archiv für Kunst und Geschichte, Berlin

SÜDSEE-SCHRIFTSTELLER

Die Südsee inspirierte immer wieder Schriftsteller, die exotische Atmosphäre und das Leben auf den Inseln einzufangen. Und ihre Werke weckten dann in den Herzen zivilisationsmüder Europäer romantische Südseeträume.

Daniel Defoe (1660-1731) schrieb 1719 fast 60jährig seinen ersten Roman *The Life and Strange Adventures of Robinson Crusoe* – angeregt vom Schicksal des schottischen Seemanns Alexander Selkirk, den es 1704-09 auf eine einsame Insel vor der Küste Chiles verschlagen hatte. Die Geschichte vom weißen Mann, der einen edlen, lernfähigen Wilden zivilisiert, machte Defoe berühmt und beflügelte später Missionare, die sich zu ihrem Leidwesen in der Südsee mit feindseligen Kannibalen konfrontiert sahen.

Oben und rechts: Europäer haben das Südsee-Bild mitgeprägt – Daniel Defoes „Robinson Crusoe"; letztes Selbstbildnis Paul Gauguins.

Der Entdecker **Comte Louis-Antoine de Bougainville** (1729-1811) schildert in seinem Werk *Voyage autour du monde* (1772) die erste französische Weltumsegelung. Seine schwärmerischen Ausführungen über Tahiti haben wesentlich zu dem – noch heute besonders in der Tourismusbranche weit verbreiteten – Bild des idyllischen Südseeparadieses beigetragen. Schon zu seinen Lebzeiten wurde das Buch in andere Sprachen übersetzt und ein Bestseller.

Der hoch begabte deutsche Naturforscher, Ethnologe, Aufklärer und Revolutionär **Georg Forster** (1754-1794) begleitete als junger Mann seinen Vater Johann auf Kapitän Cooks zweiter Pazifikfahrt. Sein Buch *A Voyage round the World* (Reise um die Welt, 1777) ist ein überaus spannender und kritischer Reisebericht, der Alexander von Humboldt stark beeinfluste.

Der Amerikaner **Herman Melville** (1819-1891) kam als Seemann 1842 nach Tahiti. Mit *Typee* (1846) und dem darauf folgenden *Omoo* beschrieb er den Einbruch der westlichen Zivilisation in Polynesien. Sein bekanntester Roman *Moby Dick* (1851), die wohl beste Schilderung der Walfang-Epoche im Pazifik, wurde von Hollywood verfilmt.

Der Schotte **Robert Louis Stevenson** (1850-1894) war schon ein bekannter Autor, als er sich 1890 in West Samoa niederließ, in der Hoffnung, das feuchtwarme Tropenklima würde sein Lungenleiden lindern. Großen Erfolg hatte sein 1883 erschienenes Buch *Treasure Island* (Die Schatzinsel). Seine Südseegeschichten – darunter *In the South Seas* (In der Südsee) und *The Bottle Imp* (Das Flaschenteufelchen) – spielen auf Samoa, auf den Marquesas und anderen Inseln. Diese Meisterwerke der Erzählkunst reflektieren einfühlsam die Südsee-Bewohner und ihre Kulturen.

Den amerikanischen Abenteurer und Schriftsteller **Jack London** (1876-1916) zog es auch nach Hawaii und Tahiti. 1911 erschienenen seine *South Sea Tales* (Südsee-Geschichten).

Für viele der großartigen Erzählungen des Engländers **W. Somerset Maugham** (1874-1965) diente der Südpazifik als Schauplatz. Sein Roman *The Moon and Sixpence* (Silbermond und Kupfermünze, 1919) orientiert sich am Leben des Malers Paul Gauguin.

Paul Gauguin (1848-1903), der es meisterhaft verstand, die sinnliche Schönheit und Ruhe der tahitianischen Frauen, Licht und Farben der polynesischen Inseln auf Leinwand festzuhalten, entfaltete auch beim Schreiben sein Talent. 1900 erschienen seine autobiografischen Aufzeichnungen *Noa Noa*.

Die Amerikaner **James Norman Hall** (1887-1951) und **Charles Nordhoff** (1887-1947) lebten auf Tahiti und schrieben dort über ein Dutzend Bücher. Die heute kaum mehr bekannten Autoren verfassten die Trilogie *Mutiny on the Bounty* (Meuterei auf der Bounty, 1932), *Men Against the Sea* (Meer ohne Grenzen, 1934) und *Pitcairn's Island* (1934). Weltweite Berühmtheit erlangten die Männer der Bounty, Fletcher Christian und Captain Bligh, durch mehrere hochkarätig besetzte Hollywoodfilme. Die feinfühligen Kurzgeschichten in Halls *The Forgotten One and Other True Tales of the South Seas* (1952) vermitteln die Südsee-Atmosphäre längst vergangener Zeiten.

James Michener (1907-1997) kam im 2. Weltkrieg mit der U.S. Navy in die Südsee. Später kehrte er zurück und bereiste eine Vielzahl von Inseln. *Hawaii*, *Return to Paradise* (Rückkehr ins Paradies) und *Rascals in Paradise* (Verdammt im Paradies) zählen zu seinen bekanntesten Büchern. *Tales of the South Pacific* (Im Korallenmeer, 1947) wurde mit dem Pulitzer-Preis ausgezeichnet und diente als Basis für das Broadway-Musical *South Pacific*.

Dem Amerikaner **Paul Theroux** (geb. 1941), der über ein Jahr lang den Südpazifikraum bereiste, gelang ein Balanceakt besonderer Art. Sein Buch *Happy Isles of Oceania* (Die glücklichen Inseln Ozeaniens, 1992) ist eine sehr poetische

Foto: Archiv für Kunst und Geschichte, Berlin

und zugleich realistische Beschreibung dieser Reise.

Das Büchlein *Der Papalagi* wurde 1920 von dem Deutschen **Erich Scheurmann** verfasst und hat seitdem viele begeisterte Leser gefunden. Die fiktiven Reden eines samoanischen Häuptlings, der den westlichen Besuchern einen Spiegel vorhält, sollte man unbedingt im Reisegepäck haben.

Seit 1967 auf Fidschi die University of the South Pacific eröffnete, hat sich eine eigenständige südpazifische Literatur entwickelt. Ihr berühmtester Vertreter ist der Samoaner **Albert Wendt** (geb. 1939), der in seinen Werken die Gesellschaftsstruktur im zeitgenössischen Samoa beschreibt (u. a. *Sons for the Return Home*, *Flying Fox in a Freedom Tree*, *Pouliuli*). In deutscher Sprache erschienen seine Familiensaga *Der Clan von Samoa* sowie *Die Blätter des Banyanbaums*.

Der humorvoll-satirische Erzähler **Epeli Hau'ofa** (1939-2009) aus Tonga verfasste mit *Tales of the Tikong* (Rückkehr durch die Hintertür) einen Klassiker der Pazifikliteratur.

Foto: Holger Leue

DIE SÜDPAZIFISCHE KÜCHE

Fast alle südpazifischen Inseln haben zwar ihre eigenen kulinarischen Spezialitäten, es gibt jedoch einige Grundzüge der Kochkunst, die man im gesamten Südpazifikraum antrifft – z. B. das langsame Garen von Speisen im Erdofen. Gemüse, Fisch und Fleisch, oft sogar ein ganzes Schwein, werden mit Taro-, Brotbaum- oder Bananenblättern umwickelt und auf erhitzten Steinen in einer Grube gedünstet. Ein Erdofen (*lovo* in Fidschi, *umu* in Tonga und Samoa, *umukai* auf den Cook-Inseln, *umu ta'o* auf Rapa Nui und *ahimaa* auf Tahiti) erreicht Temperaturen bis um 500 °C, die Garzeit liegt bei etwa zwei Stunden.

Viele Hotels arrangieren für ihre Besucher ein opulentes Südsee-Festmahl mit Speisen aus dem Erdofen; dabei kann man verschiedene landestypische Gerichte und einheimische Gemüse wie Taro-, Yam- und Maniokwurzeln, Süßkartoffeln, Brotfrucht oder Kochbananen probieren.

Der Schwerpunkt der südpazifischen Küche liegt natürlich auf frischem Fisch und Meeresfrüchten. Krebse, Garnelen, Langusten, Tintenfische, Seeigel, Muscheln, Meeresschnecken und eine Fülle an Fischgerichten lassen Liebhabern maritimer Delikatessen kaum Wünsche offen. Mit dem *catch of the day* liegt man fast immer richtig. So mancher Besucher verzichtet auf den Verzehr von Kokoskrabben, da sie zu den gefährdeten Spezies gehören. In Neukaledonien gibt es hervorragende Wild-Spezialitäten.

Wichtigster Bestandteil der Südseeküche ist die aus frischen Kokosflocken gepresste Kokosmilch. Man benutzt sie zum Kochen und Garen, außerdem dient sie mit ihrem leicht süßlichen Aroma zur Verfeinerung und geschmacklichen Abrundung von Speisen. Eine auf vielen Inseln geschätzte Spezialität, bei der Kokoscreme Verwendung findet, ist marinierter Fisch. Rohe Fischfilet-

Oben: Das Auge isst mit! Rechts: Laplap, das Nationalgericht Vanuatus, besteht aus poi mit Fisch oder Fleisch.

Foto: Holger Leue

stückchen werden mit Limonensaft beträufelt und müssen ca. 30 Minuten durchziehen, bevor man sie mit Kokoscreme und verschiedenen Gemüsen wie z. B. gehackten Zwiebeln, Gurken, Tomaten und grünem Paprika anrichtet. Diese erfrischende Vorspeise (*kokoda* auf Fidschi, *oka* auf Samoa, *'ota 'ika* auf Tonga, *ika mata* auf den Cook-Inseln, *poisson cru* in Französisch-Polynesien) kann man auch als Hauptmahlzeit zu sich nehmen – besonders beliebt ist sie an heißen Tagen. Zu vielen Mahlzeiten werden in Kokosmilch gekochte Taroblätter gereicht. Gut schmecken sie in Verbindung mit Corned Beef oder Hühnerfleisch (*palusami* auf Samoa, *lu pulu* auf Tonga, *fafa* auf Tahiti). Gewürzt wird traditionell wenig oder gar nicht.

Poi, poe oder *popoi* heißt auf den polynesischen Inseln ein sättigender Brei. Zu seiner Herstellung vermengt man kleingeriebenes Wurzelgemüse oder Brotfrucht mit Kokoscreme und Gewürzen, manchmal auch mit Bananen, zu einer cremigen Paste. Diese wird dann in Blätter gewickelt und im Erdofen gekocht. *Laplap*, das Nationalgericht Vanuatus, besteht aus einem pikanten *poi*-Brei mit Fisch, Fleisch oder Huhn.

Poi serviert man auch als leckere Süßspeise in verschiedenen Varianten mit Zucker oder Früchten (z. B. *faikakai* auf Tonga). Eine neuere Variante ist ein aus Stärkepulver und Früchten, meist Papayas oder Bananen, bereiteter fester Pudding. Kokosmilch dient hier als Soße. Die Auswahl an vitaminreichen Tropenfrüchten ist riesig. Mangos, Papayas (hier Pawpaw genannt), Ananas, Grapefruit, Guavas, Carambolas, Passionsfrüchte, Bananen, Orangen, Zitronen und Limonen bekommt man auf vielen Inseln – auf den kargen Korallenatollen sind sie oft importiert.

Landestypische alkoholische Getränke gibt es nicht, auf den größeren Inseln werden Frucht-, Kakao- und Kaffeeliköre hergestellt. In Französisch-Polynesien und Neukaledonien sind französische Weine erhältlich, in anderen Ländern australische. In allen Inselstaaten wird gutes lokales Bier gebraut, meist unter der Leitung ausländischer Braumeister.

Foto: Holger Leue

GESCHICHTE UND KULTUR

GEOGRAFIE DER SÜDPAZIFISCHEN INSELN

Der Pazifische („Stille") Ozean erhielt seinen Namen vom portugiesischen Seefahrer Magellan, der in den ansonsten wenig ruhigen Gewässern mit seinen Schiffen mehr als nur eine Flaute erlebte. Die Ausmaße des Pazifiks sind beeindruckend: In Nord-Süd-Richtung erstreckt er sich über ca. 15 000 km und von West nach Ost über etwa 18 000 km; sämtliche Landflächen der Erde hätten in seinem inneren Bereich von 166 Mio. km^2 bequem Platz. Seine tiefste Stelle, im Mariannengraben, misst 11 022 m – das ist Weltrekord! Seine mittlere Tiefe beträgt über 4200 m, und er enthält rund 700 Mio. Kubikkilometer Wasser, das sind 3,5 Trillionen volle Badewannen!

Wieviele Inseln im Pazifik existieren, hat vermutlich noch niemand genau gezählt und das aus gutem Grund, denn ihre Zahl ändert sich ständig. Trotzdem werden häufig genaue Angaben für Inselgruppen oder -staaten gemacht, aber man vergisst dabei meist, die Zählmethode zu nennen. Kann ein großer Felsen im Meer schon als Insel bezeichnet werden oder muss er dafür eine Mindestgröße aufweisen? Muss eine Insel bewohnt sein oder reicht ihre landwirtschaftliche Nutzung schon aus? Ist ihre Entfernung zu anderen Inseln entscheidend und wird deshalb z. B. Sala y Gomez (Ausmaße 80 x 200 m, 400 Seemeilen nordöstlich der Osterinsel) auf fast jeder Karte verzeichnet, während die vielen, oft sehr großen Inseln eines Atolls dem Namen nach einer einzigen Insel zugeordnet werden? Und so kommen Zählergebnisse zwischen 5000 und 100 000 zustande.

Links: Herzlich willkommen!

Insel ist nicht gleich Insel...

Die geologischen und geomorphologischen Ereignisse zum einen und die Tier- und Pflanzenwelt zum anderen sind in dem riesigen, von dem großen Ozean dominierten Naturraum der südpazifischen Inselwelt sehr differenziert. Nicht nur die terrestrische Flora und Fauna hatten große Wasserbrücken zu überwinden – auch für viele Meereslebewesen sind die Entfernungen, die unterschiedlichen Meeresströmungen, -tiefen und -temperaturen bestimmende Verbreitungsfaktoren gewesen.

Die geologische Entstehung der Inseln lässt sich auf einige einfache Prinzipien reduzieren. Bis auf Neukaledonien und einige Inseln der Salomonen im Westen des Pazifiks, die einst Teil eines Kontinents waren, sind alle Inseln aus dem Meer entstanden, und viele waren ehemals Vulkane. Ihre unterschiedliche Erscheinungsform haben sie u. a. ihrem Alter, ihrer Gesteinsbeschaffenheit, ihrer Lage in verschiedenen Klimaten und der Einwirkung des Meeres zu verdanken.

Geomorphologisch lassen sich zwei Haupttypen der Inselentstehung unterscheiden. Die eine Art von Inseln (z. B. Tonga und Fidschi) liegt auf der Nahtstelle der ozeanischen und kontinentalen Erdkrustenplatten, die sich gegeneinander bewegen. Die schwächere ozeanische Platte wird unter die kontinentale gedrückt (Subduktion). Die dabei entstehenden Brüche in den Platten bieten gute Aufstiegsmöglichkeiten für die unter hohem Druck stehenden, geschmolzenen Gesteinsmassen des Untergrundes. In der Reibungszone der Krustenplatten liegen etliche Tiefseegräben (z. B. der über 10 000 m tiefe Tonga-Graben), und Erdbeben sind hier häufig. Andere Inseln, wie z. B. die Französisch-Polynesiens, bildeten sich über so genannten *hot spots*, stationären „heißen Flecken" unter der festen Erdkruste. In Phasen hoher Aktivität steigt hier Magma auf; es entsteht ein sub-

Foto: Volkmar E. Janicke

mariner Vulkan. Halten diese Phasen länger an, kann sich der Berg so weit erhöhen, dass er schließlich als Insel über die Meeresoberfläche hinausragt. Auf einer sich in Jahrmillionen über einen *hot spot* schiebenden Erdkrustenplatte entsteht so eine Inselkette.

Atolle und andere Koralleninseln

Riffbildende Korallenarten haben die Grundlage für viele der heutigen „Südseeparadiese" geschaffen. Charles Darwin, der 1831-36 eine Forschungsreise in den Pazifik unternahm, fand als erster eine Erklärung für die Entstehung von Atollen. Die folgenden Grundzüge seiner Theorie sind noch immer gültig.

1) An einer aus dem Meer erwachsenen Vulkaninsel siedeln sich in der flacheren Uferzone Korallen an: Es entwickelt sich ein Saumriff.

Oben und rechts: Vulkanismus (Yasur-Vulkan auf Tanna, Vanuatu) und riffbildende Korallen (Bora Bora) prägen die meisten Südseeinseln.

2) Die Insel sinkt langsam wieder ins Meer ab, weil die aufgestiegenen Gesteinsmassen im Untergrund eine Kammer entleert haben, die dem aufliegenden Gewicht nicht standhalten kann. Der Grad der Senkung kann von wenigen Millimetern pro 100 Jahren bis zu über 10 cm betragen.

3) Vom Absinken sind auch die dem vulkanischen Sockel anhaftenden Korallenstöcke betroffen. Sie können jedoch durch Höhenwachstum die Abwärtsbewegung ausgleichen. So entsteht ein Barriereriff, und die Lagune zwischen Riff und Ufer verbreitert sich.

4) Durch Verwitterungs- und Abtragungsprozesse wird die Lagune mit Gesteins- und Erdmaterial angereichert. Eine Sedimentdecke mit Schutt, Kies und Sand lagert sich dort auf dem Felsgestein und den Korallenstöcken ab.

5) Auch auf dem Korallenriff, an dem sich die Wellen brechen, setzen sich Sand-, Muschel- und andere Teilchen ab und verfestigen den Korallensockel zu Korallenfels.

6) Wenn die Senkung langsam genug

Foto: Thierry Borredon

verläuft, dehnt sich das so stabilisierte Korallenriff auch in die Breite aus.

7) Weitere Aufschüttungen führen schließlich zur Entstehung einer flachen Insel, die nur ein bis zwei Meter über dem Hochwasserspiegel liegt. Ein Kranz kleiner Inseln ist auf dem Barriereriff um eine hohe vulkanische Insel entstanden. Das berühmte Bora Bora ist hierfür typisch.

8) Dieser Inselkranz bleibt auch bestehen, wenn die Hauptinsel völlig ins Meer abgesunken ist, und so hat sich letztlich eine hohe, bergige Insel in ein flaches Atoll verwandelt.

Ein anderer Typus von Koralleninseln entsteht, wenn Korallenstockblöcke oder Korallenfelsformationen später durch Bewegungen der Erdkruste aufwärts geschoben werden. Eine typische gehobene Koralleninsel ist Tongas Hauptinsel Tongatapu.

Wegen des Meeresspiegelanstiegs infolge der globalen Erwärmung machen sich die Bewohner der Atolle Sorgen um ihre Lebensgrundlage, so z. B. die Insulaner von Vanuatu oder Tonga.

Faszinierende Unterwasserwelt

Auf allen Inseln der Südsee kann man – ausgestattet mit Taucherbrille, Schnorchel und Flossen – eine spektakuläre, farbenprächtige und artenreiche Unterwasserwelt erleben. Die unglaubliche Vielfalt an exotischen Fischen, Korallen in den verschiedensten Formen und Farben, Seegurken, Seesternen, Seeigeln, Muscheln, Schnecken und Anemonen lässt sich hier nicht beschreiben. Den für diese Region so wichtigen Korallen stehen dennoch ein paar Erklärungen zu.

Korallen sind zum Teil in subtropischen, vor allem aber in tropischen Meeresklimaten anzutreffen. Die riffbildenden Korallen sind für die Formung und Entstehung von Inseln im Südpazifik von herausragender Bedeutung. Korallentiere sind kleine Polypen, die ein horniges oder kalkiges Skelett ausbilden. Bei der Bildung von Korallenstöcken siedeln sich die jungen Tiere auf den Skeletten der früheren, abgestorbenen Generationen an. Die Wassertem-

Foto: Holger Erbst

peratur, der Salz- und Sauerstoffgehalt des Wassers und die Lichtverhältnisse sind ihre wichtigsten wachstums- und lebensbestimmenden Faktoren.

Korallentiere reagieren sehr empfindlich auf Wasserverunreinigungen und Temperaturveränderungen. Sie sind unmissverständliche Anzeiger für die ökologische Belastung der Gewässer. Saum- und Barriereriffe erfüllen eine wichtige Schutzfunktion gegen Flutwellen und die Brandungsgewalten des Meeres.

Gefahren im Südmeer

In einer so reichen Unterwasserwelt existieren natürlich auch einige giftige bzw. wehrhafte Tierarten. Da sind die extrem giftigen, hell-dunkel gestreiften Wasserschlangen, hochgiftige bunte Kegelschnecken, Steinfische und Dornenkronen, Muränen, Haie, giftige Korallen und Anemonen, um nur einige zu nennen. Schnorchler bekommen die gefährlichen Unterwasserbewohner nur selten oder gar nicht zu Gesicht. Sie werden zwar oftmals dramatisch beschrieben, aber sie greifen eigentlich nur an, wenn man sie aufschreckt und sie sich bedroht fühlen.

Wer ein paar einfache Verhaltensregeln beachtet, wird beim Baden, Schwimmen, Schnorcheln oder Tauchen nicht in Schwierigkeiten geraten – z. B. sollte man immer Badeschuhe tragen, absolut nichts anfassen oder entfernen, sich vorher örtlich über Gefahren und Strömungen informieren und beim geringsten Zweifel das Schwimmen oder Schnorcheln in einer flachen, geschützten Lagune vorziehen.

Oben: Ein Rotfeuerfisch sucht zwischen Korallen nach Nahrung. Rechts: Flughunde sind die einzigen Landsäuger, die aus eigener Kraft Polynesien erreicht haben.

Artenarme Tierwelt

Im Vergleich zur Fauna der Kontinente ist die Tierwelt der pazifischen Inseln äußerst artenarm. Für die Landtiere, die sich ohne Zutun des Menschen verbreitet haben, gilt: von Westen nach

Foto: A.N.T. (Silvestris Online)

Osten nimmt ihre Artenzahl im Pazifik beträchtlich ab. Je größer die Entfernung über das Meer und je kleiner die Landflecken im Ozean wurden, desto schwieriger, d. h. zufälliger, wurde es für eine Art, eine andere Insel zu erreichen. Ein einfaches Beispiel bieten die Reptilien. Auf den Salomon-Inseln sind Krokodile heimisch, in Vanuatu werden sie hingegen nur vereinzelt angetroffen, z. B. wenn sie durch Wirbelstürme „verspült" werden. Einer Leguanart gelang es, einige der Fidschi- und eine der Tonga-Inseln zu erreichen. Auf Fidschi leben zwei Land-Schlangenarten, auf Samoa kommt nur noch eine und in Französisch-Polynesien keine einzige mehr vor. Für Skinks und Geckos gilt eine ähnlich abnehmende Folge, obgleich einige Arten bis in den Ostpazifik gelangt sind. Von allen Landsäugetieren ist es nur Flughunden gelungen, bis nach Polynesien vorzudringen.

Ungewollt verhalfen bereits die ersten Insulaner durch ihre Seefahrten vielen Insekten, polynesischen Ratten, Mäusen und vielleicht auch Vögeln, neues Inselland zu erreichen. Und sie verbreiteten ihre Haustiere, vor allem Hühner, Schweine und Hunde. Es waren die Europäer, die schließlich bis dahin unbekannte Nutztiere wie Rinder, Pferde, Ziegen, Schafe und Katzen einführten. Gleichzeitig brachten sie eine Vielzahl unerwünschter Tierarten mit. So lässt sich heute auf einigen Inseln sogar die Ankunft von Mücken und norwegischen Schiffsratten genau datieren. Einige der eingeführten Tiere konnten sich explosionsartig vermehren, weil sie keine natürlichen Feinde vorfanden. Sie haben zum Teil zu irreparablen Umwelt-Desastern geführt. Die Zuckerrohrkröte (*Bufo marinus*) und der Mungo (*Herpestes auropunctatus*) auf Fidschi oder der vielerorts in der Südsee anzutreffende Mynah-Vogel (*Acridotheres tristis*) sind nur drei von mehreren hundert möglichen Beispielen.

Die Ökosysteme der Inseln sind äußerst sensibel, und die strikten Einfuhrbestimmungen, so lästig und übertrieben sie manchen Besuchern scheinen mögen, sind mehr als berechtigt.

Foto: Holger Leue

Dichte Regenwälder und Blütenpracht

Auch der Artenreichtum der Vegetation nimmt im Pazifikraum von Westen nach Osten ab. Der überwiegende Teil der Pflanzen ist in der malaiischen Provinz beheimatet. Durch Meeresströmungen, Winde und Vögel konnten sie im Lauf der Zeit die Inseln erreichen. Die großen hohen Inseln mit ihren fruchtbaren vulkanischen Böden und höheren Niederschlägen boten gute Voraussetzungen für die weitere Verbreitung der Pflanzen. Hier entstanden ausgedehnte tropische Wälder und nur vereinzelt, in regenarmen Geladen, Graslandschaften. Dagegen ist die Vegetation auf den niedrigen Korallenatollen äußerst artenarm, was jedoch nicht gleichbedeutend mit spärlich ist.

Die ersten Siedler brachten etwa 20-30 Nutzpflanzen auf die Inseln, europäische „Entdecker" streuten Sämereien aus. Missionare und weiße Siedler führten weitere Arten ein. Anfang des 20. Jh. kam auf etlichen Inseln ein besonderes Interesse an Zierpflanzen auf, Botanische Gärten wurden angelegt, und viele der neu eingeführten Blumen und Blütenpflanzen fanden eine weite Verbreitung. Sie sind heute zum Symbol für die Südseeinseln geworden. In Werbeprospekten wird mit der Blütenpracht, besonders gern mit blumengeschmückten Insulanerinnen, geworben. Blumen sind darüber hinaus zu einem wichtigen Teil des täglichen Lebens geworden, der mit dem Fremdenverkehr nicht das geringste zu tun hat. Südseeinsulaner lieben Pflanzen – besonders „exotische", die in der Region nicht heimisch sind: Trotz strenger Bestimmungen und immer wieder auftretender, eingeschleppter Krankheiten werden massenweise neue Pflanzenarten auf die Inseln geschmuggelt.

Oben: Frangipaniblüten werden gerne für Blumenkränze verwendet. Rechts: Thor Heyerdahls Kon-Tiki.

Ewiger Sommer

Fast alle südpazifischen Inseln liegen im tropischen Klimabereich, nur wenige im subtropischen. Sie werden über einen großen Teils des Jahres von östlichen Passatwinden erreicht. Die fast ständig wehende Meeresbrise macht das tropische Klima auf den Inseln angenehm. Prinzipiell gilt, dass die Niederschlagsmengen im Südpazifik von Osten nach Westen zunehmen. Auf hohen Inseln ist die Regenmenge und -Häufigkeit auch auf kleinen Entfernungen manchmal enorm unterschiedlich. Die feuchtere Jahreszeit liegt zwischen November und März/April. In diese Monate fällt auch die Saison der Wirbelstürme, deren Häufigkeit gleichfalls von Osten nach Westen zunimmt. Die niederschlagsreichere Zeit ist auch die etwas wärmere. Die Tageshöchsttemperaturen liegen dann zwischen 26 und 32 °C, die niedrigsten Nachtwerte zwischen 20 und 25 °C. In den trockenen Monaten von Juni bis September werden tagsüber 22 bis 28 °C

Foto: Archiv für Kunst und Geschichte, Berlin

erreicht, nachts kann die Temperatur auf 14 bis 18 °C absinken.

DIE KULTUR DER SÜDPAZIFISCHEN INSELN

Der geteilte Ozean

Der französische Entdecker Dumont d'Urville teilte 1837 den Pazifik in drei Regionen auf. **Mikronesien** („kleine Inseln") umfasst die nördlich gelegenen Inseln wie die Nördlichen Marianen, Guam, die Marshall-Inseln, die Föderierten Staaten von Mikronesien (FSM), Nauru, Palau und Kiribati. Zu **Melanesien** („schwarze Inseln") gehören Fidschi, Neukaledonien, Papua Neuguinea, Salomonen und Vanuatu. Zu **Polynesien** („viele Inseln") zählen Französisch-Polynesien, Cook-Inseln, Niue, Osterinsel, Pitcairn, Amerikanisch-Samoa, Samoa, Tokelau, Tonga, Tuvalu und Wallis & Futuna. Es ist das größte Gebiet und bildet das sogenannte polynesische Dreieck zwischen Hawaii, der Osterinsel und Neuseeland.

Viele kleine Inseln passen nicht so recht in die Einteilung, und auch die Grenzen sind fließend. Die Reiselust der Pazifikinsulaner über Jahrtausende, ob in friedlicher oder feindlicher Absicht, resultierte vielerorts in einer intensiven Vermischung von Volksstämmen. Lange haben Gelehrte darüber diskutiert, woher die pazifischen Völker ursprünglich stammen.

Entdeckung des Pazifiks

Der Norweger Thor Heyerdahl bewies 1947 mit seiner *Kon-Tiki*-Expedition, dass es möglich ist, mit südamerikanischen Reetbooten von Peru zu den Tuamotu-Inseln in Französisch-Polynesien zu gelangen. Er konnte jedoch nicht schlüssig beweisen, dass die pazifischen Inseln tatsächlich von Südamerika aus besiedelt wurden. Nachdem Heyerdahl seine Hypothese präsentiert hatte, machten sich Hunderte von Forschern an die Arbeit. Man ist sich heute darüber einig, dass der Ursprung des polynesischen Volkes nicht auf dem südamerikanischen Kontinent zu suchen ist. Allgemein gesichert scheint die Theorie, dass asiatische Volksgruppen, vielleicht sogar Landvölker, über Jahrtausende hinweg durch das Vordringen auf die indonesischen Inseln zunehmend seetüchtiger wurden.

Vor 40 000 bis 50 000 Jahren wurde Australien besiedelt, welches damals, als der Wasserspiegel der Weltmeere gut 100 m tiefer lag, über Papua Neuguinea und die nur schmale Torres-Straße leicht zu erreichen war. Die Aborigines, die Ureinwohner Australiens, sind, wenn überhaupt, höchstens sehr entfernt mit den melanesischen Völkern verwandt.

Viel später, vor ca. 12 000 bis 15 000 Jahren, wurden die küstennäheren Inseln im Norden und Westen Papua Neuguineas besiedelt. Abermals einige Jahrtausende darauf scheinen sich einige Volksstämme, von Insel zu Insel „hüpfend", weiter Richtung Osten orientiert zu haben. Die Fidschi-Inseln wurden wohl um 1500 v. Chr. erreicht. Archäologische Funde belegen, dass Samoa und Tonga mindestens seit 3000 Jahren bewohnt sind. Es wird vermutet, dass ihre Besiedlung das Ergebnis einer neuen Wanderungswelle war, die – vielleicht im südchinesischen Raum begonnen – in Polynesien über die mikronesischen Inseln eintraf. Von den Marquesas-Inseln aus, die spätestens um 200 v. Chr. bewohnt waren, wurden schließlich die Eckpunkte des polynesischen Dreiecks Hawaii, Osterinsel und Neuseeland erreicht. Es steht außer Zweifel, dass die Südseeinsulaner auch zwischen entfernten Archipelen häufig hin- und hergesegelt sind. Vielleicht haben sie auf diesen Fahrten auch die südamerikanische Küste erreicht und von hier aus Einheimische, Proviant (Früchte und Gemüse) und neues Wissen auf ihre Inseln gebracht. Thor Heyerdahl jedenfalls gebührt als Wissenschaftler und Mensch höchster Respekt. Die Polynesier ehren und lieben ihn – er hat maßgeblich dazu beigetragen, ihre traditionelle Kultur zu erforschen und in aller Welt auf sie aufmerksam zu machen. Sein Buch *Kon-Tiki* wurde in etwa 60 Sprachen übersetzt.

Rechts: Bootsbau mit langer Tradition – Bau eines Ausleger-Kanus auf den Cook-Inseln.

Weltmeister der Navigation

Die pazifischen Seefahrer wussten, wie sie zwischen den Wendekreisen über große Entfernungen von West nach Ost segeln konnten, gegen die Hauptmeeresströmungen und gegen die dominierenden östlichen Passatwinde (was den Europäern erst sehr spät gelang).

Es ist sicher, dass die Insulaner eine hervorragende Kenntnis des Sternenhimmels und seiner Veränderung im Jahresverlauf besaßen, und wahrscheinlich orientierten sie sich auf ihren längeren Seefahrten an bestimmten Sternenbahnen. Ein Stern, der am Horizont auftaucht, bleibt vielleicht ein oder zwei Stunden lang ein verlässlicher Peilpunkt, dann gerät er aus der gewünschten Richtung oder steht zu hoch, aber ein neuer ist inzwischen über dem Horizont erschienen und dient nun als Leitstern. Am Tage half der Sonnenstand der Orientierung.

Das Wissen um die Dünungen und Strömungen des Meeres, den Salzgehalt des Wassers, die Verhaltensweisen von Vögeln und Fischen, um das Licht des Himmels und den Zug der Wolken haben die Bewohner des Pazifiks einst zu den besten Seefahrern der Welt gemacht. Die weiten Fahrten wurden mit bis zu etwa 35 m langen Doppelrumpfkanus mit großen halben Krebsscherensegeln durchgeführt. Sie konnten 40-60 Passagiere samt Proviant und Haustieren befördern, auf kurzen Strecken sogar gut 200 Personen.

Mit der Kontrolle der Inseln durch die Europäer gaben die Einheimischen ihre längeren Seefahrten auf, vielfach wurden sie ihnen sogar verboten. Leider gingen im Lauf der Zeit die Einzelheiten

Foto: Holger Leue

ihrer Navigationskünste und die Feinheiten ihrer Schiffbautechniken weitgehend verloren. Seit der Expedition Heyerdahls wurden einige der weiten Seereisen ohne moderne Hilfsmittel erfolgreich nachvollzogen. Diese abenteuerlichen und oft spektakulären Unternehmen haben zwar bewiesen, dass die Fahrten möglich waren, aber über die Navigationskünste der frühen pazifischen Seefahrer wurden kaum neue Erkenntnisse gewonnen.

Organisierte Gemeinschaften

In weiten Teilen Polynesiens und den angrenzenden Fidschi-Inseln existiert noch heute eine streng strukturierte Gesellschaftsordnung. Der Großfamilie steht ein Häuptling vor, diesem oft Oberhäuptlinge und ein höherer, differenzierter Adel. Handwerksspezialisten wie Tatauierer (Tätowierer), Bootsbauer und Priester genossen in den altpolynesischen Gesellschaften ein besonderes Ansehen. Die Aristokratie begründet ihre Autorität in der göttlichen Abstammung ihrer Ahnen, solchermaßen ist sie Familienerbe, absolut und unumstößlich.

Die Titel gehen in der Regel an den Erstgeborenen über; Ausnahmen sind möglich, denn mehrere Familienmitglieder besitzen den gleichen Grad göttlicher Herkunft. Dies und die Tatsache, dass Frauen ebenso wie Männer alle politischen Positionen einnehmen können, garantiert dem System Flexibilität und wirkt sich strukturerhaltend aus. Es kommt vor, dass auf den unteren Ebenen Häuptlinge manchmal auch gewählt werden. In jedem Fall aber haben sie besondere soziale Verpflichtungen ihrer Gemeinschaft gegenüber. Dazu zählen die Vergabe von Landnutzungsrechten ebenso wie materielle und finanzielle Hilfen. Wird diesen Verpflichtungen nicht nachgekommen, so kann dies sogar zu einem Entzug des Titels führen.

Anders als in Polynesien sind die traditionellen Strukturen Melanesiens durch eine starke kulturelle Zergliederung geprägt. Sie drückt sich u. a. in der Sprachenvielfalt des Raumes aus und in nicht zentral organisierten, kleinen

Foto: Volkmar E. Janicke

Clans und Familienverbänden, die ihre Abstammung auf einen gemeinsamen Ahnen zurückführen. Männer sind oft in Geheimbünden und Kultverbänden mit hierarchischer Struktur zusammengeschlossen, die das Gemeinschaftsleben kontrollieren. Grundsätzlich sind die traditionellen Gesellschaftsstrukturen in Melanesien stärker erhalten geblieben als in Polynesien, wo sie vor allem auf den unter fremder Verwaltung stehenden Inseln, wie z. B. Hawaii, Französisch-Polynesien und der Osterinsel, völlig bedeutungslos geworden sind. Aber auch in Ländern, in denen das alte System noch weitgehend intakt geblieben ist, wie auf Fidschi, Tonga und Samoa, haben durch die zunehmenden materiellen Bedürfnisse und durch die steigende Bedeutung des Bildungsgrades Auflösungserscheinungen eingesetzt.

Oben: Die riesigen Steinfiguren der Osterinsel – Ahnen, die ihr mana auf die Menschen lenken sollten? Rechts: Die Galionsfigur eines Kriegskanus verkörpert den hilfreichen Geist eines Ahnen (Salomonen).

Von Göttern und Tabus

Alle polynesischen Gesellschaften besaßen eine in ihrer Grundstruktur und ihren Mythen weitgehend einheitliche polytheistische Religion. Es gab Hunderte von Göttern, Halbgöttern und Geistern, die untereinander oft in hierarchischer Abhängigkeit standen, oft aber auch im Wettstreit lagen. Sie bestimmten das Alltagsleben in allen Bereichen, so war ihr Geist auch in Bäumen, Steinen, Fischen und Schildkröten präsent. Durch Rituale, Zeremonien, Opfergaben und die Einhaltung bestimmter Tabuvorschriften wurden sie geachtet und gnädig gestimmt.

Ein *tabu* (auch *tapu, kapu*) stand immer in Beziehung zu *mana*, einer besonderen Kraft, die Göttern, aber auch Menschen, Tieren, Gegenständen und Orten innewohnen konnte. Z. B. gibt es eine Theorie, dass die gigantischen Moai-Statuen der Osterinsel Ahnen darstellen, die ihr *mana* auf die Inselbewohner lenkten.

Tabus regelten Behandlungs- und

Verhaltensweisen, sie galten ständig oder zeitweise, dienten dem Schutz der Menschen und sollten Unheil oder den Zorn der Götter vermeiden. Auch das Aussprechen bestimmter Namen, das Betreten bestimmter Orte und das Berühren von Tieren, Pflanzen oder Symbolen konnte *tabu* sein.

Mana konnte – z. B. in Form der Häuptlingsgewalt – vererbt oder durch Leistungen und Fähigkeiten erworben werden. Außergewöhnliche Erfolge eines Kriegers führte man auf sein *mana* zurück. Man konnte *mana* gewinnen, es aber ebenso schnell wieder verlieren.

Ein *tabu* hatte seine Wurzeln im religiösen, magischen oder rituellen Bereich und wurde von der Gemeinschaft akzeptiert. Seine Übertretung zog schwerwiegende Konsequenzen oder Strafen nach sich, entweder durch die Götter oder durch die Autoritäten, die das *tabu* ausgesprochen hatten. Erst in der „zivilisierten westlichen Welt" wurde der Begriff *tabu* verallgemeinert und mit negativen Moral- und Wertvorstellungen belegt.

Auf vielen Inseln, besonders in abgelegeneren Regionen, werden bestimmte *tabu*-Regeln noch heute sehr ernst genommen – und als Fremder tut man gut daran, sich vor einem Besuch über Orte oder Handlungen, die *tabu* sind, zu informieren.

In Melanesien werden noch heute Ahnenkulte gepflegt. Durch bestimmte Rituale und Zeremonien bezeugt man den Ahnen, deren Geister dem alltäglichen Leben beiwohnen, Dankbarkeit und Respekt. Wohlgestimmt garantieren sie den Fortbestand der existentiellen Ordnung.

Kannibalismus

Auf vielen Inseln der Südsee gab es zu einem bestimmten Zeitpunkt einmal Kannibalismus. Wann und wie lange, ist von Region zu Region, oft sogar innerhalb einer Inselgruppe, völlig verschieden. Menschenfresserei fand vor allem

Foto: Archiv für Kunst und Geschichte, Berlin

aus zwei Gründen statt: Einerseits, so glaubten die Insulaner, war es möglich, über den Verzehr eines anderen, dessen besondere Kraft, sein *mana*, aufzunehmen, andererseits konnte es ein Zeichen größter Schande und Entwürdigung für den Verstorbenen sein, gegessen zu werden. Kannibalismus war vielfach einer bestimmten Gruppe von Personen vorbehalten und unterlag besonderen Ritualen. Nur in vergleichsweise wenigen Fällen stand das Verspeisen von Menschenfleisch vorrangig im Zusammenhang mit geschmacklichen Genussbedürfnissen.

Babylonisches Sprachgemisch

Die Tahitianer sagen *Mauruuru no te ha'amaramaramara'* – „Danke für die Auskunft" (bildhaft umschrieben mit: „Licht in eine Sache bringen") – ein Beispiel für die Andersartigkeit polynesischer Sprachen. Insgesamt werden etwa 1200 verschiedene Sprachen und Dialekte im Pazifik gesprochen, 25 Prozent aller weltweit existierenden. Die

Sprachen Polynesiens sind relativ nahe miteinander verwandt, auch wenn die Insulaner sich untereinander nicht direkt verstehen.

Der Westpazifik ist dagegen sprachlich stark zergliedert. Auf Vanuatu werden mehr als 110, auf den Salomon-Inseln fast 90 und in Papua Neuguinea mindestens 720 verschiedene Sprachen gesprochen. Verständlicherweise bedeutet diese Vielfalt enorme Kommunikationsschwierigkeiten in den heute zentral regierten Inselstaaten und hat maßgeblich dazu beigetragen, dass sich in den genannten Ländern *Pidgin*, ein Gemisch aus Englisch, melanesischen und anderen Sprachen, zur offiziellen Landessprache entwickelt hat. Viele der Sprachen und Dialekte sind im Aussterben begriffen – ihr Verschwinden bedeutet, dass kleine Bevölkerungsgruppen einen wichtigen Teil ihrer kulturellen Identität verlieren.

Die Sprachen Polynesiens – wie z. B. Tongaisch, Samoanisch, Tahitianisch, Hawaiisch, Maori (Neuseeland) – haben nur 12-14 Buchstaben. Den Missionaren kommt der große Verdienst zu, sie schriftlich festgehalten zu haben; vielleicht wären viele von ihnen sonst verlorengegangen.

Für europäische Ohren ist die Aussprache der Vokale und ihre Betonung äußerst differenziert, und sehr oft besitzt ein Wort mehrere Bedeutungen – erst aus dem Satz geht hervor, was genau gerade gemeint ist. Auf den meisten polynesischen Inseln haben sich die Sprachen der Kolonialherren, Englisch, Französisch oder Spanisch, zumindest als Zweitsprachen durchgesetzt. In der Regel wachsen Kinder zwei- oder dreisprachig auf.

Keine der alten pazifischen Kulturen hat jemals eine Schrift entwickelt (die Zeichen der Osterinsel werden im entsprechenden Kapitel behandelt). Alle Überlieferungen geschahen mündlich, oft in Legenden und Gesängen, oder in Tänzen und Zeremonien. Folglich wurden die über viele Generationen weitererzählten Geschichten modifiziert oder ausgeschmückt, interpretiert und verändert. Dies kommt besonders deutlich in einer Anzahl von Mythen und Erzählungen zum Ausdruck, die in verschiedenen Varianten, zum Teil sogar auf einer Insel, existieren.

Rechts: Tänze waren ein Mittel, ohne Schrift Geschichten zu überliefern (Fidschi).

Im Meer kann man nicht leben...

Land besitzt in den Weiten der Südsee eine besondere Bedeutung – denn es ist rar. Traditionell kannte man kein Landeigentum im westlichen Sinne, und glücklicherweise ist der Besitz von Land bis heute in den meisten Inselstaaten streng reglementiert. Es gab Landverwalter – die Aristokratie und Häuptlinge –, und es gab Landnutzer.

Auch wenn ein Familienzweig ein Grundstück über Generationen bewirtschaftete, blieb es grundsätzlich das Land der Großfamilie. Auf vielen Inseln ist dies noch heute so, obwohl wirtschaftliche Interessen hier und dort zu Auflösungserscheinungen des alten Systems geführt haben. So darf etwa auf der Osterinsel Land nicht einmal unter Einheimischen gehandelt werden. Das Gesetz lässt sich allerdings leicht umgehen: Der eine schenkt dem anderen 20 000 US$, und der andere lässt seine Landschenkung im Grundbuch eintragen. So mancherorts in der Südsee haben sich Europäer schon über ihren Kauf- oder Pachtvertrag sehr gewundert – wenn sich später herausstellte, dass der Vertragspartner überhaupt kein Verfügungsrecht über das entsprechende Land besaß.

Mein? Dein? Unser!

Eigentum ist relativ, zumindest in der Südsee. Die Anhäufung von Eigentum führt nicht zwangsweise auch zu Statusgewinn – zumindest nicht in den ländlichen Gegenden. Ansehen wird

Foto: Paul Spierenburg

durch ein Sozialverhalten erworben, das dem Wohl der Gemeinschaft dient. Mit anderen Worten: Ein Wohlhabender ist gerne gesehen, aber man erwartet, dass alle Familienmitglieder, Freunde und nähere Bekannte, die dringend etwas brauchen, von seinem Reichtum profitieren. Dieses Gemeinschaftsdenken ist tief verankert und drückt sich selbst in modernen Städten dadurch aus, dass etwa Nachbarn sich häufig einige Lebensmittel schenken.

Dieses paradiesische System funktioniert leider nur, wenn alle Mitglieder der Gemeinschaft die gleiche Einstellung haben und keine zu großen materiellen Unterschiede existieren. Ebenso wie in westlichen Ländern führt die Annahme von Geschenken zu einer Verpflichtung, und der Schenkende erwartet, falls zu gegebener Zeit notwendig, eine unterstützende Gegenleistung. Dieses Prinzip hat schon manchen Besucher in Verlegenheit gebracht. Eine schöne Muschel beispielsweise, die er in einem Haus bewundert, wird ihm sofort gegeben, und am darauffolgenden Tag wird seine goldene Armbanduhr bewundert – was tun? Wichtig ist vor allem, seinem Gegenüber zu vermitteln, dass man das Prinzip verstanden hat (siehe auch Reiseinformationen, „Südsee-Knigge").

Diebstahl ist auf den meisten Inseln nicht sehr häufig, nimmt aber vor allem in den größeren Städten und in stärker westlich beeinflussten Regionen zu. In aller Regel handelt es sich um Gelegenheitsdelikte: Der eine besitzt etwas, das der andere gerade braucht und so „leiht er es sich aus". Besitz ist eben nur relativ.

Freie Liebe?

Die Körperstatur, die Gesichtszüge, die hellbraune Hautfarbe, die Anmut und Liebenswürdigkeit der Polynesier, insbesondere der Frauen, faszinierte alle europäischen Entdecker. Schon die ersten Seefahrer waren begeistert von der sexuellen Zwanglosigkeit der Insulaner, Frauen boten großzügig ihre Liebe an, Männer offerierten ihre Frauen und Töchter als Zeichen der Gastfreundschaft. So manchem rauen

Foto: Archiv für Kunst und Geschichte, Berlin

Seemann schwanden leicht Mut und Manneskraft, wenn er, angefeuert von Zuschauern, einen Liebesakt öffentlich vollziehen sollte. Viele Anekdoten aus dem damaligen Polynesien sind überliefert, und die Erlebnisse von einst findet man bis heute in den Klischees, die schon bald der Südsee übergestülpt wurden.

Im Zuge der Missionierung der Südsee haben sich die Moralvorstellungen geändert, viele Menschen leben nach streng christlichen Glaubensvorstellungen. Dennoch lachen und tanzen sie gerne wie eh und je, ihre Herzlichkeit ist legendär, und Sexualität ist noch immer weit von Tabuisierung entfernt. Traditionell ist die Frau im pazifischen Raum für das Haus zuständig, in Melanesien auch für die Feldarbeit. Seitdem in neuerer Zeit junge Frauen eine höhere Schulbildung erhalten, Familienplanung betreiben, studieren, eine bezahlte Arbeit annehmen und oft sogar ihre gesamte Familie unterstützen, wird die traditionelle Rollenverteilung immer mehr in Frage gestellt.

Oben: Anmut und Offenheit polynesischer Frauen haben Paul Gauguin fasziniert. Rechts: Fernão de Magalhães, ein Europäer auf der Suche nach dem „Südmeer".

Die amerikanische Ethnologin Margaret Mead lebte eine zeitlang in der Südsee und erforschte Familienbeziehungen, vor allem die Themen Sexualität und Lebenssituation der Frauen u. a. in Samoa und Neuguinea. Ihr 1925 geschriebenes Buch *Kindheit und Jugend in Samoa* wurde zu einem Weltbestseller, ihre Forschungsergebnisse jedoch bleiben umstritten.

EUROPÄER IN DER SÜDSEE

Europäische Entdecker und Forscher

Die europäische Epoche der Südsee beginnt mit der ersten bekannten Weltumrundung, der des portugiesischen, in spanischen Diensten stehenden Kapitäns Fernão de Magalhães (auch als Magellan bekannt). Der Spanier Vasco Núñez de Balboa hatte 1513 vom heutigen Panama aus erstmals einen unbekannten Ozean gesichtet, den er *Mar del Sur* (Südmeer) nannte. Magalhães, fest davon überzeugt, dass dieses Meer nur etwa 1000 Seemeilen in West-Ost-Richtung mäße und deshalb die reichen Molukken – die Gewürzinseln, die in portugiesischer Hand waren – eigentlich der spanischen Krone zustünden, machte sich 1519 mit fünf Schiffen auf den Weg. Magalhães handelte zweifellos nicht allein aus Forschergeist. Ihm wurde, neben der Position des Vizekönigs, ein Zwanzigstel aller Einkünfte aus neu entdeckten Kolonien versprochen. Der Kontinent *terra australis incognita*, den die Geografen im Pazifik vermuteten, war noch nicht gefunden. Das stellte einen enormen Anreiz dar, denn es wurde angenommen, dort fänden sich besondere Reichtümer. Magalhães erreichte Australien nicht; 1520 entdeckte er jedoch die später nach ihm benannte Magellanstraße, die Meeresstraße zwischen dem Südzipfel Südamerikas und Feuerland. Auf einer entbehrungsreichen, von Krankheit, Tod und Meuterei geprägten Irrfahrt durchsegelte er mit drei Schiffen den „Pazifischen" Ozean – Magalhães gab ihm diesen Namen, während seine Schiffe wieder einmal in einer Flaute vor sich hin dümpelten. Es gelang ihm nicht, auch nur eine einzige der größeren Inseln der Südsee anzulaufen. 1521 wurde er im Kampf mit Einheimischen auf den Philippinen getötet. Von seinen Schiffen umrundete nur eines, mit 18 Mann Besatzung, die Erde.

Zunächst begaben sich die Spanier auf weitere Erkundungsfahrten im Pazifik. Ihre Reisen standen unter dem Zeichen territorialer Erweiterung und katholischer Mission. Dabei fanden sie die nördliche Westwindzone, in der es möglich war, den Ozean auch von West nach Ost zu überqueren. Welche Inseln sie im einzelnen auf den vielen Fahrten zwischen ihren mittel-, südamerikanischen und philippinischen Handelsstationen entdeckt haben, ist nur lückenhaft bekannt. Gegen Ende des 16. Jh. begannen zunehmend englische Freibeuter die spanischen Fahrten zu sabotieren – allen voran der berühmte Sir Francis Drake. Alvaro de Mendaña stieß auf die Salomonen-Inseln und die Marquesas; mit der Entdeckung des heutigen Vanuatus durch Fernandez de Quiros 1606 endet die spanische Epoche in der Südsee.

Nun traten die Holländer auf den Plan. Tatsächlich fanden sie den großen, bis dahin unbekannten Kontinent Australien, aber die trockene, unwirtliche Westküste entsprach nicht den herrschenden Vorstellungen von dem gesuchten reichen Erdteil. Die Fahrten von Roggeveen, Tasman, Schouten und LeMaire und anderen waren von Handelsgesellschaften finanziert worden. Trotz der Entdeckung vieler in Europa bislang unbekannter Inseln – z. B. Tasmanien, Neuguinea und Inseln der Fidschi- und Tonga-Gruppe – entsprach das wirtschaftliche Ergebnis nicht den

Foto: Archiv für Kunst und Geschichte, Berlin

Erwartungen der Auftraggeber, und so wurden die holländischen Entdeckungsreisen schließlich eingestellt.

Im 18. Jh. finanzierten Handelshäuser, Regierungen und Forschungsgesellschaften oft gemeinsam die Expeditionen. Die Auftragslisten der Kapitäne wurden länger, und eine zunehmend breitere Öffentlichkeit wartete gespannt auf die Expeditionsberichte. Graf Louis-Antoine de Bougainville umsegelte 1767-69 als erster Franzose die Welt; sein schwärmerischer Reisebericht wurde ein Bestseller. Die „edlen Wilden" schienen auf „glücklichen Inseln" endlich gefunden, und langsam entstand das beliebte Klischee von der paradiesischen Südsee.

1768 begab sich Kapitän James Cook auf die erste von drei Pazifikexpeditionen. Cook, der ein exzellenter Mathematiker und Astronom war, entdeckte Hunderte von Inseln und erforschte sie mit Hilfe seiner Wissenschaftler, die auch die Lebensweise der Insulaner studierten, Pflanzen und Tiere beschrieben und die ersten genauen Karten zeichne-

Foto: Archiv für Kunst und Geschichte, Berlin

ten. James Cook wurde 1779 auf Hawaii getötet. Überall im Pazifik trifft man auf den Namen dieses genialen Navigators.

Christliche Missionen

1797 kamen die ersten Missionare der *London Missionary Society* in der Südsee an. Auf Tahiti wurden sie freundlich aufgenommen, auf Tonga hatten sie anfänglich mit großen Schwierigkeiten zu kämpfen, viele von ihnen wurden verjagt oder getötet. Kein Wunder, dass die Insulaner eine feindselige Haltung einnahmen, erklärten die Missionare doch deren althergebrachte, naturnahe Lebensweise für schlecht, zusätzlich waren die körperfeindlichen Europäer die Überbringer neuer Krankheiten. Die Reformkirche und die Methodistenkirche konnten sich dennoch Anfang des 19. Jh. zu einer einflussreichen Kraft in Polynesien und Teilen von Melanesien entwickeln. Auch auf Vanuatu und den Salomon-Inseln setzten sich protestantisch-anglikanische Glaubensrichtungen durch.

Die katholischen Missionare kamen fast überall „zu spät" – auf den Hauptinseln waren die Bewohner meist schon zum protestantischen Christentum bekehrt. Aber auf den abgelegeneren Inseln fand auch die katholische Kirche ihren Einstieg, und auf den Inseln unter französischem Protektorat erhielt sie später einen besonderen Aufschwung. Die Missionare brachten zwar einengende Kleidung und bigotte Moralvorstellungen mit, aber es gelang ihnen nicht, den Insulanern ihren Sinn für Lebensfreude, Tanz und Genuss zu nehmen.

Oben: „Wie die Holländer auf einer (Südsee-) Insel empfangen wurden". Kupferstich von J. T. de Bry, 1619. Rechts: Protestantischer Gottesdienst in Avarua, Cook-Inseln.

Die Südsee wird kolonialisiert

Schon um 1800 richteten Walfänger und Robbenjäger ihr Interesse auf den Pazifik. Die Besatzungen der Schiffe waren raue Männer, und bei ihren Landaufenthalten ging es meist

Foto: Holger Leue

„drunter und drüber". Immer mehr Europäer ließen sich auf den Inseln nieder. Einige von ihnen waren Deserteure von Walfangschiffen und Strafgefangenentransporten, andere Schiffbrüchige. Sie profitierten von ihren auf den Inseln unbekannten Fähigkeiten, vor allem der des Feuerwaffengebrauchs, und sie verschärften die bestehenden Konflikte unter den Häuptlingen, von denen immer mehr darauf erpicht waren, sich einen oder mehrere Weiße zu „halten". Und diese, entsprechend umsorgt, führten häufig ein paradiesisches Leben. Gleichzeitig begann die wirtschaftliche Ausbeutung der Inseln. Es gab Sandelholz, Perlen, Schildkrötenpanzer oder Seegurken (*bêche-de-mer*), mit denen weiße Händler in China viel Geld verdienen konnten. Die ersten Handelsstationen öffneten ihre Pforten, zunächst nur zur Proviantierung der Schiffe, aber bald folgten Siedler, kauften Land auf (mehr oder minder rechtmäßig), und legten die ersten Plantagen an.

Allerorten wurden Arbeitskräfte benötigt, und ab 1840 tat sich eine neue lukrative Einnahmequelle auf: Menschenhandel. Mit zwei bis drei gut verkauften Schiffsladungen voller Arbeiter ließ sich der Gegenwert eines Schiffes erzielen. Also gingen die so genannten *blackbirder* bei ihrer „Anwerbung" nicht gerade zimperlich vor. Die zukünftigen Arbeitskräfte wurden teils unter Gewaltandrohung auf die Schiffe gezwungen, teils durch geschickte Manöver entführt und auch die, die freiwillig zustimmten, warb man meist unter Vorspiegelung falscher Gegebenheiten an. Bewohner der Salomonen und Vanuatus wurden auf fidschianische und australische Plantagen und in die Nickelminen Neukaledoniens gebracht, nach Tahiti kamen Cook-Insulaner und Bewohner der Osterinsel. In den 1860er Jahren wurden über 3000 Insulaner von den Peruanern zur Arbeit auf den Guano-Inseln nach Peru verschleppt.

Im Kontakt mit den Europäern steckten sich die Südseeinsulaner mit ihnen bislang unbekannten Krankheiten an, gegen die sie keinerlei Abwehrkräfte besaßen. Masern, Tuberkulose, Pocken,

Foto: Holger Leue

Typhus, Keuchhusten, Darminfektionen, Grippe und andere Krankheiten traten in Epidemien auf, und die Bevölkerung wurde auf einigen Inseln drastisch reduziert. Weitere „Geschenke" der Europäer waren Geschlechtskrankheiten, Alkohol und Feuerwaffen.

Langsam erkannten die Großmächte die strategische Bedeutung der Südseeinseln, und die zweite Hälfte des 19. Jh. war bestimmt vom Wettlauf der Großmächte um Protektorate und Kolonien, allen voran England, Frankreich, die USA und Deutschland. Mitte des 19. Jh. wurden Neukaledonien und Teile Polynesiens mit Tahiti zu französischen Schutzgebieten erklärt. Auch andere Großmächte wollten ein Stück vom „pazifischen Kuchen" – Nickel und andere Bodenschätze lockten, Agrarprodukte wie Kopra, Zucker, Gewürze und Kakao versprachen reiche Handelserträge. Bis um die Wende zum 20. Jh. waren alle Inseln in der Südsee kolonisiert; die einzige Ausnahme bildete das Königreich Tonga, das sich unter britischem Schutz die Selbstherrschaft gesichert hatte.

Oben: Unberührte Natur auf den Salomonen. Rechts: 40 Jahre lang testeten die USA, Großbritannien und Frankreich ihre Atombomben im Südpazifik (Bikini-Atoll, 1946).

Der Weg zur Selbständigkeit

Zu Beginn des Ersten Weltkriegs 1914 wurden die deutschen Besitzungen (u. a. Nordost-Neuguinea, West Samoa und Mikronesien) von Japan und Großbritannien erobert und fortan unter dem Mandat des Völkerbundes verwaltet. Mit dem Ende des Zweiten Weltkriegs, der in den Gewässern um die Salomon-Inseln zu heftigen und äußerst blutigen Kämpfen führte, gingen die japanischen Treuhandgebiete an die USA und die Mandate des Völkerbundes bald darauf an die Vereinten Nationen über.

Ab etwa 1950 begann der Aufbruch zur Selbständigkeit oder zumindest zur weitgehenden Selbstverwaltung. Samoa wurde 1899 in zwei Staaten geteilt: Der östliche Teil unter amerikanischer Verwaltung in American Samoa (Tutuila und die Manua Islands) und der westliche Teil in West Samoa mit den Inseln Upolu und Savai'i. West Samoa war 1962 der erste Staat der Südsee, der selbständig wurde. 1997 wurde es in Samoa umbenannt. Bald folgten andere: Nauru 1968, Fidschi 1970, Niue 1974, die Salomon-Inseln 1978 und Vanuatu 1980. Frankreich behielt seine Kolonien Französisch-Polynesien, Neukaledonien sowie Wallis und Futuna; Pitcairn blieb britisch, und die Osterinsel gehört weiterhin zu Chile.

Der Wunsch nach Selbstbestimmung war – und ist – mehr als verständlich, in der Realität aber führt heute kaum ein Weg an der Zusammenarbeit mit den großen Nationen vorbei. Durch hohe Transportkosten und mangelnde finanzielle Möglichkeiten, die Bodenschätze und die Ressourcen des Meeres gewinnbringend zu nutzen, bleiben die neuen Staaten in wirtschaftlicher Abhängigkeit und meist nur durch finanzielle Auslandshilfen überlebensfähig.

Foto: Archiv für Kunst und Geschichte, Berlin

Reiche Fischgründe, insbesondere riesige Thunfischvorkommen, locken Fangflotten aus Japan, Korea, den USA und der ehemaligen Sowjetunion an, die mit ihren weiten Schleppnetzen u. a. auch Delfine und Meeresschildkröten zur Strecke bringen. Am Pazifikboden wurden Manganknollen gefunden, die Kupfer, Kobalt und Nickel enthalten. Sobald die Besitzverhältnisse geklärt sind, kann mit der Förderung begonnen werden. Neukaledonien ist der drittgrößte Nickelexporteur der Welt.

Die USA, Großbritannien und Frankreich haben in der südpazifischen Region in einem Zeitraum von 40 Jahren über 250 Atomtests, in der Atmosphäre oder unterirdisch, durchgeführt und teilweise bewusst die Inselbewohner als „Versuchskaninchen" eingesetzt. Die Amerikaner und Briten stoppten ihre Versuche 1963, Frankreich erst 1992. Im September 1995 ließ Präsident Jacques Chirac die Versuche auf dem im Osten Französisch-Polynesiens gelegenen Moruroa-Atoll wieder aufnehmen. Nach massiven internationalen Protesten und Imageverlust stellte die französische Regierung die Testreihe Anfang 1996 ein.

Die Begegnung mit den Europäern hat den Bewohnern der „glücklichen Inseln" oft nicht viel mehr als fragwürdige „westliche" Bedürfnisse und Degradation oder gar den Verlust kultureller Identität eingebracht.

Wer mit offenen Augen die Inseln der Südsee bereist, spürt durchaus Konflikte und Problemzonen, vom Einfluss des modernen Lebens im Zeitalter der schnellen Flugverbindungen, Coca Cola und Fernsehen über Umweltverschmutzung bis zu abgeschirmten Luxushotels mit hohen Preisen. Doch es gibt Ansätze zu einem behutsamen Öko-Tourismus, und wer sich abseits der ausgetretenen Südsee-Pfade auf Entdeckungsreise begibt, der kann sich auch heute noch in einer paradiesischen Welt ohne Stress und Hektik wiederfinden – in einer Landschaft, die den Sinnen schmeichelt, von freundlichen Inselbewohnern willkommen geheißen – und nachempfinden, was Künstler wie Paul Gauguin und Jacques Brel so magisch angezogen hat.

Volkmar E. Janicke

Angelvergnügen in Malaita, Salomonen

Foto: Volkmar E. Janicke

SALOMONEN (Solomon Islands)

GUADALCANAL
MALAITA
WEITERE SALOMON-INSELN

Naturwunder und Kriegsrelikte

Neben ihrer kulturellen Vielfalt – ca. 120 verschiedene Sprachen werden auf den Salomonen gesprochen – liegt der besondere Reiz der Inselwelt in den vielen noch unberührten Gebieten. Dichte Regenwälder, imposante Berge, rauschende Wasserfälle und einsame Küstenstriche sind ein Eldorado für Naturliebhaber. Schnorchler und Taucher erleben Sternstunden beim Erforschen der Meeresfauna und -flora. Auch die Relikte der Schlachten zwischen Amerikanern und Japanern im Zweiten Weltkrieg locken Taucher aus aller Welt an. Der Tourismus ist nicht sehr entwickelt, ein Grund sind die in der Vergangenheit immer wieder aufgeflackerten Unruhen.

Fast tausend Inseln

Von den knapp tausend Inseln sind 347 bewohnt. Sie liegen nordöstlich von Australien über eine Entfernung von ca. 1660 km. Die gesamte Landfläche beträgt ca. 27 540 km^2, die der beanspruchten maritimen Wirtschaftszone über 1,3 Mio km^2. Die sechs großen Inseln Choiseul, New Georgia, Santa Isabel, Guadalcanal, Malaita und San Cristobal (Makira) sind bergig; ihr Inselinneres ist nur schwer zugänglich. Auf Guadalcanal, der größten Insel des Landes, liegt die Hauptstadt Honiara. Unter den kleineren Inseln existieren auch gehobene Koralleninseln und Atolle. Das Land liegt im Bereich der Kontakt- und Subduktionszone der ozeanischen Pazifik- und der kontinentalen Australasiatischen Erdkrustenplatte. Erdbeben sind deshalb häufig, und an verschiedenen Stellen treten aktiver Vulkanismus und geothermische Phänomene auf. Einige der größeren Inseln zeigen beträchtliche Anteile an kristallinen Gesteinen, u. a. mit Lagerstätten von Bodenschätzen. Sie sind also ursprünglich „abgebrochene" und verdriftete Teile einer alten kontinentalen Landmasse.

Links: Ketten aus Muschelgeld, angeboten in der Langa Langa Lagoon (Malaita).

Orchideen und Krokodile

Die relative Nähe zu Asien und die vergleichsweise kurzen Entfernungen zwischen den Inseln des Landes und zu denen Papua Neuguineas haben vielen Pflanzenarten die Einwanderung auf natürlichem Weg ermöglicht. Mehr als 4500 Pflanzenarten, darunter fast 250 Orchideen, soll es hier geben. Die großen Inseln tragen im Inneren ein dichtes Regenwaldkleid. Nur auf Flächen mit ungünstigen Wachstumsbedingungen

» Karte S. 48, Info S. 55

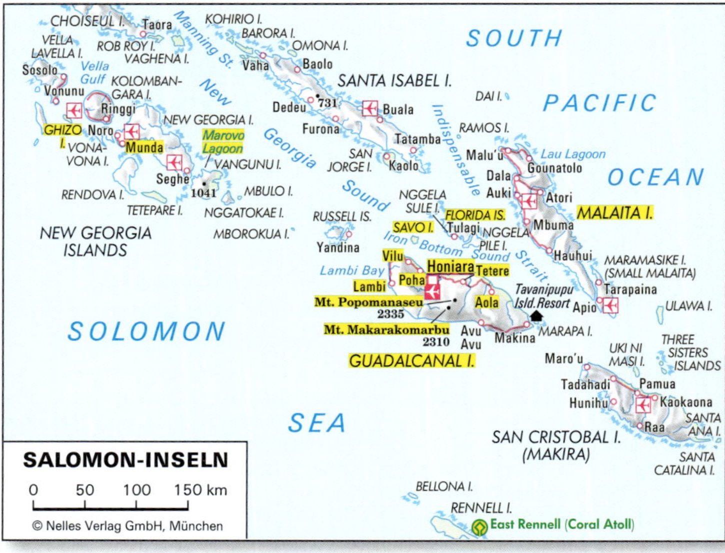

oder solchen, auf denen der Primärwald zerstört wurde, konnte sich Strauch- und Buschvegetation ansiedeln. Plantagen und Nutzpflanzungen wurden fast nur auf den Küstenstreifen angelegt. An den Flussmündungen existieren dichte Mangrovenwälder.

Die Tierwelt ist auf den Salomonen deutlich vielfältiger als auf anderen südpazifischen Inselgruppen. Von den Säugetieren haben verschiedene Ratten (auch Beutelratten), Mäuse und Flughunde die Inseln erreicht. An Reptilien trifft man Skinks, eine Leguan- und sieben Landschlangenarten an, von denen vier giftig sind. Eine der beiden Krokodilarten ist gefährlich und lebt im Salzwasser. Unter den zahlreichen Insekten finden sich ca. 150 teils wunderschöne Schmetterlingsarten (ca. ein Viertel endemisch). Auch die Vogelwelt zeichnet sich durch große Vielfalt aus. Von gut 300 Arten und Unterarten (Papageien, Tauben, Eisvögel, Reiher, Adler, Habichte, Fregattvögel, Finken etc.) kommen mehr als 40 ausschließlich auf den Salomonen vor.

Feuchtheißes Klima

Alle Inseln liegen im Bereich der feuchtheißen Tropen. Die Jahresmitteltemperaturen betragen zwischen 21 und 30 °C, mit geringen Schwankungen zwischen den kühleren Monaten Juni bis August und den wärmeren Dezember bis Februar. Die Niederschläge variieren auf den hohen Inseln selbst auf kleinem Raum beträchtlich.

In der Hauptstadt Honiara, die im Schatten der niederschlagsbringenden Südostpassate liegt, fallen jährlich 2150 mm Regen, was zu den niedrigen Werten des Landes zählt. Vielerorts sind 3000 bis 4000 mm üblich, an exponierten Berghängen werden sogar 8000 mm und mehr erreicht. Gewöhnlich ist die etwas kühlere Periode auch die regenärmere.

Bevölkerung

Die Gesamtbevölkerung der Salomon-Inseln beträgt ca. 640 000 Einwohner, mit einem hohen Anteil an jungen

» Karte S. 48, Info S. 55

Menschen (etwa 40% sind unter 15 Jahre alt). Melanesier machen mehr als 95% der Bewohner aus, Polynesier 3%, Mikronesier 1,2%, Chinesen und Europäer zusammen ca. 1%. Die hier lebenden Melanesier sind von teils dunkler, teils heller Hautfarbe; überraschend ist die Kombination mit blondem, oft fast weißem Kraushaar – dies ist besonders häufig auf Malaita anzutreffen und nicht auf „touristischen Einfluss" zurückzuführen.

Die Bevölkerungsverteilung ist sehr unterschiedlich. Allein auf den beiden Inseln Guadalcanal und Malaita leben mehr als 55% aller Einwohner, davon über 78 000 im Raum Honiara.

Die Bewohner der Salomonen fertigen ausgezeichnetes Kunsthandwerk an: Holzschnitzereien, oft mit Perlmutt eingelegt, schöne Ketten aus Muschelgeld, traditioneller Schmuck und Flechtwaren werden zum Verkauf angeboten.

Falls Sie sich außerhalb der Städte vorwagen, erkundigen Sie sich, welche Orte bzw. Handlungsweisen *tabu* sind.

Siedler, Missionare, Sklavenhändler

Es existieren keine gesicherten Theorien über die Erstbesiedlung der Inseln. Funde von der im Osten gelegenen Insel Tikopia, deren Bewohner polynesischen Ursprungs sind, stammen aus der Lapita-Kultur und wurden auf ein Alter von gut 3500 Jahren datiert. Australische Wissenschaftler fanden heraus, dass die Poha-Höhle auf Guadalcanal bereits vor etwa 6000 Jahren bewohnt wurde, und es ist anzunehmen, dass die ersten Siedler die Inseln bereits einige Jahrtausende zuvor erreichten.

Inka-Überlieferungen berichteten von zwei an Gold- und Silberschätzen reichen Inseln mit dunkelhäutiger Bevölkerung im Westen. Auf der Suche nach diesen „Inseln des Königs Salomo" erreichte der Spanier Alvaro de Mendaña 1568 als erster Europäer das heutige Santa Isabel und weitere Inseln. Obwohl er keine Edelmetalle entdecken konnte, begab sich Mendaña 1595 mit vier Schiffen und 450 Auswanderungswilligen abermals auf die Reise. Der Versuch, eine Kolonie zu gründen, scheiterte.

Die Holländer Schouten und Le Maire (1616) und Tasman (1643) sichteten das Atoll Ontong Java nördlich der Salomonen. Britische und französische Seefahrer (Carteret, Bougainville, Surville, Shortland u. a.) kartierten im 18. Jh. den größten Teil der Inseln.

Ab Mitte des 19. Jh. ankerten hier Sandelholzhändler zur Proviantierung und zum Erwerb von Waren, die sich zum Eintausch des begehrten Holzes auf anderen Inseln eigneten, Walfangschiffe liefen ein, Pflanzer und verschiedene Händler siedelten sich an. 1845 versuchten katholische Missionare, eine Station auf San Cristobal zu etablieren. Entmutigt verließen sie die Insel 1848. Erst nach 1875 breitete sich das Christentum aus. Der intensive Kontakt mit Europäern führte auch hier durch eingeschleppte Krankheiten zu einem Bevölkerungsrückgang. Zwischen 1870 bis 1911 wurden zudem fast 30 000 Insulaner von Sklavenhändlern als Arbeitskräfte auf Zuckerrohrplantagen nach Australien und auf die Fidschi-Inseln gebracht.

Kolonialzeit und Unabhängigkeit

Zunehmende Handelsinteressen der europäischen Großmächte, Konflikte zwischen weißen Siedlern und Einheimischen, Stammeskriege, Berichte von Kannibalismus und das brutale Vorgehen von Sklavenhändlern führten 1886 zu einer vertragsmäßigen Aufteilung des deutschen und britischen Einflussgebiets. Großbritannien erklärte 1893 die südlichen Inseln zum Protektorat, Deutschland übernahm die nördlichen, trat jedoch 1899 seine Ansprüche auf die Inseln Ontong Java, Shortlands, Choiseul und Santa Isabel im Gegenzug zum Erhalt West Samoas wieder ab.

Anfang des 20. Jh. begannen größere Firmen mit der Anlage von Kokosplantagen, ansonsten herrschten ruhige Zei-

» Karte S. 48, Info S. 55

ten. Der 2. Weltkrieg jedoch erschütterte die bis dahin verschlafenen Salomonen, als im April 1942 die nordwestlich gelegenen Shortland-Inseln und die damalige Hauptstadt Tulagi auf einer kleinen Insel nördlich von Guadalcanal durch japanische Truppen eingenommen wurden. Auf Guadalcanal begannen sie mit dem Bau eines Flughafens, der im August von den Amerikanern erobert wurde. Die anschließende Seeschlacht bei der Insel Savo, die zu den blutigsten des Pazifikkriegs zählte, gewannen die Japaner. Trotz dieser Niederlage gelang es den US-Einheiten, bis 1943 fast alle Inseln unter enormen Verlusten an Menschenleben und Kriegsgerät auf beiden Seiten aus den Händen der Japaner zu befreien. Nur auf Choiseul und Shortlands blieben japanische Einheiten bis 1945.

Nach Kriegsende wurde Honiara auf der Insel Guadalcanal zur neuen Hauptstadt; antikolonialistische, radikale Bewegungen entstanden. Die *Maasina* (oder *Marching*) *Rule*, die den Cargo-Kulten Vanuatus ähnelte (siehe dort), wurde Ende der 1940er Jahre von offizieller Seite zerschlagen. Anfang der 1960er Jahre gewannen andere nationalistische, anti-europäische Strömungen an Einfluss. Gleichzeitig wurde das Land zunehmend zur Selbstbestimmung geführt und erhielt am 7. Juli 1978 als Mitglied des Commonwealth die Unabhängigkeit.

In den 1990er Jahren eskalierten gewalttätige Konflikte zwischen ethnischen Gruppen auf verschiedenen Inseln zu einem Bürgerkrieg. Eine von Australien geleitete Friedenstruppe, die sich aus Soldaten verschiedener Südpazifikstaaten zusammensetzt, sorgt seit 2000 für einen Waffenstillstand. Es ist aber ratsam, vor Antritt einer Reise über das Auswärtige Amt aktuelle Informationen einzuholen.

Rechts: Honiara, US-Stützpunkt im 2. Weltkrieg, wurde nach Kriegsende Hauptstadt.

Am 2. April 2007 traf eine verheerende Tsunami-Welle den Archipel; 34 Menschen starben.

Fische, Palmöl, Kopra und Schiffswracks

Etwa 80 % der Bevölkerung versorgen sich durch Subsistenzwirtschaft ausreichend mit Nahrungsmitteln. Zu den Exportartikeln zählen Fische, Palmöl, Kopra, Holz und Kakao. Exporte und Importe sind in den letzten Jahren gestiegen. Die Handelsbilanz ist zwar negativ, aber dennoch günstiger als die fast aller anderen südpazifischer Inselstaaten. Wichtigster Handelspartner ist Japan, gefolgt von Großbritannien. Der Tourismus ist unterentwickelt, von kleineren Hotels und Tauchbasen abgesehen. Die wenigen Touristen besuchen außer Guadalcanal die landschaftlich reizvolle Marovo Lagoon und die Insel Gizo. Der Pazifik-Krieg zwischen den Amerikanern und Japanern hat nach dem 2. Weltkrieg vor der Küste von Guadalcanal seine Spuren in Form von etlichen Schiffswracks hinterlassen, wodurch sich ein reger Tauchtourismus entwickelt hat. Generell sind die Salomonen mehr ein Reiseziel für Taucher und Kulturinteressierte.

GUADALCANAL

Guadalcanal, mit über 5300 km² die größte Insel, ist im Inneren dicht bewaldet und unwegsam. **Mt. Makarakomburu** und **Mt. Popomanaseu** sind mit 2310 und 2335 m die höchsten Berge des Landes. Der Norden liegt im Regenschatten; die südliche Küste, den Südost-Passatwinden exponiert, erhält weitaus höhere Niederschläge, was ihr den Namen *Weather Coast* einbrachte.

Im zentralen Bereich der Nordküste erstreckt sich eine ausgedehnte, 460 km² umfassende Schwemmlandebene, die intensiv landwirtschaftlich genutzt wird. Von Honiara führt eine Straße 70 km in westliche Richtung

» Karte S. 48, Info S. 55

Foto: Volkmar E. Janicke

(Endpunkt Lambi Bay) und eine 75 km in östliche Richtung (Endpunkt Aola).

Die Hauptstadt Honiara

Die Amerikaner hatten im Norden Guadalcanals ihren wichtigsten Truppenstützpunkt installiert, einen Flughafen und neue Einrichtungen gebaut. Da die alte Hauptstadt Tulagi im 2. Weltkrieg zerstört worden war, lag es nahe, die von den US-Streitkräften geschaffene Infrastruktur zu nutzen. Honiara wurde zur neuen Hauptstadt ernannt. Mit ihren ca. 78 000 Einwohnern hat sie sich zum modernen wirtschaftspolitischen Zentrum des Landes wie auch zum Mittelpunkt der Tourismusindustrie entwickelt.

Zwar fehlen in Honiara eindrucksvolle historische Sehenswürdigkeiten, aber die „moderne" Stadt mit ihren Gebäuden aus Beton und vielen Grünflächen ist lebhaft und freundlich. Palmen und blühende Bäume – Hibiskus, Frangipani und Flammenbäume – spenden Schatten und erfüllen die Luft mit betörendem Duft. Nehmen Sie sich Zeit, gemächlich zu Fuß durch die Stadt zu bummeln, um sie zu erkunden.

Die wichtigste Straße ist die **Mendaña Avenue**, die nahe der Küste verläuft. Hier findet man Geschäfte und Banken. In der landeinwärts parallel dazu angelegten **Hibiscus Avenue** liegen einige staatliche Einrichtungen, darunter das **Parliament** und die Vertretungen Australiens und der USA sowie das King Solomon Hotel. Zwischen Mendaña Avenue und dem Meer liegt der **Central Market**, auf dem vorwiegend Obst und Gemüse angeboten werden. Besonders morgens und am Samstag lohnt ein Bummel: die frischen Waren und das geschäftige Treiben bieten ein farbenprächtiges Bild.

Neben dem Rathaus erhebt sich die **Holy Cross Cathedral**. Die Mendaña Avenue zweigt kurz darauf rechts ab. Hier hat die **Stadtbücherei** ihren Sitz.

Die Straße überquert den Mataniko River und führt nach **Chinatown**. Entlang der **Chung Wah Road** reihen sich Läden und ein paar Restaurants, die die

» Karte S. 48, Info S. 55

schweren antichinesischen Ausschreitungen von 2006 überstanden haben.

Auf der Landzunge **Point Cruz** soll der Spanische Seefahrer Alvaro de Mendaña 1568 ein Holzkreuz errichtet und die von ihm entdeckten Inseln zum Besitz des spanischen Königshauses erklärt haben. An der östlichen Flanke der kleinen Halbinsel wurde der **Hafen** angelegt. Ein Stück weiter westlich an der Mendaña liegt das **Touristenbüro**. Der **Point Cruz Yacht Club**, gleich dahinter am Meer, ist ein beliebter Treffpunkt nicht nur für Segler. Das **Solomon Kitano Mendaña Hotel** ist das größte Hotel des Landes, hat allerdings die besten Zeiten hinter sich.

Das **National Museum and Cultural Center** gegenüber zeigt eine engagiert zusammengestellte Sammlung zur Landeskultur und -geschichte, mit typischen Häusern der Salomonen, Kanus, Schnitzarbeiten, Muscheln und Kultgegenständen. Im Museum werden Bücher und Kunsthandwerk verkauft. In der nahen **Central Bank** sind traditionelle Währungen wie Feder- und Muschelgeld ausgestellt, manchmal auch Holzschnitzereien und Gemälde.

4 km westlich von Honiara ist **White River Village**, wo umgesiedelte Bewohner von Kiribati (Gilbert Islands) leben. Es gibt dort einen kleinen Markt.

Von Honiara nach Lambi Bay

Die vielen abgestürzten Flugzeuge und gesunkenen Kriegsschiffe, Zeugnisse der dramatischen Seeschlachten zwischen Japanern und Amerikanern im 2. Weltkrieg, haben dem Gebiet den Namen **Iron Bottom Sound** („der Sund mit dem eisernen Grund") eingebracht. Die algen- und korallenbewachsenen Wracks, von bunten Tropenfischen umschwärmt, sind eine Attraktion für Taucher. Oft liegen sie so nahe an der Meeresoberfläche, dass selbst Schnorchler sie leicht sichten können. Wassersportagenturen und das Touristenbüro geben Auskunft über die Sehenswürdigkeiten unter Wasser.

Bei **Poha**, ca. 8 km von Honiara entfernt, findet man die mit Petroglyphen verzierte **Vatuluma Posori Cave**, aus der die bisher ältesten archäologischen Funde der Salomon-Inseln stammen. Sie ist für Besucher nur nach Sondergenehmigung des Museums und der Dorfbewohner zugänglich.

Wie vielerorts üblich, ist auch für den Besuch der Strände bei **Bonegi** (ca. 13 km) und **Ndoma** (23 km) ein Eintrittsgeld zu entrichten. Ein Stück weiter westlich, etwas abseits von der Hauptstraße, liegt das Dorf **Vilu**. Im kleinen **WW II Museum** sind Kriegsrelikte im Freien ausgestellt. Nach weiteren 10 km ist man am **Cape Espérance**, wo 1943 die heimliche Evakuierung der japanischen Soldaten nach ihrer Niederlage stattfand. Die Schotterstraße ist schlecht, besonders nach Regen sollte man sie nicht ohne Führer befahren.

Die **Komimbo Bay** hat einen hübschen Strand zum Schwimmen.

16 km weiter kommt man zum **Njarupehe River**, der keine Brücke hat und nur bei Niedrigwasser überquert werden kann. Die Straße endet 25 km weiter an der **Lambi Bay**.

Von Honiara nach Aola

Im östlich der Stadt gelegenen Vorort **Kukum** zweigt die Mt. Austin Road ab. Auf dem 410 m hohen **Mount Austin** befand sich eine der strategisch entscheidenden Stellungen der japanischen Truppen im Kampf um den Flughafen Henderson. Eine Straße führt zum Gipfel. Auf halber Höhe ehrt der **Solomon Peace Memorial Park** die gefallenen Japaner. Von oben hat man herrliche Ausblicke auf Honiara und die Nordküste.

Honiara Airport (vormals *Henderson Field*), der internationale Flughafen, liegt 10 km östlich von Honiara. Namen

Rechts: Im Vilu War Museum sind Relikte des 2. Weltkriegs zu besichtigen.

» Karte S. 48, Info S. 55

Foto: Holger Leue

wie **Bloody Ridge**, **Hell's Point** und **Red Beach** zeugen von den erbitterten Gefechten zwischen Japanern und Alliierten in dieser Gegend. Bis heute ist US-Militär hier stationiert.

Die Fahrt geht weiter durch die **Guadalcanal Plains**, die größte Ebene der Insel. **Tetere** (ca. 34 km) liegt im Zentrum der Ölpalmen-Pflanzungen.

3 km von der Hauptstraße entfernt erstreckt sich **Tetere Beach**. Hier erinnert ein **Kreuz** aus Tiroler Porphyr an die fünf österreichischen Forscher, die 1896, auf der Suche nach Nickel für die k.u.k Rüstungsindustrie, von Einheimischen getötet wurden. In der Nähe sind **Wracks** von gestrandeten Landungsbooten aus dem 2. Weltkrieg zu sehen.

Die Straße endet in **Aola** (Km 75).

Am östlichen Ende Guadalcanals liegen im Marau Sound verstreut kleine Inseln. Eine davon ist **Tavanipupu Island**, mit einem traumhaften kleinen **Resort**. Zu erreichen von Honiara mit dem Flugzeug bis Marau Sound Airport und weiter mit dem Boot, oder ab Honiara direkt mit dem Boot.

MALAITA UND WEITERE SALOMON-INSELN

Malaita, die zweitgrößte Insel der Salomonen, ist mit rund 140 000 Einwohnern die am dichtesten bevölkerte. Von Honiara verkehrt eine Fähre zur Hauptstadt **Auki**. Hier findet man entspannte Atmosphäre, Hotels, Banken, einen Markt, Shopping und Restaurants.

Im flachen Wasser der vorgelagerten **Langa Langa Lagoon** legten Lagunenbewohner – ursprünglich zum Schutz gegen feindliche Bergstämme – künstliche Inseln aus Korallenblöcken und Sand an. Viele Familien leben heute noch hier, obwohl sie zur Hauptinsel übersetzen müssen, um dort ihre Felder zu bestellen. *Shark caller* besänftigen mit Zeremonien und Opfergaben die Haie im Meer, denen – gemäß der Überlieferung – die Seelen von Ahnen innewohnen. Übernachtungen auf diesen künstlichen Inseln sind auf Anfrage möglich z. B. in **Serahs Lagoon Hideaway** oder **Bataiasi Village Stay** (sehr einfach).

» Karte S. 48, Info S. 55

Foto: Volkmar E. Janicke

Im Süden der Lagune liegt das Inselchen **Laulasi** mit großen Geisterhäusern (Touren über jede Unterkunft). Die üppig bewaldete Insel kann auf mehreren Straßen (oft in schlechtem Zustand!) erkundet werden, als Transportmittel dienen Passagier-Trucks. Die Bewohner von Laulasi waren die Einzigen, die sich gegen das britische Protektorat aufgelehnt haben. Eine Besonderheit der Insel ist das *shell money*, eine Art Muschelgeld.

Von Atori aus kann man zur idyllischen Insel **Kwai** übersetzen. Die Bewohner sind freundlich, im Rest House kann übernachtet werden. Auch in der **Lau Lagoon** im Nordosten schwimmen Dutzende bewohnter Inselchen, die aus Korallenblöcken geschaffen wurden.

Die **Nggela (Florida) Islands** nördlich von Guadalcanal bestehen aus zwei Hauptinseln, Nggela Sule und Nggela Pile, mit schönen, ruhigen Stränden.

Oben: Die Wasserstelle des Dorfes, Treffpunkt zum Spülen und Schwatzen (Malaita).

Südlich vorgelagert ist die kleine Insel **Tulagi** mit der ehemaligen Hauptstadt Tulagi.

Die Insel **Savo**, im Iron Bottom Sound zwischen Russell und Nggela Islands, besitzt einen aktiven Vulkan mit zwei Kratern und geothermalen Erscheinungen (Fumarolen, Schlammtöpfe, Geysire etc.). Die hier heimischen Großfußhühner (*Megapodius pritchardis*) graben ihre Eier zum Ausbrüten in den warmen Sand ein. Informationen über Tagestouren und Übernachtung auf Savo erhält man beim Visitors Bureau in Honiara.

Die **Western Province** birgt die touristische Attraktion der Salomonen mit kristallklaren Lagunen, dichtem Regenwald, tropischen Inselchen, malerischen Dörfern und einmaliger unberührter Unterwasserwelt. Besonders **Gizo**, **Munda** und **Marovo Lagoon** haben eine gewisse touristische Infrastruktur mit regelmäßigen Flügen, mehreren kleinen Unterkünften und Eco-Lodges mit angeschlossener Tauchbasis. Marovo Lagoon ist die größte Salzwasserlagune der Erde.

» Karte S. 48, Info S. 55

SALOMONEN (☎ 00677)

Solomon Islands Visitors Bureau, Mendana Avenue, Honiara, Tel. 22442, Fax 23986, www.visitsolomons.com.sb.
Internet Cafés bzw. Wifi Hotspots gibt es in Honiara und in den Hauptorten auf anderen Inseln.

EINREISE: Reisende aus Commonwealth-Staaten, USA und EU erhalten ein 3-monatiges Besuchervisum bei Einreise. Voraussetzung ist ein Weiter- oder Rückflugticket und ein gültiger Reisepass. Flughafengebühr bei Ausreise: S$ 100.

GESUNDHEIT: Malaria-Prophylaxe u. Impfungen gegen Pocken, Gelbfieber Cholera empfohlen. Trinkwasser abkochen.

ANREISE: Die landeseigene **Solomons Airlines** fliegt von Australien, Vanuatu u. Fidschi, Tel. 20031, www.flysolomons.com. **Fiji Airways** (Tel. 20336, www.fijiairways.com) von Fidschi (über Vanuatu) und Australien.
Air Niugini (www.airniugini.com.pg) nach Papua Neuguinea, von dort nach Australien, Singapur, Manila.
Virgin Australic (www.virginaustralic.com.au) fliegt von Neuseeland bzw. Australien nach Honiara.
REISEN IM LAND: **Solomons Airlines** (s.o.) fliegt inländisch mit kleinen Maschinen.

WÄHRUNG: 1 Euro ≈ ca. 9 **Solomon Islands Dollar** (SBD). Kreditkarten werden fast nur in größeren Hotels akzeptiert. Geldautomaten gibt es in Honiara.

GESCHÄFTSZEITEN: Mo-Fr 8-16.30, Sa 8-12. Banken Mo-Fr 8.30-15 Uhr.
STROMSPANNUNG: 240 V Wechselstrom, australische Steckdosen (2/3 pin).

GUADALCANAL / HONIARA

Keines der Cafés und Restaurants in Honiara ist wirklich überragend. Man wählt eher nach Sauberkeit, Ruhe und funktionierender Klimaanlage aus.
Im **Breakwater Café** gibt's bei Kaffee und Leckereien interessante Gespräche mit anderen Gästen, alles serviert mit Blick auf den Iron Buttom Sound, Point Cruz, Tel. 23442.
Fusion Café, war früher ein Chinese, jetzt eher cool und modern. Im ersten Stock ist das **Sea King Restaurant**, Mendana Ave., Tel. 23678.
Club Havanah, der französische Koch George zaubert einen sehr interessanten Mix aus lokaler und französischer Küche, Honiara Hotel, Tel. 21737.
Lime Lodge, bester Platz für Frühstück und Snacks im Aussie-Stil, dekoriert mit Gemälden einheimischer Künstler. Mendana Ave., Tel. 23064.

Nachtleben gibt es wenig, und es empfiehlt sich, nach dem Besuch eines Clubs oder einer Bar ein Taxi zur Unterkunft zu nehmen und nicht zu Fuß zu gehen! Treffpunkt auf ein Bier oder zur Happy Hour ist der **Point Cruz Yacht Club** (Tel. 22500), Mendana Ave., hier kann man außerdem ganz gut essen, Burger, Fisch etc. Auch die Bars vom **Mendana Hotel** (Tel. 20071) und **King Solomon Hotel** (Tel. 21205) an der Hibiscus Avenue sind empfehlenswert; beide veranstalten Fokloredinner.

National Museum and Cultural Center, Mo-Fr 6-19, Sa 8-12 Uhr, Eintritt S$ 2, Mendana Ave, Tel. 24896.

AUSFLÜGE: **Battlefield Tours**: Führung zu den Schlachtfeldern des 2. Weltkriegs, mit Freilichtmuseum in Vilu, Kakabona Village und Bonegi Beach mit japan. Schiffswrack, zu buchen im Visitor Bureau.
Bootsausflüge zum aktiven Vulkan auf Savo Island, Maravagi Pacific Paradise oder zur alten Hauptstadt Tulagi, Point Cruz Yacht Club, Tel. 68188. Tagestouren z. Tauchen, Schnorcheln, Vulkanbesteigung, Florida Islands, mit **Extreme Adventures**, Tel. 23442, www.solomonadventures.com.
KAJAK: Touren durch die Marovo Lagoon; **Kayak Solomon** am Uepi Island Resort, Marovo Lagoon, www. kayaksolomons.com.

TAUCHEN: **Uepi Island Resort**, www. uepi.com; **Tulagi Dive**, eine Bootsstunde von Honiara, Tel. 32052, www.tulagidive.com.sb; **Sanbis Resort**, Gizo, Tel. 7443109, www.sanbisresort.com; **Dive Gizo**, Tel. 60253, Fax 60297, www.divegizo.com. **Dive Munda**, New Georgia Island, Tel. 62156, www.mundadive.com.
LIVE-ABOARD-SHIPS: **Bilikiki Cruises**, Tel. 20412, Fax 23897, www.bilikiki.com.

Achtung, es herrscht **Linksverkehr**! Die Straßen außerhalb Honiaras sind ziemlich schlecht, v. a. bei Nässe. Leihwagen gibt es nur in Honiara.

Paul Spierenburg

Champagne Beach, Espiritu Santo

Foto: Holger Leue

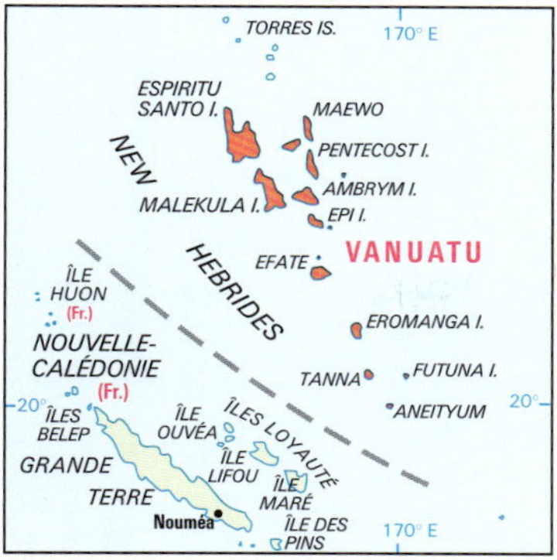

VANUATU

EFATE
TANNA
ESPIRITU SANTO
PENTECOST
MALEKULA
AMBRYM

Vanuatu (bis zur Unabhängigkeit 1980 Neue Hebriden) ist noch ein unentdecktes Reiseziel im Pazifik. Hier findet man die – vielleicht auf anderen Inseln vergeblich gesuchte – Südseeromantik: smaragdgrüne Regenwälder, traumhafte weiße Strände, einsame, kokospalmengesäumte Buchten, farbenprächtige Lagunen, Riffe und Wasserfälle. Aber Vanuatu hat noch mehr zu bieten, hochaktive Vulkane mit all ihren atemberaubenden Erscheinungen und zudem sehr unterschiedliche, alte Kulturen. Die Einheimischen, die sich Ni-Vanuatu nennen, sind warmherzig und liebenswert, und das Leben verläuft in geruhsamen Bahnen.

Rauchende Vulkane im Tropenwald

Die Republik Vanuatu umfasst 68 bewohnte, tropische Inseln und viele kleineunbesiedelte. Sie liegen zwischen dem 166. und 171. Grad östlicher Länge und dem 13. und 21. südlichen Breitengrad. Der Staat erstreckt sich über etwa 1300 km von den Torres-Inseln im Nordwesten bis zu den kleinen Inselchen Hunter und Matthew im Südosten. Offiziell beträgt die Landfläche 12 200 km². Die Hauptinsel Efate ist die drittgrößte des Landes. Die Inseln liegen an der Naht der Pazifischen und der Australasiatischen Erdkrustenplatte – daher die häufigen Erdbeben, die lokalen Hebungs- und Senkungserscheinungen und der aktive Vulkanismus ab. Auf Ambrym und Tanna brodelt es in den Kratern ständig, und majestätisch ragen die Rauchsäulen über die Berggipfel empor. Der Mt. Yasur auf Tanna zählt zu den am leichtesten erklimmbaren aktiven Vulkanen der Erde. 2017 mussten alle Bewohner der Insel Ambae evakuiert werden, da der 1496 m hohe Lombenben (Manaro) auszubrechen drohte.

Links: Traditionelles Turmspringen auf Pentecost, Urform des Bungee Jumping.

Die meisten der vulkanischen Inseln sind mit dichter, tropischer Vegetation bewachsen. Einheimische Subsistenzwirtschaft, Plantagen- und Holznutzung, aber auch verheerende Wirbelstürme dezimierten in großem Ausmaß die einst üppigen Regenwälder. Vielerorts ist auf diesen Flächen wieder ein niedrigerer Sekundärwald entstanden. Ins Auge fallen die großen Banyan-Bäume (*Ficus benghalensis*) mit ihrem enormen Stammwurzelwerk und weitem Kronendach. Die Ni-Vanuatu nennen den majestätischen, schattenspendenden Baum „König des Waldes". Dort, wo noch Primärwälder existieren, ist der Artenreichtum der Pflanzen groß. Gut 1500 sollen es sein, darunter rund 160 Orchideenarten, von denen ein Viertel endemisch ist. In den Küstenbereichen sind häufig Kasuarinen (*Casua-*

» Karte S. 64, Info S. 72-73

Foto: National Tourism Office, Vanuatu

rina equisetifolia), Barringtonia (dessen Frucht als Fischgift verwendet werden kann) und Lindeneibisch (*Hibiscus tiliaceus*) anzutreffen. In vielen schlammigen, seichten Buchten haben sich Mangroven angesiedelt.

Reptilien, Insekten und Vögel

Acht Fledermaus- und vier Flughundarten, von denen eine endemisch ist, haben als einzige Landsäugetiere die Inseln selbständig erreicht. Alle anderen heute vorkommenden, teils verwilderten Säugetiere wurden von Menschen importiert. An Reptilien sind 13 Skink- und fünf Geckoarten hier heimisch, außerdem der von den Fidschi-Inseln eingeführte gestreifte Leguan und zwei ungiftige Schlangen, von denen die Pazifische Boa eine Länge bis zu 2,5 m erreichen kann. Auf den Banks-Inseln im Norden können vereinzelt Krokodile angetroffen werden: Hierbei handelt es sich wohl um verirrte Exemplare von den Salomon-Inseln. Weit vielseitiger ist die Tierwelt unter den Wirbellosen und den Vögeln. Über 70 Landschnecken-, 60 Schmetterlings- und 120 Insektenarten bevölkern die Inseln; leider auch Mücken, die Malaria übertragen. Fast 90 Landvogel- und 30 Seevogelarten kommen vor.

Oben: Der Krater des aktiven Vulkans Mt. Yasur auf Tanna. Rechts: Eine Kokosnusskrabbe.

Klima

Die Jahresmitteltemperatur beträgt in der Hauptstadt Port Vila 24,5 °C, der Jahresniederschlag 2160 mm, mit starken Schwankungen. Die wärmsten Monate sind Dezember bis März, mit Temperaturen bis 34 °C und hoher Luftfeuchtigkeit. In dieser Zeit regnet es am häufigsten. Die etwas kühlere, trockenere Jahreszeit liegt zwischen April und Oktober. Die Temperaturen betragen dann 2-4 °C weniger als in der warmen Periode, wobei es nachts in Port Vila manchmal 12 °C haben kann. Die über das Jahr vorherrschenden Winde wehen aus Südost (Passat), und so erhalten

» Karte S. 64, Info S. 72-73

Foto: Thierry Borredon

die Ostseiten der östlich gelegenen Inseln die höchsten Niederschläge. Etwa zwei bis drei Mal im Jahr erreicht ein Wirbelsturm (Zyklon, Hurrikan) Vanuatu, und Sturmschäden sind häufig.

Kulturelle Vielfalt

Die Bevölkerungszahl liegt bei 260 000. Die melanesischen Einheimischen (Ni-Vanuatu) zählen fast 98%. Sie stellen eine ethnisch weitgehend einheitliche Bevölkerungsgruppe dar. Typisch für das Land ist eine traditionell stark dezentralisierte Siedlungsstruktur. Die Isolation (ca. 60% der Bevölkerung leben in Dörfern mit weniger als 50 Einwohnern) hat zu kulturellen Unterschieden auf oft kleinem Raum geführt.

Am deutlichsten zeigt sich die kulturelle Zergliederung in den mindestens 115 Sprachen des Landes. Linguisten haben sogenannte Sprachketten entdeckt – die Verständigungsmöglichkeit zu benachbarten Dörfern ist meist noch gegeben, zum übernächsten aber nicht mehr. Mit den ersten europäischen Kontakten zu Beginn des 19. Jh. entwickelte sich aus dem Pidgin-Englisch ein allgemein verständlicher Dialekt, das Bislama (franz.: *Bichlamar*). Nun konnten nicht nur die Sprachbarriere zu den Europäern, sondern auch zwischen den Einheimischen der verschiedenen Volksstämme überwunden werden.

Bislama ist heute die Landessprache. Englisch und Französisch gelten ebenfalls als offizielle Sprachen, besonders im Bildungs- und Schulwesen. Viele Einwohner sprechen neben ihrem örtlichen Dialekt noch Bislama, Englisch und/oder Französisch.

Kava und Kopra im Steuerparadies

Try Some Kava lautet eine Schlagzeile in der Touristenbroschüre. Mehr als 100 *Namakals* (Kava-Bars) soll es allein in Port Vila geben. Kava, ein beruhigender Extrakt aus den Wurzeln des Rauschpfefferstrauchs, ist auf Vanuatu ein nationales Getränk wie auch ein wichtiger Exportartikel. Im Jahr 2010 wurden über 500 t der getrockneten und pulverisier-

» Karte S. 64, Info S. 72-73

Foto: Volkmar E. Janicke

ten Kavawurzel ausgeführt; die weltweite Nachfrage sinkt jedoch, seit Kava in Europa in den Verdacht geraten ist, in sehr seltenen Fällen Leberschäden zu verursachen. Mit Abstand an erster Stelle beim Export rangiert Kopra. Rindfleisch und Holz folgen, aber auch Kakao und Muscheln werden exportiert. Hauptabnehmer sind die EU-Länder, Japan, Australien und Bangladesh. Doch die Handelsbilanz ist unausgeglichen: Sechsmal mehr wird importiert als exportiert.

Die Zahl der Besucher überschritt 2010 erstmals 260 000, allerdings blieb davon weit mehr als die Hälfte nur einen Tag – als Kreuzfahrtpassagiere. Über die Hälfte aller Besucher sind Australier, ein gutes Viertel kommt aus Neuseeland oder Neukaledonien. Der Tourismus ist im Aufschwung.

In den 1970er-Jahren wurden Gesetze geschaffen, um die Neuen Hebriden zu einem attraktiven internationalen Finanzzentrum zu machen. Auch das unabhängige Vanuatu förderte diese Entwicklung mit weitgehender Steuerfreiheit und vorteilhaften Bankbestimmungen. Viele Banken und internationale Verwaltungsgesellschaften besitzen heute Zweigstellen in Port Vila.

Oben: Holz, ein wichtiger Exportartikel Vanuatus.

Entdecker, erste Siedler, Sandelholz und Menschenhandel

Man nimmt an, dass die ersten Siedler vor etwa 5000 Jahren das heutige Vanuatu über Papua Neuguinea und die Salomonen erreichten. Die ältesten bislang datierten Funde stammen aus der Zeit um 1400 v. Chr. Als erster Europäer erreichte der Spanier Fernandez de Quiros 1606 die Inselwelt. Er gab der Insel Espiritu Santo ihren Namen und war fest überzeugt, den großen unbekannten Südkontinent, *terra australis incognita*, gefunden zu haben. Seine Versuche, dort eine ständige Siedlung zu gründen, scheiterten. 1768 landete Louis Antoine de Bougainville auf und Malo. Es war schließlich James Cook, der auf seiner zweiten Reise 1774 die gesamte

» Karte S. 64, Info S. 72-73

Inselgruppe durchsegelte und kartierte. In Erinnerung an die schottische Inselwelt taufte er sie *New Hebrides*.

1825 entdeckte ein australischer Händler umfangreiche Sandelholzvorkommen auf Erromango. Die Nachricht verbreitete sich in Windeseile, weitere Sandelholzwälder wurden ausgemacht, und schon 1865 waren die Ressourcen vollständig erschöpft. Gleichzeitig entstand ein neues, lukratives Geschäft: Menschenhandel. Arbeiter wurden auf Plantagen in Australien und Fidschi und in den Minen Neukaledoniens gebraucht. Die Anwerber waren skrupellos. Viele Insulaner wurden gekidnappt, freiwillige Bewerber wussten oft nicht, worauf sie sich einließen. Erst Anfang des 20. Jh. wurde unter dem Druck der Kirchen der Menschenhandel verboten.

Missionare im Erdofen

1839 trafen die englischen Missionare James Harris und John Williams hoffnungsvoll auf den Neuen Hebriden ein. Sie besuchten Tanna und Futuna und wurden schließlich auf Erromango erschlagen und aufgegessen. Die Londoner Missionsgesellschaft wechselte daraufhin ihre Strategie und sandte in der Folgezeit polynesische Missionare, in der Hoffnung, dass diese eher akzeptiert würden. Sprachprobleme, Malaria und immer wieder auftretende Feindlichkeiten der Insulaner machten die Arbeit äußerst mühevoll. 1848 gründeten Presbyterianer ihre erste Missionsstation auf der Insel Aneityum. Die Anglikanisch-Melanesische Mission brachte Einheimische nach Neuseeland, um sie dort für die Missionsarbeit auf den Inseln zu schulen. 1887 wurde die erste katholische Station auf Malekula installiert. Heute sind 90 % der Bevölkerung Christen, davon ca. die Hälfte Presbyterianer und je 20 % Anglikaner und Katholiken.

Auch auf Vanuatu führte der Kontakt der Bevölkerung mit den Europäern zu katastrophalen Krankheitsepidemien. Cholera, Masern, Pocken, Keuchhusten und Grippe waren nur einige der vielen eingeschleppten Krankheiten. Wissenschaftler schätzen, dass die Bevölkerung Vanuatus um 1800 etwa eine Million Menschen betrug; Ende des Jahrhunderts waren es nur noch 100 000 und 1935 gerade 45 000.

Britische und französische Siedler

1853 hatte Frankreich Neukaledonien annektiert und unterstützte die Expansionsbestrebungen französischer Geschäftsleute und Siedler im Pazifik. Ab 1854 siedelten sich auch britische Farmer aus Neuseeland und Australien auf den Inseln an. Baumwollpflanzungen schienen in der Zeit des US-amerikanischen Bürgerkriegs besonders lukrativ. Durch Wirbelstürme, Malaria, Preisstürze auf dem Weltmarkt und mangelnde Unterstützung seitens der britischen Regierung wurden Anfang der 1880er Jahre viele Farmer an den Rande des Ruins getrieben. John Higginson, ein in Irland geborener französischer Landspekulant, gründete 1882 die *Compagnie Calédonienne des Nouvelles-Hébrides (CCNH)*. Im selben Jahr erwarb die Gesellschaft von Einheimischen und verzweifelten britischen Pflanzern 90 000 ha Grundbesitz, 1905 besaß sie 55 % des kultivierbaren Landes. Zugleich wurde die Ansiedlung französischer Farmer gefördert. Australische Geschäftsleute versuchten, mit ihrer *Australian New Hebrides Company (ANHC)* die britischen Interessen zu wahren. Die Auseinandersetzungen zwischen den Siedlern der beiden Nationalitäten spitzten sich gegen Ende des 19. Jahrhunderts zu. Schließlich wurde im Jahr 1906 ein englisch-französisches Kondominium auf den Neuen Hebriden eingerichtet. Von fast allen Behörden und öffentlichen Einrichtungen gab es bald eine französische und eine englische Variante. Der Aufwand für die gemeinsame Regierung war gigantisch und die Resultate eher dürftig.

» Karte S. 64, Info S. 72-73

Die Unabhängigkeit

Nachdem die japanischen Streitkräfte 1942 die Salomon-Inseln erreicht hatten, konterten die Amerikaner mit der sofortigen Stationierung von US-Truppen auf Vanuatu. US-Stützpunkte entstanden erst auf Efate, anschließend auf Espiritu Santo, wo sich bald über 100 000 amerikanische Soldaten befanden – ein tiefgreifender Einschnitt in das ruhige, traditionelle Leben der Einheimischen. Etwa 10 000 Bewohner Vanuatus fanden gut bezahlte Arbeit bei den Amerikanern, und alle waren fasziniert von den enormen Reichtümern, die fast über Nacht eintrafen. 1945 zogen die Amerikaner wieder ab.

In den 1960er und 70er Jahren begannen sich Unabhängigkeitsströmungen und erste lokale Parteien zu etablieren. Seitdem hat Vanuatu alle Geburtswehen einer jungen Nation durchgemacht – wie seine Nachbarländer auch. Die demokratische Schablone und das tief verankerte feudale Häuptlingssystem passen nicht immer zusammen. Dazu kommt das koloniale Erbe einer Spaltung der Gesellschaft in Bürger mit englischem und solche mit französischem Hintergrund. Am 30. Juli 1980 wurde die unabhängige Republik Vanuatu („Unser Land") ausgerufen.

Rechts: Blick auf die Hauptstadt Vanuatus, Port Vila, und die Insel Iririki.

EFATE

Port Vila

Port Vila, die Hauptstadt Vanuatus (ca. 50 000 Einwohner) auf der Insel Efate, zählt wegen ihrer herrlichen Lage an einer weitläufigen Bucht, dem Blick auf die bewaldeten Berge der südlichen Halbinsel und auf die beiden der Stadt vorgelagerten Inselchen Iririki und Ifira zu den schönsten im Südpazifik. Die Mischung aus melanesischem, britischem und französischem Flair verleiht der Stadt einen ungewöhnlichen, kosmopolitischen Reiz. Die Hauptstraße, der **Lini Highway**, führt entlang der Bucht. Hier sind die größeren Geschäfte, Banken, viele Restaurants, Boutiquen und Cafés, die Büros der Fluggesellschaften und Reiseagenturen angesiedelt.

Die **Hauptpost** fällt durch die ausdrucksstarken Reliefs von Aloi Pilioko auf. Pilioko, einer der bekanntesten zeitgenössischen Künstler des südpazifischen Raums, stammt von der Insel Wallis und lebt seit mehreren Jahrzehnten auf Vanuatu. Viele seiner farbenprächtigen Wandbehänge haben einen Platz in öffentlichen Gebäuden gefunden. Er arbeitet zusammen mit dem russischen Künstler, Nicolai Michoutouchkine. Weiter nördlich an der Rue Emile Mercet befindet sich das **Pilioko-Haus**, dessen Fassade vom Künstler selbst gestaltet wurde. Im ersten Stock ist das kleine **Vanuatu Tourism Office**, dessen freundliche Belegschaft gerne Auskunft gibt und hilft bei Buchungen von Unterkünften, Touren, Transport etc. Etwa 200 m weiter liegt an dieser Straße die **Mai-**

» Karte S. 64, Info S. 72-73

rie, das Rathaus der Stadt, vor dem in Kondominium-Zeiten die französische Trikolore und der britische Union Jack nebeneinander im Wind flatterten. Gegenüber der **Reserve Bank of Vanuatu** erinnert ein Denkmal an die im Ersten Weltkrieg gefallenen Soldaten. Von hier oben hat man einen herrlichen Panoramablick. Ein paar hundert Meter hügelauf lag das schöne alte Holzgebäude des **Supreme Court**; 2007 fiel es Brandstiftern zum Opfer. Ein neues Gebäude ist in Planung.

Parallel zum Lini Highway verläuft eine breite, von Rasenflächen gesäumte **Uferpromenade**. An ihrem Südende lockt die farbenfrohe **Markthalle** mit einer Vielfalt an tropischem Obst und Gemüse, Blumen, Schmuck, den typischen Holzschnitzereien und buntbedruckten Stoffen. Der Markt ist rund um die Uhr geöffnet, von Montagfrüh bis Samstagmittag und zum Wochenende besonders attraktiv, wenn Händler aus den Dörfern und von anderen Inseln ihre Waren feilbieten.

Weiter nördlich am Lini Highway liegt der **Nambawan Market** an der Meerseite, hier gibt es Kunstgewerbliches. Am **Hebrida Market**, gegenüber des Spielplatzes, nähen emsige Insulanerinnen Kleider auf Bestellung und verkaufen handbemalte T-Shirts, Tücher und andere Handarbeiten.

Vom Anleger zwischen Markthalle und The Grand Hotel & Casino verkehrt eine **Fähre** mit kostenlosem Shuttle Service (24 Std.) zum nahen **Iririki Island Resort**. Die Villa auf der Anhöhe der Insel war einst Sitz des britischen Kommissars. Vom Hauptkomplex des Hotels eröffnet sich ein schöner Blick auf Port Vila. Die grüne Insel ist in 30 Minuten bequem zu Fuß zu umrunden. Hier lässt es sich herrlich baden oder schnorcheln, besonders gut am **Snorkeler's Cove**.

Vom Anleger in Port Vila verkehren auch Boote zur **Insel Ifira**.

Im Süden der Stadt, in der Rue d'Artois, findet man das **National Museum** mit dem **Cultural Centre**. Es ist eines der besten Museen des Pazifiks und gibt einen ausgezeichneten Über-

» Karte S. 64, Info S. 72-73

Foto: Volkmar E. Janicke

blick über die interessante Geschichte des Landes. Die Sammlung enthält auch historische Musikinstrumente, Kopfschmuck, archäologische und ethnologische Artefakte, Auslegerkanus und eine sehenswerte Fotosammlung. Das **Parlamentsgebäude** gegenüber dem Museum wurde mit chinesischer Hilfe 1992 erbaut. Die **Bronzeskulptur** vor dem Eingang stellt eine Ni-Vanuatu-Familie dar.

Ca. 5 km in südliche Richtung liegt auf dem Weg zum Dorf Pango die **Michoutouchkine & Pilioko Foundation Art Gallery**. Hier haben die beiden Künstler eine sehenswerte Sammlung südpazifischer Kunst zusammengetragen; natürlich kann man auch die – mittlerweile international bekannten – Arbeiten von Michoutouchkine und Pilioko besichtigen und kaufen.

Zwischen der Ortschaft **Pango** und dem **Pango Point** erstrecken sich großartige **Strände**, die auch für Surfer attraktiv sind. Der Strand am **Pango Point** ist gebührenpflichtig.

Die **Insel Erakor** ist der **Erakor Lagoon** vorgelagert; vom Anleger neben dem **Warwick Le Lagon Resort** verkehrt ein 24-Std.-Fährservice. Die Insel ist ideal für einen Tagesausflug; inmitten üppiger Vegetation lässt es sich am Traumstrand entspannen, Unterkunft und leckere Mahlzeiten bietet das **Erakor Island Resort**.

Oben: Bunte Batiktücher am Hafen von Port Vila.
Rechts: Bronzeskulptur einer Ni-Vanuatu-Familie.

Rund um Efate

Die etwa 140 km lange, neue asphaltierte Hauptstraße führt über weite Strecken nahe an der Küste entlang. Aufgrund starker Steigungen im westlichen Teil ist es angeraten, die Insel gegen den Uhrzeigersinn zu umrunden, wie im folgenden beschrieben.

Der Südosten Efates ist durch aufgelassene Kokosplantagen geprägt, die großflächig in Rinderweiden oder in Ackerland für Kürbisanbau (Export nach Japan) umgewandelt wurden. Bevor man nach ca. 9 km den größten Fluss der Insel Teouma River passiert, führt rechts eine Schotterstraße zum kleinen luxuriösen **Eratap Beach Resort**. Biegt man nach dem Fluss zur Küste ab, erreicht man **Tamanu on the Beach** und etwas später **White Sands Beach**. Bevor man die Inselstraße wieder erreicht, passiert man das verwaiste **Bluewater Island Resort**. **Banana Beach** oder **Dry Creek** (Km 42) ist ein schöner öffentlicher Strand. Es lohnt sich jedoch, 6 km weiter zum herrlichen **Eton Beach** (knapp hinter dem gleichnamigen Dorf) weiterzufahren. Kurz vor der Einfahrt in die Ortschaft liegt rechts, von üppiger Vegetation umwachsen, die unwirklich türkise **Blue Lagoon**. Im Süßwasserpool am Rand der Straße sind oft bunte Fische zu beobachten. Picknickplatz und Toiletten sind vorhanden.

In **Forari**, 10 km weiter, wurde 1961-78 in großem Stil Mangan im Tagebau gefördert. Heute stehen die verrosteten, überwucherten Anlagen gespenstisch in der Landschaft.

Die Fahrt Richtung Norden führt teils an der Küste entlang, aber auch durch kleine Siedlungen und üppige Vegetation. Die früher recht bekannte Beachcomber Lodge ist derzeit geschlossen.

Die Landebahn von **Quoin Hill** kann man noch gut erkennen. Sie wurde im 2. Weltkrieg von den Amerikanern gebaut. Bei **Baofatu** liegen die **Wracks** zweier Kampfflugzeuge im seichten Wasser; ein Führer aus dem Dorf bringt Besucher hin.

Von der Küste lassen sich drei Inseln ausmachen. Das kleine, unbewohnte und nahe gelegene **Kakula Island** ist verpachtet. **Pele Island** ist bewohnt, ebenso die große **Insel Nguna**, deren eindrucksvoller „Bilderbuch-Vulkan" **Taputaora**, fast 600 m hoch, auf der weiteren Fahrt den Blick nach Norden über das Wasser bestimmt. Die **Lagune** zwischen den beiden Inseln ist Meeresschutzgebiet und ein Paradies für Taucher und Schnorchler. Hier kann man unter Wasser den seltenen Dugongs (Seekühen) begegnen. Nguna hat die

Foto: Micheal Brillat

sagenhaften weißen **Sandstrände**, für die die Südsee berühmt ist. Auf beiden Inseln gibt es gute Unterkünfte. Die Ortschaft **Siviri** liegt bei Km 98 an der westlichen Seite der **Undine Bay** und ist durch eine Stichstraße erreichbar. Gegen Gebühr kann man die kleine Höhle **Valeafau Cave** besuchen und sich ihre Geschichte erzählen lassen.

Kurz vor dem Dorf **Ulei** erreicht die Hauptstraße die Küste von **Port Havannah**, das durch die beiden vorgelagerten Inseln **Moso** und **Lelepa** einen erstklassig geschützten Ankerplatz liefert. 1942 kam mit der Landung und Stationierung amerikanischer Truppen für ein paar Jahre wieder Leben in diesen Hafenort. Ein kleines Stück weiter westlich liegt an einer Landzunge das neue Edelresort **The Havannah**. Gegenüber auf Moso Island wohnt man preiswerter und einfacher.

Auf der weiteren Strecke werden am Straßenrand neben Obst und Muscheln auch Fundsachen aus der amerikanischen Zeit wie Feldflaschen, -bestecke und alte Colaflaschen angeboten.

Nach **Samoa Point** erreicht man bei Km 116 **Lelepa Landing**. Die Insel **Lelepa Island** besitzt schöne Strände, die Höhle **Feles Cave** mit 1000 Jahre alten **Höhlenmalereien** (UNESCO-Welterbe, zusammen mit Mangaas und Eretoka, s. u.) und Kriegsrelikte: eine abgestürzte Corsair und ein Flugabwehrgeschütz. Von Port Vila werden Ausflüge nach Lelepa angeboten.

3 km von Lelepa Landing (nur mit Führer zu finden) lag einst **Mangaas**, eine vor 1500 Jahren gegründete Siedlung. Im 13. Jh. entwickelte sie sich unter der Herrschaft eines Häuptlings, Roi Mata genannt, zum wichtigsten Inselort. Der letzte Roi Mata soll um 1600 auf der vorgelagerten, seitdem unbewohnten **Insel Eretoka** (wegen ihres Profils auch „Hat Island" genannt) bestattet worden sein, mit 18 lebenden Häuptlingen und 22 Ehefrauen. Bei Ausgrabungen auf Eretoka wurde 1967 tatsächlich das **Häuptlingsgrab Roi Matas** mit 41 Skeletten gefunden.

Die Straße führt nun aufwärts und an mehreren Abschnitten wieder steil bergab, bis schließlich bei Km 127 **Klem's Hill** erreicht ist. Vom Parkplatz auf der linken Seite knapp hinter der Höhe bietet sich ein großartiger Blick auf Port Vila und die **Mele Bay**. Nochmals geht es steil hinunter nach **Mele Maat**, wo die Wasserfälle **Cascades** einen Besuch lohnen. Nach einem kurzen Aufstieg kann man sich in einem der zahlreichen glasklaren **Pools** erfrischen. Vor der Abzweigung zum Dorf **Mele** führt rechts die Straße zum ca. 12 km entfernten **Devil's Point**. Mele Village vorgelagert liegt das kleine **Mele Island** (auch **Hideaway Island** genannt), ein beliebtes Ausflugsziel zum Baden und Schnorcheln. Vorbei am Platz des **Port Vila Golf Club** geht es zurück in die Hauptstadt.

Rechts: Stolz auf das gefangene Ferkel (Tanna).

TANNA

Tanna, 565 km^2 groß, zählt zu den häufiger besuchten Inseln Vanuatus.

James Cook erreichte 1774 als erster Europäer die Insel, ankerte in der Bucht **Port Resolution** und gab Tanna seinen Namen. Gut ein Viertel der Bevölkerung sind heute Anhänger so genannter *Kastom*-Religionen, d. h. traditioneller oder traditionell angelehnter Glaubensrichtungen und Lebensstile. Zu den bekanntesten zählt die **Jon Frum Bewegung**, ein *Cargo* (= Fracht) Kult, der in den 1930er Jahren entstand und durch das Eintreffen der amerikanischen Truppen mit einer nie gesehenen Fülle an Reichtümern besonderen Auftrieb erhielt. Die Anhänger glauben, dass Jon Frum, zweifellos ein Amerikaner, eines Tages wiederkommen und erneut Wohlstand und Gesundheit bringen wird. Jon Frum-Dörfer und andere *kastom villages* können mit lokalen Führern besucht werden.

Unregelmäßig, meist zwischen August und Jahresende, findet das drei- bis fünftägige *Nekowiar*-Festival statt. Mit dem wilden Toka-Tanz, an dem die Männer aller Dörfer teilnehmen, wird die Beschneidung der Knaben gefeiert.

Tanna besitzt auf vergleichsweise kleinem Raum ein abwechslungsreiches Landschaftsbild und zwei über 1000 m aufragende Berge (**Mt. Tukosmera** und **Mt. Mareun**). Hauptattraktion aber ist der nur 361 m hohe und leicht erreichbare aktive Vulkan **Mt. Yasur** im Osten der Insel. 1878 fand der letzte große Ausbruch statt, dabei wurde der südöstliche Teil der Insel bis zu 20 m angehoben. Rauchsäulen, Erdstöße und Explosionen treten laufend auf, und umherfliegende Gesteinsbrocken sind keine Seltenheit. Am eindrucksvollsten ist der Blick in den Krater bei Nacht (festes Schuhwerk, Taschenlampe!). Nach Tanna werden von Port Vila aus Tagesausflüge (auch zum Nekowiar Festival) und mehrtägige Ausflugspakete angeboten.

» Karte S. 64, Info S. 72-73

Foto: Holger Leue

ESPIRITU SANTO

Meist wird die mit über 4000 km² größte Insel Vanuatus (ca. 30 000 Einw.) einfach **Santo** genannt. Ein über 1000 m hoher, dicht bewaldeter Gebirgszug erstreckt sich im Westen der Insel von Nord nach Süd. **Mt. Tabwemasana** ist mit 1879 m der höchste Berg des Landes. Der Osten Santos ist durch flache Ebenen geprägt. Hier liegen die meisten Plantagen und Weideflächen, und hier lebt der Hauptteil der Bevölkerung. Die größte Siedlung, **Luganville** im Südosten der Insel, zählt etwa 13 000 Einwohner.

Santo wurde vom spanischen Kapitän Quiros 1606 entdeckt und später von Louis Antoine de Bougainville und James Cook besucht. In den 1920er und 30er Jahren entstanden erste Widerstandsbewegungen gegen die europäischen Händler und Plantagenbesitzer, die ab 1850 dort zu siedeln begonnen hatten. Radikale Veränderungen brachte die Stationierung von ca. 100 000 amerikanischen Soldaten ab 1942. Unterkünfte, Straßen, Kaianlagen und Flughäfen wurden in Windeseile gebaut. Etwa 10 000 Ni-Vanuatu von anderen Inseln fanden auf Santo Arbeit.

Auch auf Santo entstanden in der Nachkriegszeit traditionell orientierte Cargo-Kulte sowie, unter der Führung von Häuptling Buluk und Jimmy Stevens, 1963 die *Nagriamel*-Bewegung. 1971 reichte Nagriamel eine Petition an die Vereinten Nationen ein und forderte die Unabhängigkeit Vanuatus, ab 1975 trat die pro-französische Bewegung für ein unabhängiges Santo ein. Wenige Wochen vor der Unabhängigkeit des Landes kam es zu einem Aufstand, der so genannten *Coconut Rebellion*, die schließlich niedergeschlagen wurde. Die Führer, einschließlich Jimmy Stevens, wurden verurteilt.

Santo ist ein El Dorado für Taucher, besonders für Wracktaucher: Das Wrack des 202 m langen 22 000 BRT-Luxus-Kreuzfahrtschiffes **SS President Coolidge**, das im Militäreinsatz 1942 auf eigene Minen lief und sank, liegt 6 km östlich von Luganville in etwa 20 bis 70 m Tiefe. Am

» Karte S. 70, Info S. 72-73

Million Dollar Point (Km 9) versenkten die Amerikaner vor ihrem Abzug gigantische Mengen an Kriegsmaterial und Versorgungsgütern, nachdem sich weder die Kolonialregierung noch die europäischen Siedler trotz eines Angebots zu Niedrigstpreisen zum Aufkauf entschließen konnten. Dieses Schutzgebiet ist ein beliebter Platz zum Schnorcheln, Tauchen und für Souvenirjäger.

In **Saraoutou** kann das **IRHO Coconut Research Centre** besucht werden. In **Matevulu** (Km 21) lädt das größte **Blue Hole** der Insel, ein tiefer, von einer Quelle gespeister Pool, zu einem erfrischenden Bad ein. 55 km nördlich von Luganville, in der Nähe vom **Hog Harbour**, erstreckt sich der spektakulärste Strand von Vanuatu, **Champagne Beach**. Der romantische Name verheißt nicht zuviel: die kristallklare Lagune ist gesäumt von puderzuckerfeinem, cremefarbenem Sand, Kokospalmen wiegen sich in der warmen Brise, dahinter erheben sich leuchtend grüne Hügel. Hier ankern regelmäßig Kreuzfahrtschiffe und entladen eine Flut von Passagieren. Eine Bucht weiter südlich lädt der ebenso schöne **Lonnoc Beach** zum Verweilen, ganz ohne Kreuzfahrtschiffe. Auch der weiße Strand bei **Port-Olry** und der dunkle in der **Big Bay** sind ideal zum Schwimmen und Relaxen.

Das *kastom village* **Tanafo** (auch Fanafo oder Vanafo, 23 km nördlich von Luganville) – ehemaliger Wohnort von Jimmy Stevens und das Zentrum der *Nagriamel*-Bewegung – kann nur auf einer organisierten Tour mit einem lokalen Führer besichtigt werden.

Rechts: Gespanntes Warten auf den Sprung – beim „Land diving" auf Pentecost.

PENTECOST

Die etwa 500 km² große Insel, auf der gut 15 000 Menschen leben, ist international durch das spektakuläre **Turmspringen** (*naghol, land diving*) bekannt geworden. Aus dieser traditionellen Mutprobe entwickelte sich das moderne *Bungee Jumping*. Jährlich im April und im Mai wird um einem Baumstamm ein bis zu 30 m hoher Turm aus flexiblem Astwerk errichtet. Sprungbereite Männer befestigen Lianen an ihren Fesseln und auch an den Plattformen und stürzen sich kopfüber in die Tiefe. Diese Zeremonie zu Beginn der Yams-Ernte gilt sowohl der Erneuerung der Fruchtbarkeit wie auch als Initiationsritual.

Seitdem das *land diving* auch von Touristen besucht werden kann und diverse Veranstalter die Attraktion in ihr Programm aufgenommen haben, fürchten kulturbewusste Inselbewohner, dass das Ritual zum schnöden Touristenspektakel verkommen wird.

MALEKULA

Malekula ist mit fast 2070 km² und ca. 30 000 Einwohnern die zweitgrößte und eine der am dichtesten besiedelten Inseln Vanuatus. Die Siedlungen konzentrieren sich auf die Küstenregion. Die Insel ist kulturell stark zergliedert,

» Karte S. 70, Info S. 72-73

Foto: Holger Leue

was sich in den etwa 30 verschiedenen Sprachen widerspiegelt. Trotz früher europäischer Besiedlung haben sich vor allem in den Bergen alte Traditionen bis heute erhalten. Die Bezeichnung für die zwei Gruppen von Urbewohnern – Big Nambas und Small Nambas – bezieht sich auf die unterschiedliche Größe ihrer Penisschäfte (*nambas*), die sie an einem Gürtel tragen.

Besucher landen auf dem Airstrip in **Norsup**. Einfache Rest Houses und Restaurants findet man 5 km südlich in **Lakatoro**, das **Cultural Centre** informiert dort über die Insel und mögliche Touren. In der **Aop Bay** lockt ein herrlicher weißer Strand – aber Vorsicht, in den Gewässern um Malekula tummeln sich oft Haie. Die **Rose Bay Bungalows** auf der Insel **Wala** sind der ideale Ort für Robinson-Ferien. Auch auf der Nachbarinsel **Maskelgue** gibt es einfache Unterkünfte.

Auf Malekula gibt es noch zahlreiche Stätten, die *tabu* sind. Besucher sollten sich vor Ausflügen genau informieren, an welchen Orten sie sich aufhalten dürfen.

AMBRYM

Die knapp 700 km^2 große Insel dominieren drei **Vulkane**: **Mt. Marum** (1270 m), **Mt. Benbow** (1159 m) und **Mt. Vetlam** (1175 m). Nach einer Eruption 1950 wurden mehrere Hundert Einwohner nach Efate umgesiedelt. Auf Ambrym leben heute ungefähr 14 000 Menschen; sie gelten als besonders gute Schnitzer. Ihre großen, bis zu sechs Meter hohen Schlitztrommeln (*tam tam*), ihre Skulpturen aus dem Holz der Farnbäume sowie aus Tuff- und Bimssteinen sind in ganz Vanuatu berühmt. Furchterregend ist der Rom-Maskentanz der Einheimischen; Ambrym gilt als die Insel der Zauberer und der Schwarzen Magie.

Die einfachen Unterkünfte vermitteln Führer für eine Tour zum aktiven vulkanischen Gebiet um Mt. Benbow und Marum.

Im Norden kann man über **Linbul** und **Ranon** zum **Mt. Vetlam** hochsteigen. Eine gute Basis ist dafür das freundliche Gästehaus **Solomon Douglas Bungalows** in Ranon.

» Karte S. 70, Info S. 72-73

VANUATU (☎ 00678)

Vanuatu Tourism Office, Lini Hwy, Pilioko House, PO Box 209, Port Vila, Tel. 22813, Fax 23889, tourism@vanuatu.com.vu. www.vanuatu.travel. Informationen auch über Unterkünfte auf weiteren Inseln Vanuatus.

EINREISE: Die meisten Besucher erhalten bei Einreise ein Touristenvisum für 30 Tage. Voraussetzung dafür ist ein noch mindestens 4 Monate gültiger Reisepass und ein Weiter- oder Rückflugticket.
Internationale Flughafengebühr ist im Ticket inklusive. Bei Inlandsflügen sind VT 200 zu entrichten.
GESUNDHEIT: Malaria-Prophylaxe ist bei einem Aufenthalt auf Efate nicht notwendig, für alle anderen Inseln empfehlenswert.

ANREISE: Die folgenden Linien fliegen Vanuatu an: **Air Vanuatu / Qantas**, von Australien, Neuseeland, Neukaledonien und Solomon Islands, außerdem über 30 Ziele im Land, nach Tanna mehrmals täglich (www. airvanuatu.com, Tel. 23878).
Air Calin, von Frankreich und Japan über Neukaledonien (www.aircalin.nc, Tel. 22739).
Air New Zealand, von Neuseeland (www.airnewzealand. com, Tel. 22666). **Air Pacific**, von Australien, Neuseeland, Tahiti, Tonga, Solomon Islands, Kanada, USA, alle über Fidschi (www.airpacific.com, Tel. 22836). **Virgin Australic**, von Australien und Neuseeland (www.virginaustralic.com.au, Tel. 22836).
REISEN IM LAND: **Air Vanuatu** fliegt die meisten bewohnten Inseln des Staatsgebiets an.

WÄHRUNG: Landeswährung ist der **Vatu**; 1 Euro ≈ 120 Vatu (VUV oder VT). Kreditkarten werden auf Efate nur in Duty Free Shops und Hotels akzeptiert, sonst nur Bargeld. Geldautomaten und Bargeld auf Kreditkarte nur in Port Vila und Luganville auf Santo.

GESCHÄFTSZEITEN: **Läden**: Mo-Fr 7.30-11.30 u. 13.30-17 Uhr. Sa 8-12 Uhr, Supermärkte werktags bis 19 Uhr.
Banken: Mo-Fr 8.30-15.30 Uhr.
Post: Mo-Fr 7.30-16.30 Uhr.

EFATE

(Wenn nicht anders angegeben, befinden sich die Einrichtungen in oder nahe Port Vila).

Dank des französischen Einflusses hat Port Vila viele gute Cafés und Lokale.
Chill Restaurant & Bar, direkt am Wasser neben dem Markt, Seafood, Pizza, Steak mit tollem Blick nach Iririki, Tel. 22578.
Nambawan Café & Moonlight Cinema, modern und belebt, direkt am Wasser, mit Internet und Freiluftkino, von Sunrise bis Sunset geöffnet. Tel. 7744826.
L'Houstalet, kein Blick aber gute französische Küche, ausgefallene Gerichte u. a. Coconut Crab, wilde Taube, Flughund etc., hier wurde 1980 morgens um 4 Uhr die neue Verfassung unterschrieben, Tel. 22303.
Bierdurst stillt man am Besten in der **Brewery Bar & Restaurant**, zum Selbstgebrauten gibt's Deftiges wie Burger, Pizza oder Steak, etwas laut am Lini Highway, gegenüber Grand Hotel, Tel. 28328.
Bay Watch, fantastischer Blick, leichte Kost, ein schöner Platz zum Sunset, an der Baie de Fatumaru in Richtung Flughafen, Tel. 7793950.
Tamanu on the Beach, erstklassige Lage, auch mittags geöffnet, Spezialität Meeresfrüchte und Steaks, 15 km südöstlich von Vila, Tel. 27279.
Im Hotel **Vila Chaumières** gibt es ein stimmungsvolles Restaurant mit Terrasse und Lagunenblick, 4 km östlich von Port Vila an der Straße nach Forari, Tel. 22866.

Sehr aufregend ist es nachts nicht in Vila. Es gibt allerdings über 100 **Kava-Bars** (*Nakamal*) in Vila. Früher reine Männersache, sind heute auch Frauen zugelassen, besonders zur Sunset- oder Five-o'Clock-Shell nach der Arbeit.
Waterfront Bar & Grill, ist die beliebteste Bar, Fischspezialitäten und Internet, Tel. 23490.
Rumours, Nightclub, Themenabende wie Thirsty Thursday etc., am Wochenende bebt der Boden, wenn DJs aufspielen, neben Moorings Hotel, Tel. 29100.
Viele Hotels und größere Restaurants veranstalten melanesische Feste mit Kava-Verkostung, einheimischen Bands und Tanzvorführung (*kastom dancer*). Infos dazu gibt es im Tourism Office.

Vanuatu Cultural Centre und **National Museum**, Mo.-Fr. 9-16.30 Uhr, Sa. 9-12 Uhr, Rue d'Artois, gegenüber vom Parlamentsgebäude, Tel. 22129, Fax 26590.

INTERNET: **Naviti Internet Café**, gegenüber vom Markt, Tel. 27813.
Nambawan Café, Tel. 25246.
High-Speed-Internet auch bei **Vanuatu Post**, Lini Highway, Tel. 22000.
Alle Hotels und Resorts bieten heutzutage Internet, meist auch WLAN-Verbindung in den Zimmern.

AUSFLÜGE: **Strände**: Die besten sind Erakor Lagoon und Le Meridien Resort in Vila, White Sands Beach an der Südküste und Eton Beach an der Ostküste von Efate. Champagne Beach und Golden Beach auf Espiritu Santo.
Ekasup Cultural Village Tour: Eine Art melanesisches Freilichtmuseum in einem Dorf, 5 km von Vila, wo Traditionen und Rituale demonstriert werden. Verbunden mit einem Fest mit einheimischen Essen, Erzählungen und Musik. Nafonu Tatoka Tours, Tel. 24217.
Nach Tanna: Auf Tanna kann man Abenteuer mit Kultur verbinden. Die Bewohner sind noch stark mit der Tradition verhaftet, die in so genannten *Kastom Villages* auch Besuchern vermittelt wird mit rituellen Tänzen, Bräuche werden erklärt und einfaches Kunsthandwerk verkauft. Der aktive Vulkan Yasur ist besonders spektakulär beim nächtlichen Aufstieg wegen des Feuerscheins. Man braucht aber nur die letzten 15 Minuten zu Fuß zu gehen.
Von Port Vila aus werden Pauschaltouren mit und ohne Übernachtung angeboten. **Adventures in Paradise**, Lini Highway, Tel. 25200.
Mit dem Boot: Tagescruise mit der Coongoola, einer 25 m Ketsch nach Moso Island.
Zum Schorcheln und Schwimmen: **Coongoola Day Cruise**, Tel. 25020, www.southpacdivecruise.com.vu.
Tauch- und Schnorcheltrip mit der Segelyacht nach Hat Island, täglich von Vila, **Sailaway Cruises**, Tel. 23802, www.sailawayvanuatu.com.
Tages- oder Zweitagestouren mit Vulkantrip nach Tanna, Pentecoast oder zu den nördlichen Inseln veranstaltet **Unity Airlines Volcano Tour**, Tel. 7744475.

Es herrscht **Rechtsverkehr**. Die Straße um die Insel Efate ist ausgebaut und in gutem Zustand.
LEIHWAGEN: **Avis Rent a Car**, Tel. 25497, email avis@vanuatu.com.vu; **Budget,** Tel. 25700, budget@vanuatu.com.vu; **Discount Car Rentals**, Tel. 23242, discount-rentals@vanuatu.com.vu
RUNDFLÜGE: **Air Safari**, Tanna, Ambryn, Efate-Tagestouren, Tel. 7745207. **Vanuatu Helicopters**, Rundflüge, div. Programme, Charter, Tel. 25022.

GOLF: **Port Vila Golf & Country Club**, 18 Löcher, Mele Bucht, ab 7.30 Uhr, Reserv. am Wochenende, Tel. 22564. **Holiday Inn Resort**, 9-Loch-Platz am Meer, spektakuläre Anlage, Tel. 22040.
HOCHSEEFISCHEN: **Crusoe fishing Adventures**, Tel. 7745490, www.crusoefishing.com.vu. **Wild Blue Fishing Charters,** Tel. 22398, www.nautilus.com.vu.
REITEN: **L'Hippocampus the Sea Horse Ranch**, Ausritte mit Informationen über Land und Leute, Flora und Fauna, am längsten Strand entlang und in die Berge mit fantastischen Ausblicken, The Sea Horse Ranch, Tel. 25152. **Club Hippique Adventure Park**, vielseitige Ausritte auch für Anfänger, 1 Std. bis ganzen Tag, Campingplatz, Restaurant, Tel. 23347, www.clubhippiquevanuatu.com.
TAUCHEN: **Nautilus Scuba**, PADI-zertifiziert, Tel. 22398, www.nautilus.com.vu. **Sailaway Dive**, Tel. 25155. **Dive Hideaway Island Marine Sanctuary**, Tel. 22936, www.hideaway.com.vu. **Big Blue Diving**, Tel. 27518, www.bigbluevanuatu.com.

ESPIRITU SANTO

TOUREN: **Heritage Tours**, Tel. 36862. **Paradise Tours**, Tel. 7747159.
TAUCHEN: **Aquamarine Santo**, Tel./Fax 36196, www.aquamarine-santo.com.
Allan Power Dive Tours, Allan Power hat viel Wracktaucherfahrung, POB 233, Santo, Tel./Fax 36822, www.allan-power-santo.com

erard Pleynet

Der Nordwesten Neukaledoniens ist Rinderzuchtgebiet

Foto: Gérard Pleynet

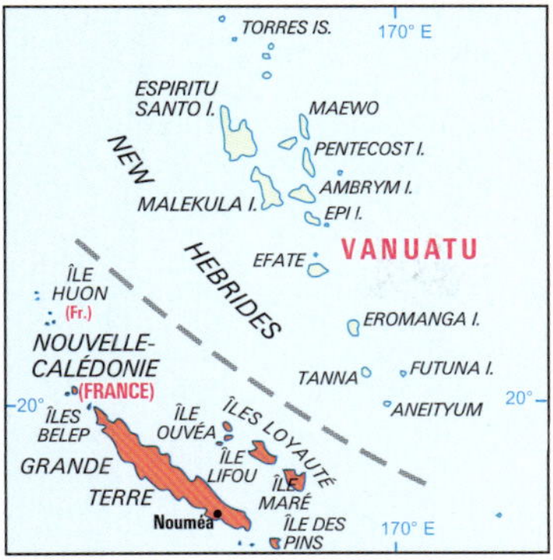

NEUKALEDONIEN (Nouvelle-Calédonie)

GRANDE TERRE
ÎLE DES PINS
LOYALITÄTS-INSELN

Der Anflug auf den internationalen Flughafen von Tontouta, vorbei an kleinen Inseln und dem imposanten *Massif du Humboldt*, ist atemberaubend, und man bekommt einen ersten Eindruck vom abwechslungsreichen Landschaftsbild Neukaledoniens. Auf dem weiten Grasland der Westküste von Grande Terre haben Europäer Rinderfarmen in großem Stil angelegt. An der Ostküste ist das traditionelle Leben der Melanesier noch weitgehend erhalten geblieben. Zerklüftete Bergmassive mit gischtsprühenden Wasserfällen gehen in sanft geschwungenes, baumbestandenes Hügelland und üppige Regenwälder über; an türkisfarbenen Lagunen und muschelübersäten Stränden findet man paradiesische Ruhe.

Auch Abwechslung und Großstadtflair kommen nicht zu kurz – die Hauptstadt Nouméa, das „Paris der Südsee", lockt mit großem (und teurem) Warenangebot, mit exquisiten Restaurants und französischer Lebensart.

Neukaledonien, mit mehr als 19 060 km^2 Landfläche, umfasst die Hauptinsel Grande Terre (auch *le caillou*, kleiner Stein, genannt), die östlich davon gelegenen Loyalitäts-Inseln, die nordwestlichen Belep-Inseln, die Île des Pins und eine Reihe von kleinen Eilanden. Grande Terre, etwa 400 km lang und 50 km breit, ist die größte südpazifische Insel nach Neuguinea und Neuseeland; höchster Berg ist der Mont Panié mit 1628 m.

Links: Die Tänzerinnen in Nouméa sind mit kunstvoll bemalten tapa-Gewändern bekleidet.

Klima

Neukaledonien liegt am Rand der Tropen im Bereich der Südostpassate. Die Jahresmitteltemperatur in Nouméa beträgt etwa 23 °C, die Schwankungen im Jahresverlauf um 6 °C. Die Temperaturen können zwischen Juni und September in der Nacht auf ca. 12 °C absinken. In den warmen Monaten von November bis April liegen die Tiefstwerte im Durchschnitt bei mindestens 20 °C, die Höchsttemperaturen um 30 °C. Die Niederschlagsmengen sind, beeinflusst durch den hohen Gebirgszug, der sich längs der Insel Grande Terre erstreckt, sehr unterschiedlich verteilt. Die westlichen Landesteile erhalten deutlich weniger Regen pro Jahr (1000 bis 1500 mm) als die östlichen (bis über 3000 mm).

Flora und Fauna

Flughunde haben als einzige Säugetiere selbständig die Inseln erreicht. Einige von Menschen mitgebrachte Haustierarten wie Hunde, Katzen und Schweine leben heute oft verwildert,

» Karte S. 78, Info S. 96-97

PACIFIC
OCEAN
N
GRANDE
TERRE
ÎLES LOYAUTÉ
Waala
ÎLE ART
ÎLE YANDÉ
ÎLE BAABA
ÎLE BALABIO
Poum
Baie de Néhoué
Malabou Beach
Plage de Faténaoué
Arama
Col d'Amos 386
Tiébaghi
Maamaat
Koumac
Quégoa
Balade
Zone Côtière Nord-Est
Pouébo
Grottes de Koumac
Kaala-Gomen
Cascade
RT1
Mt.Panié 1629
Tao
Ouaco
Ganem
Hienghène
Grotte de Lindéralique
Témala
Tiendanite
Voh
Tipindjé
Plage de Foué
Koné
Cascade de Ouendé
Touho
Tié
Plage de Tiéti
Pouembout
Poindimié
Pic d' Amoa 610
Napoémien
Forêt-Plate
Nabai
Ponérihouen
Népoui
RT3
Grottes d'Adio
Poya
Bâ
Cap Bocage
Col des Roussettes
Houaïlou
Poro
Poé
Kouaoua
Plage de Poé
Bourail
Cap Dumoulin
Zone Côtière Ouest
Petit Couli
La Crouen
Farino
Canala
Moindou
Cascades de Ciu
Fort Teremba
Sarraméa
La Foa
Thio
Presqu'Î. Ouano
RT4
MASSIF DU HUMBOLDT
Bouloupari
ÎLE TOUPÉTI
Bay de Vincent
ÎLE DUCOS
La Tontouta
Mt. Humboldt 1618
ÎLE HUGON
Réserve Spéciale Botanique du Mont Mou
Païta
Parc Provincial de la Rivière-Bleue
VE2
Lac de Yaté
Kuendu Beach
La Conception
St Louis
Mamié
NOUMÉA
Mt. Doré 772
Barrage de Yaté
Mont Doré
Plum
Yaté
Plaines des Lacs
Chutes de la Madeleine
ÎLE OUEN
Goro
Havannah
Zone du Grand Lagon Sud
Canal de la
Passage de la Sarcelle
Kaaji
Wapwanga
Kuto
Grotte de Wemwanyi, Grotte de Waacia
Vao
Baie d'Upi
ÎLE DES PINS
PLÉIADES DU NORD
PL. DU SUD
Zone d'Ouvéa et Beautemps-Beaupré
Cap Rossel
Ohhyot
Fayaoue
ÎLE OUVÉA
Mouli
Notre Dame de Lourdes
Cap Escarpé
Baie du Santal
Xepenehe
Hnathalo
Drueulu
Wé
ÎLE LIFOU
Mou
Luengoni
Xodé
Cap de Flotte
ÎLE TIGA
ÎLE MARÉ
Thogone
Tadine
La Roche
Cap Wabao
Eni
Kurin
Cap Boyer
NEUKALEDONIEN
0 40 80 km
© Nelles Verlag GmbH, München

Ratten kamen von den Schiffen der Europäer, Rinder wurden zur Zucht eingeführt. Die Vogelwelt ist mit rund 70 Arten weitaus reicher. Landessymbol ist der vom Aussterben bedrohte, flugunfähige Cagou (*Rhynochetus jubatus*), ein grauer Kranichvogel, der sich sehr langsam bewegt und nur ein Ei jährlich ausbrütet. An Reptilien gibt es Skinks, Geckos und drei Landschlangenarten. Die häufig anzutreffenden Wasserschlangen sind zwar extrem giftig, aber nicht angriffslustig.

Mehr als 3000 höhere Pflanzenarten gedeihen auf den Inseln, drei Viertel von ihnen zählen zur natürlichen Vegetation. Aufgrund der Unwegsamkeit des Landes und seiner geringen Bevölkerungsdichte sind viele endemische Arten in abgelegenen Regionen erhalten geblieben. Die Ostseite von Grande Terre ist in weiten Teilen durch dichte, feucht-tropische Vegetation geprägt, die Westseite durch Gras- und Strauchsavannen, die durch Waldformationen aufgelockert werden. Auffallend ist hier der endemische, eukalyptus-ähnliche Niaouli-Baum (*Melaleuca quinquenervia*), aus dessen weißer Rinde ein medizinisches Öl hergestellt wird. Eindrucksvoll sind die hohen Norfolk-Tannen (*Araucaria)*. Einige der 14 Arten sind endemisch.

Neukaledoniens Barriere-Riff gehört zu den größten und prächtigsten der Welt – ein Paradies für Tiefseetaucher und Schnorchler, die hier Korallengärten, bunte Riff-Fische und Muscheln bestaunen können.

Nickel, Kaffee und Touristen

Neukaledonien, ein abgebrochener Teil des alten Kontinents Gondwanaland, besitzt reiche Bodenschätze. Es zählt zu den bedeutendsten Nickellieferanten der Welt, die Produkte bringen dem Land mehr als 90 % der Exporteinnahmen. Noch wenig ausgeschöpft sind die umfangreichen Chrom-, Eisen-, Mangan- und Kobaltlagerstätten. Der größte Teil der abgebauten Erze wird in Nouméa aufbereitet und verlässt als Zwischenprodukt das Land. In den 1980er Jahren begann der Tourismus zunehmend an Bedeutung zu gewinnen. Inzwischen hat die Besucherzahl 100 000 pro Jahr überschritten. Unter den landwirtschaftlichen Produkten werden lediglich Kokosöl und Kaffee ausgeführt.

Kanaken, Caldoches, Fremdarbeiter

Neukaledonien weist mit seinen etwa 265 000 Bewohnern ein buntes Bevölkerungsgemisch auf. Die einheimischen Melanesier bezeichnen sich mit Stolz als Kanaken (Menschen), und mancher Besucher aus Europa bzw. Deutschland denkt mit Beschämung daran, wie leicht einigen Menschen zuhause dieses Wort als Beleidigung von der Zunge geht. Die Zahl der Kanaken nahm bis nach dem Ersten Weltkrieg ab, sie beträgt heute ca. 44 % der Bevölkerung. Die Urbewohner, die angesichts des starken französischen Einflusses um den Erhalt ihrer Kultur und Traditionen kämpfen, leben relativ ärmlich, hauptsächlich im Osten von Grande Terre und auf umliegenden Inseln. Bewohner, die von frühen europäischen Siedlern abstammen, werden *Caldoches* genannt. 34 % der Bevölkerung sind Europäer, 21 % sind auf Wallis, Futuna, Tahiti, in Indonesien, Vietnam oder anderen Ländern geboren und kamen vor allem im Zuge der wachsenden Bergbauindustrie in das Land. Etwa 30 verschiedene melanesische Sprachen werden von der einheimischen Bevölkerung gesprochen, die offizielle Landessprache ist Französisch.

... und wieder einmal James Cook

Es ist umstritten, wann Neukaledonien erstmals besiedelt wurde. Durch Datierung der Lapita-Keramik konnte jedoch nachgewiesen werden, dass Melanesier die Inseln vor mehreren tausend Jahren bereits erreicht hatten – vielleicht über die Salomon-Inseln und Vanuatu. Bei Ankunft der Europäer leb-

Foto: Gérard Pleynet

ten mindestens 50 000 Menschen auf den Inseln.

Kapitän James Cook landete als erster Europäer im September 1774 in der Nähe von Balade im Nordosten der Grande Terre. In Anlehnung an den römischen Namen für Nord-Schottland, *Caledonia*, nannte er die zerklüfteten Küsten, die er sah, New Caledonia. Ende des 18. und Anfang des 19. Jh. erkundeten und kartierten Franzosen Grande Terre und die Loyalitäts-Inseln, und bald begann das für so viele Südseeinseln typische Szenario der Ausbeutung und Einflussnahme durch Europäer. Walfänger, Sandelholz- und Seegurkenhändler, Sklavenfänger, entflohene Strafgefangene und Deserteure zog es zunehmend auf die Inseln. 1840 trafen die ersten protestantischen Missionare der *London Missionary Society* ein, drei Jahre später die ersten katholischen vom Maristen-Orden.

Oben: Der flugunfähige Cagou gilt als Landessymbol. Rechts: Der Nickelabbau bringt dem Land 90 % seiner Exporteinnahmen.

Die Tricolore wird gehisst

Die günstige strategische Lage im Südpazifik, die Notwendigkeit, eine neue Strafkolonie anzulegen und die wiederholten Überfälle auf französische Missionsstationen und Schiffe gaben Napoleon III. genügend Gründe, Neukaledonien zu annektieren. 1853 hisste Admiral Auguste Febvrier-Despointe auf Grande Terre und der Île des Pins die französische Tricolore. 1864 trafen die ersten Deportierten ein; Zigtausende folgten, viele davon politische Strafgefangene.

Der französische Ingenieur Jules Garnier entdeckte 1863 Nickelerze, wenige Jahre später wurde im Norden der Grande Terre Gold gefunden. Ab 1876 begann die Metallförderung in großem Stil, 1878 kam es zu einem verzweifelten Aufstand der Kanaken an der Westküste. Ihr Protest gegen die rigorose Landnahme der weißen Siedler war vergebens – in der Folge wurden sie noch brutaler enteignet und zum Teil in Reservate umgesiedelt. Konnte sich die Metallindustrie

» Karte S. 78, Info S. 96-97

Foto: Gérard Pleynet

anfänglich noch günstiger oder kostenloser Strafgefangenenarbeit erfreuen, so führte die Einstellung der Deportationen 1897 zu Arbeitermangel. Kanaken, Arbeitskräfte aus Asien und von anderen pazifischen Inseln wurden nun unter schlechtesten Bedingungen verpflichtet.

Ab 1942 waren 40 000 amerikanische Soldaten auf Grande Terre stationiert, um die Japaner im Pazifik-Krieg zu bekämpfen. Vier Flughäfen wurden angelegt, und es gab plötzlich auch für Kanaken gut bezahlte Arbeit. Für viele von ihnen war die Tatsache, dass weiße und schwarze Amerikaner gleichberechtigt zusammenarbeiteten, und dass sie auch die Kanaken respektvoll behandelten, eine Erfahrung besonderer Art. 1946 wurde Neukaledonien zum französischen Überseeterritorium erklärt, und die Kanaken erhielten die französische Staatsbürgerschaft.

Auf in die Freiheit

Anfang der 1950er Jahre begannen sich erste Unabhängigkeitsbewegungen zu formieren, aber erst in den 1970er Jahren entstanden gut organisierte Parteien, darunter auch solche, die für eine Loslösung von Frankreich eintraten. Die Auseinandersetzungen – nicht nur zwischen europäischstämmigen Siedlern und Kanaken, sondern auch zwischen den Parteien – erreichten 1984 einen Höhepunkt. Die *Front National de Libération Kanak Socialiste* (FNLKS) boykottierte die territorialen Wahlen. Kurze Zeit später brachte eine bis an die Zähne bewaffnete Gruppe französischer Siedler zehn Kanaken auf brutale Weise um. Weitere Gewaltakte folgten; die Kanaken rächten sich verzweifelt mit Terroranschlägen. Neukaledonien stand am Rande eines Bürgerkriegs. 1985 ordnete Präsident Mitterand neue territoriale Wahlen an, und die Lage entspannte sich.

Unter Chirac – ab 1986 Premierminister – schlugen die Franzosen jedoch wieder eine härtere Gangart ein. Nachdem die Mörder der zehn Kanaken 1988 in einer politischen Farce freigelassen wurden, besetzten 40 Kanaken eine

» Karte S. 78, Info S. 96-97

Foto: Holger Leue

Gendarmerie auf der Insel Ouvéa, ermordeten vier Polizisten und nahmen Geiseln. Die Stürmung ihres Höhlenverstecks durch 300 französische Elitesoldaten endete mit einem Blutbad und 21 Toten. Die Unruhen der 80er und frühen 90er Jahre endeten mit dem 1998 vereinbarten *Noumea Accord*, mit dem Frankreich in den folgenden 20 Jahren mehr Verantwortung an Neukaledonien abgeben soll. Die Vereinbarung sieht auch ein Referendum vor, mit dem spätestens bis 2018 über die Unabhängigkeit des Landes entschieden werden soll. Es ist allerdings fraglich, ob die französische Regierung bereit ist, die reichen Bodenschätze und den strategisch wichtigen Stützpunkt im Pazifik preiszugeben; seit 2003 ist Nouvelle Cáledonie eine französische „Überseegemeinschaft mit besonderem Status" *(collectivité sui generis)*.

Oben: Nouméas Jachthäfen – Anziehungspunkte für Segler aus aller Welt.

GRANDE TERRE

Nouméa – eine pazifische Metropole

Nouméa (ca. 97 500 Einwohner), die Hauptstadt Neukaledoniens, liegt auf einer hügeligen Halbinsel mit herrlichen, zum Teil sandigen Buchten und schönem Blick auf vorgelagerte kleine Inseln. Jachthäfen, melanesische, polynesische und französisch-stämmige Einheimische, ausländische Touristen, französische Restaurants, Boulangerien, Boutiquen, gut gefüllte Supermärkte und nicht zuletzt das hohe Preisniveau verleihen dieser modernsten aller südpazifischen Inselstädte ein kosmopolitisches Flair.

Genießen Sie einen Café au lait mit Croissant und bummeln Sie durch die schachbrettartig angelegten Straßen der Innenstadt. Der langgestreckte **Place des Cocotiers** im Zentrum bezaubert mit weit ausladenden Flammenbäumen (*Delonix regia*), deren prächtige, scharlachrote und orangefarbene Blüten von Dezember bis März zu bewundern sind.

» Karte S. 78, Info S. 96-97

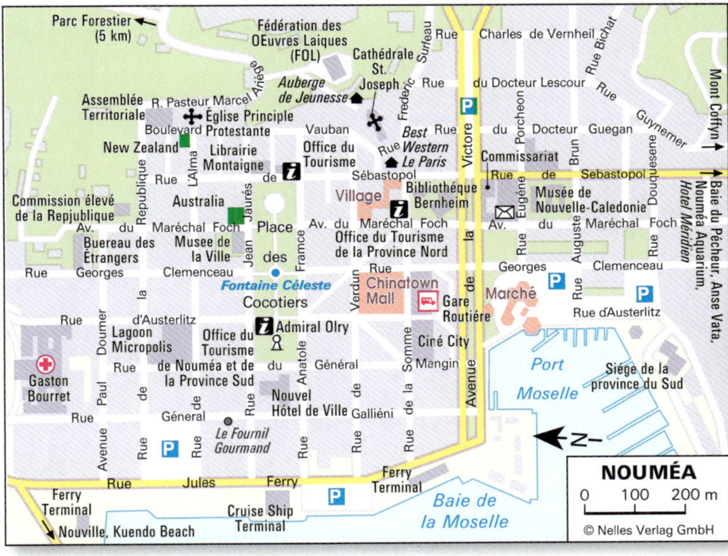

Die 8 m hohe **Fontaine Céleste** in der Parkmitte wurde 1893 vom Bildhauer Malhoux geschaffen. Hier fängt die Kilometer-Zählung für die ganze Insel an. Ein **Musikpavillon** erinnert an Zeiten, als hier französische Militärmusikkapellen aufspielten. An der Westseite steht das **Rathaus**, davor das **Denkmal** für Vize-Admiral und Gouverneur Olry (1878-80). Das schöne Kolonialgebäude an der Rue Jean Jaurès ist das 1875 errichtete, **alte Rathaus** der Stadt.

In den Straßen rund um den Place des Cocotiers, besonders in der **Rue de L'Alma**, haben sich elegante Geschäfte angesiedelt, die Pariser Mode, Parfüm, Wein und französische Spezialitäten anbieten, und man ist versucht, die Reisekasse kräftig zu plündern. Im Osten stößt die Rue de L'Alma auf den Blvd. Vaubun. Hier findet man die schlichte **Protestantische Hauptkirche** (1893) und gleich daneben das **Assemblée Territoriale** (Parlamentsgebäude).

Am Südende des Blvd. Vauban erhebt sich das weithin sichtbare Wahrzeichen Nouméas – die **Kathedrale Saint-Joseph**, die von Sträflingen erbaut und 1894 geweiht wurde. Sie besitzt herrliche Buntglasfenster und zählt zu den wenigen Kirchen in der Südsee mit einer Orgel (604 Pfeifen).

Die **Bibliothèque Bernheim** in der Avenue Maréchal Foch besitzt eine hervorragende Sammlung von Veröffentlichungen über Neukaledonien. Zwei Blocks weiter südlich dokumentiert das **Musée de Nouvelle-Caledonie** die Geschichte des Landes und die Kultur der Kanaken, u. a. mit Fundstücken (Petroglyphen und Lapita-Keramik), Masken, Holzschnitzereien, Häusern, Kanus und einem ethno-botanischen Garten. Von hier aus kann man entweder Richtung Südosten auf den **Mont Coffyn** steigen und die Aussicht genießen, oder der **Markthalle** an der westlich gelegenen Baie de la Moselle einen Besuch abstatten, wo Obst, Gemüse und Fisch feilgeboten werden (täglich 5-11 Uhr, Besuch am besten frühmorgens am Samstag oder Sonntag).

Im Süden der Halbinsel von Nouméa erstrecken sich teure Wohnviertel

» Stadtplan S. 83, Info S. 96-97

und schöne Strände, gute Touristenhotels sorgen für das Wohl der Gäste. Ein hübscher Ort zum Entspannen, Baden und Windsurfen, aber nichts für Einsamkeitsuchende. Hierher verkehrt ein Linienbus. Mit dem Mietwagen fährt man vom Stadtzentrum auf der Rue de Sébastopol nach Süden; in der **Baie de l'Orphelinat** biegt man rechts in die Route Jules Garnier ein. Bald schon ist die **Baie du Pêcheur** mit Jachthafen, Luxusappartements und elegantem Einkaufszentrum erreicht. In der **Baie des Citrons**, die einen schönen weißen **Sandstrand** besitzt, beginnt das Touristenviertel Nouméas mit zahlreichen Hotels, Restaurants und Geschäften.

An der Landzunge **Roche à la Voile** (Aussichtspunkt) geht die Baie des Citrons in die Strandbucht von **Anse Vata** über. Hier steht ein besonderes Highlight: das **Aquarium des Lagon**. Eine Million Liter Wasser wird täglich aus dem Meer in die Becken gepumpt. Das Aquarium vermittelt einen einzigartigen Einblick in die reiche Unterwasserwelt Neukaledoniens. Neben farbenprächtigen Riff-Fischen und Seeschlangen sind u. a. Nautilusschnecken und fluoreszierende Korallen zu sehen.

Im Stadtteil **Anse Vata** konzentriert sich das touristische Angebot: Hotels, Restaurants, Snack-Bars, Souvenirshops und Tourveranstalter. Im Osten der Bucht hat die **SPC Secreturist of the Pacific Community** (eine Verbindung mehrerer Südpazifikstaaten zur Förderung von Handel und Kultur) ihren Sitz. Ein Stück weiter zieht das luxuriöse **Hotel Méridien** mit seinem **Casino** die Besucher an.

Die Küstenstraße führt entlang des 128 m hohen **Ouen Toro**. Ein Abstecher von der Promenade Roger Laroque führt auf den Gipfel mit herrlicher Aussicht.

Im Norden zeigt sich Nouméa von der industriellen Seite: Auf der Halbinsel **Pointe Doniambo** liegt die riesige **Nickelschmelze** der *Société Le Nickel*.

Rechts: Im Touristenzentrum Anse Vata tummeln sich Surfer und Sonnenhungrige.

Der zoologische und botanische Garten **Parc Zoologique et Forestier**, 5 km vom Stadtzentrum im Nordosten, erstreckt sich unterhalb des Mt. Montravel (167 m). Hier ist die natürliche Vegetation noch erhalten. Auf zwei Seen und in Gehegen kann man v. a. einheimische **Vögel** bewundern. Den Park kann man mit einem Segway erkunden.

Nahe der **Bucht von Tina**, etwa 5 km östlich der Stadtmitte, lockt das 1998 eingeweihte spektakuläre **Centre Culturel Tjibaou** mit seiner ungewöhnlichen, von der Kanaken-Dorfbauweise inspirierten Architektur. Geplant hat es 1998 der Italiener Renzo Piano (u. a. Centre Pompidou / Paris, Debis-Haus / Berlin). Interessant sind die **Kanaken-Kunstgalerie** und der **Kanaken-Pfad** durch den Park. **Le petit train**, eine Bahn, führt vom Stadtzentrum direkt hierher.

Im Westen der Stadt liegt die **Île Nou** mit der Ortschaft **Nouville**. Die einstige Sträflingsinsel wurde 1972 durch Aufschüttung mit dem Festland verbunden. Teile der Gefängnisanlage sind erhalten. Hier liegt Nouméas schönster Strand; **Kuendu Beach** mit dem Kuendo Beach Resort, ein beliebtes Ausflugsziel. Kurz davor führt eine Schotterstraße auf den 126 m hohen **Mt. Tereka**, wo 1878 das **Fort Tereka** zur Verteidigung der Kolonie errichtet wurde. Von oben genießt man einen großartigen **Panoramablick**.

Agenturen bieten Ausflüge zu vorgelagerten Inseln an (regelmäßige Schiffsverbindungen), u.a. **Îlot Maître** (Hotel-Resort), **Îlot Signal** (Festungsruinen), **Îlot La Reignière** (schönes Riff). Ilot Maitre und **Ile aux Canard** sind Postkarteninseln. Man kann sie beim Schwimmen in Anse Vata sehen, sie sind nur 1 bzw. 2 km entfernt. Das Resort auf Ilot Maitre bietet Bootstransfer. Die Attraktion der kleinen Insel **Amédée** (23 km südlich von Nouméa) ist der 1862 in Paris konstruierte, zerlegte und dann verschiffte metallene **Leuchtturm** – mit 56 m Höhe und 231 Stufen damals einer der höchsten Leuchttürme der Welt

» Stadtplan S. 83, Info S. 96-97

(nicht zu besteigen). Die Insel bietet gute Bade-, Schnorchel- und Tauchmöglichkeiten.

Der einsame Süden

Eine ca. 100 km lange Straße führt von Nouméa ostwärts und erschließt einen Teil der südlichen Region der Grande Terre. Die Fahrt geht durch aride Ebenen, vorbei an spärlich bewachsenen, roterdigen Bergen und Gruppen von Niaouli-Bäumen.

Noch im Großraum Nouméa liegen die Ortschaften **La Conception** mit einer Wallfahrtskirche aus dem Jahr 1874 und **Saint-Louis**, 1856 als Missionsstation gegründet. Die 1860 erbaute, nach Louis Napoleon III. benannte Kirche ist die älteste der Inselgruppe. Kurz hinter dem Ort führt rechts eine Straße rund um den **Mont Doré** (772 m, Aufstiegsmöglichkeiten, herrliche Aussicht) und zum Strand von **Plum**.

Das über 9000 ha große Naturschutzgebiet **Parc Provincial de la Rivière-Bleue** erstreckt sich um den westlichen Zipfel des Stausees **Lac de Yaté**. Kaori- und Araukarien-Bestände, Wasserfälle, eine reiche Vogelwelt und Freizeiteinrichtungen wie Camping, Rad- und Kanutouren machen den Park zu einem beliebten Ausflugs- und Wandergebiet. Die Straße nach Yaté führt nah am Ufer des Sees entlang, bis man zum Eingang des **Parc Provincial e la Riviere Bleue** gelangt. Im **Informationscenter** lernt man Wissenwertes über Flora und Fauna im Park. Hier wird Eintritt verlangt und man muß oft anstehen, der Park ist Di-So 7 bis 17 Uhr geöffnet. Ab hier wird die Straße sehr staubig. Man kann am Riviere Blanche mit dem Auto entlang fahren, aber Vorsicht ist geboten. Riviere Bleue kann man nur mit dem Fahrrad, zu Fuß oder mit dem Kanu erkunden.

Kurz hinter dem **Creek Pernod** bei Km 67,5 zweigt ein Sträßchen südwärts zur Seenplatte **Plaine des Lacs** und zum Wasserfall **Chutes de la Madeleine** ab (ca. 11 km). Am Wasserfall darf man nicht baden, aber etwas weiter am Fluss gibt es Picknickplätze, Badestellen und Kanus und Räder zu mieten.

» Karte S. 78, Info S. 96-97

Foto: Holger Leue

Fährt man weiter Richtung Yaté, liegt linkerhand, 2 km nördlich der Straße, der Staudamm **Barrage de Yaté**. Zwischen 1956 und 1959 wurde der imposante Damm gebaut: 230 m lang und 45 m hoch. Ein Spaziergang auf dem Damm ist nicht gestattet.

Das verschlafene Städtchen **Yaté** wird dominiert vom riesigen Wasserkraftwerk. Die Straßen nach **Mamié** im Norden und nach **Goro** im Süden führen durch kleine Ansiedlungen mit zum Teil traditionellen Häusern (*case*), vorbei an Bergen, Buchten und sehr schönen Stränden.

Tourunternehmer bieten Ausflüge zur **Plaine des Lacs** und auf die bewohnte **Île Ouen** an.

Der wilde Westen

Die wichtigste Straße der Insel ist die von Nouméa in nordwestliche Richtung führende *RT 1*. Stadtauswärts verläuft parallel dazu über 17 km die Autobahnstrecke *Voie E 2* auf einer neuen Trasse. Knapp hinter **Païta** (erste Siedlung der französischen Kolonisatoren) steigt beim **Col de la Pirogue** rechts eine kleine Straße zum Naturschutzgebiet **Mont Mou** (1219 m) an.

Der internationale Flughafen liegt in **Tontouta**, 45 km von Nouméa entfernt. Kurz nach der Überquerung des gleichnamigen Flusses führt rechts eine Straße talwärts zur aufgelassenen **Mine Galliéni**. Von hier aus lässt sich eine (recht schwierige) Tour auf den 1618 m hohen **Mt. Humboldt**, den zweithöchsten Berg Neukaledoniens, unternehmen (je nach Wetter 3-4 Tage, Berghütten auf 980 und 1380 m Höhe).

Beim Städtchen **Bouloupari** zweigt die *RT 4* zur Ostküste nach Thio ab. Weiter Richtung Nordwesten lohnt bei Km 100 ein Abstecher zum Strand der **Halbinsel Ouano** (gut 10 km von der Hauptstraße, Surfcamp, Camping).

La Foa ist eine behäbige Kleinstadt mit Supermarkt, Hotel und Tourismus-

Oben: Der Parc Provincial de la Rivière Bleue, ein beliebtes Wandergebiet. Rechts: Eine fleischfressende Kannenpflanze.

» Karte S. 78, Info S. 96-97

büro. Am 25. Juni 1878 begann in La Foa der Kanakenaufstand mit der Stürmung der Gendarmerie. Zuckerrohranbau und eine Rumbrennerei brachten später einen wirtschaftlichen Aufschwung. Auf dem Weg zur Stadtmitte überquert man den Fluss La Foa. Rechterhand ist **Passerelle Marguerite**, eine nur 4 t schwere Brücke, die in Frankreich von Studenten des Ingenieurs Gustave Eiffel geplant und 1909 hier errichtet wurde. Benannt wurde sie nach der Ehefrau des damaligen Gouverneurs der Kolonie.

Bei Km 129, 2 km von der Hauptstraße entfernt, liegen die Ruinen des **Fort Teremba**, in dem bis 1898 Strafgefangene interniert waren. Die Ortschaft **Moindou** wurde 1874 von Immigranten aus Elsaß-Lothringen gegründet. Kurz vor **Bourail** liegt ein **Arabischer Friedhof** – nach 1871 wurden Aufständische aus Algerien von den Franzosen nach Neukaledonien deportiert.

Auf dem **Neuseeländischen Friedhof** einige Kilometer weiter sind Gefallene der Commonwealth-Staaten aus dem 2. Weltkrieg bestattet. Ab 1868 besaß Bourail einen Militärposten, bald darauf wurde hier ein Strafgefangenenlager eingerichtet. Die zweitgrößte Stadt der Insel ist lange nicht so lebhaft und vielseitig wie Nouméa. Das **Bourail Museum** in einem ehemaligen Gebäude des Straflagers zeigt Exponate zur Geschichte und Kultur der Region. Die Kirche des Orts wurde 1877 erbaut.

Kurz vor Bourail biegt links eine Teerstraße Richtung Südwesten zum Strand von **Poé** ab. Nach einigen Kilometern ist die grandiose Felsformation **Roche Percée** erreicht. Während die Steilküste über Jahrtausende immer weiter vom Meer ausgewaschen wurde, blieb ein riesiger Gesteinsbrocken, der **Bonhomme**, isoliert stehen. Ein großes **Brandungstor** kann bei Ebbe durchquert werden. Oben auf dem Fels ist der Aussichtspunkt **Belvédère**. Einfache Unterkünfte gibt es in Roche Percée.

Rechts führt eine Straße hinunter zur **Baie des Tortues** (Schildkrötenbucht), wo oft zwischen November und März Schildkröten brüten. Der weiße, muschelreiche Sandstrand **Plage de Poé**, einer der schönsten der Insel, erstreckt sich über 18 km. Hier gibt es einen Campingplatz.

Foto: Gérard Pleynet

Die Hauptstraße *RT 1* führt weiter nach **Poya**. Etwa 2,5 km hinter dem Ort zweigt eine Straße zu den 15 km entfernten Tropfsteinhöhlen **Grottes d'Adio** ab. Die letzten 800 m sind nicht befahrbar. Um die Höhlen zu erkunden, braucht man eine gute Taschenlampe und am besten einen Führer.

Die Stadt **Népoui** wurde 1969 von der *Société Le Nickel* gegründet. Die umliegende Landschaft ist vom Tagebau gezeichnet. Die Straße verläuft weiter durch die Ebene **Plaine des Gaïacs** bis nach **Pouembout**. Vom Ort aus biegt rechts eine Straße zur Pferderennbahn ab. Kurz dahinter führt eine Straße 25 km nach Osten – zum Wasserfall **Cascade de Ouendé**, der aus 100 m Höhe herabstürzt (von der Straße über 20 Min. Fußweg zu erreichen) und zur Stammesgemeinde (*tribu*) **Forêt-Plate**.

» Karte S. 78, Info S. 96-97

Foto: Gérard Pleynet

Kurz vor Koné zweigt von der *RT 1* die neue Straße zur Ostseite der Grande Terre ab. Die 1887 gegründete Stadt **Koné**, administratives Zentrum der Nordprovinz, ist umgeben von Weideland und Rinderfarmen. Die Australier haben die Rinderzucht in Neukaledonien eingeführt. Berittene „Cowboys", die sich nach australischer Manier *Stockmen* nennen, treiben die Rinder zusammen. Das Rodeofest im Dezember lockt jedes Jahr Menschenmassen an, mehrtägige Reitausflüge können unternommen werden. Einige Touren führen zu Kanakendörfern in den Bergen. Koné wird regelmäßig von Air Calédonie angeflogen.

6 km südlich der Stadt liegt der Strand von **Foué** (Campingmöglichkeit). In der Ebene von Foué entdeckte der Franzose Piroutet 1917 die nach dem Fundort **Lapita** benannte, mehrere tausend Jahre alte Keramik.

9 km hinter der Ortschaft **Voh** zweigt eine kleine Straße nordöstlich zur Klansiedlung **Témala** ab. Die **Momies de Faténaoué** (Mumien) in ihrer heiligen Grabstätte in der Höhle Pafoua können leider nicht mehr besichtigt werden.

Weiter geht es durch flaches Weideland nach **Koumac**, der nördlichsten „Geschäftsstadt" der Insel. Das Innere der **Église Sainte Jeanne d'Arc** (1950) wurde von von Charles Weiss, einem lokalen Bildhauer, gestaltet. 7 km im Landesinneren liegen die **Grottes de Koumac**, die bis zu 3 km in den Berg hineinreichen. Die Kalksteinhöhlen sind nicht für Besucher hergerichtet – die Erkundung sollte nur mit guter Ausrüstung und Führer erfolgen. Nördlich von Koumac quert die *RPN 7* das Inselinnere (39 km) und begleitet als *RPN 3* die Ostküste bis nach Houaïlou.

Oben: Blick vom Belvédère auf die Baie des Tortues. Rechts: Missionskirche in Arama an der Nordostküste Neukaledoniens.

Der unbekannte Norden

Die Route *RT 1* zur Nordspitze der Grande Terre passiert das aufgegebene Minenstädtchen **Tiébaghi**. Auf der Höhe des Berges gelegen, ist es weit-

» Karte S. 78, Info S. 96-97

hin sichtbar. 1902 bis 1964 wurden hier Chrom- und Kupfervorkommen abgebaut. 25 km weiter, an der **Baie de Néhoué**, kann man im schönen **Hotel Malabou Beach** übernachten. Die *RT 1* endet in Poum; bis an die nördlichste Spitze der Insel sind es weitere 30 km. Das Städtchen **Poum** hat Besuchern nicht gerade viel zu bieten, doch in der Umgebung locken schöne, einsame Strände, teilweise mit Camping. In **Arama**, an der Nordostküste der Halbinsel, wurde 1860 eine katholische Missionsstation eingerichtet und drei Jahre später eine Kirche erbaut.

Der grüne Osten

Die Ostküste ist ohne Zweifel die attraktivere Seite der Grande Terre. Hier ist die Vegetation über weite Strecken üppig. Klare, fischreiche Flüsse, einsame Sandstrände, bewaldete Berge und traditionelle Kanakendörfer bestimmen das Bild, vor allem im Nordosten. Fünf Straßen queren die Insel und verbinden die Westküste mit der Ostküste.

Fährt man von Nouméa aus auf der *RT1* nach Bouloupari, zweigt kurz hinter dem Ort die *RT 4* ab und erreicht nach 48 km die etwas triste Minenstadt **Thio** an der Ostküste. Ende der 1880er Jahre begannen die Franzosen hier mit dem Nickelabbau, zeitweilig wurden bis zu 3 % des Weltnickels gefördert. Ein altes Kolonialgebäude der SLN beherbergt das Bergbaumuseum **Musée des Mines**.

Die abenteuerliche, gewundene Straße Thio – Canala (37 km) führt durch herrliche Berglandschaft (Aussichtspunkt auf dem Col de Petchécara, 435 m). Über eine Strecke von 13 km ist die Straße nur einspurig angelegt. Jeweils zur geraden vollen Stunde ist sie tagsüber in Richtung Canala – Thio geöffnet, zu ungeraden Stunden in umgekehrte und nachts in beide Richtungen (gefährlich!). Es ist angeraten, sich in jedem Fall nach dem momentanen Straßenzustand zu erkundigen. **Canala**, 1859 als europäische Siedlung

Foto: Gérard Pleynet

gegründet, entwickelte sich rasch zum Mittelpunkt eines wichtigen Bergbaugebiets. Heute ist der Ort, wirtschaftlich gesehen, recht unbedeutend, aber ein starkes Zentrum der kanakischen Unabhängigkeitsbewegung. Kurz vor Canala zweigt links eine kleine Straße (4 km) zum Wasserfall **Cascades de Ciu** ab. 14 km westlich von Canala liegen die Schwefelquellen von **La Crouen**. Ein Bad im 43 °C heißen Thermalwasser-Pool lindert Rheuma und Arthritis. Campen ist hier möglich. Einige Kilometer weiter zweigt die *RPN 21* Richtung Norden zur Minenstadt **Kouaoua** ab.

Fährt man von La Foa an der Westküste durch das Inselinnere in Richtung Ostküste, durchquert man ein Bergland von berauschendem Grün, durchsetzt mit Wasserfällen und Flüssen. Die kleinen Gemeinden **Farino** (mit etwa 250 Einwohnern und herrlichem Blick auf die Küstenebene) und **Sarraméa** (500 Einwohner und ein Hotel!) liegen einige Kilometer von der Hauptstraße entfernt. Das alte Versammlungshaus in **Petit Couli** und die Araukarien-Allee dorthin

Foto: Gérard Pleynet

sind einen Besuch wert (Erlaubnis erfragen!). Die Straße führt über den **Col d'Amieu** (425 m) auf die Ostseite des zentralen Gebirgszuges und weiter nach Canala oder Kouaoua. 7 km nördlich von Bourail verbindet die *RPN 6* West- und Ostküste. Die Straße verläuft durch Savannenlandschaft, windet sich bergauf zum **Col des Roussettes** (371 m, schöne Aussicht) und steigt ab zur tropischen Vegetation der regenreichen Ostküste. Nach 65 km Fahrt ist die Küstensiedlung **Houaïlou** (1 km abseits der Straße) erreicht. Ein einsamer Strand liegt nordwestlich des Orts bei der Landepiste.

Ab Houaïlou begleitet die Straße *RPN 3* die Ostküste. In **Bâ**, 15 km weiter nordwestlich, ist ein Zwischenstopp angesagt: von der Straße führt ein Pfad über 1,5 km zu einem imposanten Wasserfall mit Bademöglichkeit.

Ponérihouen, 1879 gegründet, ist eine angenehme Kleinstadt, in deren Umgebung Kaffee produziert wird. Beidseitig des Flusses **Nimbaye** (oder Nabai) liegen flussaufwärts in den Bergen kleine Klansiedlungen. Zum Besuch ist ein Geländewagen nötig.

Poindimié, das administrative Zentrum der Nordostküste, wurde erst nach dem 2. Weltkrieg angelegt. Touristen finden hier Übernachtungsmöglichkeiten, Restaurants und einen Supermarkt. Reit- und Bootsausflüge und Tauchgänge werden angeboten. Am nordwestlich gelegenen **Plage de Tiéti**, dem schönsten Strand der Stadt, findet man zwei Hotels und einen öffentlichen Campingplatz.

Eine Linksabbiegung führt ins Landesinnere, durch ein idyllisches Tal nach **Napoémien** (Rasthaus und Camping); 5 km weiter entlang der Küste lohnt ein Abstecher ins grüne **Amoa-Tal** mit dem **Pic d'Amoa** (610 m). Nördlich der Mündung des Amoa-Flusses liegt die **Mission de Tié** mit ihrer 1866 erbauten Kirche. Bald darauf zweigt links durch das Tal von Tiwaka die neue Straße nach Koné an der Westküste ab (68 km).

Oben: Nickelabbau bei der Minenstadt Thio. Rechts: In Diahoue bei Pouébo lebt und arbeitet der Bildhauer François Toibat.

» Karte S. 78, Info S. 96-97

Foto: Gérard Pleynet

Entlang der Strecke nach Touho verlocken immer wieder herrliche Strände zu einem Stopp. Das hübsche, 1884 gegründete Fischereistädtchen **Touho** ist umgeben von Obst- und Kaffeeplantagen. Die kleine, schön gelegene Kirche des Orts entstand 1889. Die Landschaft zwischen Touho und Hienghène gehört zu den schönsten der Grande Terre – der Blick schweift über das türkisfarbene Meer und die vorgelagerten Inselchen, man hat herrliche Ausblicke auf weiße Sandstrände, umgeben von schwarzen Felsen, auf üppige Tropenvegetation und hoch aufragende Araukarien.

Das Tal des **Tipindjé** bietet die Möglichkeit zu einer kleinen Tour flussaufwärts. Folgt man der Küstenstraße weiter in Richtung Hienghène, erblickt man bald die eindrucksvollen dunklen Kalksteinformationen der **Roches de Lindéralique**. 3 km außerhalb des Orts zweigt ein Weg zur großen **Grotte de Lindéralique** ab. Hier findet man auch einen kleinen Strand mit Campingmöglichkeit. Vom Aussichtspunkt (300 m Seitenweg) des **Col de Hienghène** entfaltet sich ein großartiges Panorama. Hervorstechend sind zwei Felsformationen in der Bucht von Hienghène: die **Sphinx** (150 m hoch) und die witzige **Brütende Henne** (60 m).

Die Gemeinde **Hienghène** selbst ist nicht besonders attraktiv. Das **Centre Culturel Goa Ma Bwarat** besitzt einen Museumsraum, in dem Keramik, Kunsthandwerk und Werke örtlicher Künstler ausgestellt werden. Im **Visitor Centre** in Hienghène bekommt man Infos zum Trekking in den Bergen.

Schon früh war das Tal des Hienghène-Flusses ein Zentrum des kanakischen Widerstandes gegen die französischen Kolonialherren – insbesondere das südlich gelegene Dorf **Tiendanite**, Geburtsort des Kanakenführers Jean-Marie Tjibaou. Zwischen 1914 und 1917 wurden viele Dorfbewohner von den Franzosen getötet oder deportiert, und das Dorf wurde niedergebrannt. 1984 ermordeten französische Siedler im wiederaufgebauten Dorf zehn Mitglieder der Unabhängigkeitsbewegung FLNKS. 6 km von der Siedlung **Ganem** talaufwärts erinnert

» Karte S. 78, Info S. 96-97

Foto: Gérard Pleynet

ein Denkmal an dieses Massaker, die Gräber befinden sich 12 km weiter auf der anderen Flussseite in Tiendanite.

Nordwestlich von Hienghène verkehrt eine Autofähre über den **Ouaïème-Fluss**. Die Küstenstraße verläuft nun am Fuß des **Mont Panié**, mit 1629 m der höchste Berg Neukaledoniens (es gibt Schutzhütten für Wanderer). Einige Kilometer weiter stürzt der Wasserfall von **Tao** in die Tiefe. In **Pouébo** sollte 1847 eine katholische Mission eingerichtet werden – ohne Erfolg, die Missionare konnten sich nur mit Glück vor den Kanaken retten. Der zweite Versuch fünf Jahre später glückte, und 1852 wurde zum Schutz der Europäer eine Polizeistation installiert. 10 km nördlich der Missionskirche (1875) liegt der historische Ort **Balade**. Hier landete am 5. September 1774 Kapitän James Cook als erster Europäer auf Grande Terre. In der Nähe, am schönen Strand von **Maamaat**, wurde Weihnachten 1843 die erste Messe gehalten (Gedenkkreuz). Zwei Denkmäler an der Straße erinnern an die Inbesitznahme Neukaledoniens durch Frankreich am 24. 9. 1853.

Oben: Geschnitzte Totempfähle an der Baie de Saint-Maurice, Île des Pins. Rechts: Die Baie de Kanuméra, Île des Pins, lockt mit kristallklarem Wasser.

Das Landschaftsbild hat sich nun schon seit einer Weile geändert: Die eindrucksvollen Bergmassive und üppigen Täler sind flacherem, trockenerem Land gewichen. Vom **Col d'Amos** (368 m) bietet sich noch einmal ein herrlicher Blick, dann macht die Straße einen Knick nach Südwesten und führt bis nach Koumac an der Westküste. 2 km abseits der Hauptstraße liegt **Ouégoa**. Die Siedlung entstand 1879 wegen der Erzvorkommen; Zink, Blei, Kupfer, Mangan und Gold wurden damals in dieser Gegend abgebaut.

ÎLE DES PINS

Die nur 152 km^2 große **Île des Pins**, südöstlich von Grande Terre, wird mit Recht „Juwel der Südsee" genannt. Kapitän James Cook entdeckte sie 1774 und gab ihr – beeindruckt von den vielen, bis

» Karte S. 78, Info S. 96-97

Foto: Holger Leue

zu 60 m hoch aufragenden Araukarien – den Namen „Pinien-Insel". Die Île des Pins, von den Kanaken *Kunié* genannt, zählt zu den schönsten der Südsee. Feine weiße **Sandstrände**, dramatisch zerklüftete Felsküsten und **Lagunen**, die in allen Türkistönen glitzern machen sie zum Magneten nicht nur für Fotografen. Rund um die Riffe liegen großartige Tauchgründe, Tropfsteinhöhlen versetzen Höhlenforscher in Begeisterung.

Etwa 2000 Menschen leben auf der Insel, die Bewohner begegnen Fremden mit Freundlichkeit. **Vao**, im Süden, ist das größte Dorf und administratives Zentrum. An der Hauptstraße liegen das **Rathaus** und die *Chefferie*, das Haus des Großhäuptlings. Hinter der **Missionskirche** (1860) führt ein Weg hinauf zur Kapelle **Notre-Dame-de-la-Salette**. Von hier ist der Ausblick herrlich. Der **Friedhof** ist die letzte Ruhestätte der Königin Hortense. Nachdem ihr Vater, Großhäuptling Vandegou II., im Jahr 1855 starb, trat Hortense die Nachfolge an und regierte bis 1883. Sie verstand es, sich mit den katholischen Missionaren, die ab 1848 aus Frankreich eintrafen, gut zu arrangieren. Nur einige 100 m vom Dorf entfernt erinnert an der **Baie de Saint-Maurice** ein Denkmal an diese Missionare. Das Monument ist von geschnitzten Totempfählen eingefasst.

2 km östlich von Vao liegt die **Baie de Saint-Joseph** mit schönem Strand. Wegen der vielen Auslegerkanus (*pirogues*) heißt die Bucht auch **Baie des Pirogues**.

Von hier aus lässt sich ein Ausflug mit dem Glasbodenboot durch die herrliche **Baie d'Upi** unternehmen. Vom Nordende der Bucht läuft man in 45 Minuten zur unbewohnten Halbinsel **Presqu'Île d'Oro** mit der **Baie d'Oro**. Sie ist auch per Auto erreichbar: die beiden Straßen dorthin zweigen von der Hauptstraße *RM 3* ab.

Die **Grotte de Wemwanyi** (auch: **Grotte d'Oumagne** und **La grotte dela Reine Hortense**) östlich des Flughafens ist von der Hauptstraße aus in einem 10-minütigen Fußmarsch zu erreichen. Hier hat sich Königin Hortense angeblich während der Unruhen 1855-56 Mo-

» Karte S. 78, Info S. 96-97

nate lang versteckt gehalten. Auch Reisende ohne Höhlenerfahrung können die relativ helle Höhle mit ihren großen Stalaktiten gefahrlos besuchen. Etwa 3 km südöstlich gelangt man über einen unmarkierten Pfad zur **Grotte de Waacia** (auch: **Grotte d'Ouatcha**), für deren Besichtigung man sich einen Führer mieten sollte.

Folgt man der Hauptstraße weiter nordwestlich Richtung Kaaji (auch: Gadji), lohnt ein Stopp in **Wapwanga** (auch: Wapan), denn hier werden im **Grande Case** Muscheln, Kunsthandwerk und Schmuck zum Verkauf angeboten. **Kaaji** war bis Anfang des 20. Jh. Hauptort der Insel und Sitz der Großhäuptlinge. Von hier führt die *RM 1* entlang der Westflanke der Insel über ein Plateau Richtung Süden. Entlang dieser Strecke lagen einst Gefangenenlager; ab 1872 waren hier politische Gefangene inhaftiert.

Kurz bevor linkerhand die Straße zum Flughafen abzweigt, biegt man rechts zur **Grotte du Paradis** ab (auch **Grotte de la Troisième**, nach dem dritten Gefangenenlager). Am Beginn der Süßwasser-Höhle kann man in Pools planschen, die weitere Erforschung der stalaktitenverzierten, großteils überfluteten Höhle ist nur erfahrenen Tauchern anzuraten. 3 km weiter südlich führt rechts eine Piste zum Strand der **Baie d'Ouro**. Kurz darauf erreicht man auf einer Seitenstraße links den **Cimetière des Déportés**, auf dem über 250 Deportierte der Pariser Kommune bestattet wurden. In der Siedlung **Ouro**, ca. 2 km weiter südlich, sieht man Ruinen von Gefängnisgebäuden aus der Zeit der Straflager. An der **Baie de Kuto** und **Baie de Kanuméra** liegen die schönsten Strande Neukaledoniens, mit glasklaren ruhigen Gewässern und üppiger tropischer Vegetation. Hier ist das Touristenzentrum der Insel mit dem Örtchen **Kuto** mit Hotels, Restaurants und kleinen Läden – und ohne Hektik.

Rechts: Ein Vanille-Pflanzer begutachtet seine Schoten (Loyalitäts-Inseln).

Vom höchsten Berg der Insel, **Pic Nga** (262 m, Aufstieg 1 Std.), hat man einen schönen Rundblick. Die beste Art, die relativ flache Insel zu erkunden, ist mit dem Fahrrad (Verleih in Kuto).

DIE LOYALITÄTS-INSELN

Die vier 100 km östlich der Grande Terre gelegenen, gehobenen Koralleninseln Maré, Tiga, Lifou und Ouvéa bilden die neukaledonische Provinz **Îles Loyauté**. Zusammen besitzen die Inseln eine Landfläche von fast 2000 km^2 und eine Bevölkerung von ca. 17 000 melanesischen Einwohnern mit teils starkem polynesischem Einfluss. Da es auf den relativ flachen Inseln keine Flüsse und weniger Niederschläge als auf Grande Terre gibt, ist die Vegetation nicht so üppig. Die Inseln wurden erstmals 1827 von Kapitän Dumont d'Urville kartiert. Der europäische Einfluss war hier geringer als auf Grande Terre, so konnten traditionelle Gesellschaftsstrukturen stärker erhalten bleiben. Besucher sollten dies respektieren. Die Bewohner sind entspannt und freundlich, und auf den Inseln findet man einige der spektakulärsten Strände der Südsee.

Das 650 km^2 große **Maré** ist ein gehobenes Atoll, das Inselinnere liegt tiefer als die Küstenregion. Höchster Punkt der Loyalitäts-Inseln sind die bis 138 m hohen Klippen im Süden von Maré (südlich von **Medu**). Das fruchtbare Becken im Inselinneren ist für Landwirtschaft ideal; Obst und Gemüse werden sogar nach Nouméa exportiert. Der Flughafen liegt in der Nähe der katholischen Missionsstation **La Roche** an der Ostküste, der Hauptort und Hafen **Tadine** im Westen. 8 km südlich von Tadine liegt Marés schönster **Strand** (zwischen Ceigeité und Wabao) mit kristallklaren Wasser, weißen Sand und schattenspendenden Palmen.

Auch **Lifou** ist ein gehobenes Atoll. Mit fast 1200 km^2 und 10 000 Bewohner ist sie die größte und dichtbesiedelste der Loyalitäts-Inseln. Im Korallenkalk

» **Karte S. 78, Info S. 96-97**

Foto: Gérard Pleynet

sind viele Höhlen entstanden, die Küste ist durch imposante Kliffs und herrliche Strände geprägt. Die höchsten Erhebungen (max. 104 m) befinden sich im Süden. Das Verwaltungszentrum der Insel ist **We** an der Ostküste. Es streckt sich über 2 km an der **Baie de Chateaubriand**, einem großartigen weißen Strand mit Hotels, Restaurants, Geschäften, Bank, Post und Krankenhaus. Der Flughafen der Insel, **Wanaham**, liegt 20 km weiter nördlich. Westlich davon, in **Hnathalo**, sind zwei imposante Bauten zu sehen: die **Missionskirche** aus dem Jahr 1883 und das von Palisaden umgebene **Case** des Großhäuptlings von Hnathalo. Von der malerisch gelegenen Kapelle **Notre-Dame de Lourdes** (1898), auf einer Landspitze über der Baie du Santal an der Ostküste, hat man eine herrliche Aussicht über die Insel. Eine Straße verbindet We mit den schönen Stränden bei **Luengoni**, **Mou** und **Xodé** im Südosten.

Ouvéa (Fläche 132 km^2) ist ein nur im Ostteil gehobenes Atoll. Die von einem Barriere-Riff und einer Kette von Inselchen geschützte **Lagune** liegt im Westen, hier erstrecken sich schöne Sandstrände über 25 km am türkisfarbenen Meer. Die schmale, bogenförmige Hauptinsel ist mit dem Inselchen **Mouly** an der Südspitze über eine Brücke verbunden; ein weiterer Traumstrand begleitet die **Baie de Mouly.** Die Ostküste ist rauer, hier brandet der Ozean gegen die bis zu 40 m hohen Klippen. Hauptort der Insel ist **Fayaoue** (oder Fajawe), 5 km vom Flughafen.

Im 18. Jh. erreichten polynesische Seefahrer Ouvéa und siedelten im Norden. Zu den Spannungen zwischen Melanesiern und Polynesiern kamen im 19. Jh. Auseinandersetzungen zwischen Protestanten und Katholiken. 1988 wurde Ouvéa zum Symbol des Freiheitskampfs der Kanaken: nach einer Geiselnahme in einer Gendarmerie wurde ein Grüppchen von Kanaken von mehreren Hundert französischen Soldaten getötet.

Tiga (Tokanod), ein gehobenes Atoll, ist mit 12 km^2 und ca. 350 Einwohnern die kleinste Loyalitäts-Insel.

» Karte S. 78, Info S. 96-97

NEUKALEDONIEN (☎ 00687)

In **Deutschland**: **Eyes2Market**, Fasanenstr. 2, 25462 Rellingen, Tel. 04101-696 4813, http://neukaledonientourismus.de.
In Neukaledonien: Office de Tourismm de Nouvelle Caledonia, Place de Cocotiers, 14 rue Jean Jaurès, Tel. 287580 oder Promenade Anse Vata, 113 Prom. R. Laroque, Tel. 277359; www.newcaledoniatourism-south. com; www.office-tourisme.nc.
Loyality Islands: www.iles-loyaute.com
Northern Province: www.tourismeprovince nord.nc.

EINREISE: Die meisten Besucher erhalten bei Einreise ein Visum für drei Monate (z. B. EU-Länder, Schweiz) bei Vorlage eines gültigen Reisepasses und eines Rück- oder Weiterflugtickets.

ANREISE *(INTERNATION. FLUGVERKEHR):* Von **Europa**: Air France von Paris über Japan (www.airfrance.fr).
Australien: Qantas (www.qantas.com) und Air Calin (www.aircalin.nc).
Neuseeland: Air New Zealand (www.airnz.co.nz), Qantas und Air Calin.
Vanuatu und Fidschi: Air Vanuatu (www.airvanuatu.com/).
Tahiti: Air Calin.
Tontouta International Airport liegt 50 km nordwestlich von Nouméa.
REISEN IM LAND: **Air Calédonie** fliegt die meisten Inseln an. Der nationale Flughafen **Magenta Airport** liegt 4 km außerhalb von Nouméa. Für Reisende mit internationalem Ticket ist ein günstiger Air Pass erhältlich, Tel. 252177, www.air-caledonie.nc.
Die moderne, schnelle Fähre **Betico** fährt dreimal die Woche von Noumea nach Iles des Pines, einmal nach Maré und einmal nach Lifou, Tel. 260100, www.betico.nc.

WÄHRUNG: **Pazifischer Franc**; 1 Euro = 119 CFP (XPF); fester Wechselkurs. Kreditkarten werden akzeptiert, Bargeld auf Kreditkarte und Geldautomaten gibt es u.a. in Noumea.

GESCHÄFTSZEITEN: Mo-Fr 7.30-18 Uhr u. Sa. vormittags. Mittags ist alles 1-2 Std. geschlossen. Supermärkte durchgehend geöffnet, auch sonntagvormittags.
INTERNET-SERVICE: Alle Unterkünfte in Noumea und Umgebung bieten kostenloses Wifi entweder im Zimmer oder in der Hotellobby. Cyber Noumea Centre, 20 Rue Anatole, Tel. 262698; Syberia Internetcafé, Baie de Citrons, 1 Rue August Page, Tel. 253910.

Mit 130 Restaurants aller Art hat man eine gute Auswahl, sei es französisch, mexikanisch, nordafrikanisch, indisch oder asiatisch etc.
NOUMÉA: **Le Fournil Gourmand**, exquisite Konditorei und Bäckerei, leckere Brötchen und Kaffee, Tische vor dem Laden, tägl. außer Sonntag ab 5 Uhr, 16 Rue de General Gallieni, Tel. 274720.
Chez Toto, authentisches französisches Bistro, klassisch und gut, heitere quirlige Atmosphäre, der Chef kocht selbst, Quartier Latin, 13 Rue Auguste Brun, Tel. 288042.
Best Café, gutbürgerlich französisch, Internet, 45 Rue de Sebastopol, Tel. 251010.
ANSE VATA: **Le Miretti Gascon**, das älteste französisches Restaurant Neukaledoniens, Rue Gabriel Laroque, Tel. 264041. **Casa Italia**, italienisch, Route de l'anse Vata, Tel. 259258. **Le Roof**, Restaurant auf Stelzen in der Lagune, 134, Promenade Roger Laroque, Tel. 250700.
BAIE DE CITRONS: Im **Centre commercial de la Bai de Citrons** gibt es einige Lokale, zu den beliebtesten zählt die Brauerei und Restaurant **Les 3 Brasseurs**, Tel. 241516.

Bars und Clubs sind Montag und Dienstag geschlossen, ansonsten geht es erst nach Mitternacht richtig los. Viele Bars und Nightclubs in den Touristenvierteln Anse Vata und Baie du Citrons. In Noumea selbst ist abends nicht viel los. Viele Hotels veranstalten polynesische Tanzshows. Immer gute Stimmung ist in der Mikrobrauerei **Les 3 Brasseurs** mit Live-Musik am Wochenende, 33 Promenade Roger Laroque, Tel. 241516.
Mister Swing, Anse Vata, 115 Prom. Roger Laroque, neben Lantana Hotel, Tel. 240393. **La Bodega Del Mar**, heiße Latino-Musik, 134 Promenade Roger Laroque, Tel. 261153.

Aquarium des Lagons, Di-So 10-17 Uhr, Route de l'Auqarium, Anse Vata, Tel. 262731, Fax 261793.

Musée de Nouvelle-Calédonie, tägl außer Di 9-11.30 u. 12.15-16.30 Uhr, Avenue du Maréchal Foch, Tel. 272342.

Parc Forestier (Botanischer Garten), Di-So 10.15-17.45 Uhr, Rue Mont Té, Tel. 278951. **Centre Culturel Tjibaou**, Di-So 10-18 Uhr, Rue des Accords de Matignon, Tina Peninsula, Tel. 414545.

AUSFLÜGE: **Strände**: Nouméa und Umgebung: **Anse Vata** und **Baie des Citrons** im Süden sind die populärsten Strände, ruhiger ist **Anse Kuendu** im Westen von Ile Nou Peninsula. **Amédeé Islet**: Kleine flache Koralleninseln 20 km südlich von Nouméa mit Leuchtturm in der Mitte und weißem Sandstrand drumherum. Sehr belebt, besonders am Wochenende. Täglich Bootstransfer von Anse Vata. Bilderbuchstrände auf **Ile des Pins** und **Iles Loyauté**.

Stadtbesichtigung, Geländewagentouren, Reiten, Kanufahrten, Dorfbesuche, Trips zu anderen Inseln mit und ohne Übernachtung, etc.: **Arc en Ciel Voyages**, Av. du Maréchal Foch, Tel. 271980, www.arcenciel.nc; **Noumea Discovery**, Tel. 280218, www.noumeadiscovery.com.

Schnorcheltrip mit **Haifischfütterung** nach Amédée Islet, einem Marineschutzgebiet, südlich von Nouméa, **Mary Enterpises**, Promenade Roger Laroque, Anse Vata, Tel. 263131 (www.amedeeisland.com).

Wassertaxi nach **Ile aux Canards** und **Ilot Maitre** vor Anse Vata ab Plages Loisirs.

HUBSCHRAUBER: **Helitourisme**, Tel./Fax 269662. Microlights: **Heliocean**, Tel. 253949.

BOOTCHARTER: **Aito Charter**, Segelkatamaran, Tagestouren und längere Touren zu Iles Loyate, Walbeobachtung, www.aito-charter.nc. **Nirvana Yacht Charter**, Tel./Fax 259461, www.nirvana-yacht-charter.com. **Noumea Yacht Charter**, Tel. 286666, www.noumeayachtcharter.com.

MIETWAGEN: Es herrscht Rechtsverkehr. Einige Straßenabschnitte an der Nordostküste von Grand Terre sind nicht asphaltiert und schmal. Eine gute Landkarte ist hilfreich. Tankstellen im Norden nehmen oft keine Kreditkarten, und einige sind am Wochenende ganz geschlossen.

Avis, Tel. 275484, Fax 286290. **Budget Pacific Car**, Tel. 276060, Fax 278265, www. pacific-car.nc. **Europcar**, Tel. 284800. www.mencar.nc. **Hertz**, Tel. 261822, Fax 261219, www.hertz-nc.com. **Sixt**, Tel. 262280. **Thrifty**, Tel. 272730, Fax 276277, www .arcenciel-voyages.nc.

HOCHSEEFISCHEN: **Maison du Lagon**, Verleih und Organisation von allen Bootstouren inkl. Walbeobachtung, Angeln, Schnorcheln, Tauchen. Kiosk in Port Moselle, Tel. 272727. **New Caledonia Fishing Safaris**, Tel. 786200, www.safaris-peche.com.

WALBEOBACHTUNG: Von Juli bis September können vor Nouméa und Lifou Buckelwale beobachtet werden. **Captain Cherie**, Tel. 774152, **Aito Charter**, Tel. 798538.

TAUCHEN: Die größte Lagune der Welt mit Wassertemperaturen zwischen 21 und 27 °C zieht Taucher aus aller Welt an. Tauchbasen gibt es in Nouméa, Bourail, Népoui, Poum, Hienghéne, Poindimie und Port Boise sowie auf Ilot Casy, Ile des Pins und Lifou. In den Tauchbasen wird meistens Englisch gesprochen. Schnuppertauchgänge und -kurse sowie Lehrgänge mit Zertifikat sind überall möglich. Die Website www.noumea-diving.nc gibt eine gute Übersicht über alle Tauchbasen und Schiffe dieser Gegend.

Noumea Diving Club, nur Tagestouren, größeres Tauchboot, Tel. 787804, www.newcaledonia-diving.com.

Bourail Sub Loisirs, Tel./Fax 442065.

Amedee Diving Club, Tel. 264029, Fax 285755, www.amedeediving.nc.

Lagoon Safaris, Tel. 241804, www.lagoon.ile.nc.

ILE DES PINES: Kunie Scuba Center, Tel./Fax 461122, www.kunie-scuba.com.

GOLF: **Golf Municipal de Dumbea**, Tel. 418181, www.golf.lagoon.nc. **Ouenghi Golf Course**, Tel. 287684, www.golf.lagoon.nc. **Golf de Tina**, Tel. 438283, Fax 438284, www.golf.lagoon.nc. Alle 18 Loch.

REITEN: **Ranch de la Courie**, Tel. 441490. **Pocquereux Randonnees**, La Foa, Tel. 773254. **Yala Ranch**, Dumbéa, Tel. 774623.

Holger Leue

Sonnenuntergang bei Suva, Viti Levu

Foto: Paul Spierenburg

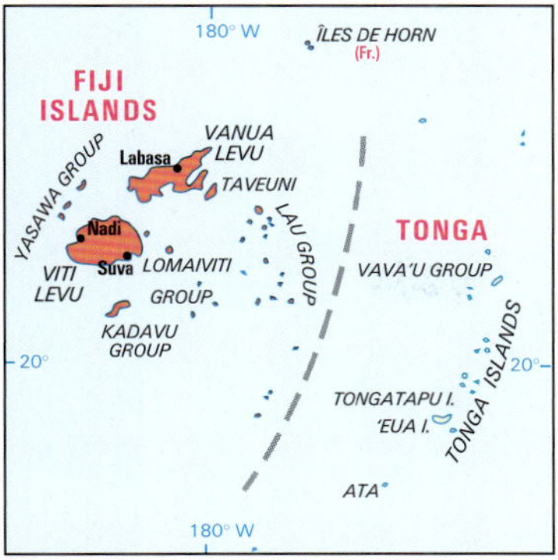

FIDSCHI

VITI LEVU
VANUA LEVU
TAVEUNI
OVALAU
WEITERE INSELN

Fidschi (in der Landessprache *Na Matanitu ko Viti*) ist nicht nur geografisch der Mittelpunkt, sondern auch wirtschaftlich und politisch der bedeutendste Staat der Region.

Lange bevor der Massentourismus einsetzte, dienten die Fidschi-Inseln als beliebter Zwischenstopp für Schiffe und Flugzeuge zwischen den Kontinenten. Blieben die Fidschi-Inseln früher dem kleinen Kreis der Passagiere luxuriöser Kreuzfahrtdampfern und den Passagieren der Flugboote auf der legendären Coral Route der *TEAL* (*Tasman Empire Airways Ltd.*, Vorläufer der *Air New Zealand*) vorbehalten, so verzeichnen die Inseln heute unter allen südpazifischen Staaten mit Abstand die meisten Besucher. Fidschi bietet Unterkünfte auch für den kleinen Geldbeutel. Dennoch gibt es auf den über 330 Inseln, von denen nur 105 bewohnt sind, zahlreiche vom Tourismus gänzlich unberührte Gebiete.

Nur auf den Nadi vorgelagerten Mamanuca-Inselchen, den Yasawas und Coral Coast im Süden sind größere Urlaubszentren entstanden. Für Besucher ist es leicht, mit den freundlichen Einwohneren in Kontakt zu kommen und einen Einblick in Alltagsleben, Kultur, Sport und traditionelle Bräuche auf den Inseln zu erhalten. Die meisten Insulaner zeichnen sich durch ihre herzliche Gastfreundschaft und ihr strahlendes Lächeln aus: Der Gruß *ni sa bula vinaka* (kurz *bula*) begleitet Reisende vom ersten bis zum letzten Tag.

Zudem besitzen die Fidschi-Inseln alle landschaftlichen Voraussetzungen für Südseeträume: Herrliche, palmengesäumte Sandstrände grenzen an malerische Lagunen, in deren kristallklarem Wasser sich eine faszinierende Unterwasserwelt offenbart. Im Hinterland der gebirgigen Inseln locken Regenwälder und Wasserfälle.

Links: Ferien im Nukubati Island Resort, Vanua Levu.

Geografie

Alle Fidschi-Inseln zusammen besitzen eine Landfläche von 18 376 km² und liegen zwischen dem 15. und 22. südlichen Breitengrad sowie zwischen 177 Grad westlicher und 174 Grad östlicher Länge. Der 180. Längengrad, die geografische Datumsgrenze, verläuft durch die Insel Taveuni. Um jedoch innerhalb Fidschis verschiedene Zeitzonen zu vermeiden, wurde die offizielle Datumsgrenze östlich Fidschis verlegt. Geologisch gesehen liegen die Inseln im Einflussbereich der vulkanisch aktiven Subduktionszone der ozeanischen Pazifikplatte. Die ältesten Gesteine stammen wohl aus der Zeit des Miozäns, vor 20 Mio. Jahren; Vulkanaus-

» Karte S. 102-103, Info S. 126-128

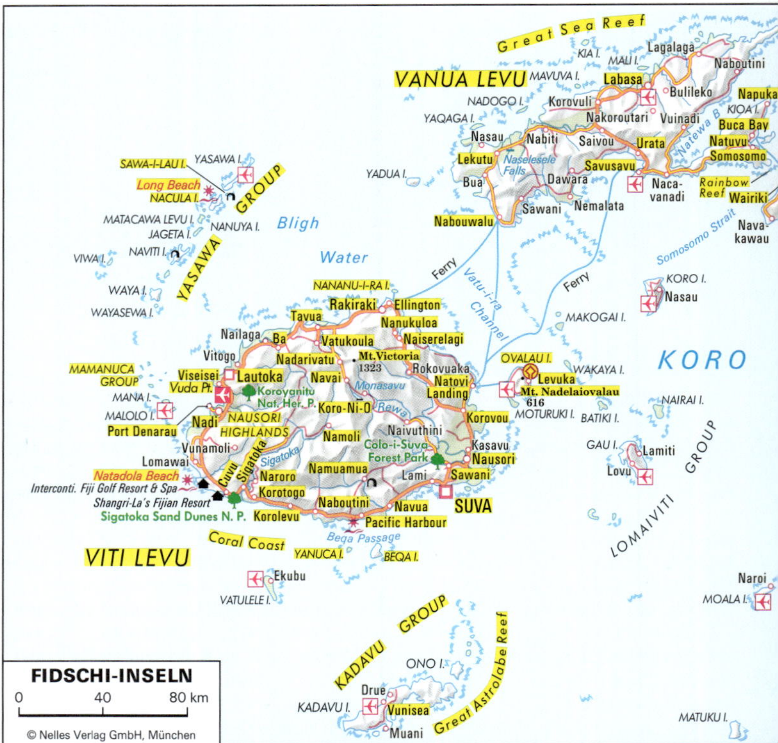

brüche, Hebungen, Senkungen und Abtragungsprozesse haben zu einem komplexen Aufbau geführt. Resultat der unterschiedlichen Boden- und Reliefverhältnisse sowie der klimatischen Gegensätze ist die abwechslungsreiche Landschaft: Die feuchten Südostseiten der großen Inseln sind mit Regenwald bewachsen, während die trockeneren Nordwestseiten Grasland, Plantagen und Strauchvegetation aufweisen.

Die Hauptinsel Viti Levu (= großes Fidschi) macht mit 10 400 km^2 mehr als die Hälfte der Landfläche Fidschis aus; die zweitgrößte Insel, Vanua Levu (= großes Land) mit 5500 km^2 mehr als ein Viertel. Der Rest verteilt sich auf mehrere kleine Inselgruppen.

Klima

Die Fidschi-Inseln liegen im Einflussbereich des Südost-Passats; ganzjährig herrschen Winde aus östlichen Richtungen vor. Zwischen November und März können Wirbelstürme auftreten; verheerend war der von 2016. Die windabgewandten nordwestlichen Seiten der hohen Inseln Viti Levu, Vanua Levu und Taveuni erhalten weniger Niederschläge (Nadi 1500 mm/Jahr) und mehr Sonnenschein als die südöstlichen Wetterseiten (Suva 3100 mm pro Jahr). Auf den kleineren und flacheren Inseln sind derartige Unterschiede weit weniger ausgeprägt.

Die Temperaturen schwanken im Jahres- und im Tagesverlauf in den tro-

» Karte S. 102-103, Info S. 126-128

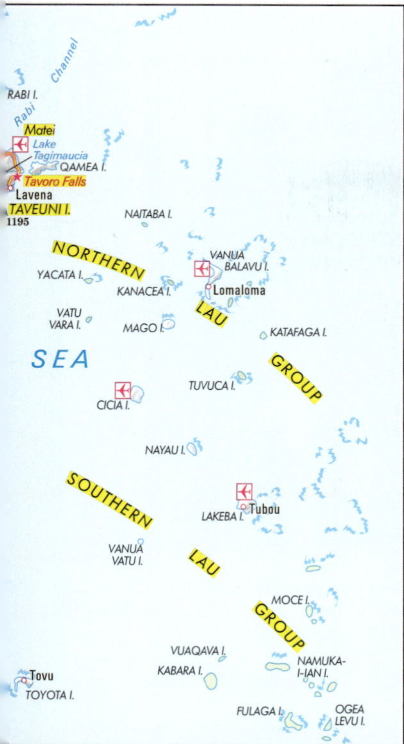

ckeneren Gebieten stärker als in den feuchteren. Die durchschnittlichen Tageshöchstwerte liegen auf Meereshöhe zwischen 26 und 30 °C. In den „kühlen" Monaten zwischen Juni und August kann sie nachts gelegentlich bis auf etwa 17 °C absinken. Generell ist die beste Reisezeit von April bis Ende November, mit trockenen, heißen Tagen und kühleren Nächten. Die feuchtere Ostküste bei Suva ist davon ausgenommen, hier muss man das ganze Jahr über mit Niederschlägen rechnen.

Frühstück mit Mynah

Zwei Fledermaus- und drei Flughundarten (eine davon endemisch) haben Fidschi als einzige Säugetiere aus eigener Kraft erreicht. Außerdem kommen hier einige Haustiere in ihrer Wildform vor. Von sieben Schlangenarten leben zwei ausschließlich an Land. Die eine (*Ogmodon vitianus*), eine ca. 40 cm lange, giftige Verwandte der Kobra, wurde in den vergangenen Jahren nicht gesichtet. Einige Wissenschaftler vermuten, sie könne schon ausgestorben sein. Die andere ist die Pazifische Boa (*Candoia bibroni*). Zu den fünf Wasserschlangen-Arten zählt die hell-dunkelquergestreifte *Lauticauda colubrina*. Ihr Gift ist stärker als das jeder bekannten Landschlangenart weltweit – zum Glück ist sie nur agressiv, wenn sie gereizt wird. Neben einigen Geckoarten verdienen auch die beiden Leguane (*Brachylophus fasciatus* und *B. vitiensis*) Interesse. Da ihre nächsten Verwandten in Zentralamerika leben, stellt sich die Frage, wie sie Fiji erreichen konnten. Vielleicht trieb ein Gelege auf einem Pflanzenfloß bis zu den Inseln?

23 der über 60 Land- und Süßwasservögel Fidschis sind endemisch. In entlegenen Waldgebieten sieht man gelegentlich farbenprächtige Papageien. Zu einer Plage haben sich die Mynah-Vögel (*Acridotheres tristis* und *A. fuscus*) entwickelt. Diese vorwitzigen Vögel wurden im 19. Jh. zur Bekämpfung der Insekten in den Zuckerrohrfeldern aus Indien importiert. Sie sind an ihren gelben Flecken hinter den Augen (*Common Mynah*) und an dem Schopf oberhalb des Schnabels (*Jungle Mynah*) leicht zu erkennen. Da die kecken Mynahs ein gutes Frühstück schätzen, lernen die meisten Besucher sie meist rasch und unfreiwillig kennen.

Die 1883 zur Bekämpfung der Ratten in den Zuckerrohrfeldern eingeführten Mungos (*Herpestes auropunctatus*) richteten unter der heimischen Tierwelt großen Schaden an. Die Amphibien-, Reptilien- und Vogelpopulationen haben beträchtlich gelitten, die Zahl der Ratten hingegen scheint kaum abgenommen zu haben. 1936 wurde die

» Karte S. 102-103, Info S. 126-128

Foto: Paul Spierenburg

Zuckerrohrkröte (*Bufo marinus*) von Hawaii nach Fidschi gebracht, um auf den Plantagen die Schäden durch Insektenfraß zu verringern. Die Kröten besitzen auf den Inseln keine natürlichen Feinde und sind heute überall anzutreffen.

Die Pflanzenwelt

Fidschis Pflanzenwelt ist eng mit der Malaysias und Neuguineas verwandt. Einige Arten sind australischen oder neukaledonischen Ursprungs. Von den ca. 450 bekannten einheimischen Pflanzengattungen sind 13 endemisch. Die Vegetation der regenreichen Wetterseiten unterscheidet sich beträchtlich von der in den trockeneren Landesteilen. Die feuchte Zone weist meist dichte Regenwälder auf. Es wird angenommen, dass auch die Trockenzone einst von Wäldern bedeckt war; vermutlich haben erst Brandrodung und Erosion hier dürre Gras- und Strauchlandschaften entstehen lassen.

Oben: Indischstämmige Familien bilden einen großen Bevölkerungsanteil auf den Fidschi-Inseln. Rechts: Die Zuckerindustrie ist der wichtigste Wirtschaftsfaktor.

Zuckersüße Inseln

Die treibende Kraft der Ökonomie sind aus Indien eingewanderte Familien, und dies gefällt vielen alteingesessenen Fidschianern gar nicht, die – wie die meisten Melanesier – die Arbeit nicht gerade erfunden haben. Traditionell wichtigster Wirtschaftsfaktor ist die Zuckerproduktion, auch wenn ihr inzwischen der Tourismus den Rang abgelaufen hat, und Fischfang, Forstwirtschaft sowie der Goldbergbau an Bedeutung gewonnen haben. Die Struktur des im 19. Jh. begonnenen Zuckerrohranbaus änderte sich drastisch durch die Bewirtschaftung kleiner Flächen durch indische Familien. 1994 gab es ca. 22 000 Zuckerrohrbauern, darunter nur wenige Fidschianer. Die Zuckerindustrie erwirtschaftet ca. 34 % der Exporterlöse, die Textilindustrie fast 20 %, und Gold einen Anteil von über 10 %. Die Kieferaufforstungen in den tro-

 » Karte S. 102-103, Info S. 126-128

Foto: Günther Lahr

ckeneren Gebieten haben Fidschi die Eigenversorgung mit Holz ermöglicht. Der Fremdenverkehr ist zur treibenden Kraft der Inselwirtschaft geworden, obwohl ein großer Teil der Gewinne wieder ins Ausland abfließt. Seit einiger Zeit setzt die Branche auf sanften „Öko-Tourismus". Mit über 670 000 Besuchern jährlich hat Fidschi inzwischen Französisch-Polynesien den Rang als beliebtestes Touristenziel der Südsee abgelaufen.

Bevor die Europäer kamen

Vor mindestens 3500 Jahren kamen erstmals Siedler nach Fidschi, darüber sind sich die Wissenschaftler einig. Woher sie genau stammten, ist ungewiss. Eine Legende erzählt, dass die göttlichen Häuptlinge Lutunasobasoba und Degei von Tanganyika in Afrika aus kommend, im Westen Viti Levus landeten und das Dorf Vuda gründeten. Ihre Nachfahren sollen heute in Viseiei und benachbarten Dörfern leben. Eine große Flut habe dann die Menschen über die Inseln verteilt.

Archäologen wiesen nach, dass das Sigatoka-Tal und die Insel Lakeba schon ca. 1500 v. Chr. besiedelt wurden. Fest steht auch, dass Fidschi lange Zeit unter polynesischem Einfluss stand. Das gilt besonders für die Lau-Inselgruppe, auf der über mehrere Jahrhunderte tonganische Herrscher regierten – Tongas riesige Kriegsflotte konnte selbst abgelegene Inseln wie Rotuma unterwerfen. Fidschianer waren unter Tongas Königen als gute Krieger und Handwerker geschätzt. So manches Doppelrumpfkanu, das später unter „Tongas Flagge" segelte, war ursprünglich auf Fidschi gebaut worden.

Fidschi – die Inseln der Kannibalen

Über die Lebensart und die Gesellschaftsstruktur der Fidschianer in voreuropäischer Zeit gibt eine ganze Anzahl von Berichten. Eine starre Ordnung, in die man hineingeboren wurde, bestimmte Rang und Aufgaben des Einzelnen in der Gemeinschaft.

Dem Häuptling standen Tribute zu, seine Macht war absolut, er entschied

Foto: Volkmar E. Janicke

über Leben und Tod. Hunderte von Göttern und göttlichen Ahnen wurden verehrt, strikt einzuhaltende Rituale und Verhaltensweisen bestimmten das tägliche Leben. Schon eine kleine Nichtbeachtung der Regeln zog oft die Todesstrafe nach sich, und bei wichtigen Ereignissen fanden Menschenopfer statt. Starben Häuptlinge und bedeutende Krieger, wurden deren Witwen getötet oder lebendig mitbestattet. Kriege waren häufig und wurden oft sehr grausam geführt. Jemanden getötet zu haben, egal ob Mann, Frau oder Kind, bedeutete für Männer in vielen Stämmen eine notwendige Initiationshandlung. Getötete Feinde wurden in der Regel gegessen, Kriegsgefangene manchmal fürchterlich gefoltert, bevor sie „zubereitet" (u. U. lebendig gebacken) wurden. Grausamkeiten waren wohl der Hauptgrund dafür, dass Krieger, Frauen und Kinder in ausweglosen Lagen meist den Freitod wählten.

Oben: Des Sigatoka-Tal ist schon seit ca. 1500 v. Chr. besiedelt. Rechts: Kapitän Bligh wird von den Meuterern seines Schiffes „Bounty" auf einem Boot ausgesetzt (Gemälde von R. Dodd, 1790).

Es mag damals wohl nicht viele Inselbewohner gegeben haben, die an Altersschwäche starben – viel eher kam es vor, dass lebende Fidschianer für die riesigen Kriegskanus als „Startrampe" ausgelegt wurden; beim Bau eines Tempels oder Herrscherhauses hielten oft Freiwillige die Eckpfosten, hochverehrt wurden sie in ihrer Stellung lebendig begraben. Zur festlichen Einweihung dienten weitere erschlagene Fidschianer als kulinarische Köstlichkeiten.

Entdecker, Händler und Missionare

1643 sichtete der holländische Kapitän Abel Janszoon Tasman als erster Europäer die Fidschi-Inselgruppe, ging aber nicht an Land. James Cook entdeckte 1774 einige Eilande im äußersten Süden. Es war schließlich Kapitän William Bligh, der – von den Meuterern der *HMS Bounty* im Beiboot ausgesetzt – 1789 auf dem Weg nach Timor an den beiden Hauptinseln vorbeisegelte, verfolgt von kriegerischen Fidschianern.

Im Jahr 1800 lief der amerikanische Schoner *Argo* auf ein Riff bei Lakeba (Lau-Gruppe). Fast die gesamte Mannschaft konnte sich an Land retten. Da es an Bord Cholera-Fälle gegeben hatte, breitete sich bald von Lakeba aus eine Epidemie über die restlichen Inseln, der Tausende Fidschianer zum Opfer fielen. Ein Seemann berichtete später in Australien über die großen Sandelholzvorkommen auf Fidschi; Händler und Abenteurer fielen daraufhin in Schwärmen ein, und innerhalb von etwa zehn Jahren waren die Sandelholzvorräte erschöpft. Nun begann der allerdings nur kurz florierende Handel mit Seegurken (*bêche-de-mer)*, die in Ostasien als Delikatesse gelten.

1830 erreichten zwei tahitianische Missionare, Mitglieder der *London Missionary Society*, Fidschi. Fünf Jahre später ließen sich die ersten Methodisten auf Lakeba nieder. Die Missionsarbeit

» Karte S. 102-103, Info S. 126-128

Foto: Archiv für Kunst und Geschichte, Berlin

ging anfangs nur schleppend voran. 1854 war ein wichtiger Erfolg erreicht: Der einflussreiche Großhäuptling Ratu Seru Cakobau von der kleinen Insel Bau ließ sich taufen. In den darauffolgenden Jahren gewann er zunehmend an Macht und erhielt von seinen Anhängern den Titel *Tui Viti*, König von Fidschi.

Die Europäer hielten sich nun ebenfalls an ihn: Er, der sich als Herrscher ausgab, war verantwortlich für seine Untergebenen – und somit auch für Schadensersatzzahlungen, die der amerikanische Konsul John Brown Williams nach Diebstählen und Brandstiftungen forderte: 43 000 US-Dollar. Cakobau wandte sich an die Britische Krone mit der Bitte um Begleichung seiner Schulden, als Gegenleistung bot er den Briten die Fidschi-Inseln als Kolonie an – zunächst ohne Erfolg. 1867, im gleichen Jahr, in dem Cakobau sich offiziell zum König krönte, wurde der Missionar Thomas Baker auf einer Expedition ins Innere von Viti Levu erschlagen und aufgegessen. Nach einer Zeit politischer Wirren, in der sich Häuptlinge, europäische Siedler und von Osten eindringende Tonganer befehdeten, nahmen die Briten Chief Cakobaus Angebot an: am 10. Oktober 1874 wurde Fidschi zur britischen Kronkolonie erklärt.

Fremdarbeiter treffen ein

In den 1860er Jahre wurden Arbeitskräfte für die Baumwollplantagen benötigt. Menschenhändler (*Blackbirder*) brachten einige Tausend Arbeiter von anderen Pazifikinseln nach Fidschi.

Das Baumwollgeschäft war bald nicht mehr einträglich, nun wurden Kokospalmen- und Zuckerrohrplantagen angelegt. 1875 fielen über 40 000 Fidschianer einer Masernepidemie zum Opfer, und wieder fehlte es an Arbeitskräften.

Während der Jahre 1879-1919 trafen etwa 60 000 indische Kontraktarbeiter, Hindus und Moslems, auf Fidschi ein. Laut Vertrag konnten sie sich nach fünf Jahren Arbeitszeit auf Fidschi ansiedeln oder auf eigene Kosten heimkehren. Erst wer zehn Jahre auf einer Plantage arbeitete, hatte Anspruch auf einen

» Karte S. 102-103, Info S. 126-128

Foto: Paul Spierenburg

kostenlosen Rücktransport. Etwa zwei Drittel ließen sich auf Fidschi nieder. Die hohe Geburtenrate der Inder und die Dezimierung der Fidschianer durch eingeschleppte Zivilisationskrankheiten führten schließlich dazu, dass die Einwanderer den Einheimischen zahlenmäßig überlegen wurden. Die kulturellen und religiösen Unterschiede der beiden Volksgruppen haben bis heute eine Vermischung verhindert.

Von Putsch zu Putsch

Am 10. Oktober 1970 wurde Fidschi unabhängig. Bei den Wahlen 1987 gewann eine Parteien-Koalition, die zum ersten Mal die Machtverhältnisse zugunsten der eingewanderten Inder verschob. Die ethnischen Fidschianer fürchteten die Kontrolle über ihr Land zu verlieren.

Unterstützt von der rechtsnationalen Taukei-Bewegung führte Oberstleutnant Sitiveni Rabuka am 14. Mai 1987 einen Militärputsch durch und übernahm die Staatsgeschäfte. Fidschi erklärte sich am 7. Oktober 1987 zur Republik und verlor seine Mitgliedschaft im Commonwealth.

Die ersten freien Wahlen nach dem Putsch fanden erst 1992 statt, nachdem die Verfassung dahingehend geändert wurde, dass Fidschianern in allen Fällen die Mehrheit im Parlament und im Senat garantiert ist.

Nach einigen Jahren der wirtschaftlichen Erholung und Stabilität wurde 1999 erneut eine indisch dominierte Regierung gewählt, der indische Gewerkschaftsführer Mahendra Chaudry wurde der erste indische Premier des Landes. Die Geschichte wiederholte sich prompt: am 19. Mai 2000 putschte ein dubioser fidschianischer Geschäftsmann namens George Speight mit Hilfe von Teilen des Militärs. Regierungstreue Truppen beendigten den Putsch, setzten aber nicht den indischen Premier wieder ein, sondern den Fidschianer Laisenia Qarase. Als dieser jedoch Geor-

Oben: Kavatrinken, ein wichtiger Teil des gesellschaftlichen Lebens (Nadi, Viti Levu).

» Karte S. 102-103, Info S. 126-128

ge Speight, den Putschisten von 2000, begnadigen wollte, putschte das Militär 2006 erneut. Commodore Frank Bainimarama begründete seinen Putsch mit der Absicht, die Putsch-Kultur in Fidschi ein für allemal beenden zu wollen. Er ließ dann als Premierminister eine neue Verfassung erstellen und 2014 demokratische Neuwahlen abhalten, die seine neue Partei „Fiji First" gewann.

Kava, Meke und Feuerläufer

Zu den wichtigen Dingen im Leben eines Fidschianers gehört zweifellos *Yaqona*, das Nationalgetränk aus dem Extrakt der Wurzel des Kavastrauchs (*Piper methysticum*), der zur Pfefferfamilie zählt. Kava wird traditionell auf vielen melanesischen und polynesischen Inseln getrunken, aber in keinem anderen pazifischen Land ist das Kavatrinken so sehr Teil des Alltagslebens geworden wie auf Fidschi.

Getrocknete Kavawurzeln oder „Instant Kava" in pulverisierter Form (*grog* genannt), erhält man auf allen Märkten und in vielen Geschäften. Die Wurzeln werden in einem Mörser zerstampft, in ein Tuch gegeben und in einer großen Holzschale (*tanoa*) durch Wringen in Wasser ausgepresst. Die graubraune Flüssigkeit trinkt man reihum aus Kokosnussschalen (*bilo*). Der Geschmack ist gewöhnungsbedürftig – auf der Zunge bleibt ein leicht pelziges Gefühl, und nach dem Genuss großer Mengen setzt eine beruhigende Wirkung ein. Die Glieder werden schwer, aber das Denkvermögen ist nicht beeinträchtigt. Kava ist ein wichtiges „Kommunikationsmittel" – man trinkt es bevorzugt im Kreise von Verwandten, Freunden oder Gästen und zu besonderen Anlässen, dann eingebunden in eine Zeremonie mit exakt festgelegtem Ablauf.

Man sollte keine Familie und kein Dorf besuchen, ohne dem Oberhaupt oder dem Häuptling Kavawurzeln als Geschenk (*sevusevu*) anzubieten (mit beiden Händen!) und sich in einer kurzen Rede vorzustellen. Gewöhnlich setzen sich die Männer dann nach Rangfolge auf Matten im Kreis zusammen, dem Besucher wird ein bestimmter Platz zugewiesen (Männer sitzen im Schneidersitz, Frauen – etwas abseits – mit seitlich abgewinkelten Beinen), und die Zubereitung des Kavagetränks beginnt. Vor Annahme des Schälchens klatscht man einmal hohl in die Hände, nimmt es dann mit beiden Händen, leert es in einem Zug, reicht es zurück und klatscht dann dreimal hohl in die Hände. Viele Touristenhotels bieten Kavazeremonien an – eine gute Gelegenheit, sich mit dem Ablauf vertraut zu machen.

Auch eine Vorführung traditioneller Tänze (*meke*) sollte man sich nicht entgehen lassen. Begleitet von Gesang und Rhythmen der Schlitztrommeln (*lali*) sowie der auf den Boden gestampften Bambusrohren (*derua*) tanzen die Männer Szenen aus fidschianischen Legenden. *Vakamalolo* ist der Tanz der Frauen: in herrliche Tapa-Gewänder gekleidet wiegen sie sich im Sitzen zum Takt der Trommeln.

Das Feuerlaufen (*fire walking*) – bei dem Männer barfuß über heiße Steine schreiten – von Indern wie auch von Einheimischen praktiziert. Die Inder brachten dieses Ritual, das in Hindutempeln nur einmal jährlich zu Ehren der Göttin Kali stattfindet, aus ihrer Heimat mit. Die fidschianischen Feuerläufer stammen von der Insel Beqa; sie zeigen ihre Feuerlauf-Zeremonie allwöchentlich in Hotels auf Viti Levu.

Die Fidschianer

Die fidschianische Bevölkerung (ca. 57% der Einwohner) wird zu den Melanesiern gerechnet, der polynesische Einfluss ist jedoch manchmal unverkennbar. Indischstämmige Bewohner (38% der Bevölkerung) haben sich bevorzugt auf den größeren Inseln in Zuckerrohr-Anbaugebieten und in Städten niedergelassen. Viele Orte sind von einem typisch indischen Flair geprägt.

» Karte S. 102-103, Info S. 126-128

Foto: Paul Spierenburg

Einen Anteil von 5% teilen sich Chinesen, Europäer und andere Pazifikinsulaner. Insgesamt leben knapp 900 000 Menschen auf Fidschi. Christen, (überwiegend Protestanten) stellen die größte Gruppe, gefolgt von Hindus und Muslimen.

Sprache

Die Methodisten, die 1835 nach Fidschi kamen, machten sich um die Entwicklung des geschriebenen Fidschianisch verdient, aber erst 1850 erschien ein Wörterbuch mit Grammatik. Auf Landkarten begegnet man unterschiedlichen Schreibweisen, da das geschriebene und das gesprochene Wort gelegentlich voneinander abweichen. So wird zum Beispiel b = mb ausgesprochen (bula = mbula), d = nd (Nadi = Nandi), g = ng (Korotogo = Korotongo), q = ngg (yaqona = yanggona, Beqa = Mbengga), c = engl. th (Cakobau = Thakombau). Die meisten Inder auf Fidschi sprechen Hindi oder Urdu und Englisch. Als Reisender kann man sich gut in Englisch, der offiziellen Zweitsprache, verständigen.

Oben: Karg ist die Landschaft der Mount Evans Range bei Nadi. Rechts: Der Hindutempel Sri Siva Subramaniyam Swami in Nadi.

VITI LEVU

Der Südteil der Insel: Über die Queens Road von Nadi nach Suva

Das Bild, das sich vom Flugzeug aus beim Anflug auf Nadi bietet, ist eher ernüchternd: Die relativ trockene Westseite der Hauptinsel Viti Levu wird landwirtschaftlich intensiv genutzt; man sieht weite Zuckerrohrfelder und karge, grasbewachsene Berge.

Im Meer, westlich von Nadi, lassen sich die kleinen Inseln der Mamanuca-Gruppe mit ihren weißsandigen Stränden ausmachen.

Nadi International Airport liegt 10 km nordöstlich von Nadi. Bevor man vom Flughafen auf die Hauptstraße, die Queens Road, einbiegt, überquert man die Schienen der Schmalspurbahn, die

» Karte S. 102-103, Info S. 126-128

Foto: Volkmar E. Janicke

während der Ernte Zuckerrohr zur Raffinerie in Lautoka befördert. Die Wegstrecke zur Stadt ist gesäumt von Hotels, Restaurants und Supermärkten.

Eine Linksabzweigung führt weiter in die östliche Bergregion, die **Nausori Highlands** (bis zu 1076 m hoch). Kurz vor der Brücke über den Nadi River biegt rechts eine Straße nach **Denarau Island** ab. Diese Insel ist durch eine kleine Brücke mit dem Festland verbunden.

Nach der Brücke geht es rechts durch ein von Kanälen durchzogenes exklusives Wohngebiet nach **Port Denarau**, dem Jacht- und Bootshafen für Ausflugsboote und Fähren zu den Inseln und Resorts der Mamanuca und Yasawa Islands. Links breitet sich der Denarau-Golfplatz aus, mit einem 18-Loch-Kurs und Grastennisplätzen. Am Strand reihen sich Luxushotelanlagen wie das Radisson Resort, Sheraton Fiji, Westin Resort Fiji, Sofitel, Fiji Beach Resort by Hilton, The Terraces etc. Ein Shuttle-Bus verbindet alle mit dem Shopping Centre und den Restaurants von Port Denarau.

Die Stadt **Nadi** (ca. 12 000 Einwohner, hoher indischer Bevölkerungsanteil) hat wenig Sehenswertes zu bieten. An der Hauptstraße reihen sich Läden für Souvenirs, Kleidung, Schuhe und Gebrauchsgegenstände aneinander, überall locken *Duty Free*-Schilder. Vorsicht – die Preise haben wenig von „Zollfreiheit" an sich. Der lebhafte **Gemüse- und Obstmarkt** ist samstags am schönsten. Ein Stück weiter südlich liegt ein kleiner **Kunsthandwerksmarkt**. Einen kurzen Besuch lohnt auch der 1994 erbaute, farbenfroh verzierte Hindutempel **Sri Siva Subramaniyam Swami** am südwestlichen Ortsausgang.

Auf einer Umgehungsstraße vom Flughafen kann man, ohne Nadi durchqueren zu müssen, schnell Richtung Süden gelangen. Die Fahrt verläuft durch eine hügelige Landschaft: kleine, verstreut liegende Zuckerrohrfarmen bestimmen das Bild. In der Ferne sind die kargen, von Gräsern und Sträuchern bewachsenen Berge des Hochlandes auszumachen. Die Fidschianer nennen diese einstmals bewaldeten Flächen

Foto: Volkmar E. Janicke

talasiga (verbrannte Erde). Mit Hilfe internationaler Organisationen konnten in den vergangenen Jahrzehnten erste *talasiga*-Flächen erfolgreich aufgeforstet werden.

Fidschis größte Hotelanlage, **Shangri-La's Fijian Resort**, liegt ca. 45 km südöstlich von Nadi auf der kleinen Insel **Yanuca**, die über eine Brücke mit dem Festland verbunden ist. Das Hotelmanagement hat die Insel von der Nachbargemeinde **Cuvu** gepachtet, deren Bewohner auch vom Resort beschäftigt werden.

Fährt man von der Hauptstraße aus über die Brücke auf die Insel, thront die Methodistenkirche des Dorfes zur Linken auf einer Anhöhe. An dieser Abzweigung findet man die Bahnstation der **Coral Coast Railway**, einer ehemaligen Zuckerrohrbahn. Heute befördert sie Tagesausflügler zum 16 km westlich gelegenen Strand **Natadola Beach**, an dem das **Fiji Golf Resort & Spa** und ein **18-Loch-Golfplatz** liegt. Die Fahrt mit der Schmalspurbahn durch Dörfer und Natur abseits der Straße eröffnet unerwartete Perspektiven, und die große weite Bucht, die sich von Natadola bis zum Dorf Sanesana hinzieht, ist ein Paradies für Sonnenanbeter.

Oben: Das Sigatoka Valley ist für seine Keramik bekannt. Rechts: Dieser Papagei im Kula Eco Park ist an Besucher gewöhnt.

Einige Kilometer nach dem Fijian Resort führt links eine Abzweigung von der Hauptstraße zur Möbelfabrik **Pacific Green**. Australier haben hier Anfang der 1990er Jahre mit der Verarbeitung von Kokospalmenholz ein ungewöhnlich erfolgreiches und interessantes Projekt begonnen; Besucher sind willkommen.

Noch vor Sigatoka liegen rechts der Straße Parkplätze und Informationszentrum der **Sigatoka Sand Dunes** ab (ca. 3 km). Die bis zu 20 m hohen Wanderdünen, die zum **Nationalpark** erklärt wurden, lassen sich nur zu Fuß erreichen. Nach etwa 15 Minuten eröffnet sich von den Höhen aus ein tolles Panorama auf die raue, windige Küste und das Delta des **Sigatoka River**.

Der Strand erstreckt sich über 2 km;

» Karte S. 102-103, Info S. 126-128

Foto: Robin Daniel Frommer

erfahrene Windsurfer und Wellenreiter finden hier gute Surfreviere. An dieser Küste wurden etwa 2000 Jahre alte Grabstätten wie auch *Lapita*-Keramik entdeckt. Auch heute noch kann man Keramikscherben am Strand finden.

Sigatoka ist eine einfache Kleinstadt mit Souvenirgeschäften, indischen Restaurants und einem lebendigen bunten Markt, auf dem jedoch kein Kunsthandwerk feilgeboten wird. Eine Brücke führt über den Sigatoka-Fluss, der hier, kurz vor der Mündung, sehr breit ist.

Beidseitig zweigen Straßen in das **Sigatoka Valley** ab. Auf den fruchtbaren Schwemmlandböden werden u. a. Auberginen, Okras, Papayas und Tabak angebaut. Nur in dieser Region der Fidschi-Inseln haben sich die Menschen intensiv mit der Töpferei beschäftigt, und in vielen Dörfern des Tals kann man schöne Keramik erstehen. Die Straße auf der rechten Seite des Flusses ist nur auf dem ersten Abschnitt asphaltiert, bietet aber schon bald einen weiten Blick ins Tal. Nach kurzer Fahrt ist das Dorf **Naroro** am Fuß des **Tavuni Hill** erreicht. Der Kalksteinberg wurde im 18. Jh. zu einer Festung ausgebaut. Es gibt viele Anlagen dieser Art im Sigatoka-Tal, diese wurde jedoch als erste für Besucher hergerichtet. Die Straße endet etwa 80 km entfernt in **Namoli**.

Östlich von Sigatoka beginnt die malerische, touristisch gut erschlossene **Coral Coast**. Die Straße führt durch kleine Dörfer, an den Berghängen breitet sich in östlicher Richtung zunehmend tropischer Regenwald aus. Entlang der Korallenküste findet man eine Reihe guter Hotels, Strände und Wassersportmöglichkeiten, z. B. bei **Korotogo**, **Korolevu** und **Naboutini**.

In Korotogo, nur wenige Kilometer von Sigatoka entfernt, lohnt der Besuch des **Kula Eco Parks** (Tel. 6500505, www.fijiwild.com.fj). Der sehenswerte Wildpark beherbergt zahlreiche Papageienarten in geräumigen Volieren sowie Leguane und einheimische Pflanzen. Der Kleinzoo ist gut beschildert und daher besonders bei Familien mit Schulkindern beliebt. Gegenüber liegt das weitläufige Hotel **Outrigger on the Lagoon Fiji**.

» Karte S. 102-103, Info S. 126-128

Foto: Holger Leue

Bevor die Straße Pacific Harbour erreicht, kann man zwei Inseln sehen: die kleine Insel **Yanuca** und die hohe Insel **Beqa**. Man passiert die längste Mauer Fidschis: Dahinter verbirgt sich eine Wohnanlage mit Luxus-Ferienhäusern.

Pacific Harbour, neuerdings auch *Adventure Capital of Fiji* genannt, liegt an einem langen weißen Sandstrand. Vom kleinen Hafen des Ferienzentrums fahren Boote zum Sportfischen und Tauchen in die Lagune von Beqa. River Rafting auf dem Navua River, Abseiling und Golfen sind nur einige der angebotenen Abenteuersportarten. Neue Unterkünfte wie das **Uprising Beach Resort** für jüngere Reisende und das frisch renovierte Resort **Pearl South Pacific** sollen Touristen auf diese Seite von Viti Levu locken. Das **Arts Village** ist allerdings noch immer etwas vernachlässigt. Dieses Freilichtmuseum wurde als fidschianisches Wehrdorf auf einer kleinen Insel nachgebaut. Fidschianische „Krieger" befördern die Besucher mit Booten um die Insel; bei mehreren Zwischenstopps kann man die Herstellung von traditionellem Kunsthandwerk verfolgen. Nachmittags treten entweder Feuerläufer auf oder es werden traditionelle Tänze (*meke*) vorgeführt.

Oben: Jetboat auf dem Nadi River. Rechts: Bunt geschmückte Gräber – eine Attraktion auf dem Friedhof von Suva.

Auf der Weiterfahrt gelangt man bald in die weite Ebene des Navua River. Hier wird Reis angebaut, und immer wieder rücken riesige, majestätische Banyan-Bäume auf Rinderweiden ins Blickfeld.

Am östlichen Mündungsarm des Flusses liegt das lebhafte Marktstädtchen **Navua**. Von hier aus lassen sich organisierte Boots- und Floßfahrten zu den flussaufwärts gelegenen Dörfern unternehmen – eine recht abenteuerliche Tour geht beispielsweise durch Schluchten und über Stromschnellen nach **Namuamua** und zur Flussschlucht **Navua Gorge**.

Die Straße nach Suva führt weiter in nordöstliche Richtung, bis man nach der Bay of Islands und dem Ort Lami nach Suva gelangt.

» Karte S. 102-103, Info S. 126-128

Foto: Volkmar E. Janicke

Suva – die bunte, lebhafte Hauptstadt

Suva ist die größte Stadt der südpazifischen Inseln und eine der wichtigsten Geschäfts- und Hafenstädte der gesamten Südsee. Hier leben ca. 180 000 Menschen. Ihr modernes Stadtbild ist erst in den letzten 20 Jahren entstanden, höhere Neubauten, eine geräumige Markthalle, Geschäfte mit vielseitigem Warenangebot und schöne Villenvororte wurden gebaut. Obwohl der alte Charme der Stadt – wenigstens stellenweise – erhalten blieb, ist Suva kein Touristenort, und die Zahl der Urlauber ist – verglichen mit Nadi – gering. Bis 1882 war Levuka auf der Insel Ovalau die Hauptstadt des Landes. Bald erwies sich die Insel jedoch als zu klein, auch wünschte man sich einen besseren Hafen. Der Plan zum Umzug nach Suva entstand schon 1877, nachdem zwei australische Kaufleute die Hälfte ihres großen Grundbesitzes in Suva der Regierung als Schenkung angeboten hatten – unter der Bedingung, hier die neue Hauptstadt anzulegen. Suva bestand damals nur aus wenigen Häusern, da alle Bemühungen, hier Zuckerrohr anzubauen, gescheitert waren.

Nähert man sich heute der Stadt auf der Queens Road, passiert man zunächst den großen **Friedhof**. Viele der neueren Gräber sind farbenprächtig geschmückt mit Plastikfähnchen, Blumen und *tapa*-Stoffen (Rindenbaststoff, auch *masi* genannt). Der **Royal Suva Yacht Club**, ein Stück weiter südlich auf der rechten Seite, ist ideal für einen Drink mit Jachtkapitänen. Direkt gegenüber erblickt man das heruntergekommene, düstere, 1913 erbaute Gefängnis **Suva Prison**. Dieser Teil der Stadt ist geprägt von Industrie- und Hafenanlagen. Am Kreisverkehr führt der Edinburgh Drive linkerhand ins Landesinnere zur 20 km entfernten Stadt Nausori. Biegt man beim Fiji Institute of Technology abermals links ab, gelangt man über die Princess Road auf den Höhenzug **Namadi Heights** und in den vornehmen Stadtteil **Tamavua**, wo sich wegen der kühleren Brise viele Europäer niederge-

Foto: Volkmar E. Janicke

lassen haben. Von hier hat man einen schönen Blick über die Bucht von Suva.

Die Innenstadt von Suva lässt sich bequem zu Fuß erkunden. Für Besucher ist ein Bummel über den **Markt** an der Usher Street besonders interessant, vor den einfachen Ständen stapeln sich die verschiedensten Waren. Im Erdgeschoss der Markthalle werden Meerestiere, vor allem aber frische einheimische und importierte Gemüse und Früchte angeboten, während im oberen Stockwerk Unmengen an Gewürzen, Hülsenfrüchten, Tabak (in Form großer Knäuel) und Kava auf Käufer warten. Kunsthandwerk kann man etwa 300 m weiter südlich im Gebäudekomplex des **Curio & Handicraft Centre** (an der Stinson Parade) erstehen. Viele kleine Stände bieten Schnitzereien, Matten, Hüte, Taschen, *tapa*-Stoffe, Muscheln und andere Souvenirs in reicher Auswahl an. Normalerweise ist es in der Südsee nicht üblich, um den Preis zu handeln, hier allerdings haben die Fidschianer von den Indern gelernt. Übrigens wird immer wieder vor fliegenden Händlern in der Innenstadt gewarnt, die versuchen, mit viel Geschick Touristen billige Souvenirs anzudrehen. Es genügt meist, ganz bestimmt abzulehnen – wenn nicht, wirkt die Erwähnung der Polizei bisweilen Wunder.

Oben: Ein Gardesoldat bewacht den Eingang zur Residenz des Staatsoberhaupts, dem Government House in Suva.

Vom Handicraft Centre führt die Edward Street landeinwärts zum **General Post Office**.

Richtung Süden verläuft die Hauptstraße **Victoria Parade**, die älteste Straße Suvas. Einige Kolonialgebäude fallen an der Meerseite der Straße ins Auge: Das 1926 erbaute **Fintel Building**, das heute die Telefongesellschaft beherbergt, das ehemalige **Rathaus** aus dem Jahr 1904, in dem inzwischen ein Restaurant Platz findet, und die **City Library**, die 1909 mit Hilfe des Amerikaners Andrew Carnegie erbaut wurde.

Südlich des Hotels **Holiday Inn** sieht man einen Teil des 1914 errichteten, legendären **Grand Pacific Hotels**, das noch bis Anfang der 1990er Jahre nos-

» Stadtplan S. 117, Info S. 126-128

talgisches Südseeflair bot. Das GPH, wie es kurz genannt wird, hat in den letzten 20 Jahren viel durchgemacht. Die Seitenflügel wurden abgerissen, junge Soldaten zogen ein und wieder aus, nachdem sie es ramponiert hatten. Was blieb war eine traurige Erinnerung an Suvas goldene Zeiten. Namhafte Persönlichkeiten wie die Schriftsteller Somerset Maugham und James A. Michener weilten hier. Das damalige Staatsoberhaupt von Fidschi, Queen Elizabeth II und der Duke of Edinburgh hielten 1951 hier Hof mit einem großen Ball. Mittlerweile ist es renoviert und im Jahr 2014 wieder eröffnet worden, und so erstrahlt es jetzt wieder im alten Glanz.

Die monumentalen **Government Buildings** (1939) auf der gegenüberliegenden Straßenseite sind mit Statuen der berühmten Fidschianer Ratu Sir Cakobau und Ratu Sir Lala Sukuna geschmückt. Nach Süden schließt sich der **Albert Park** an, ein großer, freier Platz, auf dem Sportwettkämpfe und Jahrmärkte abgehalten werden. Hier landete 1928 Sir Charles Kingsford Smith auf seinem Flug von Kalifornien nach Australien zwischen. Es war der erste Transpazifik-Flug von USA nach Australien. Südwestlich des Albert Parks befindet sich der **Suva Bowling Club**. In schneeweißem Sportdress frönen manch ältere Damen der besseren Gesellschaft hier dem gemächlichen Rasenbowling.

Ebenfalls südlich des Parks liegt das etwas vernachlässigte **Fiji Museum**, umgeben von den **Thurston Gardens**, einem kleinen Park mit tropischen Bäumen und Blumen. Bei den Thurston Gardens geht die Victoria Parade in den Queen Elizabeth Drive über. Ein kleines Stück südlich der Gärten liegt der Eingang zum **Government House**, als Residenz des Staatsoberhaupts 1928 erbaut. Ein Gardesoldat mit weißem Rock und langärmeliger roter Jacke steht starr Wache. Täglich findet um die Mittagszeit die **Wachablösung** statt, besonders farbenprächtig und musikalisch untermalt ist die Zeremonie am ersten Freitag im Monat.

Die Straße führt hinaus zum **Suva Point** mit schönem Blick aufs Meer. An

Foto: Paul Spierenburg

der Ratu Sukuna Road steht das 1992 in einem modern-traditionellen Mischstil erbaute **House of Parliament**.

An der **Laucala Bay** im Osten liegen das **National Stadium** und der Campus der **University of the South Pacific** (USP). Die Hochschule wird von zwölf pazifischen Mitgliedsländern unterhalten und hat Außenstellen in verschiedenen Inselstaaten. Mehr als 2500 Studenten studieren vor Ort, zudem 19 000 in Fernkursen in 12 Pazifikländern.

Der Nordteil der Insel: Über die Kings Road von Suva nach Nadi

Die **Kings Road**, die über 290 km von Suva über die Ost- und Nordküste in den Westen Viti Levus führt, wird nur wenig befahren. Sie ist 110 km länger als die südliche Queens Road und asphaltiert. Die Kings Road ist besonders für Naturliebhaber reizvoll, denn sie führt durch alle Landschaftstypen Fidschis und viele anmutige kleine Dörfer, in denen noch die traditionellen Häuser (*bure*) erhalten geblieben sind.

Oben: Traditionelle, mit Pandanus-Blättern gedeckte Bure. Rechts: Leichte Brise am weißen Sandstrand der Insel Nananu-I-Ra.

Entlang der stark befahrenen Hauptstrecke zwischen Suva und der Stadt Nausori hat sich in den vergangenen Jahren ein regelrechter Bauboom ausgetobt. Wer genügend Zeit hat, nimmt besser die etwas längere Straße – sie verläuft von Suva aus über die Princess Road Richtung Nordosten nach Sawani und biegt dann östlich nach Nausori ab. Kurz vor Sawani lohnt ein Abstecher zum 200 m hoch gelegenen **Colo-i-Suva Forest Park**. Das nur wenige Kilometer von der Hauptstraße entfernte Regenwald-Naturschutzgebiet betritt man an der Forestry Station. Verschiedene Trails führen durch Mahagoniwälder und dichte Vegetation zu kleinen Wasserfällen und Pools, in denen man ein erfrischendes Bad nehmen kann. Die dazugehörige Raintree Lodge bietet Unterkunft und Café.

Nausori ist eine Kleinstadt am **Rewa River**, Fidschis größtem Fluss. Außer

» Karte S. 102-103, Info S. 126-128

Foto: Björn-Eric Kohnen

der längsten Brücke des Landes, einem bunten Markt und dem Flughafen Suvas (3 km südöstlich) hat es Besuchern wenig zu bieten. Bis Ende der 1950er Jahre wurde in der Gegend Zuckerrohr angepflanzt, die Ausbeute war jedoch weniger lukrativ als in den trockeneren Landesteilen. Heute erstreckt sich rund um Nausori das größte bewässerte Reis-Anbaugebiet des Landes. Der Reis wird vor Ort geschält und poliert. Die Kings Road verläuft nun in nördlicher Richtung an der Ostküste. Nach 30 km ist die Ortschaft **Korovou** erreicht, ein kleines Zentrum der Milchwirtschaft, die sich nach dem ersten Weltkrieg entwickelte. Kurz hinter Korovou führt eine Straße rechts zur **Natovi Landing**, dem An- und Ableger für Schiffe zu den Inseln Ovalau und Vanua Levu. Bei Korovou biegt die Kings Road ins Landesinnere ab und trifft erst im Norden, an der Viti Levu Bay bei **Nanukuloa**, wieder auf die Küste, der sie von dort an folgt.

Im Dorf **Naiserelagi**, südlich von Nanukuloa, lohnt ein Zwischenstopp: die Wände der katholischen Kirche wurden 1962 vom Künstler Jean Charlot mit fidschianisch inspirierten Fresken bemalt. Eindrucksvoll ist die Darstellung des „Schwarzen Christus".

Ca. 5 km vor Rakiraki zweigt eine Straße zur **Ellington Wharf** ab. Von hier aus kann man nach Vanua Levu sowie zur kleinen, vorgelagerten Insel **Nananu-I-Ra** übersetzen. Die ruhige Insel mit ihren weißen Sandstränden, Korallenriffs, Mangroven und Naturpfaden ist ideal, um ein paar Tage den Rest der Welt zu vergessen. Unterkünfte sind relativ preiswert, aber begrenzt, Buchung ist deshalb ratsam.

Eine staubige Seitenstraße führt zum **Wananavu Resort**, einer hübschen kleinen Bungalowanlage am Meer, gegenüber von Nananau-I-Ra. Das Restaurant ist ein willkommener Stopp.

Der kleine Ort **Rakiraki** liegt etwa auf halbem Weg zwischen Nadi und Suva. Im **Rakiraki Hotel & Restaurant** gibt es gute Curries und ein kühles Bier. Ca. 1 km landeinwärts liegt **Vaileka**, ein größerer Ort mit Supermärkten und Busstopp für die Überlandbusse.

» Karte S. 102-103, Info S. 126-128

Foto: Volkmar E. Janicke

Weiter auf der Kings Road passiert man linkerhand das **Grab** des legendären Kannibalen-Häuptlings **Udre Udre**. Angeblich steht jeder Stein, der sein Grab umgibt, für einen Menschen, den er verspeist hat.

2 km vor **Tavua** zweigt links der *Island Highway* südwestlich ins Landesinnere ab. In **Nadarivatu** stehen auf luftiger Höhe Cottages, die früher den Familien der Minenmanager der Goldmine in Vatukoula in den heißen Monaten als Wohnsitz dienten.

Von hier kann man den höchsten Berg Fidschis, den 1323 m hohen **Mt. Victoria**, auch Tomanivi genannt, erklimmen. Von seinem Gipfel bietet sich eine spektakuläre Aussicht. Die gewundene Straße führt über die Dörfer **Navai** und **Koro-Ni-O** (rechts geht es zum **Monasavu-Staudamm**) und **Sawani** weiter bis nach Suva. Für diesen Streckenabschnitt ist ein Geländewagen notwendig. 9 km im Hinterland von Tavua liegt in **Vatukoula** Fidschis Goldmine. Der Abbau dieses kostbaren Metalls geschieht unterirdisch und im Tagebau. Die schlechten Arbeits- und Lebensbedingungen der ca. 1500 Arbeiter waren immer wieder Anlass zu Streiks und heftigen Protestkundgebungen.

Oben: Der Markt von Lautoka bietet einen guten Überblick über die Produkte der Region. Rechts: Prächtige Orchideen im Garden of the Sleeping Giant.

Auf der Kings Road 30 km weiter nach Westen erreicht man die stark indisch geprägte Zuckerstadt **Ba** (15 000 Einwohner) im weiten, mit Mangroven bewachsenen Delta des gleichnamigen Flusses. Die Kuppel der Moschee sieht man schon von Weitem. Kurz vor der Brücke führt links ein Abzweig in die Stadt mit ihrem vielfältigen **Markt** und gut sortierten Supermärkten.

Lautoka an der Westküste ist mit seinen 52 000 meist indischen Einwohnern Fidschis zweitgrößte Stadt und ein wichtiges wirtschaftliches Zentrum. Gläubige mehrerer Religionen leben hier friedlich miteinander; es gibt verschiedene Kirchen, den Sikh Temple, die attraktive **Jame Mosque** und den wuchtigen **Sri Krishna Kalya Temp-**

» Karte S. 102-103, Info S. 126-128

Foto: Günther Lahr

le. Der große, lebhafte Markt lockt Menschen aus der ganzen Region an. Vor der riesigen **Lautoka Sugar Mill**, seit 1903 in Betrieb, reihen sich in der *crushing season* lange Schlangen von zuckerrohrbeladenen Lastwagen und Eisenbahnwaggons. Von Lautoka verkehren **Ausflugsboote** zu den Mamanuca- und Yasawa-Inselgruppen.

12 km im Hinterland Lautokas kann man im **Koroyanitu National Heritage Park** (**Abaca National Park**) auf Trails die Flora und Fauna erkunden und sich an Wasserfällen abkühlen.

Gemäß der Legenden haben sich die ersten Fidschianer in der Nähe von **Vuda Point**, ihrem Landungsplatz südlich von Lautoka, niedergelassen. Archäologische Grabungen haben dies jedoch nicht bestätigen können. Vom neuen Jachthafen **Vuda Point Marina** starten Boote zu einigen Insel-Resorts.

Wenn man die Queens Road verlässt und Richtung Küste fährt, kommt man zur Ortschaft **Viseisei**. Hier fällt rechts ein besonders schönes und großes traditionelles **Bure** (Haus) ins Auge. Es gehört der Familie des 1987 durch einen Militärputsch abgesetzten Premierministers Timoci Bavadra. Zum **Garden of the Sleeping Giant** geht es 5 km weiter links ab. Diesen bezaubernden Orchideengarten schuf der verstorbene US-amerikanische Schauspieler Raymond Burr.

VANUA LEVU

Wem Viti Levu schon zu touristisch erschlossen ist, der findet auf der weniger entwickelten Nachbarinsel Vanua Levu idyllische Landschaften, von Palmenhainen umrahmte romantische Buchten und einsame Strände, ursprüngliche Dörfer und überaus freundliche Einwohner.

Der Nordküste vorgelagert ist eines der längsten Barriereriffs der Südsee. Im relativ trockenen Nordwesten wird hauptsächlich Zuckerrohr angebaut. Über die Länge der Insel zieht sich ein unwegsamer Gebirgszug, der Höhen bis über 1000 m aufweist. Die südöstlichen Gebiete sind feuchter, mit dichter tropischen Vegetation. Hier erstrecken

» Karte S. 102-103, Info S. 126-128

sich großflächige Haine schlanker Kokospalmen.

Die Fähre von Viti Levu legt auf ihrem Weg nach Taveuni in **Nabouwalu** am Südwestzipfel der Insel und in **Savusavu** an. Unterwegs nach Labasa, führt einige Kilometer nordöstlich von **Lekutu** ein Weg von der Straße zum Wasserfall **Naselesele Falls**. Er liegt versteckt im Grünen und ist ideal für eine kurze Pause zum Baden.

Die indisch geprägte Kleinstadt **Labasa** ist das Zucker- und Geschäftszentrum des Nordens am Mündungsdelta des gleichnamigen Flusses. Für Touristen gibt es außer der 1894 erbauten Zuckermühle (2 km östlich der Stadt) wenig zu sehen. 50 km westlich liegt auf einer Insel das exklusive **Nukubati Island Resort**. Boote bringen Surfer und Taucher zum großartigen **Great Sea Reef** bei der Insel Kia im Nordwesten. Auch hier gibt es einfache Unterkünfte.

Oben: Überfahrt nach Taveuni. Rechts: Taucher grüßt Sepia – Taveuni gilt als hervorragendes Tauchrevier.

Die *Cross Island Road* verbindet Labasa mit dem verträumten Städtchen **Savusavu** an der herrlichen Savusavu Bay im Süden (Busverbindung). Der Ortskern besteht aus einer von ein- und zweistöckigen Ladengeschäften gesäumten Straße entlang der Bay. Der Ort verzeichnet steigende Besucherzahlen, denn neben einer außergewöhnlich schönen Lage bietet er einen sicheren Ankergrund für Jachten aus aller Welt und erstklassige Tauchgründe in der Nähe. In der Umgebung gibt es einige Luxus-Tauchresorts. Direkt unterhalb des **Hot Springs Hotel** erstreckt sich der überschaubare **Jachthafen** mit Pier und der Ladenzeile der **Copra Shed Marina**. Der aus einem alten Kopralagerhaus entstandene Gebäudekomplex beherbergt, neben dem **Yacht Club**, das bei örtlichen Jugendlichen beliebte **Captain's Café** und das Restaurant **Surf 'n Turf**, von dessen Terrasse man die herrliche Aussicht über die Bucht und die kleine Insel **Nawi** genießen kann. Ebenfalls aus der Zeit des schwunghaften Handels mit Kokosnussmark stammt die westlich der Stadt gelegene **Kopramühle**, im Industriegebiet Balaga; außer Kokosnusshalden, einer Ölpresse und Silos ist dort aber nicht viel zu sehen.

Wer von Savusavu aus Fahrten in die Umgebung unternehmen möchte, sollte in Richtung Nordwesten am Dorf **Urata** vorbei bis zum Ende der Bucht und dann ein Stück auf der *Cross Island Road* ins Landesinnere fahren. Schon bald bieten sich von den Höhen atemberaubende Ausblicke, und die Straße wird begleitet von einer dichten, smaragdgrünen Regenwaldvegetation.

Eine weitere landschaftlich reizvolle Strecke, der 77 km lange *Hibiscus Highway*, beginnt am Flughafen, verläuft entlang der von Kokospalmen gesäumten Südküste der Halbinsel bis nach **Natuvu** an der Buca Bay und endet in der alten Missionsstation **Napuka** an der Ostspitze. Von **Buca Bay** setzt eine kleine Fähre zu den Inseln Kioa und Taveuni über.

» Karte S. 102-103, Info S. 126-128

Foto: Holger Erbst

TAVEUNI

Die 40 km lange, 11 km breite Insel Taveuni erhielt wegen ihrer üppigen Flora, den Regenwäldern und Palmenhainen den Beinamen „Garteninsel". Über die Länge der Insel verläuft ein Höhenzug, zwei Berge ragen bis ca. 1200 m auf. Fruchtbare vulkanische Böden und viel Regen ermöglichen Plantagenwirtschaft. Früher wurden Baumwolle, Kaffee und Kakao angepflanzt, heute ist auch hier Kopra das Hauptprodukt. Im unwegsamen Inselinneren sind noch Pflanzen- und Vogelarten anzutreffen, die auf den Nachbarinseln bereits ausgestorben sind. Außerdem finden sich hier Tauchreviere, die zu den besten der Welt zählen – traumhaft ist das 30 km lange **Rainbow Reef** in der Somosomo Strait zwischen Vanua Levu und Taveuni (starke Strömungen!). Tauchbasen und Unterkünfte bieten Kurse und Tauchgänge an.

Die raue Südostküste ist mangels Straßen nicht zugänglich. Der **Flughafen Matai** liegt im äußersten Norden, der Fähranleger an der Westküste in **Waiyevo**, dem administrativen Zentrum der Insel. Auf dem Government-Hügel oberhalb des Ortes steht am Ende eines Rugby-Feldes eine Tafel für den **180. Längengrad**, der geografischen Datumsgrenze. Doch aus praktischen Gründen – um verschiedene Zeitzonen innerhalb Fidschis zu vermeiden – wurde die offizielle Datumslinie östlich Fidschis „umgeleitet".

Einige Kilometer weiter südlich liegt die **Wairiki Catholic Mission** mit ihrer alten Steinkirche. Von Wairiki erreicht man zu Fuß (Tagestour) oder mit dem Jeep den **Des Voeux Peak** (1195 m), der einen grandiosen Rundblick bietet.

Beim Garden Island Resort in Waiyevo führt rechts eine Abzweigung von der Hauptstraße zu den **Sliding Rocks** von **Waitavala** (Schild: Waitavala Estates), einem Badespaß, bei dem man über eine natürliche Wasserrutsche aus glatten Felsen in den Fluss gleitet.

Oberhalb von **Somosomo** führt eine anstrengende Trekkingtour zum Kratersee **Lake Tagimaucia** auf 820 m Höhe;

» Karte S. 102-103, Info S. 126-128

Foto: Holger Leue

diese sollte man nur mit einem ortskundigen Führer unternehmen.

Die Ostküste lockt mit spektakulären Landschaften; die **Tavoro Falls**, die 14 m in ein natürliches Bassin stürzen, laden zu einem erfrischenden Bad ein; im **Bouma Forest Park**, ein Stück weiter südlich, startet der interessante, unproblematische **Lavena Coastal Walk**, der nach 5 km an einem Wasserfall endet.

OVALAU

Die eiförmige, 102 km^2 große Hauptinsel der Lomaiviti-Gruppe ist in 15 Minuten von Suvas Flughafen in Nausori zu erreichen und eignet sich gut für einen Tagesausflug. Schiffe verkehren vom Natovi Landing (nordöstlich v. Korovou). Die landschaftlich reizvolle Vulkaninsel ist gebirgig, ihr höchster Gipfel, der **Mt. Nadelaiovalau**, 616 m hoch. Im Osten liegt in der schmalen Küstenebene **Levuka**. Seit den 1830ern ließen sich dort weiße Siedler nieder, 40 Jahre später hatte sich Levuka zu einer geschäftigen Stadt entwickelt, in der es nach Wildwest-Manier drunter und drüber ging. Am 10. Oktober 1874 wurde der Kolonialvertrag zwischen dem Großhäuptling (König) Cakobau und der britischen Krone unterzeichnet. Levuka avancierte zur Hauptstadt Fidschis, blieb es aber nur bis 1882. Das *Old Capital Festival* erinnert daran. Heute zählt Levuka 4400 Einwohner. Die historischen Kolonialgebäude der ruhigen Kleinstadt sind noch fast vollständig erhalten, weshalb die UNESCO die Stadt 2013 zum Welterbe erklärt hat. Die **Sacred Heart Church** wurde 1858 erbaut, im gleichen Jahrzehnt wie das **Royal Hotel**, das Gebäude des **Levuka Community Centre** mit Museum und Bibliothek stammt aus dem Jahr 1878, und die **Levuka Public School** öffnete 1879 ihre Pforten. Im kolonialen **Ovalau Club** von 1904 hängt ein Brief des im Ersten Weltkrieg berühmt gewordenen „Seeteufels" Graf Felix von Luckner.

Oben: Flug über Turtle Island, Yasawa-Archipel. Rechts: Stimmungsvolles Abendessen auf den Yasawa-Inseln.

» Karte S. 102-103, Info S. 126-128

Foto: Paul Spierenburg

WEITERE INSELN

Mamanuca-Gruppe: Die Mamanucas, palmenbestandene Koralleninselchen mit hellen feinsandigen Traumständen und türkisfarbenen Lagunen, bilden das Touristenzentrum des Landes. Durch ihre verkehrsgünstige Lage westlich von Nadi und Lautoka und wegen des trockenen Klimas sind sie sehr populär und touristisch erschlossen. Inselresorts sorgen für das Wohl der Gäste. Taucher, Schnorchler und Angler finden ideale Bedingungen.

Yasawa-Gruppe: Der Archipel, benannt nach einer im Norden gelegenen Insel, erstreckt sich wie eine Perlenkette über 80 km, nordwestlich von Viti Levu. Er besteht aus sechs größeren, zehn kleineren und vielen winzigen Inseln. Die Berge erreichen teils beachtliche Höhen (z. B. 570 m auf Waya). Die malerischen Buchten und herrlichen Sandstrände sind zu einem beliebten Ziel von Kreuzfahrten geworden (z. B. die *Blue Lagoon Cruises* ab Lautoka). Der *Yasawa Flyer*, eine schnelle Fähre, fährt täglich ab Port Denarau verschiedene Inseln an. Außer Luxus-Resorts gibt es auch einfachere Unterkünfte. **Long Beach** auf Nacula Island ist ein Traumstrand. Auf **Sawa-I-Lau** locken zwei Kalksteinhöhlen mit herrlichen Süßwasserpools.

Kadavu-Gruppe: Die langgestreckte Inselgruppe mit der Hauptinsel Kadavu, 90 km südlich von Suva, ist per Flugzeug oder Fähre ab Suva zu erreichen. Hier findet man Erhebungen bis über 800 m, fidschianische Dörfer, attraktive Strände, Wasserfälle und traumhafte Tauchgründe – insbesondere das **Great Astrolabe Reef** mit seinen Korallen, Höhlen und reicher Meeresfauna; auf 30 km umgibt es den Nordostteil des Archipels. Größter Ort Kadavus ist **Vunisea** (Airport u. Krankenhaus). Die zweitgrößte Insel heißt Ono.

Lau-Gruppe: Der sich im Osten Nord-Süd erstreckende, abgeschiedene, polynesisch geprägte Archipel zählt rd. 60 Inseln, von denen nur die Hälfte bewohnt ist. Die beiden größten Inseln – mit dem Flugzeug von Suva zu erreichen – sind Vanua Balavu und Lakeba.

» Karte S. 102-103, Info S. 126-128

FIDSCHI (FIJI, ☎ 00679)

Fiji Visitors Bureau Europe, Karl-Marx-Allee 91a, 10243 Berlin, Tel. 030- 4225 6285. **Fiji Visitors Bureau**, PO Box 9217, Nadi Airport, Tel. 6722 433, Fax 6720 141, www.fiji.travel. Für Vanua Levu u. Taveuni: www.fiji-savusavu.com, www.puretaveuni.com.

EINREISE: Besucher aus der EU erhalten bei Einreise ein Touristenvisum bis zu 4 Monaten; mindestens 6 Monate über den geplanten Aufenthalt hinaus gültiger Reisepass und Weiter- oder Rückflugticket nötig.

WÄHRUNG / GELD: 1 Euro ≈ 2,40 **Fidschi-Dollar** (FJD). Die Verbrauchssteuer (VAT) beträgt 15 %. Hotels, Geschäfte und Autoverleiher auf Viti Levu, Vanua Levu und Taveuni akzeptieren Kreditkarte. Bargeld auf Kreditkarte gibt es bei den Banken. Geldautomaten (ATM) gibt es in größeren Orten und Touristenzentren auf Viti Levu. Auf den kleineren Inseln empfiehlt es sich, ausreichend Bargeld dabeizuhaben.

ANREISE: **Nadi Int. Airport** liegt an der Westküste Viti Levus, 3 Autostunden von der Hauptstadt Suva. **Über USA**: Ab Los Angeles mit Air New Zealand u. Fiji Airways, der landeseigenen Airline, direkt nach Nadi. **Über Asien**: Mit Qantas über Sydney; mit Korean Air über Seoul. **Fiji Airways** fliegt auch Vanuatu, die Salomonen, Tuvalu, Kiribati u. die Marshall Inseln von Fidschi aus an.

REISEN IM LAND: **Per Flugzeug: Pacific Sun** (www.fijiairways.com) fliegen von Nadi und Suva aus viele Inseln und die größeren Resorts an. **Turtle Airways**, Tel. 6721 888, und **Pacific Island Air**, Tel. 6725 644, www.pacificislandair.com. verkehren auf Charterbasis. Hubschrauberservice von **Island Hoppers**, Tel. 6720 410, www.helicopters.com.fj. **Northern Air** fliegt von Nausori zu den Inseln Vanua Levu, Taveuni, Gau, Koro, Kadavu und Moala. Tel. 3575 005, www.northernair.com.fj.

Mit dem Boot: **Mamanucas und Yasawas:** Täglich moderne Fährboote ab Port Denarau bei Nadi. Bustransfer zum Hafen von allen Unterkünften der Umgebung.

Die **Katamarane** von **South Sea Cruises**, Tel. 6750 500, www.ssc.com.fj, laufen von Port Denarau u. a. folgende Insel Resorts an: Bounty, Beachcomber, Treasure Island, Mana, Castaway, Malolo, Likuliku, Matamanoa, Tokoriki.

Awesome Adventures, Tel. 6750 499, Fax 6750 501, www.awesomefiji.com, fährt täglich zu Resorts in den **Yasawas** (Ausnahme: Yasawa Island Resort und Turtle Island) mit Stopp bei **Beachcomber Island**.

Vanua Levu und Taveuni: Mehrere **Fährschiffe** gehen von Suva oder Lautoka nach Savusavu (Vanua Levu), Taveuni und Kadavu. Die Überfahrt kann rau sein. **Patterson Brothers**, Tel. 3315644; **Goundar Shipping** ab Suva, Tel. 3301020, www.goundarshipping.com. **Blighwater Shipping** mit MV Westerland nach Savusavu, Tel. 3318247, www.blighwatershipping.com.fj.

Kadavu: Für Unerschrockene geht unregelmäßig ein kleineres **Frachtschiff**: Venu Haulage Shipping, Suva, Tel. 3395 000.

Levuka, Ovalau: Bus/Boot ab Suva mit Patterson Brothers Shipping, Tel. 3315 644, Fax 3301 652.

VERKEHR, LEIHWAGEN: In Fidschi wird links gefahren. Leihwagen gibt es nur in Viti Levu, Vanua Levu und Taveuni. Für Touren ins Landesinnere empfiehlt sich ein Geländewagen. **Avis Rent A Car**, Tel. 6722 233, Fax 6720 482, www.avis.com.fj. **Budget**, Nadi Airport, Tel. 6722 735, www.budget.com.fj. **Hertz Rent A Car**, Tel. 6723 466, www.hertzfiji.net. **Khans Rental**, Nadi Airport, Tel. 6723 506, www.khansrental.com.fj. **Sharmas Rental Car**, Tel. 6721 908, www.sharmasrental.com. **Aims Rent a Car**, Tel. 6728 310, www.aimsrentacar.fj.

MINI-KREUZFAHRTEN: Mit kleinen modernen Motorkreuzern durch die Mamanucas und Yasawas, wahlweise 3, 4 oder 7 Tage, mit vielen Stopps und Möglichkeiten zum Schwimmen, Tauchen u. Sightseeing. Berühmtester Minicruise: **Blue Lagoon Cruise**, Tel. 6661 662, Fax 6664 098, www. bluelagooncruises.com. Beide Kreuzfahrten starten und enden in Port Denarau und fahren eine ähnliche Strecke. Interessant ist der Northern Fiji Cruise von Captain Cook Cruises, der nach Vanua Levu, Taveuni und Ovalau führt. **Captain Cook Cruises**, Tel. 6701 823; www.captaincook.com.au.

Vanua Levu: Eine Kreuzfahrt mit der **Tui Tai** gehört zu den schönsten Erlebnissen eines Fiji-

Urlaubs, ist allerdings nicht billig. Der 45-Meter-Schoner wurde zur Luxus-Jacht umgebaut, mit 2-Bett-Kabinen mit Bad und Platz für max. 24 Gäste. Die Tour geht von Savusavu auf Vanua Levu nach Rabi, Kioa, Taveuni und Ringgold Atoll; diese Inseln sind normalerweise kaum zugänglich. Unterwegs kann man am berühmten **Rainbow Reef** tauchen, schnorcheln, Inseln erkunden u. Dörfer besuchen. Tel. 9996 365, www.tuitai. com.

AKTIVITÄTEN / AUSFLÜGE:
Strände: Unzählige Bilderbuchstrände haben die Inseln der **Yasawas** und **Mamanucas**, westlich von Viti Levu, mit Unterkünften in allen Preiskategorien und gut organisiertem Transfer (auch Tagestouren) von Nadi. **Natadola Beach** zwischen Nadi und Sigatoka ist der schönste Strand Viti Levus. Tagestour dorthin mit dem Minizug ab Fijian Resort.
Tauchen: Mehr als 60 professionelle Tauchunternehmen bieten auch Schnupperkurse und Lehrgänge mit PADI oder NAUI-Abschluss an. Beste Zeit zum Tauchen ist Mai bis Dezember.
Die besten Tauchgebiete sind: **Viti Levu:** Beqa Reef, die Riffe der Mamanucas und Yasawas. **Vanua Levu:** Das Riff von Namenalala. **Taveuni:** Rainbow Reef und The Great White Wall zwischen Vanua Levu und Taveuni. **Kadavu:** Astrolabe Riff.
Die meisten Hotels und Resorts haben eigene Tauchbasen oder kooperieren mit einer.
Für echte Tauchfans gibt es **Live aboards**, kleine Kreuzfahrtschiffe mit Kajüten, die über mehrere Tage verschiedene Tauchgebiete abfahren. Shark Feeding in den Mamanucas mit **Aqua Trek**.
Infos: www.fiji.travel des Fiji Visitor Bureau.

Bula Festival, in Nadi, alljährlich im Juli. **Hibiscus Festival**, Suva, August. **Sugar Festival**, Lautoka, im September.

Fiji Museum, Thurston Gardens, Suva, Tel. 3315 944. **Pacific Harbour Arts Village**, Pacific Coast, Tel. 3450065.
Garden of the Sleeping Giant, zwischen Nadi und Lautoka, Tel. 6722 701.

GESCHÄFTSZEITEN: Mo.-Fr. 8-17 Uhr, Sa. bis 14 Uhr, kleinere Geschäfte auch abends und sonntags. Banken Mo.-Do. 9.30-15 Uhr, Fr. -16 Uhr.

VITI LEVU

NADI UND UMGEBUNG: In Port Denarau gibt es eine Reihe guter Restaurants am Wasser: indisch, italienisch, Steakhouse, Fine Dining, sogar ein Ableger des **Hard Rock Café** fehlt nicht. Hotels in Denarau haben Restaurants mit Themenabenden wie Seafood, Italienisch, South Pacific etc. Preiswert ist das luftige Restaurant im **Golfclub**, wo man an bestimmten Tagen gegen einen Pauschalbetrag Fleisch und Fisch selbst grillen und sich am Salat- und Dessertbüffet bedienen kann.
Bulaccino Café & Bar, Bäckerei und Brasserie, ausgezeichneter Kaffee, leckeres Brot und Gebäck und Herzhaftes und Wein am Abend, Produkte aus eigenem Anbau, Europäisch/Fidschianische Besitzer, lohnt die Taxifahrt von Denarau, morgens ab 6 Uhr geöffnet, Namaka, Nataly Buildg. zwischen Airport und Nadi, Tel. 6728638.
Taste Fiji, Café im europäischen Stil, moderne Fidschii-Küche vom Masterchef, Schokolade aus eigener Herstellung; Martintar, Eden Plaza, gegenüber Rosie's, Tel. 6232654.
The New Nadi Farmers Club, Fidschi/Indisch/Chinesische Küche, gutes Seafood, große Portionen, viel Grünes, preiswerter als Denarau, auch Barbetrieb und Livemusik, Nadi Town, Ashram Road, Tel. 7775442.
Tata's Curry Restaurant, Nadi Back Road, gegenüber Tempel, Tel. 6700 520. Trotz wenig einladender Umgebung sind die Curries in dieser einfachen Hütte ausgezeichnet.
CORAL COAST: **Le Café**, gutes Seafood, Sunset Strip, preiswerter als im Outrigger on the Lagoon nebenan, Korotogo, Tel. 6520 877.
Im **Fijian Hotel** und ebendo im **Intercontinental Hotel** hat man, an schönen Stränden, gleich mehrere Restaurants zur Auswahl.
SUVA: **Ashiyana**, bester Inder der Stadt, Victoria Parade, Old Town Hall, Tel. 3313 000. **Old Mill Cottage**, historisches Gebäude mit viel Charme, fidschianische und indische Gerichte, preiswert und gut, mittags ziemlich voll, Carnavon Street, Tel. 3312 134.

NADI: Fidschianische Feste mit Tanzaufführung, Musik und Büffet veranstalten größere Hotels regelmäßig. Bars und Clubs gibt es in allen Hotels. In den Bars und Restaurants

von **Port Denarau** trifft sich abends ein buntes Völkchen am Wasser.
SUVA: Gute Bar- u. Tanzszene am Wochenende bei **Traps** an der Victoria Parade, **Bad Dog Café** und bei **O'Reillys** um die Ecke in MacArthur Street. Aus Sicherheitsgründen ist ein Taxi für die nächtliche Rückkehr ins Hotel zu empfehlen!

AKTIVITÄTEN / AUSFLÜGE: Die **Mamanucas**, ein Dutzend kleiner Inseln vor der Westküste Viti Levus sind das touristische Herz Fidschis. Zahlreiche Tagestouren – genug für mindestens eine abwechslungsreiche Woche – führen zu den schönen Stränden dieser Inselgruppe. Wahlweise mit dem Schooner **Whale's Tale** (Oceanic Schooner Co., Tel. 6722 443), der Segelyacht **Ra Marama** (Captain Cook Cruises, Tel. 6701 823) oder einem **Motorboot** (South Sea Cruises, Tel. 6750 499). Die Tagestouren starten morgens ab Port Denarau bei Nadi. Für Verpflegung und Unterhaltung wird gesorgt. Buchung über alle Hotels möglich.
Viti Levu hat keinen Mangel an Freizeitaktivitäten im gebirgigen Landesinneren. Fahrten ins Hochland kombiniert mit einer Jetboat-Tour auf dem Nadi River; Besuch einer Zuckermühle mit Fahrt auf der Kings Road zum Nadarivatu Forest in den Bergen; Birdwatching-Touren; Besuch von Navala Village, einem authentisches Dorf in den Bergen etc. Buchungen in jeder Unterkunft. Touren zu Höhlen und Wasserfällen an der Coral Coast, inkl. Dorfbesuchen und Kava-Zeremonie bietet **Adventure in Paradise**, Tel. 6520 833.
Schlauchboot / Kajak: auf Flüssen im Landesinneren (**Rivers Fiji**, Tel. 3450 147, www.riversfiji.com). **Flussfahrten** auf dem Navua River ins Gebirge, Dorfbesuch, Rückfahrt fidschianisch auf einem *Bilibili*-Bambusfloß (**Discover Fiji**, Tel. 345180, www.discoverfijitours,com).
Das **Sigatoka Valley** entlang des Sigatoka Rivers ist für Selbstfahrer auf jeden Fall einen Abstecher von der Queens Road wert. Organisierte Touren können in allen Hotels gebucht werden.
Golf: Denarau Golf und Racquet Club, 18-Loch-Weltklasse-Golfplatz mit Tennis-Ranch, Tel. 6759 710. The Pearl Championship Fiji Golf Club, Pacific Harbour, Tel. 3680 644. Intercontinental Fiji Golf Resort, Natadola Beach, Tel. 6733 300.

VANUA LEVU

SAVUSAVU: **Decked Out Café**, Burgers, Snacks, Nachos, sehr freundlich, Live-Musik und Happy Hour Freitag und Samstag, Savusavu Main Road, Tel. 8852 929. **Surf 'n Turf**, Steak und Seafood mit lokalem Einschlag, exzellent, Copra Shed, Hauptstraße, Tel. 8853 033.

Die Gewässer um Vanua Levu und Taveuni sind ein Mekka für Taucher (**Dolphin Bay Divers**, mit Unterkunft, Tel. 8283 001; **Taveuni Dive**, Tel. 8281 063). Außerdem Pearl Farm-Touren, Mountainbiking, Kayaktouren, Dorfbesuche. Zu buchen über die Unterkunft.

TAVEUNI

Coconut Grove Café, winziges Restaurant am Wasser, Pasta, Curries fidschianische Gerichte, Meeresfrüchte, Matei, Tel. 8880 328.
Karin's Garden, europäisch-fidschianisch, auf kleinstem Raum, Reservierung bis mittag, Matai, Tel. 8880 511.
Tramonto, Pizza, Seafood, Fleischgerichte, der beste Blick aller Resorts auf Taveuni, Matai, 15 Minuten vom Airstrip, Tel. 888 2224.

AUSFLÜGE: **Bouma National Heritage Park**, Wanderwege, Wasserfälle, Picknickplätze, Visitor Centre, Tel. 8880 390. **Lavena Coastal Walk**, 5 km Wanderweg entlang der Ostküste, durch Regenwald zu einem Wasserfall. Schwimm- u. Kajakmöglichkeit. Kleines Visitor Centre in Lavena.

Abbildung rechts: Eingebettet in die Natur – das Mana-Island-Resort im Mamanuca-Archipel, Fidschi.

Foto: Volkmar E. Janicke

Getanzte Lebensfreude (Upolu, Samoa)

Paul Spierenburg

TUVALU

Foto: Holger Leue

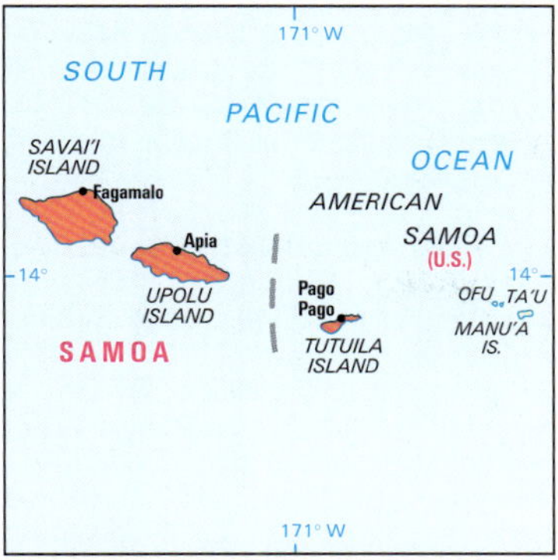

SAMOA-INSELN

(WEST-) SAMOA
UPOLU
SAVAI'I

AMERIKANISCH-SAMOA
TUTUILA
MANU'A

SAMOA-INSELN

Samoa – die „Wiege Polynesiens" – hat zwei Gesichter: Die beiden großen westlichen Vulkaninseln Savai'i und Upolu bilden das unabhängige und traditionsbewusste Samoa. Tutuila und die Manu'a-Inselgruppe – bestehend aus Ofu, Olosega und Ta'u – bilden den US-amerikanischen Teil des Archipels. Die Inseln, die sich durch landschaftliche Schönheit, im Westen auch durch weitgehend erhalten gebliebene traditionelle Lebensformen und Gesellschaftsstrukturen auszeichnen, stellen ein einzigartiges Urlaubsziel dar.

Mit seinem dichten tropischen Regenwald, Kokosplantagen, Wasserfällen und Kraterseen, weiten Sandstränden und türkisfarbenen Lagunen entspricht West-Samoa weitestgehend den Vorstellungen vieler Reisender vom friedlichen, verträumten Südseeparadies. Die schwarzen Lavafelder auf der Vulkaninsel Savai'i erinnern an die Kraft der mitunter noch aktiven Vulkane. Ungehinderten Einblick in das polynesische Familienleben gewähren in vielen Dörfern die *fale*: runde oder ovale, pavillonartige offene Hütten.

Links: Üppige Vegetation am Sopo'aga Wasserfall, Upolu.

Amerikanisch-Samoa ist landschaftlich ebenso reizvoll wie das unabhängige Samoa im Westen, allerdings hat der *American way of life* dort die traditionelle samoanische Lebensweise längst verdrängt.

Feuchtigkeit, Hitze und üppiges Grün

Nach Hawai'i bilden die Inseln Samoas mit einer Gesamtfläche von ca. 3000 km² die größte Inselgruppe Polynesiens. Auf Savai'i, der westlichsten und mit 1700 km² größten Insel, herrscht aktiver Vulkanismus. 1905 und 1911 brach der Vulkan Matavanu aus, goss eine Lavadecke über weite Gebiete Savai'is und verwandelte sie in bizarre „Mondlandschaften". Auf Upolu (1115 km²) sind alle Vulkankrater erloschen. Im Westen erhebt sich isoliert der 669 m hohe Tafua, ein vulkanischer Kegel mit einem 110 m tiefen Krater. Der Lake Lanoto'o ist ein schöner Kratersee in 700 m Höhe.

Das geologisch ältere Amerikanisch-Samoa ist durch steil aufragende Berge und Klippen geprägt, am imposantesten auf den Manu'a-Inseln. Samoa zeichnet sich durch fruchtbare vulkanische Böden aus. Das dichte Pflanzenkleid des tropischen Regenwaldes wurde in weiten Teilen der Inseln durch Wirbelstürme in den vergangenen Jahren stark beschädigt.

» Karte S. 136-137, Info S. 152-153

Die natürliche Landfauna Samoas ist sehr artenarm. An Reptilien haben nur Skinks, Geckos und die Pazifische Boa den Archipel erreicht. Die einzigen heimischen Säugetiere sind die – mittlerweile vom Aussterben bedrohten – Flughunde.

Das Klima ist tropisch. Bei Maximaltemperaturen, die im Monatsmittel zwischen 27 und 32 °C liegen, fallen auf den Luvseiten der Gebirge jährlich 5000 mm und mehr Niederschlag. In Apia und Pago Pago Harbour, den Hauptorten der beiden Inselstaaten, werden jährlich zwischen 2800 und 3500 mm gemessen. Statistisch regnet es, über das ganze Jahr gesehen, mindestens jeden zweiten Tag einmal – allerdings kein Grund, sich von einem Besuch abschrecken zu lassen.

Die Wiege Polynesiens?

Die Legenden der Polynesier berichten vom Wagemut ihrer Urahnen, die sich einst von einem fremden Land aufmachten, um neue Inseln zu besiedeln. Nur die Samoaner erzählen eine andere Geschichte: Sie betrachten ihren Archipel als „die" Wiege Polynesiens und sind fest davon überzeugt, dass die Vulkaninsel Savai'i das legendäre *Hawai'iki* darstellt, wo einst der Schöpfungsgott alles polynesische Leben entstehen ließ.

Die Datierung von ausgegrabenen Lapita-Keramikscherben ergab jedoch, dass Samoa wahrscheinlich erst vor etwa 2800 Jahren besiedelt wurde. Sicher ist, dass es in der langen Geschichte des Landes viele Kontakte zwischen den Inselstaaten Fiji, Tonga und Samoa gegeben hat: Mal wurden königliche Hochzeiten gefeiert, mal erbitterte Kriege geführt.

Als erster Europäer ankerte 1722 der holländische Kapitän Jacob Roggeveen in der Manu'a-Gruppe Samoas. 1768 erreichte der Franzose Louis Antoine de Bougainville die Inseln und nannte den Archipel, beeindruckt von den seemännischen Fähigkeiten der Einheimischen, *Îles des Navigateurs*.

Rechts: Ein wichtiges gesellschaftliches Ereignis – der sonntägliche Kirchgang in Apia.

Samoa ist auf Gott gebaut...

... heißt es in der Verfassung Samoas. Auf der Fahrt durch die Dörfer und Städte fallen sofort die vielen Kirchen ins Auge. 1830 fasste John Williams von der *London Missionary Society* mit acht Laienpredigern auf Samoa Fuß; nach und nach trat die heidnische Bevölkerung zum christlichen Glauben über. Heute gehören etwa 35 % der Samoaner der *Congregational Church* an, 20 % sind Katholiken, 15 % Methodisten und 13 % Mormonen.

Religion ist ein zentraler Bestandteil des täglichen Lebens. Jeden Abend wird im Kreis der Familie gebetet, in einigen Dörfern besuchen die Bewohner an Sonntagen sogar mehrmals den Gottesdienst.

Die rigide Gesellschaftsstruktur der alten Zeit war gut mit dem neuen Glauben zu vereinen und konnte sich deshalb bis heute behaupten. Schon lange vor Ankunft der Europäer lebten die Samoaner in Großfamilien (*aiga*), denen ein *matai* (Häuptling, Familienoberhaupt) vorstand. Auch heute noch kümmert sich der *matai* als absolute Autorität um alle Familienbelange, von der Streitschlichtung bis zur Landverteilung. Intimsphäre und Privatbesitz sind weitgehend unbekannt. Wer Geld verdient, muss die Sippe, oft sogar das gesamte Dorf unterstützen.

Von den jüngeren Samoanern wird dieses System immer häufiger kritisiert. Einerseits sind sie in traditionelle Gesellschaftsstrukturen eingebunden, in denen kein Widerspruch erlaubt ist, andererseits lockt die offene, „glitzernde" westliche Lebensart. Scheinbar unlösbare Konflikte treiben sie in die Emigration, in Depressionen und manche gar in den Freitod.

» Karte S. 136-137, Info S. 152-153

Foto: Paul Spierenburg

Im Interesse der Großmächte

Im 19. Jh. verfolgten sowohl England als auch die USA und Deutschland wirtschaftliche Interessen auf Samoa. Die Inseln wurden zu einem wichtigen Handelsplatz im Pazifik. 1855 gründete das Hamburger Handelshaus Godeffroy & Sohn in Apia die erste Filiale seines späteren Südsee-Imperiums. In den 1870er Jahren kauften europäische Geschäftsleute – allen voran die Deutschen – den Häuptlingen Land ab und legten Kokosplantagen an. Da die Einheimischen nicht zur Arbeit auf den Plantagen bereit waren, holte man verstärkt Melanesier und Chinesen ins Land. In Apia lebten Hunderte von Europäern.

Die zweite Hälfte des 19. Jh. war durch Bürgerkriege um die Vorherrschaft auf den Inseln geprägt. Die fremden Großmächte unterstützten in den Auseinandersetzungen verschiedene Häuptlinge. Die Deutsche Handels- und Plantagengesellschaft (DHPG) – der ewigen Querelen leid – bekämpfte den samoanischen König Malietoa Laupepa und unterstütztete einen neuen Herrscher nach ihrem Geschmack. Samoaner, Briten und Amerikaner reagierten gereizt.

Im März 1889 ankerten drei deutsche, drei amerikanische und ein englisches Kriegsschiff im Hafen von Apia, als ein Hurrikan aufkam. Nur dem englischen Schiff gelang es, rechtzeitig auszulaufen, die anderen sanken oder wurden aufs Riff geworfen. Ernüchtert durch den Verlust an Menschenleben und Schiffen, beschlossen die drei Großmächte 1889 im Vertrag von Berlin, Samoa gemeinsam zu kontrollieren.

Am 7. November 1899 entschied man sich schließlich für eine Gebietsaufteilung. England verzichtete auf seine Ansprüche und erhielt Tonga und die Salomonen. Ost-Samoa mit dem geschützten, natürlichen Hafen von Pago Pago fiel an die USA, der Westen Samoas wurde deutsche Kolonie. Am 1. März 1900 wurde dort die deutsche Flagge gehisst. Die Grenze zwischen beiden Kolonien bildete der 171. westliche Längengrad.

(WEST-) SAMOA

Der lange Weg zur Unabhängigkeit

Die Kolonialzeit unter den deutschen Gouverneuren Wilhelm Solf (1900-12) und Erich Schultz (1912-14) im heutigen Staat Samoa (vormals West- Samoa) wird oft als relativ human und kolonialpolitisch vorbildlich beschrieben: Der studierte Indologe Dr. Solf bemühte sich um die Erhaltung der samoanischen Kultur und Lebensweise; die ersten öffentlichen Schulen, ein Krankenhaus sowie eine Straße wurden gebaut. Allerdings gab es auch Repressalien: Die Samoaner mussten sich verpflichten, eine gewisse Anzahl von Kokospalmen pro Jahr zu pflanzen und Kopfsteuer zu zahlen, durften kein Hotel betreten und keine alkoholischen Getränke kaufen. Um 1905 entwickelte sich mit der *Mau a Pule*-Bewegung eine samoanische Opposition, deren Führer jedoch 1909 auf Solfs Befehl samt Familien ins Exil auf die Marianeninsel Saipan verbannt wurden. Allgemein war Samoas kurze deutsche Ära von wirtschaftlichem Erfolg gekennzeichnet. Ihr Haupteinkommen bezog die Kolonie aus der Kopraproduktion, an zweiter Stelle stand Kakao.

1914, zu Beginn des 1. Weltkriegs, fiel Deutsch-Samoa kampflos einem neuseeländischen Expeditions-Korps in die Hände. Die Besitzungen der Deutschen Handels- und Plantagengesellschaft

» Karte S. 136-137, Info S. 152-153

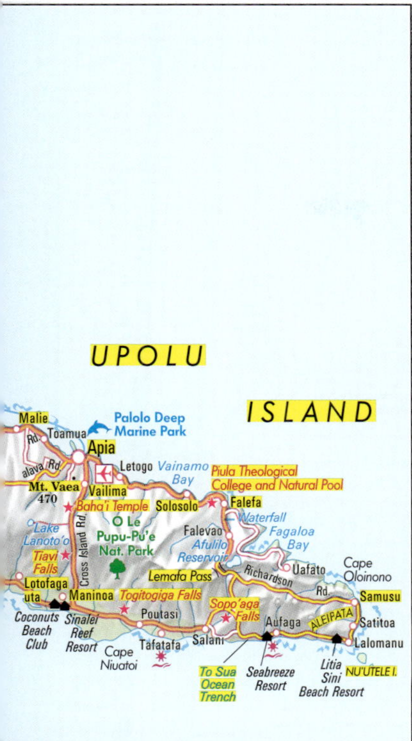

wurden konfisziert, die deutschen Regierungsbeamten deportiert oder in Kriegsgefangenschaft genommen. Privaten deutschen Bürgern stand es frei, auf Samoa zu bleiben; daher finden sich im Telefonbuch auch heute noch zahlreiche deutsche Namen.

1918 traf das Schiff *SS Talune*, von Auckland über Fiji kommend, auf Samoa ein. Die an Bord herrschende Grippe-Epidemie breitete sich auf ganz Samoa aus. 7000 bis 8000 Menschen, etwa 20% der Bevölkerung, fielen der Krankheit zum Opfer.

Die neuseeländische Administration brachte sich u. a. durch Einmischung in Dorfangelegenheiten und die Aberkennung traditioneller Häuptlingstitel bei vielen Samoanern und europäischen Einwohnern in Misskredit. Ende der 1920er Jahre formierte sich die *O le Mau*-Bewegung, die sich für erweiterte Rechte und bald auch für ein unabhängiges, freies Western Samoa einsetzte. Nach dem japanischen Angriff auf Pearl Harbour (Hawai'i) stationierten die Amerikaner 1942 in aller Eile 12 000 Soldaten auf Samoa. Diese veränderten das Leben auf Samoa nachhaltig und verhalfen vielen Geschäftsleuten zu unerwarteten Umsätzen.

Nach dem 2. Weltkrieg übernahmen die Vereinten Nationen die Schirmherrschaft über die Inseln, der Schritt in die Freiheit wurde langsam vorbereitet. Am 31. Dezember 1961 läuteten überall in Western Samoa die Kirchenglocken die Unabhängigkeit des ersten Inselstaates der Südsee ein. Staatsoberhaupt der parlamentarischen Demokratie war bis 2007 der auf Lebenszeit gewählte Malietoa Tanumafili II., einer der höchsten Häuptlinge des Landes. Seit seinem Tod ist Samoa eine Republik mit einem Parlament, das von den *Matais*, den regionalen Häuptlingen des Landes, dominiert wird. Seit 1998 leitet Premierminister Tuilaepa Lupesoliai Sailele Malielegaoi die Regierung. Proteste gab es, als 2009 von Rechts- auf Linksverkehr umgestellt wurde. Am 30. Dezember 2011 übersprang Samoa die Datumsgrenze um einen Tag und ist seitdem das erste Land der Welt, in dem die Sonne aufgeht.

UPOLU

Apia – charmantes Hauptstädtchen

Apia, einst die bezauberndste Hauptstadt der Südsee, verdient diesen Titel schon lange nicht mehr. Die Kolonialbauten mussten protzigen Verwaltungsgebäuden weichen, die nicht zum Stil des Landes passen; das große China-Aid-Gebäude nach dem Flea Market lässt vermuten, wer sie finanziert hat.

Wichtigste Straße ist die **Beach Road** entlang der Bucht **Apia Harbour**. An

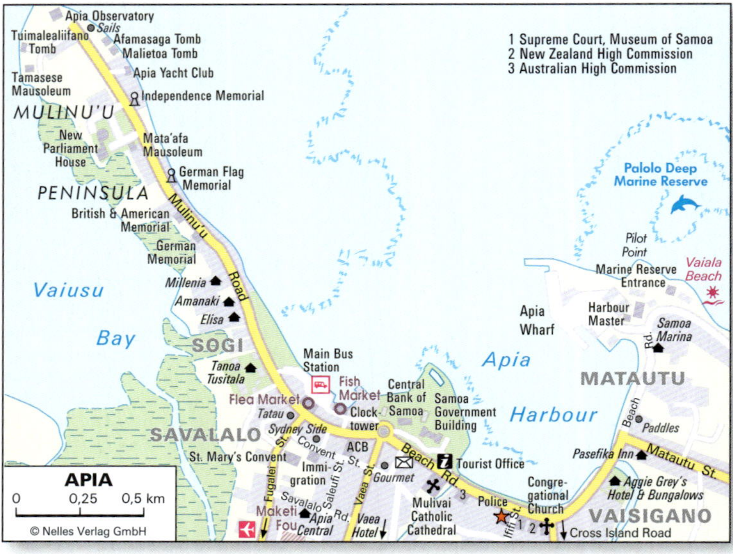

ihrem östlichen Ende liegt der **Industrie- und Jachthafen**. Gleich hinter der Brücke über den Vaisigano River trifft man auf die (jüngst erneuerte und erweiterte) Hotellegende des Südpazifiks: **Aggie Grey's Hotel & Bungalows**. Aggie Grey, lebensfrohe, charmante Tochter eines Neuseeländers und einer Samoanerin, eröffnete hier in den 1930er Jahren eine Gaststätte. Während des 2. Weltkriegs avancierte das Lokal zur Stammkneipe amerikanischer GIs. Hinter dem Hauptgebäude, dem Kolonialstil nachempfunden, gruppieren sich im Hof die Gäste-Fales, benannt nach Hollywoodstars, die hier genächtigt haben, wie Gary Cooper, Marlon Brando, Raymond Burr. Selbst die englische Königsfamilie nahm hier einige Drinks. Seit dem Tod der charismatischen Gründerin 1988 wird das Hotel von der Familie weitergeführt. Der samoanische Charme ist erhalten geblieben. Ein Drink an der Bar sollte zu jedem Samoa-Besuch gehören. Jeden Mittwoch findet hier ein *fiafia*, ein einheimisches Fest mit Buffet und guten Tanzvorführungen statt. Westlich des Flughafens liegt **Aggie Grey's Resort**.

Rechts: Tägliches Spektakel – Flaggenparade des Polizeichorps in Apia.

Weiter stadteinwärts steht die hölzerne **Congregational Church**. Die Gebeine des Missionars John Williams, der 1839 auf Vanuatu Kannibalen zum Opfer fiel, fanden auf dem Gelände ihre letzte Ruhestätte.

Entlang der Beach Road weiter in westliche Richtung, passiert man die **New Zealand High Commission**, die **Australian High Commission** (auf der anderen Straßenseite erinnert ein Obelisk an John Williams) und ein baufälliges Gebäude aus der Kolonialzeit.

An der hier ins Landesinnere abzweigenden 'Ifi'ifi Street steht eines der letzten und schönsten Kolonialgebäude der Stadt: das beeindruckende ehemalige **Courthouse**, 1906 von den damaligen deutschen Kolonialherren gebaut. Das Gericht tagte hier noch bis vor einigen Jahren. Doch seine Tage sind gezählt: das Staatsoberhaupt würde es

Foto: Günther Lahr

gern entfernen und an dessen Stelle ein Casino bauen. Hier befindet sich auch das **Hauptquartier der Polizei**, wo von Montag bis Freitag um 7.45 Uhr ein kleines, aber prächtiges Spektakel stattfindet: Das **Polizeichorps**, im blauen Rock und mit Sandalen, rückt mit Marschmusik zur **Flaggenparade** vor dem Regierungsgebäude aus.

Das Wahrzeichen Apias, die katholische **Mulivai-Kathedrale**, wurde nach dem Erdbeben 2009 größer neu gebaut.

Auf einer künstlich aufgeschütteten Landzunge westlich des Hafens liegen die **Samoa Central Bank** (von der Beach Rd. aus links) und das **Regierungsgebäude** (rechts). Sie weisen nicht nur optische und technische Mängel auf – auch ihre Finanzierung war skandalumwittert.

Falemataaga, das **Museum of Samoa**, ist im Malifa Compound in der ehemaligen *Deutschen Schule* an der Vaitele Street untergebracht. Die kleine aber interessante Sammlung ist in vier Bereiche unterteilt: Geschichte, Pazifik, Kultur und Umwelt.

Fährt man die Vaitele Street weiter, gelangt man zu einem der auffälligsten Gebäudeensembles der Stadt, dem **Mormonentempel** – nachts beleuchtet wie in einem Hollywood-Movie.

Im **Postamt** an der Beach Road werden die farbenprächtigen samoanischen Briefmarken verkauft. Ein Denkmal besonderer Art ist der **Clocktower** an der Abzweigung der Mt. Vaea Street. Der britisch anmutende Uhrturm soll an die im 1. Weltkrieg gefallenen Samoaner erinnern. Rundherum haben sich Geschäfte und ein kleines Einkaufszentrum angesiedelt. Ursprünglich stand er am Wasser, nach Landaufschüttungen jetzt in der Stadt. Etwas weiter westlich, direkt am Wasser, wird am **Fischmarkt** morgens fangfrische Ware feilgeboten. In die nur 50 m entfernte alte Markthalle ist ein bunter **Flohmarkt** eingezogen. Neben Kleidungsstücken stehen hier auch handgeflochtene Matten und schöne Muscheln zum Verkauf. An der seewärtigen Seite haben sich einige Garküchen angesiedelt. Der eigentliche **Obst- und Gemüsemarkt**, Maketi Fou, ein Potpour-

Foto: Volkmar E. Janicke

ri an Farben und Formen, Gerüchen und Geräuschen, ist drei Blocks weiter im Stadtinneren (zwischen Saleuefi Street und Fugalei Street) zu finden. Viele Familien aus den entfernten Dörfern bleiben hier gewöhnlich so lange, bis ihre Waren verkauft sind, so dass der Markt oft nachts noch geöffnet hat. Auch tagsüber, insbesondere während der Mittagshitze, sieht man einige Händler seelenruhig inmitten ihrer Waren schlafen. Mütter verscheuchen penetrante Fliegen von ihren Babys, andere schlürfen Kaffee oder Kakao.

Folgt man der Straße, die nun Mulinu'u Road heißt, am Wasser entlang, passiert man das **Tanoa Tusitala**, das zweitgrößte Hotel des Landes, und gelangt auf die **Halbinsel Mulinu'u**. Hier stehen alte und neue Regierungsgebäude und das große, im arabischen Stil erbaute neue Gerichtsgebäude.

Nach dem **Apia Yacht Club** folgen die von dem Deutschen Otto Tetens 1902 eingerichtete Wetterstation **Apia Observatory**, eine Reihe **Häuptlingsgräber** und zahlreiche **Denkmäler**. Zwei davon erinnern an die deutschen, englischen und amerikanischen Soldaten und Zivilisten, die 1889 während eines Hurrikans in der Bucht von Apia ums Leben kamen (s. S. 135), und eines an das Hissen der deutschen Flagge am 1. März 1900. Das **Independence Memorial** erinnert an den Unabhängigkeitstag Samoas.

In der regenreichen Zeit, zwischen November und April, ist ein Ausflug zu den **Papase'ea Sliding Rocks**, südwestlich von Apia (mit Bus oder Taxi, Eintritt), nicht nur für Kinder ein Vergnügen: Ein Trail führt 2 km hügelaufwärts zu drei glatten, natürlichen „Wasserrutschen", über die man in Felsenpools hinabgleiten kann.

Oben: Der Clocktower erinnert an die im 1. Weltkrieg gefallenen Samoaner. Rechts: Traditioneller Tanz beim Pacific Art Festival (Upolu).

Upolus herrlicher Westen

Es empfiehlt sich nicht, Upolu an einem Tag zu umrunden. Besser ist es,

Ost- und Westseite der Insel getrennt zu erkunden und an schönen Plätzen einen längeren Stopp einzulegen.

Auf der Strecke zwischen Apia und dem **Fale'olo International Airport** reihen sich Dorf an Dorf und Kirche an Kirche. So manches Dorf besitzt gleich mehrere Gotteshäuser. Auffallend sind Gräber vor den Häusern, auf denen manchmal Kinder spielen oder Hunde schlafen. Obwohl Friedhöfe existieren, werden geliebte Menschen und Verwandte traditionell oft in der Nähe ihrer Familie bestattet. Je mehr Stufen ein Grab hat, desto wichtiger war der Familienangehörige. Unübersehbar ist im Dorf **Malie** das hohe Grabmal von Malietoa Moli, einem *paramount chief*, der 1860 nach kurzer Regierungszeit starb. In **Leulumoega** verdient die Architektur der **Congregational Church** Beachtung.

Im Gebiet zwischen dem Flughafen und Mulifanua, wo die Fähre nach Savai'i ablegt, erstrecken sich Kokospalmenplantagen – einst von den Deutschen angelegt – bis zum Horizont. Kurz vor Mulifanua liegt an der Meeresseite **Aggie Grey's Resort**. Die Straße verläuft nun am Wasser entlang Richtung Südwesten durch kleine, gepflegte Dörfer und gibt den Blick auf die beiden kleinen Inseln Manono und Apolima frei. **Apolima** besteht aus einem nach Norden aufgebrochenen Krater. Über eine schmale Zufahrt gelangt man in die einzige Bucht und weiter zum Inseldorf, in dem etwa 100 Menschen leben.

Die Küstenstraße führt nun zum westlichsten Punkt Upolus mit dem **Le Vasa Resort**. Wenige hundert Meter weiter kann man mit dem Boot zur vorgelagerten Insel **Manono** übersetzen. Die mit gut 1000 Einwohnern relativ dicht besiedelte Insel ist ein beschaulicher Ort geblieben: keine Straßen oder Geschäfte, wenige einfache Unterkünfte für Touristen – nur weiße Sandstrände und glasklare Lagunen erwarten den Besucher. Die Küstenstraße auf Upolu endet nach weiteren 10 km.

Wer durchs Inselinnere zurück nach

Foto: Paul Spierenburg

Apia fahren möchte, kann bei **Leulumoega** rechts einbiegen. Nach ca. 8 km Richtung Süden führt eine Linksabzweigung (Alafa'alava Road) zurück in die Hauptstadt. Eine Vielzahl tropischer Pflanzen wie Bananen, Taro, Maniok, Yams, Brotfruchtbäume, Kaffee und Kakao gedeihen in üppiger Pracht auf den fruchtbaren Böden Upolus.

Fährt man jedoch weiter Richtung Südwestküste, trifft man auf den Distrikt **Lefaga** mit seinen herrlichen Stränden. Schneeweiße Sandbuchten und grauschwarze Lavafelder wechseln einander ab. Das kristallklare Wasser verlockt zur Badepause, teilweise ist jedoch Vorsicht vor der gefährlichen Strömung geboten! Am besten man gewöhnt sich gleich daran, daß für alle Strände eine Gebühr verlangt wird.

Bekanntester Strand ist der **Return to Paradise Beach**. Er wurde nach dem gleichnamigen Roman von James Mitchener benannt, der 1951 mit Gary Cooper und der damals 17-jährigen Samoanerin Moira MacDonald verfilmt wurde. Schwimmen ist wegen der Ko-

» Karte S. 136-137, Info S. 152-153

Foto: Paul Spierenburg

rallen im seichten Wasser und der starken Wellen jedoch nicht zu empfehlen.

Ungetrübtes Badevergnügen bietet der einige Kilometer abseits der Hauptstraße gelegene **Matareva Beach** mit klarem türkisfarbenem Wasser, weißem Sand und schwarzen Lavafelsen.

Weiter auf der Hauptstraße ostwärts passiert man Hinweisschilder auf Beach Fales und die Zufahrt zum **Virgin Cove Lodge** (derzeit wegen Sturmschäden nur zwei Bungalows geöffnet).

Nach der Ortschaft **Lotofaga uta** kommt man in eine landschaftlich besonders reizvolle Region der Insel. Wie ein idyllischer See mutet der Meeresarm an, der sich hier, geschützt von einer Nehrung, ausbreitet.

Etwas weiter östlich erstreckt sich rechter Hand das **Coconuts Beach Club** entlang dem palmengesäumten Sandstrand. Im benachbarten **Sinalei Reef Resort** lässt sich bei einem erfrischenden Cocktail der Sonnenuntergang stilvoll genießen.

Oben: Return to Paradise Beach, so heißt Upolus bekanntester Strand. Rechts: Das Wohnhaus von Robert Louis Stevenson in Vailima ist heute ein Museum.

Die Cross Island Road

Kurz hinter dem Dorf **Maninoa** verbindet die *Cross Island Road* die Südküste mit der Hauptstadt Apia. Die gut ausgebaute Straße führt steil hinauf in die Berge und wird linkerhand von Teakholzbäumen (*Tectona grandis*) gesäumt. Die hohen Bäume sind leicht an ihren elliptischen Blättern zu erkennen.

Noch vor der Passhöhe erreicht man den **Tiavi**- oder *papapapaitai*-Wasserfall, dessen Wassermassen aus über 100 Meter in die Tiefe stürzen. Gegen eine kleine Gebühr kann man von einer Aussichtsplattform nahe der Straße das Naturschauspiel bestaunen – ohne nass zu werden. Hat man den höchsten Punkt der Straße passiert, führt links eine unbefestigte Abzweigung zum **Lake Lanoto'o**. Der Kratersee kann nur durch einen gut einstündigen Fußmarsch vom Ende des Feldwegs aus

» Karte S. 136-137, Info S. 152-153

Foto: Holger Leue

erreicht werden. Unberührt und voller Goldfische zählt er zu den selten besuchten Attraktionen Upolus.

Knapp 8 km vor Apia erhebt sich, unübersehbar, ein **Baha'i -Tempel** – der einzige Ozeaniens. Der von Baha 'Ullah (1817-92) im Iran gegründete Bahaismus ehrt Gott in allen Religionen, propagiert Freundschaft und Eintracht zwischen den Menschen. Die Baha'is werden deshalb in vielen islamischen Staaten diskriminiert. Die Kuppel des Tempels ragt 30 m in den Himmel, die neun Seiten des Gebäudes repräsentieren die neun wichtigsten Religionen der Welt. Der Tempel ist immer offen, Besucher willkommen. Von innen bietet sich ein besinnlicher Blick auf die bunte Gartenanlage.

Bald darauf hat man einen schönen Blick auf Apia und den 470 m hohen **Mt. Vaea**, den „Stadtberg".

Dann passiert man den wohlhabenden Vorort der Hauptstadt: **Vailima**, die Straße führt durch ein Spalier recht schmucker Villen. Die ehemalige Residenz des schottischen Schriftstellers **Robert Louis Stevenson** hat ein rotes Dach; eine Allee führt zu dem weißen Holzgebäude im Kolonialstil, das vor 1900 für ihn gebaut wurde. Hier hat der Schriftsteller seine letzten Lebensjahre verbracht. Nach seinem Tod kaufte es 1894 der deutsche Geschäftsmann Gustav Kunst, und später war es Sitz der deutschen und dann der neuseeländischen Kolonialregierung. Es wurde für die Feierlichkeiten zu Stevensons 100. Todestag 1994 renoviert und ist nun als **Museum** der Öffentlichkeit zugänglich. Anhand alter Fotografien wurden die Räume originalgetreu restauriert. Viele von Stevensons Werken, darunter auch sein Bestseller *Die Schatzinsel*, sind hier in Taschenbuchausgaben in mehreren Sprachen erhältlich. Als Stevenson sich 1890 in Vailima niederließ, war er bereits erfolgreich und berühmt. Der schwer an Tuberkulose erkrankte Autor hoffte – vergeblich – auf Linderung durch das feucht-heiße Tropenklima Samoas.

Sein verständnisvolles, freundliches Wesen und sein energischer Einsatz für den Erhalt alter samoanischer Kultur brachte ihm viele Sympathien unter den Eingeborenen ein. Liebevoll nannten sie ihn *Tusitala*, den Geschichtenerzähler. Seinem letzten Wunsch entsprechend haben ihn die Samoaner auf dem Gipfel des Mount Vaea begraben. Auch die Asche von Stevensons Ehefrau Fanny, die von den Samoanern *Aolele* genannt wurde und 1914 in Kalifornien starb, ist hier beigesetzt. Ein ca. 45-minütiger **Wanderweg** führt durch üppigen Regenwald hinauf zu **Stevenson's Grave**. Die von ihm selbst verfasste Grabinschrift lautet:

Under the wide and starry sky,
Dig my grave and let me lie.
Glad did I live and gladly die,
And I laid me down with a will.

This be the verse you grave for me:
Here he lies where he longed to be;
Home is the sailor, home from the sea,
And the hunter home from the hill.

Unter dem weiten, sternengesprenkelten Himmel,
Grabt mein Grab und legt mich nieder,
Froh habe ich gelebt und froh bin ich gestorben,
Und ich habe mich niedergelegt mit einem letzten Willen.

Diese Verse sollt ihr für mich eingravieren:
Hier liegt er, wo er sich wünschte zu sein;
Zuhaus' ist der Seemann, zurück von der See,
Und der Jäger heimgekehrt vom Hügel.

Upolus wasserreicher Osten

Nur etwa 1 km entfernt von Aggie Grey's Hotel, an der Ostflanke der Hafenhalbinsel nördlich vom Vaiala Beach, findet man den Eingang zum **Palolo Deep Marine Reserve** (gut ausgeschildert). Dieser der Küste vorgelagerte Meeresschutzbereich entlang eines Riffs eignet sich hervorragend zum Schnorcheln und Schwimmen. Zweimal pro Jahr, wenn der Palolo-Riffwurm an die Wasseroberfläche kommt, stehen die Einheimischen mit Laternen und großen Käschern bereit, um den „Kaviar der Südsee" aus dem Wasser zu schöpfen.

Auf der Küstenstraße, die hier über weite Strecken an rauen und dunklen, aber sehr fotogenen Ufern entlangführt, gelangt man schließlich durch die Ortschaft **Solosolo** zum **Piula Methodist Theological College**, der ersten methodistischen Missionarsschule Samoas. Wer im Meer und in dem natürlichen Süßwasserpool direkt an der Küste baden möchte (Gebühr!), darf am Eingang des Kirchengeländes parken. Nur wenige Meter hinter dem religiösen Zentrum biegt die Straße ins Inselinnere ab und führt wenige 100 m weiter zu einem Wasserfall.

Nachdem man die Ortschaft **Falefa** (übersetzt: vier Häuser) passiert hat, geht es Richtung Süden steil hinauf zum **Lemafa Pass**. Noch vor der Passhöhe bietet sich ein schöner Blick über die ausgedehnten Kokosplantagen.

Vom Lemafa-Pass kommend, führt die Straße zunächst an dem Stausee **Afulilo Reservoir** vorbei. Nun gabelt sich die Straße: Die rechte Abzweigung Richtung Süden führt zu den **Sopo'aga Falls**. Den Wasserfall kann man von einem Aussichtspunkt innerhalb des kleinen Botanischen Gartens bewundern (geringe Eintrittsgebühr).

Biegt man hinter dem Stausee links in die Richardson Road, erstreckt sich bei **Samusu** die schöne Küste von **Aleipata**. Der Küste sind einige Inselchen vorgelagert; die größte, recht hohe Insel **Nu'utele** ist nicht bewohnt. Aleipatas Strände gehören eigentlich zu den schönsten Samoas, doch im September 2009 hat hier ein Tsunami viele Dörfer und Resorts vernichtet und viele Todesopfer gefordert. Die Schäden sind inzwischen beseitigt und die Beach Fales wieder hergestellt.

Die *South Coast Road* führt nun an der Südküste entlang Richtung Westen.

Rechts: Kokosnussernte auf Upolu.

» Karte S. 136-137, Info S. 152-153

Foto: Holger Leue

Beim Dorf Aufaga lohnt sich der kurze Abstecher in die Bucht hinunter zum **Seabreeze Resort** für eine Pause. Vorgelagert auf einem kleinen Inselchen thront das weiße Mausoleum eines Matais.

Nach Aufaga reihen sich Bilderbuchstrände aneinander: Zuerst **Vava'u Beach**, an dessen westlichem Ende eine kleine Bucht mit zwei Inselchen zum Bleiben verführt. Dann **Salamumu Beach** mit tiefschwarzen Lavafelsen und der lange **Tafatafa Beach** mit Fales und Duschen. Dazwischen liegt der spektakuläre **To Sua Ocean Trench**, der etwas Unwirkliches hat: Zwei steile kreisrunde Felssenken münden je in einen türkisblauen **Pool** mit Meerwasser. In den größeren führt eine steile **Leiter** 20 m hinunter zu einer Plattform, von der man in den Naturpool springen kann; die Hänge sind grün bewachsen, und oben laden in einer gepflegten Anlage mit grandiosem Blick auf die Küste schattenspendende Fales zum Picknick ein.

Der **O Le Pupu-Pu'e National Park**, ein bewaldetes, bergiges Schutzgebiet für den Pazifischen Flughund, lässt sich auf Trails erkunden.

Für eine Verschnaufpause oder ein kühles Bad bieten sich die **Togitogiga Falls** an, die man vom Parkplatz aus in wenigen Minuten erreicht. 10 km weiter zweigt rechts die schon beschriebene *Cross Island Road* nach Apia ab.

DIE VULKANINSEL SAVAI'I

20 km nordöstlich von Upolu erhebt sich die Vulkaninsel Savai'i aus dem Meer. Gemäß samoanischer Überlieferung ist dies das legendäre *Hawaiiki*, Urheimat polynesischer Volksstämme. Wer den weiten Weg nach Samoa auf sich genommen hat, der darf sich Savai'i mit seinen zahlreichen Sehenswürdigkeiten und landschaftlichen Höhepunkten, wie z. B. den bizarren schwarzen Lavafeldern, nicht entgehen lassen. Von Mulifanua (Upolu) verkehrt mehrmals täglich eine Fähre nach Salelologa, dem wirtschaftlichen Zentrum Savai'is (Überfahrt gut 1 Stunde). Manche Mietfahrzeuge dürfen – wegen ent-

Foto: Volkmar E. Janicke

sprechenden Vertragsklauseln – nicht von Upolu aus mit hinübergenommen werden; öffentliche Busse verkehren auf der Insel nur unregelmäßig, aber zu jeder Fähre. Empfehlenswert ist daher eine halb- oder ganztägige Inselbesichtigung. Verschiedene Hotels auf Savai'i bieten Inseltouren an und vermitteln Mietwagen.

Rund um die Insel verläuft eine asphaltierte Straße. Kleine Stichstraßen oder Feldwege ins Landesinnere enden stets als Sackgassen. Im Osten verbindet eine schlecht ausgebaute Straße (über 35 km fast parallel zur Küstenroute im Inselinneren verlaufend) die Orte Sapapali'i und Samalaeulu.

Die Inselexkursion beginnt beim Fähranleger **Salelologa Wharf** gegen den Uhrzeigersinn. Im 10 km entfernten Dorf **Sapapali'i**, vis à vis der Kirche, erinnert ein weiteres Denkmal an den Missionar John Williams. **Fa'asaleleaga**, wie die gesamte östliche Region genannt wird, ist durch malerische Küstenabschnitte mit herrlichen Surf- und Schnorchelrevieren, langen weißen Sandstränden und bezaubernden Dörfern geprägt. Dieser Landstrich weist die größte Besiedelungsdichte der Insel auf, und hier haben sich auch die meisten Hotels niedergelassen. Etwa 20 km geht es nun durch teilweise aufgeforstete Waldgebiete. Wer Zeit hat, kann einen der wenigen an die Küste führenden Wege einschlagen und einsame schwarze Strände entdecken.

Oben: Mit großem Druck schießt das Wasser bis zu 80 m hoch aus den Blowholes bei Taga, Savai'i.

Kurz hinter dem Dorf **Samalae'ulu** erstreckt sich das jüngste **Lavafeld** der Insel: 1905 bis 1911 ergoss der 402 m hohe **Mt. Matavanu** seine glühenden Lavamassen auf das riesige Areal zwischen seinem Krater und der 15 km entfernten Küste. Die dickflüssigen Gesteinsmassen sind zu bizarren Strukturen mit filigranen Details (Stricklava) erstarrt. Die kahlen grauschwarzen Gesteinsflächen bilden einen dramatischen Kontrast zur tropischen Vegetation der Umgebung. Die **Nonu-Frucht** *(Morinda citrifolia)*, eine traditionelle

» Karte S. 136-137, Info S. 152-153

Heilpflanze Polynesiens mit essbaren, aber etwas ranzig riechenden Früchten, wird hier verstärkt wieder angebaut. Der Saft der Frucht wird ausgepresst und als Heilmittel exportiert. Auch heute noch ist Savai'i vulkanisch hochgradig aktiv, weist jedoch keinen explosiven Vulkanismus auf.

Rechterhand, nahe der Hauptstraße, wurde das Dorf **Mauga** auf dem Rand eines kleinen sekundären Kraters erbaut. Die Route führt weiter, Richtung Nordküste, durch eine öde Lavawüste. Kurz vor **Sale'aula** kann man das **Virgin's Grave** besichtigen. Das „Grab der Novizin" wurde auf wundersame Weise vom Lavastrom verschont. Ein etwas unwegsamer Spaziergang führt zur nie vollendeten **Methodist Church** 150 m weiter westlich; auch die Mauern ihres Kirchenschiffs überdauerte die glühenden Lavamassen.

Auf der linken Straßenseite entdeckt man das exklusive **Le Lagoto Resort** und einige kleinere Anlagen. Die Straße führt weiter durch das hübsche Dorf **Manase**, das an einem sehr schönen langen Strandabschnitt liegt. Hier kann man Fales am Strand mieten (mit Verpflegung, auch Fahrradverleih).

Hinter **Letui** beginnt das noch viel breitere Lavafeld des **Mt. 'Elietoga** (982 m), das einem Vulkanausbruch im 18. Jh. entstammt. Die Ortschaft **Asau**, in einer Bucht gelegen, wird gerne von Jachten angelaufen und bietet Einkaufs- und begrenzte Übernachtungsmöglichkeiten.

Die Westspitze von Savai'i bildet die Halbinsel **Falealupo**, von der nach altem Glauben die Seelen der Verstorbenen Eingang in die Totenwelt Polotu fanden. Die Halbinsel war früher, bis zur Verlegung der Datumsgrenze Ende 2011, der letzte Ort der Erde, wo die Sonne unterging. **Fagalele Beach** ist einer der schönsten und einsamsten Strände der Insel, hier stehen auch einige nette Beach Fales. Am **Cape Mulinu'u** führt der **Canopy Walkway** über eine Hängebrücke auf eine Plattform in einem riesigen **Banyan-Baum**. Hier kann man auch übernachten. Für den Walkway wird Eintritt erhoben.

An der rauen, felsigen Südwestküste, in der Nähe des Orts **Falelima**, zeugt ein ausgehöhltes Steintor von der Urgewalt der starken Brandung. Das weiße Grabmal an der Straße wurde zur Erinnerung an einen Haifisch errichtet, der der Überlieferung nach gelobte, das Dorf zu beschützen. Die Straße führt nun, über gut 20 km, mehr oder weniger nah an einer dramatischen Steilküste entlang. Immer wieder bieten sich grandiose Ausblicke auf den südlichen Pazifik. Bei **Fagafau** schaut man tief in eine kleine, schäumende Bucht, die **Lover's Leap** getauft wurde. Der Legende nach haben sich hier jedoch nicht Liebende, sondern eine verzweifelte und blinde Mutter mit ihrem Kind in die Fluten gestürzt. Die beiden seien allerdings nicht ertrunken, sondern die Mutter als Meeresschildkröte und das Kind als Haifisch davon geschwommen.

Fast 30 km weiter südöstlich liegt die Ortschaft **Taga**. Ein Feldweg führt rechts durch die wilde Landschaft des **Cape Asuisui** zu den **Alofaaga Blowholes**. Hier schießen eindrucksvoll, dank der enormen Brandungskraft, bis zu 80 m hohe Wasserfontänen aus Lavaröhren (*blowholes*, samoanisch *pupu*) in den Himmel empor.

Bei **Gataivai** mündet der wasserreichste Fluss der Samoa-Inseln über mehrere kleine Wasserfälle ins Meer.

Im Distrikt **Palauli** erreicht man über eine Linksabzweigung die **Letolo Plantation**. In der Kokosplantage, noch vor dem Dorf **Vailoa**, liegt die archäologische Stätte **Pulemelei Mound**, das größte voreuropäische Monument Polynesiens. Der dorthin führende Feldweg ist nur mit Geländewagen passierbar. Die stufenförmige, von Steinen eingefasste Erdaufschüttung („Pyramide") hat die stattlichen Ausmaße von ca. 50 x 60 m im Grundriss und über 10 m Höhe. In der Umgebung befinden sich alte Gräber, kleinere Plattformen

» Karte S. 136-137, Info S. 152-153

und Wälle. Die Bedeutung der Anlage konnte bislang nicht eindeutig geklärt werden. Wahrscheinlich handelt es sich um einen oder mehrere heilige Kultplätze (*marae*). Thor Heyerdahl initiierte bei einem Besuch im Jahr 2002, kurz vor seinem Tod, weitere Ausgrabungen.

5 km vor der Abzweigung zum Fähranleger in Salelologa zweigt beim **Maota Airstrip** rechts eine Straße in das **Tafua Savai'i Rainforest Reserve** ab – bei noch verbleibender Zeit bis zur Rückfahrt nach Upolu sicher ein lohnender Abstecher in die Natur. Allerdings sollten Sie rechtzeitig am Pier eintreffen, da die Fährreservierungen nicht verbindlich sind – wer zuerst kommt, wird zuerst verladen!

AMERIKANISCH-SAMOA

Nach der Teilung der Samoa-Inseln im Jahr 1900 fiel Ost-Samoa in den Verwaltungsbereich des amerikanischen Marineministeriums, seit dem Jahr 1951 wird es vom US-Innenministerium verwaltet. In den 1960er Jahren flossen erhebliche Geldmittel aus den USA in den Inselstaat, um Schulen, Straßen- und Wohnungsbau, zwei Thunfischfabriken und Hotelanlagen zu finanzieren. Das Analphabetentum wurde überwunden, auch das Gesundheitswesen ist vorbildlich organisiert. Andererseits zog die intensive Einflussnahme eine erhebliche Angleichung an den amerikanischen Lebensstil nach sich und läutete den Verfall der alten Kultur und Gebräuche ein.

Amerikanisch-Samoa – weitaus reicher als das unabhängige Samoa – hat sich zu einem beliebten Einkaufsparadies für die ärmeren Bewohner der westlichen Nachbarinseln entwickelt. Insbesondere Kleidung ist relativ billig. Die Gewöhnung an den Wohlstand und die dadurch entstandene Abhängigkeit war so groß, dass sich die Bürger Ost-Samoas 1966 per Wahl sogar gegen eine Wiedervereinigung mit ihren armen Vettern im westlichen Samoa und für einen Verbleib bei den USA aussprachen. Heute leben in Amerikanisch-Samoa knapp 55 000 Einwohner. Die Landwirtschaft und die Fischerei konnten sich so gut entwickeln, dass die Inseln einen beachtlichen Exportüberschuss erzielen, dennoch sind viele Einheimische auf Geldüberweisungen von in der Fremde lebenden Verwandten und auf erhebliche Finanzhilfen aus den USA angewiesen.

Die Hoffnungen, eine erfolgreiche Tourismusindustrie aufzubauen, sind derzeit eher gering. Die Hauptinsel Tutuila wird nicht von internationalen Fluggesellschaften angeflogen, und das benachbarte, ursprünglichere Samoa rückte seit dem Ausbau des Flughafens in Faleolo wesentlich stärker ins Blickfeld ausländischer Besucher.

TUTUILA

Die Zerstörungen durch den Tsunami im September 2009 waren in Pago Pago und Leone am stärksten. Inzwischen wird aber fleißig wieder aufgebaut, und die meisten Unterkünfte sind wieder in Betrieb.

Die 140 km² große Insel ist nicht nur die mit Abstand größte der sieben Inseln des Landes, hier leben auch die meisten Einwohner.

Pago Pago Harbour, wie die gesamte Bucht genannt wird, bildet einen tiefen Einschnitt etwa in der Mitte der langgestreckten Hauptinsel Tutuila. Der Ort **Pago Pago** liegt am inneren Ende der Bucht. Hier beginnt auch die Straße zur Nordküste an die Fagasa Bay. Die beiden Fischfabriken an der Nordseite der Bucht verarbeiten vorrangig Thunfische.

Von **Utulei**, an der Südflanke der Bucht, fuhr eine Seilbahn auf den 491 m hohen Mt.'Alava. Nach einem Unfall wurde der Betrieb jedoch eingestellt. Aber ein **Wanderpfad** von einem Parkplatz 2 km hinter Pago Pago führt auf den **Gipfel**. Von hier oben hat man einen spektakulären **Panoramablick**, und die Inselwelt scheint noch in Ord-

» **Karte S. 149, Info S. 152-153**

nung. Ganz friedlich schmiegt sich der Hafen in die natürliche Bucht – doch die Idylle trügt. Beim Näherkommen lassen verschmutztes Wasser im Hafenbecken, Müllberge und der in der Luft liegende Fischgeruch nicht gerade Südseeträume aufkommen.

Der eigentliche Hauptort Tutuilas ist **Fagatogo**. Gegenüber vom ehemaligen **Rainmaker Hotel**, jetzt **Sadies-by-the-Sea**, am Goat Island Point steht das schöne, 1903 im Kolonialstil erbaute **Governor's House**. Besucher dürfen nur die weitläufigen Gartenanlagen besichtigen.

Das **Jean P. Haydon Museum**, ein Stück weiter westlich an der Hauptstraße, widmet sich mit zahlreichen Exponaten der Kulturgeschichte und dem Kunsthandwerk Alt-Samoas. Daneben tagt das lokale Parlament im 1973 fertiggestellten **Fono Maota**, dessen Architektur neuzeitliche und traditionelle Elemente verbindet.

Im Zentrum Fagatogos befinden sich wichtige Einrichtungen wie Post, Bank und Polizei. Etwa 250 m westlich trifft man freitags auf den farbenfrohen **Public Market** und den Busbahnhof. **Sadie's Restaurant** liegt einige hundert Meter weiter. Die lebenslustige *Sadie Thompson* wurde im Jahr 1928 durch den gleichnamigen Stummfilm Gloria Swansons berühmt, basierend auf der Novelle *Rain* des britischen Erzählers Somerset Maugham, der auf seiner Reise von Tahiti nach Hawai'i Pago Pago 1916 besucht hatte.

Tutuilas Osten

Es führt keine Straße rund um die Insel, Ausflüge können von Fagatogo entweder in den östlichen oder westlichen Inselteil unternommen werden. Mit einem Leihwagen sind beide Touren an einem Tag gut zu schaffen.

Von Pago Pago aus Richtung Osten zweigt im Dorf **Aua** eine steile Straße zur Nordküste ab, zu den Dörfern **Afono** (ca. 3 km) und **Vatia** (ca. 7 km). Die Fahrt über den **Rainmaker Pass** (260 m) bietet einen fantastischen Blick über die Bucht von Pago Pago und die vorgelagerten Küstenabschnitte. Der 524 m hohe **Mt. Pioa** wird von den Einheimischen auch **Rainmaker Mountain** genannt. Nicht nur am Rainmaker sammeln sich die Wolken, die Pago Pago jährlich mit reichlichem Niederschlag versorgen – auch der Höhenzug entlang der Bucht und der höchste Berg der Insel, **Mt. Matafao** (653 m ü. M., südwestlich von Pago Pago) sind am „Regenmachen" beteiligt.

An der **Vatia Bay** endet die nordwestliche Küstenstraße. Die ursprüngliche Küstenregion wurde zum **National Park of American Samoa** erklärt und bietet sich für Wanderungen an. Beim idyllischen Dorf **Vatia** lockt ein hübscher Badestrand. Eindrucksvoll zerklüftet ragt die Westflanke der Bay weit ins Meer hinein, an ihrer Spitze schließt sich die kleine Insel **Pola** an. Diese hahnenkamm-ähnliche Formation heißt treffend **Cockscomb Point**. In den steilen Klippen nisten Seevögel.

Fährt man von Aua Richtung Südosten, passiert die Straße die Landspitze **Breaker's Point** und verläuft weiter nach **Avaio**. Der nahe Strand, nach seinem Eintrittspreis **Two-Dollar-Beach** benannt, wird von den Einheimischen stark frequentiert.

Von **Faga'itua** aus lässt sich ein kleiner Abstecher an die Nordostküste unternehmen (Linksabzweigung kurz hinter dem Dorf). Am Ende der Straße locken das schöne kleine Dorf **Masefau** an der gleichnamigen Bucht und **Sa'ilele**, der wohl attraktivste **Sandstrand** Tutuilas.

Die Hauptstraße begleitet die Südküste weiter Richtung Osten. Schon nach wenigen Kilometern kommt die nur 3 km^2 große, bewohnte **Insel 'Aunu'u** in Sicht. **Fährboote** verkehren regelmäßig vom kleinen Bootshafen in **'Au'asi**. Die Insel 'Aunu'u ist vulkanischen Ursprungs; in seinem ehemaligen Krater liegt der versumpfte und nur schwer zugängliche **Red Lake**, in dem unzählige Aale leben.

Rechts: Die Fagatogo Bay vor der Kulisse der Rainmaker Mountains, Amerikanisch-Samoa.

Die Küstenstraße, auf ihrem letzten Abschnitt besonders reizvoll, endet etwa 4 km von 'Au'asi entfernt im Dorf **Tula** nahe **Cape Mata'ula**, dem östlichsten Punkt der Insel.

Tutuilas Westen

Ab 'Utulei folgt die Straße der Küste in südwestliche Richtung und biegt dann, gesäumt von Einkaufszentren und Restaurants, bei **Nu'uuli** ins Inselinnere ab. Hier beginnt die größte Ebene der Insel, in der sich auch das Industriegebiet von Tafuna und, weiter südöstlich, der **International Airport Pago Pago** befinden. Die eher unattraktive Siedlung **Ottoville**, südwestlich des Flughafens, hält Leckerbissen für Kunstfreunde bereit: In der 1994 erbauten **Holy Family Cathedral** gestalteten samoanische Künstler die Buntglasfenster und Holzschnitzereien; anrührend ist das Gemälde von Duffy Sheredi, das die Heilige Familie an einem samoanischen Strand zeigt. Unweit der Kirche wurde liebevoll ein kleiner **Historical Park** angelegt.

Im **'Ili'Ili Golf Course**, ein Stück weiter südwestlich, sind zahlende Gäste gerne gesehen. Hinter dem Dorf **'Ili'ili** führt links eine Abzweigung zum **Turtle & Shark Point**. Eine Legende erzählt, dass sich hier eine Schildkröte und ein Hai zeigen, wenn sie durch Kindergesang angelockt werden. Einen Abstecher wert sind das Dorf **Vaitogi** und die malerische Küste.

Bei **Pava'ia'i** bietet sich ein Abstecher an die Nordküste an: Kurz hinter **A'oloaufou** führt ein stellenweise recht rutschiger Weg (ca. 4 km) hinunter zur **Massacre Bay**. Der schaurige Name der Bucht geht auf das Jahr 1787 zurück, als sich der französische Kapitän La Pérouse an diesem Ort mit Einheimischen einen blutigen Kampf lieferte, dem 12 Besatzungsmitglieder und 39 Samoaner zum Opfer fielen. Nahe der kleinen Siedlung **Aasu** lädt ein bezau-

» Karte S. 149, Info S. 152-153

Foto: Volkmar E. Janicke

bernder Sandstrand zum Verweilen ein. Zurück in Pava'ia'i, geht es südwärts nach **Futiga**.1,5 km hinter dem Dorf zweigt links eine Nebenstraße zur Küste und zum **Steps Point** ab. Die Hauptstraße verläuft nach **Leone**, dem einstigen Hauptort Tutuilas. Ein Denkmal vor der imposanten **Congregational Church** ehrt den Missionar John Williams. Vorbei an den **Leone Falls** geht es zur rauen Südwestküste – mit ihrer starken Brandung ein Paradies für Surfer. Für nicht geländegängige Fahrzeuge endet die Straße im Dorf **'Amanave**.

MANU'A-INSELN

Der **Archipel Manu'a**, etwa 100 km östlich von Tutuila, setzt sich aus den drei kleinen Inseln **Ofu**, **Olosega** und **Ta'u** zusammen. Während Ofu und Ta'u Flughäfen besitzen, kann Olosega über eine Brücke von Ofu aus erreicht werden. Ofu und Olosega haben unberührte Naturstrände an ihrer Südküste.

Tau'u besteht aus einem halben Kraterkegel, dessen südliche Hälfte im Meer versunken ist, was der steilen Südküste einen imposanten Anblick verleiht. Die Inseln besitzen relativ hohe Berge – der **Mt. Lata** auf Ta'u ist mit 995 m die höchste Erhebung Amerikanisch-Samoas – sowie dramatische, über 350 m hoch aufragende Klippen.

Die weitläufigen Sandstrände, insbesondere der **South Ofu Beach**, zählen zu den schönsten der Südsee, ebenso die Tauch- und Schnorchelreviere. Die amerikanische Anthropologin Margaret Mead, die eine zeitlang im Dorf Luma auf der Insel Ta'u lebte, begann im Jahr 1925 völkerkundliche Feldstudien über die Psychologie heranwachsender Kinder der Südsee-Insulaner („Kindheit und Jugend in Samoa") und beschäftigte sich besonders mit der weiblichen und kindlichen Lebenswelt der Naturvölker.

Es gibt ein paar einfache Unterkünfte auf Ofu und Ta'u. Auf Olosega kann eine Übernachtung im Dorf durch das Nationalpark-Büro organisiert werden; weite Teile dieser drei unentdeckten Juwelen Samoas wurden 1988 völlig verdient zum **Nationalpark** erklärt.

(WEST-) SAMOA (☎ 00685)

Samoa Tourism Authority, Apia, Beach Road, P.O. Box 2272, Tel. 63523 www.samoa.travel.

EINREISE: Touristenvisum für 60 Tage bei Einreise bei Vorlage eines noch mindestens 6 Monate gültigen Reisepasses und eines Weiter- oder Rückflugtickets.

WÄHRUNG: **Samoan Tala** (WST, WS$ oder ST$). 1 Euro ≈ 3 WS$. Im touristischen Bereich kann mit Kreditkarte bezahlt werden. Bargeld auf Kreditkarte gibt es bei den Banken in Apia. Es empfiehlt sich, viel Kleingeld dabeizuhaben, Wechselgeld ist rar. Geldautomaten gibt es in Apia bei allen Banken, auf Savai'i nur in Salelologa bei der ANZ Bank. Auf Savai'i kann nur mit Bargeld bezahlt werden.

ANREISE: Virgin Samoa (www.virginaustralia.com), eine Tochter der Virgin-Familie, fliegt von Australien, Neuseeland und Fidschi. Air New Zealand (www. airnz.com) von Los Angeles und Neuseeland. Fiji Airways (www.fijiairways.com) von Los Angeles, Hawaii, Tokyo über Fidschi nach Samoa. Der Faleolo Intern. Airport liegt 35 km von Apia entfernt.
Von / nach Amerikanisch-Samoa: Ab Fagalii Airport in Apia mit Polynesian Airlines, www.polynesianairlines.com, und Inter Island Air, www.interisland.com. Autofähre ab Apia.
REISEN IM LAND: **Nach Savai'i**: Samoa Air fliegt von Apia Fagali die Flugplätze Maota und Asau an. Hier wird der Flugpreis nach Körpergewicht des Passagiers berechnet. Tel. 27905, www.samoaair.ws.
Autofähre (Samoa Shipping Corp. Tel. 20935, www.samoashipping.com) von Mulifanua Wharf mehrmals tägl., 60 Min. Für Pkw Vorausbuchung nötig. Es empfiehlt sich, rechtzeitig an der Fähre zu sein, v.a. morgens und nachmittags ist sie sehr voll.
BUSSE: Busse gehen zu nahezu allen Dörfern beider Inseln. Sie halten überall auf Handzeichen. Auf Savai'I fahren die Busse seltener, aber zu jeder An- und Abfahrt der Fähre.
VERKEHR, LEIHWAGEN: Auf Samoa wird links gefahren. Es gibt viele Autoverleiher, dennoch kann es passieren, dass alle Wagen vermietet sind. Für das Ausleihen ist eine samoanische Driver's Licence nötig, erhältlich gegen WS$ 12 an der Polizeistation 'Ifi'ifi Street in Apia. Kaum Tankstellen außerhalb Apias.

APIA: **Pacific Jewell Garden Café**, bezauberndes kleines Café im Garten des besten Souvenirshops des Landes; in Levili, nicht weit von Aggie Grey's, am besten mit Taxi, Tel. 32887.
Home Café ist die neueste Ergänzung der ständig wechselnden Szene in Apia, Besitzer hat vorher für Aggies gekocht, guter Kaffee, Frühstück, exzellenter Brunch, Sandwiches, preiswert und schnell, bis 15.30 Uhr, rotes Haus an der Cross Island Road, Tel. 8452449.
Paddles, freundliches Lokal einer italienisch-samoanischen Familie, etwas teuer, Terrasse zum Meer, Beach Road hinter Aggie Grey's, Tel. 21 819.
Bistro Tatau, Fine Dining mitten in der Stadt, exquisite Küche, das beste in Apia, Beach Road Ecke Fugalei St., Tel. 22727.
Gourmet Seafood & Grill, einfach und preiswert, Riesenportionen, Convent Street, hinter der Post, Tel. 25962.
Giordano's Pizzeria, ausgezeichnete Pizzas, Falealili Street, gegenüber Hotel Fehmarn, Tel. 25985.

Stevenson Museum, Mo-Fr 9-15.30 Uhr, Sa bis 12 Uhr, Cross Island Road, Tel. 20798.
Museum of Samoa, Mo-Fr 10-16 Uhr, Malifa Compound, Tel. 26036.

31. Mai: Independence Day. Auf dem Platz vor dem Parlament (*Fono*) Tanz- und Gesangsgruppen, Ruderregatten, Blaskapellen-Wettbewerbe etc. **1. Septemberwoche: Teuila Festival**. Samoanische Gebräuche, Wettbewerbe, Tänze etc.

GESCHÄFTSZEITEN: Banken Mo-Mi 9-15 Uhr, Do, Fr 9-16 Uhr, Geschäfte Mo-Fr 8-16.30 Uhr, Sa bis 12.30 Uhr.

Fiafia ist ein samoanisches Fest mit Tanzvorführung und Büffet, das bekannteste findet mittwochs in **Aggie Grey's Hotel** statt. Apia hat ein reges Nachtleben, v.a. zum Wochenende, allerdings ist schon um Mitternacht Zapfenstreich.

Die meisten Bars finden sich entlang der **Beach Road** und am neuen Jachthafen am östlichen Ende von Apia Harbour.

DORF-ETIKETTE:
– Nie uneingeladen ein Dorf oder Haus betreten. Am Rande des Dorfes warten, bis jemand kommt und um Erlaubnis bitten.
– Hut und Rucksack abnehmen.
– Shorts sollten über das Knie reichen, vor allem bei Frauen. Notfalls ein Wickeltuch darüberschlingen.
– Nie mit ausgestreckten, sondern mit untergeschlagenen Beinen auf der Matte sitzen.
– Nicht aufrecht im Haus oder Hütte der Gastgeber stehen und leise sprechen.
– Vor dem Fotografieren um Erlaubnis fragen.
– Bei Aufenthalt im Dorf, Gastgeschenk in Form von Kava-Wurzeln oder Lebensmittel-Konserven mitbringen.
– Angebotene Getränke, Nahrung, Gastfreundschaft nicht ablehnen.

AKTIVITÄTEN: **Kajak**: auch mehrere Tage, mit **Kayak Sanoa**, Tel. 762 1530, www.kayakingsamoa.com.
Tauchen: Tauchsport ist noch relativ wenig entwickelt. Die größeren Resorts haben eine angeschlossene Tauchbasis. **Dive Savai'i**, Tel. 54172, www.divesavaii.com. Auch Anfängerkurse und Lehrgänge.

AUSFLÜGE UPOLU: **Strände**: Am schönsten an der Südküste und im Osten der Insel. Die Südküste ist über die asphaltierte Cross Island Road in weniger als einer Stunde zu erreichen.
Schnorchelreviere: Palolo Deep Marine Reserve bei Apia, der Strand von Sa'ago und Aganoa an der Südküste und bei der kleinen Insel Nu'usafe vor Tafatafa Beach.
Manono Island: Ein Stück „altes" Samoa, mit palmengedeckten Hütten, unberührten Stränden, keine Straßen. Übernachtung in einfachen Beach Fales mit Verpflegung, im Rahmen organisierter Touren oder auf eigene Faust.
AUSFLÜGE SAVAI'I: **Strände**: Die schönsten Strände sind im Norden bei Manase und am westlichen Kap bei Falealupo. Savai'i ist mindestens einen Tagesausflug wert, besser einige Tage einplanen. Das Leben läuft hier langsamer als auf Upolu. Malerische Dörfer säumen die Küste, das Inselinnere ist mit dichtem Regenwald bewachsen.

AMERIKANISCH SAMOA (☎ 00684)

Office of Tourism, Tafuna, Tel. 699 9805, www.americansamoa.travel.

ANREISE: Mit Hawaiian Airlines (www.hawaiianairlines.com) ab Hawaii, mit Polynesian Airlines (www.polynesianairlines. com) nach Samoa mit Anschluss nach/von Neuseeland, Australien und Fidschi. Außerdem mit Inter Island Air nach Ofu, Olosega, Ta'u. Tafuna Intern. Airport liegt 15 km von Pago Pago entfernt.
VERKEHR, LEIHWAGEN: Es herrscht Rechtsverkehr. Leihwagen am besten direkt vom Airport, es gibt nur eine Straße, Route 1.

WÄHRUNG: **US-Dollar**. In touristischen Bereichen kann mit Kreditkarte bezahlt werden. Kein Bankschalter am Flughafen!

Goat Island Café, direkt am Wasser, große Portionen, leckere Gerichte, auch Frühstück, am Wochenende Live Musik, Sadies by the Sea, Tel. 6335900. **Evie's Cantina**, guter Mexikaner, spätabends Cabaret, neb. Motu o Fiafiaga Motel, Tel. 633 7777.

Jean P. Haydon Museum, Mo-Fr 10-16 Uhr, Fagatogo, Tel. 633 4347.

AUSFLÜGE: Tutuila ist leicht in einem Tag mit dem Leihwagen zu erkunden und ideal für einen Tagesausflug von Samoa.
AKTIVITÄTEN: **Golf**: 'Ili'ili Golf Course, 18 Loch, tolle Lage und Blick, Tel. 699 2995.

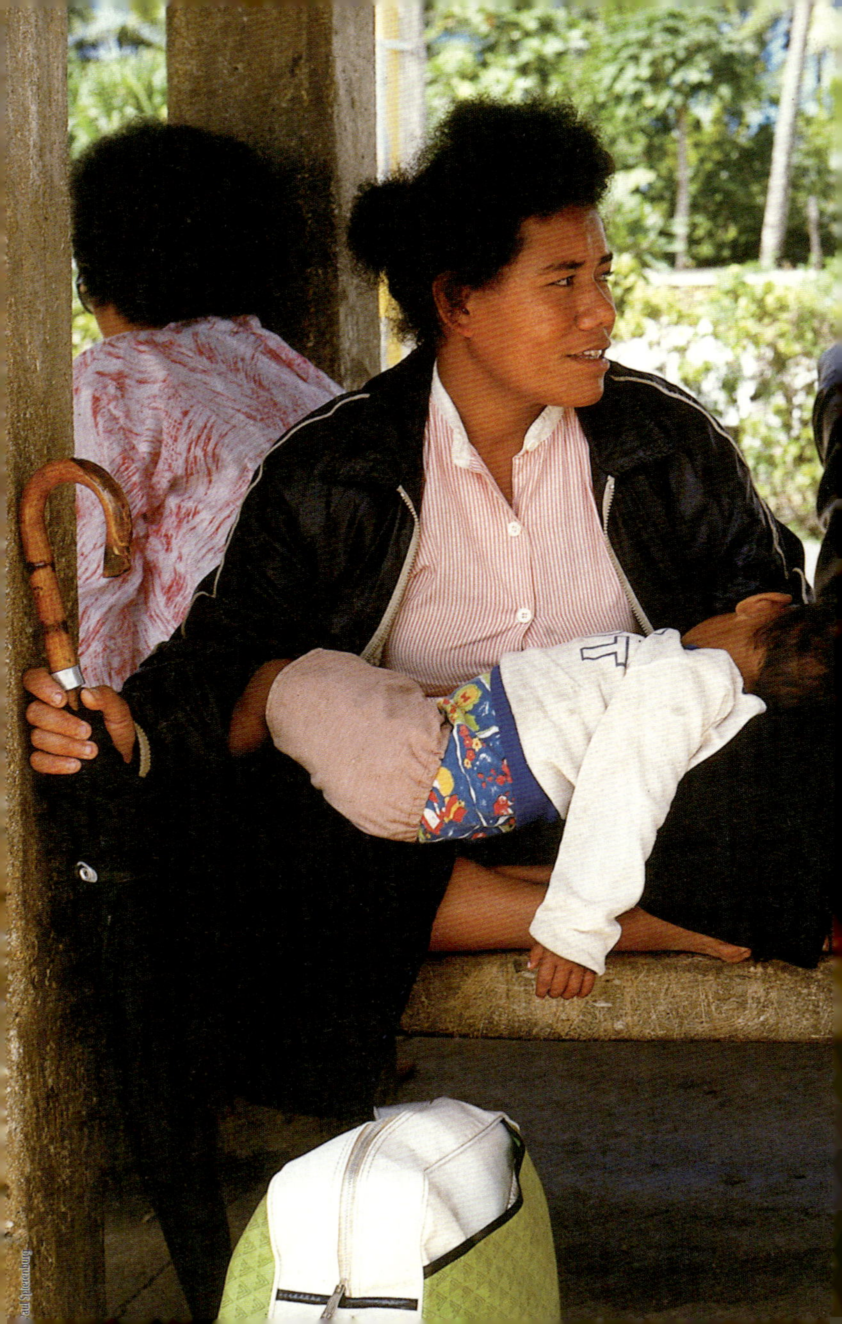

Paul Spierenburg

Geduldiges Warten auf den Bus
in Nuku'alofa

Foto: Holger Leue

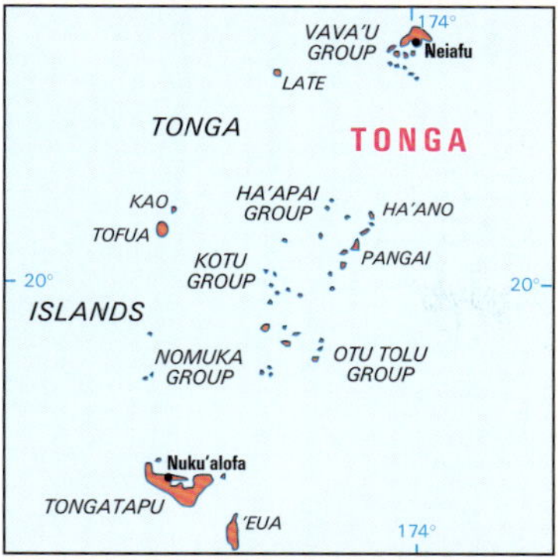

TONGA

TONGATAPU
'EUA
HA'APAI-INSELN
VAVA'U-INSELN

Die polynesischen Tonga-Inseln, die unter der Regierung von König George Tupou VI. das letzte Königreich in der Südsee bilden, konnten über die Jahrhunderte ihre Souveränität bewahren. Auch wenn der Tourismus heute zur wichtigsten Einnahmequelle zählt, wird Tonga im Vergleich zu Fidschi oder Tahiti wenig besucht. Schon Kapitän Cook war beeindruckt von der außerordentlichen Gastfreundschaft der Einheimischen und taufte die Tonga-Inseln „Friendly Islands".

Auch Inseln können untertauchen

Das Königreich besteht aus drei größeren Inselgruppen: Tongatapu im Süden, Ha'apai im Zentrum und Vava'u im Norden. Weiter nördlich liegt die kleine Niuas-Gruppe mit den vulkanischen Inseln Niuafo'ou, Niuatoputapu und Tafahi. Tonga erstreckt sich zwischen 15° und 23° südlicher Breite und 173° und 177° westlicher Länge. Seine Gesamtfläche umfasst 362 500 km^2, die Landfläche in diesem riesigen Gebiet beträgt aber nur 718 km^2 und verteilt sich auf 170 Inseln, von denen 52 ständig bewohnt sind.

Die 257 km^2 große Hauptinsel Tongatapu ist eine flache, gehobene Koralleninsel; 'Eua, gleich nebenan, zeigt sich hingegen bergig. Bei den meisten der Ha'apai-Inseln handelt es sich um Koralleneilande mit weißen, meist einsamen Stränden. Viele der westlichen Inseln sind vulkanischen Ursprungs (z. B. Tofua), und noch immer treten dort vulkanische Aktivitäten auf. Die Vava'u-Inseln sind hohe Koralleninseln mit einem dichten tropischen Vegetationskleid.

Die Tonga-Inseln liegen direkt über der Subduktionszone der Erdkrustenplatten, die sich bis zu einem Meter pro Jahr übereinander schieben können. Der Tonga-Graben im Osten ist über 10 800 m tief. Die gewaltigen Hebungen und Senkungen in dieser Region haben manchen Kapitän der europäischen Entdeckungsfahrten arg verwirrt. So konnte eine kleine Insel plötzlich ganz verschwinden und wurde folglich aus den Seekarten gestrichen – um schon einige Jahre später als 30 m hohes Eiland wieder aufzutauchen.

Klima

Das gemäßigte, dank der Passatwinde recht milde Klima sorgt für einen angenehmen Aufenthalt. Auf den hohen Vava'u-Inseln im Norden fällt jährlich gut 2500 mm Niederschlag. Richtung Süden nehmen die Temperaturen und die Luftfeuchtigkeit etwas ab – vor allem auf den flacheren Inseln. Tongata-

Links: Ob dieser bunte Fang wohl für den Markt bestimmt ist?

» Karte S. 164-165, Info S. 174-175

pu erhält etwa 1500 mm Niederschlag pro Jahr.

Am regenreichsten und wärmsten ist es zwischen Dezember und März, mit hoher Luftfeuchtigkeit. In diesem Zeitraum treten oft Wirbelstürme auf. Tagsüber kann die Temperatur bis auf 27-28 °C ansteigen, nachts fällt sie kaum unter 20 °C. In der kühleren Jahreszeit von Juni bis September liegen die Werte tagsüber bei 22-23 °C und nachts um 15 °C. Die beste Reisezeit ist von April bis Oktober.

Göttliche Herrscher

Nach wissenschaftlichen Erkenntnissen, die sich auf Ausgrabungen der Lapita-Keramiken auf Tongatapu stützen, haben die ersten Menschen etwa 1300 v. Chr. die Inseln besiedelt. Allerdings ist unklar, ob sie schon der gleichen Kultur angehörten, die mehr als tausend Jahre später mit der Besiedelung Polynesiens begann.

Am Anfang der überlieferten Geschichten Tongas stehen Legenden wie auf anderen Inseln Polynesien auch. Danach sollen die Inseln vom Gott Tangaloa (Tangaroa in anderen Teilen Polynesiens) aus dem Meer gefischt worden sein. Die weltlichen Nachkommen der Götter jedenfalls regierten die Inseln fortan als Tu'i Tonga, Könige von Tonga. Viele Jahrhunderte lang stellten die *Tu'i Tonga* die expansivste Macht im westpolynesischen Raum dar. Mit ihrer enormen Flotte von Kanus, in denen bis zu 200 Krieger Platz hatten, kontrollierten sie nicht nur nahegelegene Archipele wie Samoa oder große Teile Fidschis, sondern auch Inseln bis zu den Salomonen.

Gemäß der Überlieferung trat der 24. Tu'i Tonga – der die weltliche wie auch die religiöse Macht innehatte – um 1470 seinen weltlichen Titel an seinen Bruder ab und schuf somit die königliche Linie der *Tu'i Ha'atakalaua*. Aus einer weiteren Machtteilung etwa

Oben: Die Vulkaninsel Tofua. Rechts: Das Wappen des Königreichs Tonga ziert das Tor zum Königspalast in Nuku'alofa.

» Karte S. 164-165, Info S. 174-175

um 1600 entstand eine dritte Königslinie, die *Tu'i Kanokupolu*, die allmählich die anderen Linien überflügelte und sich zur eigentlichen Herrscherfamilie entwickelte.

Foto: Volkmar E. Janicke

Cook cooked?

Die niederländischen Kapitäne Schouten und Le Maire fanden 1616 als erste Europäer die Insel Niue – damals zu Tonga gehörig. Kapitän Abel Tasman traf 1643 auf Tongatapu ein, und Kapitän Cook kam 1773 erstmals mit den Tonga-Insulanern in Berührung. Beeindruckt von dem geordneten Leben auf den Inseln, dem willigen Gehorsam, den die Untertanen ihrem König zollten, und der freundlichen Gesinnung, die den Fremden zuteil wurde, nannte er die Inseln begeistert „Freundschaftsinseln".

Allerdings: Immer wurden für Besucher großartige Feste veranstaltet; glaubwürdig überliefert ist, dass Cook und seine Mannschaft auf einem dieser Feste in einen Hinterhalt gelockt werden sollten. Der Plan sei lediglich an taktischen Schwierigkeiten gescheitert.

Missionare und Könige

Die ersten zehn Missionare der Londoner Missionsgesellschaft landeten 1797 auf Tonga. Drei von ihnen wurden aufgegessen, sechs konnten fliehen, und einer wurde von den Insulanern „bekehrt": er nahm sich drei Frauen, ließ sich tätowieren und wurde Berater des damaligen Königs von Ha'apai. Erfolgreicher waren die Methodisten, die 1826 ankamen.

Ab 1787 fanden auf Tonga immer wieder blutige Bürgerkriege statt; jahrzehntelang kämpften rivalisierende Herrscher um die Vormachtstellung. Taufa'ahau, der König der Ha'apai-Inseln, wurde 1831 zum Christentum bekehrt, und es gelang ihm, die Macht über die Vava'u-Inseln zu erlangen. 1845 trat er als König George Tupou I. die Nachfolge der *Tu'i Kanokupolu* auf Tongatapu an und war somit der mächtige Alleinherrscher über ein vereinigtes Tonga. 1862 schaffte er die Leibeigenschaft ab, und 1875 gab er dem Land die erste Verfassung. König George Tupou I. regierte bis 1893.

Dem kolonialen Machtstreben der Großmächte entgingen die tongaischen Herrscher durch kluge Diplomatie. Der Missionar Shirley Baker, der es unter König George Tupou I. bis zum Premierminister brachte, schloss Freundschaftsverträge mit Deutschland (1876), England (1879), und den USA (1888) ab. Ein Protektoratsvertrag mit Großbritannien, der die Fortdauer des lokalen Herrschaftssystems garantierte, folgte zu Beginn des 20. Jh. unter der Regierung der überaus beliebten Königin Salote Tupou III., einer Enkelin von George Tupou I. Die stattliche, fast 2 m große Königin wurde 1918 mit 18 Jahren gekrönt. Sie starb 1965.

Unter ihrem Sohn, König Taufa'ahau Tupou IV., wurde das Land am 4. Juni 1970 unabhängiger Staat des Com-

» Karte S. 164-165, Info S. 174-175

Foto: Volkmar E. Janicke

monwealth. Der König hatte drei Söhne und eine Tochter; als er 2006 starb, wurde sein ältester Sohn König (Tupou V.), nach dessen frühem Tod 2012 der jüngere Sohn (Tupou VI.).

Bis 2010 wurde Tonga absolutistisch regiert; bis dahin ernannte der König die Kabinettsmitglieder und die meisten Parlamentsabgeordneten, die oft aus seinem engen Familienkreis stammten. Die Opposition forderte mehr demokratische Rechte fürs Volk; 2006 kam es zu schweren Unruhen in Nuku'alofa, die Hauptgeschäftsstraße mit Regierungsgebäuden und den Geschäften von Indern und Chinesen brannte. König Tupou V. leitete einen Rückzug des Königshauses aus Politik und Wirtschaft ein. 2010 gewann die Demokratiebewegung die ersten freien Parlamentswahlen. Zum Premierminister wurde jedoch der Adelige Tu'ivakano gewählt, ein Zugeständnis an die konservativen Kräfte.

Oben: Tongaerinnen schmücken sich zum Kirchgang mit Kleidung aus geflochtenem Bast. Rechts: Vanille – ein Exportschlager.

Jedem Bürger sein Land, jeder Religion ihre Kirche

Auf den 52 bewohnten Inseln leben etwa 103 000 Polynesier. Das teils traditionell, teils christlich geregelte Dorfleben veranlasst viele der jüngeren Generation, in die Städte zu ziehen. Besonders Tongatapu erscheint als der Inbegriff westlichen, erstrebenswerten Lebens. Die Abwanderung von den Ha'apai-Inseln hat andere Gründe: Dort steht mittlerweile kein neues landwirtschaftlich nutzbares Land mehr zur Verfügung. Etliche Insulaner versuchen, in einer der Missionsschulen eine bessere Ausbildung zu erhalten, denn die Zahl der Arbeitslosen ist hoch. Mit etwa 70 000 Bewohnern hat Tongatapu mittlerweile die kritische Grenze der „Tragfähigkeit" erreicht.

Alles Land gehört der königlichen Familie, ein Teil des Besitzes wird vom Adel verwaltet. In der Verfassung ist das Grundrecht verankert, dass jedem Tongaer, der älter als 16 Jahre ist, ein Stück Wirtschaftsland (ca. 3,3 Hektar) und ein

» Karte S. 164-165, Info S. 174-175

Grundstück in Ortsnähe zusteht. Diesem lobenswerten sozialen Anliegen kann der König jedoch schon lange nicht mehr nachkommen, die Liste der Anwärter ist durch den schnellen Bevölkerungszuwachs bereits viel zu lang geworden.

Rund 70 % der Tongaer sind Methodisten; die unterschiedlichen Strömungen – z. B. Free Wesleyan Church of Tonga, Free Church of Tonga und Church of Tonga – entspringen Spaltungen innerhalb dieser Kirche, unterscheiden sich aber nicht im Glauben. Etwa 15 % der Bevölkerung sind Katholiken, und mehr als 13 % Mormonen – weltweit der höchste Prozentsatz in einem unabhängigen Staat.

Der Kürbis rollt

Offiziell besuchen zwischen 40 000 und 90 000 Reisende pro Jahr Tonga: ein wichtiger Wirtschaftfaktor für das Inselreich, denn schon jetzt sind die Einnahmen aus dem Fremdenverkehr fast doppelt so hoch wie die aus allen Exporten zusammen.

Zu den landwirtschaftlichen Ausfuhrprodukten zählen Kokosnussöl, Vanille und Gemüse; zudem erlebt seit den 1990er Jahren der Verkauf von Kürbissen nach Japan einen unvorhergesehenen, aber willkommenen Aufschwung. Die Regierung bemüht sich zwar ständig um ausländische Investoren und lockt mit zeitweiliger Steuerfreiheit und vielen anderen Vergünstigungen; doch die Tatsache, dass Land hier nur gepachtet und nicht gekauft werden kann und dass 51 % tongaische Beteiligung an jedem Wirtschaftsgeschäft per Gesetz vorgeschrieben sind, schreckt viele Unternehmen von Investitionen ab.

Wirtschaftshilfen aus dem Ausland sind für den Staat von großer Bedeutung. Überweisungen von Tongaern, die nach Neuseeland, den USA oder Australien ausgewandert sind, stellen ein wichtiges Nebeneinkommen für viele Familien dar.

Foto: Holger Leue

TONGATAPU

Die Hauptstadt Nuku'alofa

Nuku'alofa bedeutet soviel wie „Wohnsitz der Liebe". Die Hauptstadt des Königreichs liegt an der Nordküste der Insel **Tongatapu** und zählt gut 24 000 Einwohner. Auffälligste Gebäude der Stadt sind nicht mehr die großen Kirchen, sondern neue protzige Bürogebäude, die nach den Bränden während der Unruhen 2006 mit chinesischer Hilfe entstanden. Der viktorianische **Royal Palace** westlich der Vuna Wharf steht aber noch. Der hübsche weiße Königspalast aus Holz mit seinen roten Dächern wurde in Neuseeland vorgefertigt und 1865-67 von Edward Becker, dem Direktor der tongaischen Niederlassung der Hamburger Handelsfirma Goddefroy & Sohn, in Nuku'alofa zusammengesetzt; die obere Veranda kam erst 1882 hinzu. Die Königsfamilie lebt mittlerweile in Kauvai (s. S. 164); der Palast ist für Besucher dennoch nicht zugänglich. Das beste Foto lässt

sich durch das seewärtige **Tor** im Westen machen, wo das **Königswappen** prangt. Die drei Sterne symbolisieren die drei Inselgruppen des Landes, die drei Schwerter die drei Königsfamilien, die Taube steht für Frieden, die Krone für die Monarchie. „Gott und Tonga sind mein Erbe" lautet das königliche Motto.

Geht man von besagtem Tor die Vaha'akolo Road am Palast entlang stadteinwärts, liegen linkerhand die **Vilai Army Barracks**, das Hauptquartier der tongaischen Armee. Kurz darauf ist rechts die riesige **Centenary Church** (1952) der Free Wesleyan Church of Tonga nicht zu übersehen. Sie bietet 2000 Besuchern Platz. Sonntags nehmen hier häufig Mitglieder der Königsfamilie am Gottesdienst teil.

Biegt man ein Stück weiter links in die Laifone Road ein, erreicht man bald den monumentalen Kirchenbau der **Free Church of Tonga**. Gegenüber, durch eine breite Rasenfläche Besuchern unzugänglich gemacht, liegen seit 1893 die **Royal Tombs**, die Grabstätten der königlichen Familie.

An der Kreuzung von Laifone/Taufa'ahau Road erhebt sich die **Basilica of St. Anthony of Padua**. Der 1980 beendete Bau fällt durch seine pagodenartige Architektur auf. Von innen ist das Gebäude recht hübsch, mit bunten Glasfenstern und dunklem Holz. Im Untergeschoss ist ein populäres **Café**.

Entlang der Taufa'ahau Road, der Hauptgeschäftsstraße, lässt es sich gemütlich in Richtung Meer schlendern. Im **Langafonua Gallery & Handicraft Centre**, einer Frauenkooperative, gibt es tongaisches Kunsthandwerk zu günstigen Preisen. Besonders schön sind die bemalten Rindenbaststoffe (*tapa*) und Flechtarbeiten, Matten, Körbe und Taschen. Der Friendly Island Bookshop wurde bei den Unruhen 2006 niedergebrannt; in den neuen Filialen an der Taufa'ahau und Salote Road gibt es Südsee-Literatur und tonganische Musik.

Das **Deutsche Honorarkonsulat** (German Consulate) liegt etwas ver-

Rechts: Der viktorianische Royal Palace in Nuku'alofa.

» Stadtplan S. 162, Info S. 174-175

Foto: Volkmar E. Janicke

steckt im Hinterhof des Sanft Buildings an der Taufa'ahau Road; es ist am Bundesadler zu erkennen. Das **Post Office** beherbergt im 1. Stock das **Philatelistische Büro** mit einer Sammlung der begehrtesten Südseebriefmarken.

Gegenüber liegt das **Prime Minister's Office**. Einen Block weiter östlich, an der Railway Road, findet man das hölzerne **Parliament Building** (1894), ebenfalls in Neuseeland vorgefertigt. Ganz in der Nähe werden auf dem bunten **Maketi Talamahu** Obst, Gemüse sowie Kunsthandwerk feilgeboten.

An der **Vuna Wharf** bieten Marktstände fangfrischen Fisch und allerlei Meeresgetier an. Bis 1966 war hier der Hauptanlegeplatz für größere Fähren und Frachtschiffe, dann verlagerte sich der Betrieb zur neuen, östlich der Faua Jetty gelegenen **Queen Salote Wharf**.

Direkt am Meer, gegenüber der Vuna Wharf, steht das **Treasury Building**. Das Schatzamt, 1928 erbaut, diente einst als Postamt der Stadt. An der Vuna Wharf befindet sich auch die Haltestelle für Langstreckenbusse.

Die Vuna Road führt in südöstliche Richtung zum kleinen, in traditioneller Bauweise errichteten **Visitors Bureau**, das gute Informationen bereithält. Gleich daneben liegt der Busbahnhof für die städtischen Busse. Weiter südöstlich lockt das große **International Dateline Hotel** (erbaut 1966; Neueröffnung 2017, nach Renovierung und Umbau).

Vom Jacht- und Fischereihafen **Faua Jetty** (ca. 1 km vom Zentrum entfernt) legen die Boote zu den vorgelagerten Inseln und nach 'Eua ab.

Tongatapu – die „heilige Insel Tonga"

Die wichtigsten kulturhistorischen Sehenswürdigkeiten liegen östlich von Nuku'alofa. Doch zunächst führt der Weg über die Taufa'ahau Road in einen südlichen Außenbezirk zum **Tongan National Cultural Centre**. Im Kulturzentrum an der **Fanga'uta Lagoon** (gegenüber vom Vaiola-Krankenhaus) werden neben einer Ausstellung zur tongaischen Kulturgeschichte traditionelles Kunsthand-

» Stadtplan S. 162, Karte S. 164-165, Info S. 174-175

werk wie Schnitzen, Tapa-Herstellung und Flechten, am Freitag abend auch Tänze vorgeführt. Die Tongaerinnen verfügen über beachtliche handwerkliche Fertigkeiten. Zu den schönsten Arbeiten ihrer Flechtkunst zählen Körbe, die aus Blattrippen von Kokospalmenblättern und Hibiskusbast hergestellt und oft mit dekorativen Mustern verziert sind. Diese werden im Souvenirladen zum Verkauf angeboten, zudem die für Tonga typischen Schnitzarbeiten aus Holz, Koralle und Knochen. Stärken kann man sich anschließend mit tongaischer Küche: Gekocht im Erdofen, auf Bananenblättern angerichtet, kommen Fisch oder Huhn in Kokosmilch auf den Tisch. Einheimische führen traditionelle Tänze im angrenzenden Amphitheater vor. Exotische Pflanzenarten, u. a. Orleansbaum (*Bixa orellana*), Papiermaulbeerbaum (*Broussonetia papyrifera*), Vanille (*Vanilla planifolia*) und Kava (*Piper methysticum*), findet man in der gepflegten Gartenanlage.

Die Straße umrundet weiter die Lagune; 3 km südlich, nicht öffentlich zugänglich, thront auf einer Anhöhe die **Residenz des Königs von Tonga**. Zwei weiße Tigerskulpturen bewachen auf der gegenüberliegenden Seite den Wohnsitz der Prinzessin Pilolevu.

In **Vaini** zweigt links eine Straße auf eine Halbinsel in der **Fanga Kakau Lagoon** ab. Nach 4-5 km ist am östlichsten Zipfel die königliche Residenz in **Kauvai** erreicht. Fährt man bei Vaini auf der Hauptstraße (Hahake Road) weiter in östliche Richtung, biegt rechts bei **Malapo** die Straße zum Flughafen und zum Oholei Beach an der Südostküste ab.

5 km weiter entlang der Hahake Road in Richtung Mu'a erinnert das **Captain Cook Monument** an den berühmten Seemann, der hier im Jahr 1777 landete, und an den Besuch der britischen Königin Elisabeth „11“ (anstatt „II“)! Der mächtige Banyanbaum, unter dem Cook angeblich gerastet haben soll, musste leider gefällt werden. Vom Landungsplatz bietet sich ein schöner Blick über die mangrovengesäumte Bucht.

Kurz darauf ist **Mu'a** erreicht, bis 1799 unter dem Namen *Lapaha* Hauptstadt des Inselreiches (regelmäßige Busverbindungen von Nuku'alofa nach Mu'a). Hier erstreckte sich eine große, wahrscheinlich vor 1650 erbaute Festungsanlage. Sie war hufeisenförmig zur Meerseite geöffnet, damit man die Kriegskanus leichter in die Bootshäuser ziehen konnte. Heute sind nur noch Relikte auszumachen. Weit eindrucksvoller sind Dutzende von **'Otu Langi** – Gräber der Könige und ihrer Familien – in Form von gestuften Plattformen rund um Mu'a. Rechterhand findet man am Ortsausgang den katholischen Friedhof, mit einem in Korallensteinblöcke eingefassten großen Terrassengrab und zwei

kleineren Gräbern. Viele der modernen Grabstätten sind bunt geschmückt und mit leeren Flaschen eingegrenzt – als Schutz gegen den Abtrieb des aufgeschütteten Korallensandes und frei herumlaufende Schweine.

Das **Langi Paepae'o Tele'a**, ein gut erhaltenes Monumentalgrab aus dem 16. Jh., liegt etwas versteckt: Ein Stück weiter die Hahake Road entlang biegt gegenüber der Free Wesleyan Church links eine Stichstraße ab (Hinweisschild). Die aus Korallenfels geschnittenen Steinblöcke für die Einfassungen des Grabes wurden sorgfältig aneinander gefügt. Daneben erhebt sich das dreistufige, pyramidenförmige **Langi Namoala**. Einzelheiten über die Grabbeigaben sind nicht bekannt, denn die Inselbewohner erlauben keine archäologische Ausgrabungen, um die Ruhe der Toten nicht zu stören.

Kurz hinter dem Dorf **Afa**, am nordöstlichsten Zipfel der Insel, fällt ein imposantes Trilithon aus Korallenfels ins Auge: das fast 5 m hohe **Ha'amonga 'a Maui** („die Last des Gottes Maui"). Zwei aufrecht stehende Steinblöcke und ein oben eingefasster Querblock bilden ein Tor. Der schwerste der Steine dürfte etwa 50 t wiegen. Um den Bau dieses alttongaischen Monuments – ein technisches Meisterwerk – ranken sich zahlreiche Legenden: Eine davon berichtet, dass das Tor vom 11. Tu'i Tonga, dem König Tu'itatui, zwischen 1100 und 1200 n. Chr.

» **Karte S. 164-165, Info S. 174-175**

Foto: Volkmar E. Janicke

errichtet wurde, eine andere erzählt, dass der König einen Mahnbau für seine beiden Söhne aufstellen ließ, um Streitigkeiten zu verhindern. Das Monument sollte ihnen vergegenwärtigen, dass sie durch Familienbande – symbolisiert durch den Querstein – zusammengehören. Eine Theorie besagt, dass das Trilithon ein Tor zum ehemaligen Hauptort Heketa war. Vielleicht diente es aber auch astronomischen Berechnungen. So konnte sich König Tupou IV. 1967 davon überzeugen, dass die oben auf dem Querblock eingemeißelten Linien und zwei später geschlagene Schneisen in Richtung Sonnenauf- und -untergang weisen, exakt zum Zeitpunkt der der Tag- und Nachtgleiche. (Zum Trilithon nimmt man den Bus nach Niutoua).

Schlendert man zum Meer, ist bald ein großer, aufgerichteter Quader erreicht: Dies war der Steinthron **Maka Fakinanga** von König Tu'itatui. Legenden zufolge soll der König von hier aus den Bau des Steintores und vielleicht auch den seiner Ansiedlung Heketa überwacht haben. Heketa – einige Haushügel und ein königliches Grab zeugen davon – diente den Tu'i Tonga als Sitz, bevor sie nach Lapaha umzogen. Das Fehlen sicherer Ankerplätze für die Kanus war wohl einer der Gründe für den Ortswechsel.

Zwischen Mu'a und Cooks Landeplatz queren Straßen die Insel zur Ostküste (3 km) und zum Dorf **Haveluliku** mit der an der Küste gelegenen **'Anahulu Cave**. Das mehrgliedrige Tropfsteinhöhlensystem ist nur für erfahrene Höhlenforscher geeignet (Tauchschulen bieten Scuba Diving Touren an). Zum Besuch der leicht zugänglichen ersten Höhle mit ihrem zum Schwimmen geeigneten Süßwasserpool muss man in Haveluliku die zuständige Familie um Erlaubnis fragen. Etwas südlicher beginnt **Laulea Beach**, und von dort erstreckt sich ein kilometerlanger, traumhafter, von Korallenfelsen gesäumter weißer Sandstrand bis nach **'Oholei**. Baden ist im seichten Wasser nicht möglich, aber eine Strand-

Oben: Um den Trilithon Ha'amonga 'a Maui ranken sich viele Legenden. Rechts: Eine dekorative Ingwerblüte.

» Karte S. 164-165, Info S. 174-175

wanderung lohnt immer. In der **Hina Cave** am Strand werden regelmäßig Folkloreabende mit Büffet veranstaltet.

Die Straße von hier aus weiter in südliche Richtung ist schlecht, aber durchaus befahrbar. Vorbei an malerischen Dörfern kommt man zum Dorf **Fua'amotu** in der Nähe des internationalen Airports. Von Fua'amotu aus kann man auf der küstennahen Straße in westliche Richtung weiterfahren. Auch im Norden der Insel, bei **Vaini**, führt eine Abzweigung von der Hahake Road südwärts: Über beide Routen gelangt man nach **Hufangalupe** („Schutzbucht der Taube"). Ein Wegweiser kennzeichnet einen Feldweg, der über einige hundert Meter zu einer spektakulären Sehenswürdigkeit führt: Über Kilometer hinweg schießen Gischtfontänen durch Hunderte von Löchern (**Blowholes**) in der Korallenküste himmelwärts. Eine ehemalige Höhle in den Klippen, deren Dach eingebrochen ist, ragt nun als imposantes **Felsentor** auf – nur der Eingang ist als Gesteinsbrücke stehen geblieben. Vor der Korallenfelsbrücke zweigen links zwei Pfade ab. Vom Ende des ersten (schlecht auszumachen) hat man einen herrlichen Blick auf die Brandung. Der zweite, ausgetretene Pfad führt auf einen eher gefährlichen Felsvorsprung.

Bald darauf weist links ein Schild zum **Keleti International Resort**, einer einfachen kleinen Bungalowanlage. Keleti Beach besteht aus einer Reihe von kleinen Badebuchten und Pools, ideal zum Schwimmen bei Flut.

Ca. 7 km weiter an der Südwestküste ist das Dorf **Houma** erreicht. Einige hundert Meter von der Straße entfernt (Hinweisschild) beeindrucken die tosenden **Blowholes**, auch „Pfeile des Häuptlings" genannt. Vom Parkplatz aus liegen die fotogensten Blaslöcher etwa 100 m rechts. Auf den spitzen, unwegsamen Korallensteinen lassen sich gut erhaltene fossile Korallenkolonien ausmachen. Über viele Kilometer weist die Küste hier Fontänen auf. Die Brandung presst Wasser in Kavernen und

Foto: Günther Lahr

kleine Höhlen auf Meeresspiegelhöhe, der Druck entlädt sich durch Ausgänge im porösen Gestein.

10 km weiter läuft die Insel im Nordwesten in einer Landzunge aus. Attraktion der Ortschaft **Kolovai** sind die Kolonien von **Flughunden** (*Flying Foxes*). Tagsüber hängen die rostbraunen Tiere zu Hunderten in den Strandkasuarinen am Straßenrand, nachts fliegen sie zur Nahrungssuche über die Insel. Die Flugsäuger stehen hier unter dem Schutz der königlichen Familie. Finden Einheimische sie aber auf Feldern oder Plantagen, werden sie gerne gefangen und zu Flughundcurry verarbeitet.

Hinter der Flughundkolonie führt links eine Straße zum **Good Samaritan Inn**. Das kleine Restaurant ist ideal für eine Mittagspause. Wegen des seichten Wassers kann man jedoch nicht im Meer schwimmen.

Kurz vor der äußersten Nordspitze der Insel, im maritimen Naturschutzgebiet **Ha'atafu Beach Reserve**, ein Meeresschutzgebiet, verzaubert beim Schnorcheln die farbenprächtige Un-

Foto: Holger Erbst

terwasserwelt. Ganz im Norden ehrt ein **Missionarsdenkmal** die Methodistenpfarrer John Thomas und John Hutchinson. Beim Dorf Kanokupolu geht links eine Straße zur Küste. Dort steht die neue **Heilala Holiday Lodge** (von Waltraud Quick und Sohn Sven, früher in Nuku'alofa) mit modernen Fales, aber im traditionellen Stil an einem sehr schönen Strandabschnitt. Am gleichen Strand liegt auch das nette **Ha'atafu Beach Resort**, das sich auf Surfer spezialisiert hat. Etwas weiter ist ein schöner öffentlicher **Sandstrand**.

Trauminselchen vor Nuku'alofa

Beliebte Ausflugsziele der Einheimischen sind die der Nordküste vorgelagerten Inseln. Insbesondere sonntags, wenn ganz Nuku'alofa „geschlossen" ist, lohnt sich eine Bootsfahrt hinaus zu einer der kleineren Ferienanlagen.

Oben: Vielfältige Unterwasserwelt im Naturschutzgebiet Ha'atafu Beach Reserve. Rechts: Fischer auf der Insel 'Atata.

Nur eine Stunde dauert die Überfahrt zum **Royal Sunset Island Resort**, 10 km nordwestlich der Hauptstadt auf der Insel **'Atata**, wo sich auch ein kleines Dorf befindet. Das **Fafa Island Resort** (7 km nördlich, ca. 30 Minuten Bootsfahrt) steht unter deutscher Leitung und eignet sich gut für einen Badeaufenthalt in ungezwungener Atmosphäre, bequemen Schritts kann man das Inselchen in 20 Minuten umrunden; hier ist der schönste Strand der drei Inseln. Die Gewässer um Fafa Island wurden zum Meeresschutzgebiet erklärt. Auf der Insel **Pangaimotu**, ca. 15 Min. vom Hafen entfernt, erwartet das **Pangaimotu Island Resort** seine Gäste. Alle drei Resorts bieten täglich Bootstransfer von Faua Jetty am Hafen, im Tagestrip ist Verpflegung inklusive.

INSEL 'EUA

Die 87 km² große Insel **'Eua**, 20 km südöstlich von Tongatapu, ist per Flugzeug in ca. 10 Minuten oder mit der Fähre je nach Seegang in zwei bis drei

» Karte S. 164-165, Info S. 174-175

Stunden erreichbar – trotzdem wird sie nur selten besucht. So nimmt das Leben dort einen ruhigen Gang, und man findet kaum touristische Infrastruktur: Eine ausgezeichnete Möglichkeit, ursprüngliches tongaisches Leben kennen zu lernen. Eine Tagestour ist überaus reizvoll, sollte aber unbedingt von Tongatapu aus geplant und reserviert werden.

Im Gegensatz zur Hauptinsel ist 'Eua bergig (bis zu 382 m) und bietet atemberaubende Klippen, Dolinen und Kalksteinhöhlen. Herrliche, menschenleere Sandstrände laden zum Sonnenbad ein. Plantagenanlagen und dichte Waldgebiete können zu Fuß oder mit dem Pony erkundet werden. Auf 'Eua leben ca. 4500 Menschen.

Die Fähre legt in **'Ononua** an der Westküste an. 2 km weiter nördlich lockt der schöne Strand **'Ufilei Beach** (Achtung: Gefährliche Strömung!). Von **Houma** aus gelangt man zu einem großartigen Aussichtspunkt im Norden der Insel: Die Straße führt vorbei an einem Wald mit jungen Sandelholzbäumen zum (völlig zusammengefallenen) **Anokula Palace**. Von den 120 m hohen Klippen entfaltet sich ein unvergleichliches Panorama über den im Sonnenlicht glitzernden Ozean. Eine Straße verläuft Richtung Süden über bergiges Terrain zum **Forestry Reserve** und weiter zum Airstrip.

Abenteuer pur ist eine Wanderung durch den dichten, smaragdgrünen Tropenwald mit Zedern, Farnbäumen und einer fantastischen Vogelwelt. Von der Hauptstraße bei Futu, im mittleren Teil der Insel, führt ein Weg durch üppige Vegetation ins Inselinnere zum Forestry Reserve. Am **Topuva'e 'a Maui**, der höchsten Erhebung der Insel, markiert das **Soldier's Grave** das Grab eines neuseeländischen Soldaten aus dem 2. Weltkrieg (Wanderzeit ca. 3 Std. insgesamt).

Eine Reihe von weiteren Pfaden, die den östlichen Teil 'Euas mit seinen Einbruchlöchern und Höhlen im Kalkgestein erschließen, erfordern einen erfahrenen Führer, ebenso wie die Erforschung des gigantischen, versteckt liegenden Erdlochs **Matalanga 'a Maui** südöstlich von **Ha'atua**. Über

Foto: Volkmar E. Janicke

eine Linksabzweigung gelangt man zu diesem „Kessel", in den man mit etwas Geschick hinabsteigen kann. Er entstand angeblich, als der Gott Maui, in Wut über seine Mutter, einen Stock dort heftig in die Erde stieß.

Herrlich ist der breite, einsame Strand **Ha'aluma Beach** (starke Strömung!) im Südwesten. An der Südspitze beeindruckt **Li'angahuo 'a Maui**, eine Felsbrücke am Meer. Auch hier ist wohl der wütende Meeresgott Maui mit seinem Stock am Werk gewesen...

HA'APAI-INSELN

Die Ha'apai-Gruppe liegt ca. 150 km nördlich von Tongatapu. Knapp die Hälfte der etwa 62 Inseln wird bewohnt, die Einwohnerzahl beträgt 8300 Menschen. Geologisch lassen sich die Inseln in die westlichen Vulkaninseln und in die mit einsamen Stränden ausgestatteten flachen Koralleninseln im Osten einteilen.

Oben: Eine der vielen kleinen, unbewohnten Inseln der Ha'apai-Gruppe.

Von den Inseln vulkanischen Ursprungs ist **Tofua** mit 56 km^2 die größte. In ihrer Nähe fand 1789 die Meuterei auf der *Bounty* statt. Im Rahmen einer Tour von Pangai (Lifuka) aus kann die Insel erforscht werden. Der noch aktive, abgeflachte Vulkan ist vom Dorf **Manaka** an der Ostküste in ca. 4 Std. zu besteigen. In der Caldera erstreckt sich ein Kratersee, der sich zum Schwimmen eignet, aus Felsspalten raucht, rumpelt und zischt es. Aus luftiger Höhe bietet sich eine schöne Aussicht auf die Nachbarinsel **Kao** mit ihrem beeindruckenden, über 1000 m hohen Vulkan.

Das Leben auf den Inseln des Ha'apai-Archipels verläuft in idyllischer Ruhe und Beschaulichkeit.

Die flache Koralleninsel **Lifuka** mit ihren Kokospalmen und Plantagen ist die Hauptinsel der Ha'apai-Gruppe. **Pangai**, die größte Ortschaft, wirkt trotz ihrer 1500 Bewohner eher verträumt. Hier stören weder Verkehr noch Lärm, allerdings findet auch keinerlei Nightlife statt. Auf dem Europäer-Friedhof (**European Cemetry**), etwa 1 km nördlich von

» Karte S. 164-165, Info S. 174-175

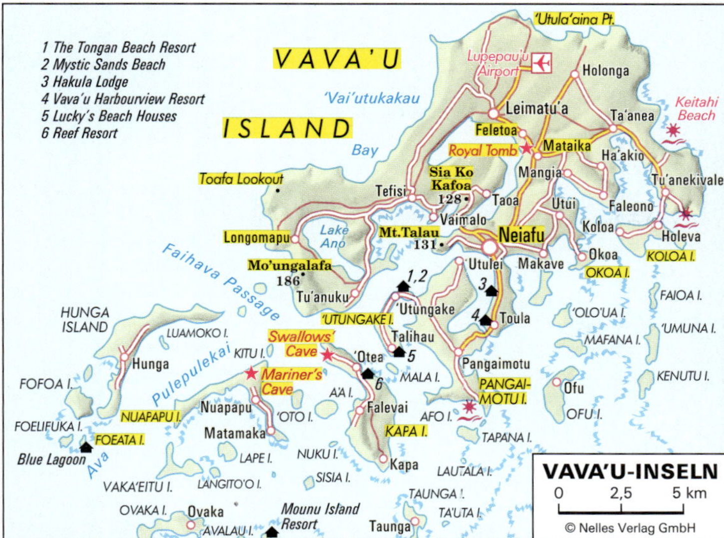

Pangai, kann man u. a. auch noch einige deutsche Namen auf den Grabsteinen der frühen europäischen Siedler (um 1900) sehen. Nur wenige Touristen verirren sich nach Lifuka. Chathams Pacific fliegt täglich von Tongatapu den kleine Flughaben Koulo an. In Pangai findet man eine Bank, Post, Polizei, ein Krankenhaus, Touristenbüro und Unterkünfte. Eine Island Tour lässt sich am besten mit dem Fahrrad unternehmen.

Auf Lifuka wurde Taufa'ahau (der spätere König George Tupou I.) geboren und als erster Tongaer 1831 von den Methodisten getauft. Dem Missionar Shirley Baker, der als wichtiger Berater von Toupou I. fungierte, setzte man nördlich von Pangai ein Grabmal.

Im **King's Palace** am Südende Pangais residiert der heutige König, wenn er Ende September die *Royal Agricultural Show* besucht. Die Palasi Road quert die Insel zur Ostküste, wo idyllische, einsame Sandstrände warten.

Über einen Damm gelangt man auf die nördliche Nachbarinsel **Foa**, deren Bewohner hauptsächlich von der Landwirtschaft leben. Wochentags verkehren Busse von Pangai nach **Faleloa**, dem nördlichsten Dorf Foas. Das **Sandy Beach Resort** (unter deutscher Leitung) gilt als die beste Unterkunft der Inselgruppe. Die 12 Bungalows liegen in einem Palmenhain an einem attraktiven langen Strand.

Die Insel **Uoleva**, gegenüber der Südspitze von Lifuka, kann bei Ebbe gut zu Fuß (Badeschuhe!) erreicht werden. Hier findet man traumhafte Schnorchelreviere. Boote verkehren von Pangai zur Insel **'Uiha**. Zu besichtigen sind hier die **Royal Tombs** und die **Makahokovalu Ruins**, ein altes Steinmonument.

VAVA'U-INSELGRUPPE

Die Vava'u-Gruppe mit ihren rund 60 Inseln erstreckt sich 270 km nördlich von Tongatapu in den endlosen Weiten des südlichen Pazifiks. Nur 13 dieser gehobenen, bis zu 300 m aufragenden Koralleninseln sind bewohnt, die Gesamtbevölkerung beträgt ca. 16 000.

Schmale, fjordähnliche Wasserstraßen

Foto: Volkmar E. Janicke

trennen die Inseln, die zu den schönsten von ganz Tonga zählen, voneinander. Sie bezaubern mit steilen Klippen und weißen Sandstränden, lauschigen kleinen Buchten, dichter tropischer Vegetation und türkisfarbenen Lagunen. Die vielen sicheren, natürlichen Ankerplätze machen die Inseln außerdem zu einem wahren Seglerparadies.

Der Spanier Don Francisco Antonio Mourelle entdeckte 1781 die Inselgruppe. „Hafen der Zuflucht" (Puerto del Refugio) nannte er seine Ankerstelle, die noch heute Port of Refuge heißt. 1789 traf der englische Kapitän Edwards mit seiner *HMS Pandora* ein, auf der Suche nach den Bounty-Meuterern. Einige Jahre später eroberte der tyrannische Finau 'Ulukalala II. die Inseln. Nach dem Tod seines Nachfolgers übernahm George Tupou I. die Herrschaft.

Oben: Heute ein idyllisches Plätzchen – der alte Hafen von Neiafu, Vava'u-Inselgruppe. Rechts: Swallow's Cave, Kapa Island.

Die Insel Vava'u

Auf der fast 90 km^2 großen Insel Vava'u ist **Neiafu** mit knapp 6000 Einwohnern das wirtschaftliche und kulturelle Zentrum. Das Städtchen strahlt mit seinen alten Holzbauten kolonialen Charme aus. Die Bewohner sind freundlich, und die entspannte Atmosphäre lädt zum längeren Verweilen ein. Zeugen aus voreuropäischer Zeit, als Neiafu eine bedeutende Kultstätte war, sind allerdings nicht mehr zu finden.

Seit Ankunft der großen europäischen Schiffe musste der alte Hafen **Neiafu Tahi** seine Bedeutung als Anlegestelle an den malerischen **Port of Refuge** abtreten, einer der besten und sichersten Häfen des Südpazifiks.

Die auf dem Palesi Hill (Pariser Hügel) erbaute **Catholic Church** stammt aus den 1850er Jahren, die **Free Wesleyan Church** (Tui Road) mit ihren hübschen Buntglasfenstern wurde erst 1970 geweiht. Auf dem kleinen **Friedhof** an der Ecke Naufahu Road/Pou'ono Road ruhen tongaische Persönlichkeiten,

» Karte S. 171, Info S. 174-175

Foto: Wolfgang Kaehler

darunter die Tochter des 35. Tu'i Tonga, sowie zwei Missionare und eine größere Anzahl europäischer Siedler.

Von einigen Aussichtspunkten bieten sich fantastische Ausblicke auf die Umgebung: so von dem 131 m hohen **Mt. Talau** westlich von Neiafu, dem von der Stadt leicht erreichbaren **Sia Ko Kafoa** (128 m), dem **Toafa Lookout** im Westen und dem '**Utula'aina Point** (133 m) im Norden.

Südlich der Ortschaft **Longomapu** führt ein Weg auf den **Mo'ungalafa**, mit 186 m der höchste Berg Vava'us. Zwischen den Dörfern **Feletoa** und **Mataika** befindet sich das **Grab** von König Finau 'Ulukalala II. Im Südosten und Osten der Insel locken malerische Buchten und schöne Strände. Oft sind sie nur zu Fuß oder mit einem Boot zu erreichen.

Andere Vava'u-Inseln

Die Inseln **Pangaimotu** und **'Utungake** im Süden von Vava'u Island und die kleinen Inseln **'Okoa** und **Koloa** im Osten wurden durch Brücken und Dämme mit der Hauptinsel verbunden. Auf der Insel 'Utungake befindet sich, an einem hübschen Strand, das **Tongan Beach Resort**.

Etwas Mut und eine Schnorchelausrüstung sind erforderlich, um auf der Insel **Nuapapu**, südwestlich von Vava'u, in die **Mariner's Cave** zu gelangen, denn die etwa 15 m hohe Höhle kann nur durch einen Zugang unter Wasser erreicht werden.

Ebenfalls südwestlich liegt **Kapa Island** mit dem exklusiven kleinen Reef Resort. Die Höhle **Swallows' Cave**, an den Klippen der Nordspitze, ist einfacher zu erkunden – man kann mit einem Boot hineinfahren.

Viele der kleineren und größeren Inseln südlich von Neiafu besitzen Unterkunftsmöglichkeiten und gute Sandstrände.

Foeata, südlich von Hunga, ist ein beliebter Ankerplatz der Yachties und Tagesausflügler von Neiafu. Oberhalb des Bilderbuchstrandes befindet sich **Blue Lagoon**: ein Restaurant und mehrere kleine Bungalows.

TONGA-INSELN (☎ 00676)

Tonga Visitors Bureau, Vuna Road, Nuku'alofa, Tel. 25334, Fax 23507, www.thekingdomoftonga.com, www.tongatapu.to. **Vava'u:** Neiafu, Fatafehi Road, Tel. 70115, www.vavau.to. **Ha'apai**: Holopeka Rd, Pangai, Tel. 60733, www.haapai.to.

EINREISE: Bei Einreise erhält man ein Visum für 31 Tage bei Vorlage eines gültigen Reisepasses und eines Flugtickets.

ANREISE: Von Los Angeles, Fidschi, Samoa, Australien mit Air New Zealand (www.airnz.com); Virgin Blue (www,virginblue.co.nz) von Australien und Samoa; Fiji Airways (www.fijiairways.com) von Fidschi. **Fua'amotu International Airport** liegt 20 km von Nuku'alofa entfernt. Transfer zu den Unterkünften.
REISEN IM LAND: **Flug:** Die erfolgreiche neuseeländische Chatham Airline wurde kurzerhand durch eine lokale REALtonga Airline ersetzt. Beschwerden häufen sich bereits über unzuverlässige Flugpläne. Flüge nach Ha'apai und Vava'u, Tel. 23777, www.realtonga.to.
Mit dem Boot: Nach Ha'apai und Vava'u: Zur Zeit nur mit Friendly Island Shipping Agency, Tel. 23853, www.fisa.to.
VERKEHR, LEIHWAGEN: Linksverkehr. Leihwagen gibt es auf Tongatapu und Vava'u; ein tongaischer Führerschein ist nötig (T$60, beim Ministry of Transport gegenüber Kuini Salote Wharf erhältlich). **Leihwagen:** Avis, Tel. 21179, Sunshine Rentals, Tel. 23848, Fab Rentals, Tel. 23077; Pasifika Rentals, Tel. 27718; Neiafu, Tel. 70781.

WÄHRUNG: Es gilt der **Tongan Pa'anga (Tonga-Dollar)**; 1 Euro ≈ 2,60 TOP (T$). ATM in Nuku'alofa, Vava'und Ha'apai.

GESCHÄFTSZEITEN: Mo-Fr 8.30-16.30 Uhr, Sa bis 12 Uhr; Banken 9-16 Uhr, Sa bis 12 Uhr; Post Mo-Fr 8.30 bis 16 Uhr.

INTERNET-: In Tongatapu gibt es Internet-Cafés, ansonsten in den Hotels.

AUSFLÜGE: **Strände:** Auf **Tongatapu** sind nur der Oholei Beach im Osten und Ha'atafu im Westen erwähnenswert. Sehr schöne Strände haben dagegen die vorgelagerten Inseln **Fafá**, **Pangaimotu** und **Makaha'a**, die täglich per Boot erreichbar sind. **Vava'u** hat eine Reihe von Inseln mit Bilderbuchstränden, zu denen Bootstouren angeboten werden, ebenso **Ha'apai**. Beim Sandy Beach Resort ist ein attraktiver Sandstrand.
Im Hafen liegen oft Yachten, die Tagestouren zu unbewohnten Inseln anbieten. Empfehlenswert ist **Malinoa Island**, vor Nuku'alofa, mit Top-Schnorchelrevier und -Strand.
Sonntag ist allgemeiner Ruhetag, es gibt kaum Aktivitäten, und auch Sportveranstaltungen sind sonntags nicht erlaubt.

TONGATAPU

Sonntags sind viele Restaurants geschlossen.
Luna Rossa, in der Lagoon Lodge, exzellente Küche; Steaks, Seafood, Italienisches und Französisches; an der Fanga'utu-Lagune im Südosten von Nuku'alofa, Tel. 26324.
Little Italy ist ein langjähriger Favorit, ausgezeichnetes Seafood und Exotisches wie Spaghetti mit Hummer; im gleichnamigen Hotel an der Vuna Road, Nuku'alofa, Tel. 625053.
Das coole **Friends Café** mit Visitor Centre ist ein beliebter Treffpunkt, angeblich bester Kaffee des Landes und vielerlei Leckeres, mit Touristinformation und Wifi; Taufa'ahau Road, Nuku'alofa, Tel. 22390.

Island Nights mit Büffet und Tanzvorführung: Fr im Tongan National Cultural Centre, Tel. 23022; Mi im Dateline Hotel, Tel. 23411; Fr im Good Samaritan Inn in Kolovai, Tel. 41022; Mi und Fr Oholei Beach Resort, Transport von Nukualoa, Tel. 28864.
Freitagnacht geht's hoch her in Nuku'alofa; an der Vuna Road beim Hafen liegen **Billfish Bar** (Tel. 24084) u. **Waterfront Café** (Tel. 21004).

AKTIVITÄTEN: **Tauchen**; die meisten Tauchunternehmen machen auch Touren mit **Walbeobachtung**. **Tongatapu, 'Eua: Deep Blue Diving**, Tauchboot für Tauchsafaris von Nuku'alofa, Tel. 27676, www.deep-blue-diving.to.

3. Juliwoche bis Anfang August: Heilala-Festival und Königs Geburtstag (1. Aug.): Tanz, Musik und Wettbewerbe.

VAVA'U

Vava'u hat etliche gute Restaurants. Auch auf den Inseln wird gut für Segler gesorgt. **Café Tropicana**, neben Adventure Backpackers in Neiafu, Internet und wohl bestes Frühstück der Insel, Kaffee aus Tonga, Brot aus eigener Bäckerei, Tel. 7512870.

The Giggling Whale and Thursty Turtle Gastropub, über d. Moorings-Büro, toller Blick, gute Stimmung, Tel. 70301.

Aquarium Café, ab morgens (Frühstück) geöffnet, am Hafen mit tollem Blick, Tel. 70493.

Wenn man im **Tongan Beach Resort** zu Mittag isst, kann man hinterher am schönen Strand des Resorts entspannen, Mittwochabend gibt es Büffet und Folklore, Tel. 70380.

Großartiger Blick vom **Balcony Restaurant** auf den Port of Refuge, ab morgens geöffnet, gegenüber von The Moorings, Tel. 70394.

Tongaische Feste mit Tanz, Musik und viel Essen finden an diversen Stränden statt. Infos beim Visitors Bureau in Neiafu. **'Ene'io Botanical Gardens**, das Tongan-Fest jeden Mi u. Sa ist sehr populär; geführt von tongan. Familie, Restaurant auch mittags geöffnet, Shop mit Kunsthandwerk, Tel. 8671048.

AUSFLÜGE: Vava'u hat attraktive Inseln mit schönen Stränden; eine Bootstour empfiehlt sich. Etwas Besonderes ist der Trip zu **Blue Lagoon** auf **Foeata**, Tel. 71300, www.foeata-island.com: toller Strand, gutes Restaurant und Bungalows.

AKTIVITÄTEN: **Walbeobachtung Vava'u:** Von Juni bis November kommen Buckelwale in die geschützten Gewässer von Vava'u, um ihre Jungen zur Welt zu bringen. In dieser Zeit werden Bootstouren zu den Walen angeboten; wer Mut hat, kann mit Flossen und Schnorchel zu ihnen ins Wasser springen. **Whale Swim Adventures**, Tel. 7512730. www.whaleswim.com; **Beluga Diving**, Tel. 70327; **Whale Discoveries Tonga**, Tel. 8737676, www.whalediscoveries.com; **Endangered Encounters**, Tel. 70991, www.swimwithgiants.com. Auch alle Tauchunternehmen bieten Whalewatching.

Tauchen: Dive Vava'u, erfahrenes Team, auch Wahlewatching und Walks auf Vava'u, Tel. 70492, www.divevavau.com. **Dolphin Pacific Diving**, alteingesessene Tauchbasis, Tel. 70292, www.dolphinpacificdiving.com.

Segeln; Vava'u: Die nördliche Inselgruppe Vava'u ist mit ihren Buchten und Ankerplätzen eines der besten Segelreviere im Südpazifik. In den hurrikanfreien Monaten April bis November bevölkern Segelyachten die vielen Buchten. **The Moorings**, München, Tel 089-693508-11, www.moorings.de. **Sunsail**, Tel. +64-93787900 in Neuseeland, www.sunsail-tonga.com. Die weltweite Charterfirma Sail Connections hat mehrere gute Boote in Tonga, www.sailconnections.com.

Kajak; Ha'apai und Vava'u: Nach dem Segeln ist dies die beste Art, die Inselwelt Vava'u kennen zu lernen. 5-11tägige Touren. täglich wird nur 2-3 Std. gepaddelt. Auch für Anfänger geeignet. **Friendly Islands Kayak**, Tel. 8436 308, www.fikco.com.

HA'APAI

Mariner's Café, einfache Bar mit Snacks und Pizzas, Internet, Fau Road, Lifuka, Tel. 60374.

Matafonua Lodge, Café, Bar, Bäckerei, auf Foa, am Strand, Tel. 60766. **Sandy Beach Resort**, ausgezeichnete Küche, schöne Lage, vorher anrufen, auf Foa, Tel. 69600.

AUSFLÜGE: Lange einsame Strände und eine wunderbare Unterwasserwelt laden zum Schwimmen, Tauchen und Schnorcheln ein. Juli bis Sept. Schwimmen mit Walen. Rad- u. Kajakvermietung. Unterkünfte auf Lifuka und Foa bieten Bootstouren zu anderen Inseln und Jeeptouren an.

TAUCHEN: Die Gewässer Ha'apais sind ein Geheimtipp für Taucher. Die Lagunen sind sehr klar, Sicht bis zu 50 m. **Happy Ha'apai Divers**, Pangai, Tel. 69639, www.tonga-dive-com; **Fins 'n Flukes**, deutschsprachig, auch Inseltouren und Übernachtung, Kajak, Pangai, Tel. 8870141/1326, www.finsnflukes.com.

ichard Krall (Silvestris Online)

Die Muri-Lagune (Rarotonga) lädt zum Baden ein

Foto: Holger Leue

COOK-INSELN

RAROTONGA
AITUTAKI UND ATIU
WEITERE COOK-INSELN

Kleine, großartige Inseln

Entdeckt wurden die zauberhaften Cook-Inseln während der polynesischen Migration im 7. und 8. Jh.; eher willkürlich benannte sie ein russischer Kartograf 1824 nach Kapitän James Cook. Ende des 18. Jh. verzeichnete dieser berühmte Seefahrer zwar den Pazifik und eine Reihe der Inseln als erster präzise auf einer Seekarte, hatte aber seinerzeit weder die Hauptinsel Rarotonga erkundet noch Kontakt mit der einheimischen Bevölkerung aufgenommen.

Der sonst so entdeckungsfreudige Cook schien den kleinen Inseln damals keine größere Bedeutung beizumessen, heute hingegen sind sie zu einem reizvollen und beliebten Reiseziel in der Südsee avanciert. Außerdem hat die enge Bindung des Inselstaates an Neuseeland zu einer angenehmen Kombination unterschiedlicher Kulturen geführt. Traditionsbewusstsein, natürlicher Charme, ungezwungene Lebensfreude und Höflichkeit sind auf den Cook-Inseln ebenso anzutreffen wie vorzügliche Restaurants, gepflegte Hotels und eine zuverlässige touristische Infrastruktur.

Die kleinen Cook-Inseln gliedern sich in einen nördlichen und südlichen Archipel. Mit einer Landfläche von 237 km^2 verteilen sie sich über eine riesige Meeresfläche von mehr als 2,25 Millionen km^2. Die gebirgige Hauptinsel Rarotonga, geologisch die jüngste der Cook-Inseln, bietet eindrucksvoll aufragende Berge, wie den 653 m hohen Te Manga. Die steilen Bergflanken, Überreste eines ehemaligen Vulkankraters, sind im zerklüfteten Inneren mit dichtem Regenwald bewachsen. Zur Küste hin geht die tropische Vegetation in einen fruchtbaren Plantagengürtel über. Rarotongas Lagunen und idyllische, palmengesäumte Sandstrände werden besonders von neuseeländischen Touristen geschätzt.

Die nördliche Inselgruppe (*Northern Islands*: Penrhyn, Manihiki, Pukapuka, Rakahanga, Nassau und Suwarrow) besteht ausschließlich aus flachen Atollen; die Südgruppe hingegen (*Southern Islands*: Rarotonga, Mangaia, Atiu, Mitiaro, Mauke, Aitutaki, Palmerston, Manuae, Takutea) aus erhabenen Inseln.

Auf der Hauptinsel Rarotonga befindet sich die Hauptstadt Avarua. Hier leben ca. 13 000 Einwohner. Die touristische Attraktion ist jedoch die Lagune von Aitutaki, mit türkisfarbenem Wasser und kleinen Inseln (*Motus*) mit perfekten Stränden.

Nur Flughunde haben es geschafft

Auch auf den Cook-Inseln ist die Tier- und Pflanzenwelt sehr artenarm.

Links: Zum Tanz geschmückt mit Frangipani-Blüten.

» Karte S. 184, Info S. 189-191

Foto: Hubert Stadler

Durch die geringen Landflächen der Inseln wurde die „Einwanderung" und Ausbreitung von Flora und Fauna stark erschwert. Auf den fruchtbaren Böden Rarotongas gedeiht die größte Vielfalt an Pflanzen. Viele Pflanzen und Tiere (vorrangig Vögel) wurden in die unwegsameren Bergregionen zurückgedrängt. Unter den Vögeln ist der Fliegenfänger besonders selten geworden und brütet nur noch auf Rarotonga. Mit Ausnahme der Flughunde wurden alle einheimischen Säugetiere von polynesischen Siedlern oder europäischen Seefahrern eingeführt, ebenso wie die meisten Nutz-und Zierpflanzen.

Regenschirm und Sonnenhut

Alle Inseln liegen im Bereich der Südostpassate, unter deren Einfluss ein angenehmes tropisches Klima herrscht. Die durchschnittliche Jahrestemperatur beträgt in Avarua 23,9 °C. Selbst in der kühleren Periode von Mai bis November klettert das Thermometer tagsüber auf 26 °C und misst nachts noch 18 °C. Die Niederschlagsmenge beträgt auf Rarotonga jährlich 2040 mm, auf Pukapuka im Norden sogar 2800 mm. Das ganze Jahr über muss man mit Regenschauern rechnen. Doch schon nach wenigen Augenblicken verzaubert ein Regenbogen den Himmel und kündigt die wiederkehrende Tropensonne an. In den Monaten Dezember bis März können hier, wie auf allen südpazifischen Inseln, Wirbelstürme auftreten.

Oben: Die Berghänge Rarotongas sind von dichter Vegetation bedeckt.

Cook Islands Maori

Die Einheimischen, *Cook Islands Maori* genannt, sind polynesischer Abstammung und mit den neuseeländischen Maori verwandt. Als die ersten Europäer auf den Inseln eintrafen, dürfte die Gesamtbevölkerung bei fast 20 000 Einwohnern gelegen haben. Durch eingeschleppte Krankheiten wurde ihre Zahl drastisch, auf etwa 8000 reduziert. Bedingt durch eine hohe Geburtenrate,

 » Karte S. 184, Info S. 189-191

bei gleichzeitig steigender Lebenserwartung, kam es im 20. Jh. zu einem deutlichen Bevölkerungszuwachs. Nach dem 2. Weltkrieg setzte eine kontrollierte Abwanderung nach Neuseeland ein. Heute leben ca. 13 000 Menschen auf den Inseln, rund 42 000 Cook-Insulaner hingegen in Neuseeland.

In der Regel wachsen die Einheimischen zweisprachig auf, die Kinder lernen sowohl ihre polynesische Muttersprache als auch Englisch. Außerdem besitzt jeder auf den Cook-Inseln Geborene die neuseeländische Staatsbürgerschaft. Dies macht es einfacher, dort zu arbeiten und auch Sozialleistungen zu beantragen.

Kiwis, Briten und Skandale

Die Cook-Inseln stellen weder geografisch noch historisch-kulturell eine Einheit dar. Es ist umstritten, wann sie erstmalig besiedelt wurden und woher die ersten Siedler kamen. Allgemein wird angenommen, dass vor etwa 1500 Jahren Polynesier der Marquesas-Inseln auf den südlichen Archipel vordrangen, und die nördliche Inselgruppe von Bewohnern aus Samoa oder Tonga besiedelt wurde.

Als erste Europäer stießen 1595 Alvaro de Mendaña und 1606 Pedro Fernandez de Quiros auf die nördlich gelegenen Atolle, James Cook entdeckte um 1770 Inseln im südlichen Archipel. Es waren schließlich die Meuterer der Bounty unter ihrem Anführer Fletcher Christian, die 1789 Rarotonga zuerst erreichten.

1821 landeten Missionare der *London Missionary Society* auf Aitutaki. Schon bald gelang es ihnen, die Kontrolle über das gesamte öffentlich-gesellschaftliche Leben auszuüben, wenn auch die politische Gewalt offiziell in den Händen der Häuptlinge blieb. Auch hier fiel ein beträchtlicher Teil der Bevölkerung eingeschleppten Krankheiten zum Opfer. Zusätzlich wurden besonders die nördlichen Inseln von *Blackbirders* heimgesucht, die unzählige Bewohner als Arbeitssklaven nach Südamerika verschleppten.

1880 war Französisch-Polynesien Kolonie geworden, und England befürchtete eine Ausweitung des französischen Einflussbereichs im Pazifik. So stach die *HMS Hyacinth* zu den Cook-Inseln in See. 1888 erklärte Kapitän Bourke erst Rarotonga und bald darauf die anderen kleinen Inseln zum britischen Protektorat. 1901 wurden die Cook-Inseln verwaltungstechnisch mit Neuseeland zusammengefasst.

1965 erhielt das Land seine interne Autonomie: Die inneren Angelegenheiten werden seither selbst entschieden, für die Außen- und Verteidigungspolitik ist weiterhin Neuseeland verantwortlich. Der Regierung gehören der Premierminister und sechs weitere Minister an, die einer gewählten Versammlung aus 25 Abgeordneten verantwortlich sind. Die Einwohner sind neuseeländische Staatsbürger und somit zugleich britische Untertanen. Die Staatsgewalt wird im Namen des britischen Königshauses ausgeübt.

Seit der Selbstbestimmung war und ist die politische Szene des Landes äußerst wechselhaft. Eines der aufregendsten Ereignisse war 1978 der Wahlskandal um den ersten Premierminister der Cook-Inseln, Albert Henry. Bereits von der englischen Königin geadelt, ließ er mehrere Hundert mit ihm sympathisierende Cook-Insulaner auf Staatskosten für einen „Abstimmungsurlaub" extra aus Neuseeland einfliegen. So wurde er zwar wiedergewählt, doch kurze Zeit später vom Obersten Gerichtshof seines Amtes enthoben. Ein Jahr vor seinem Tod entzog ihm die englische Krone 1980 sogar seinen Titel *Sir*.

Für großen Wirbel sorgten auch die spekulativen Machenschaften um das geplante Sheraton Hotel auf Rarotonga. Die überdimensionierte Anlage konnte nie fertiggestellt werden und liegt heute als Bauruine im Süden der Insel brach. 1996, als die für den Bau nötigen ausländischen Kredite eingefroren wurden,

» Karte S. 184, Info S. 189-191

Foto: Micheal Brillat

drohte der Staatsbankrott. Mit drastischen Sparmaßnahmen, vor allem im öffentlichen Sektor, wurde er verhindert. jedoch wanderten viele Cook-Insulaner in den folgenden Jahren mangels Arbeitsplätzen nach Neuseeland aus.

In den letzten Jahren hat sich die Wirtschaft erholt, ein Boom im Tourismus erzeugte einen Mangel an Arbeitskräften. Die Regierung bemüht sich nun, ausgewanderte Landsleute wieder nach Hause zurückzuholen. Politisch bleiben die Cook Islands „in freier Assoziation" mit ihrer Schutzmacht Neuseeland verbunden, innenpolitisch regieren sie sich jedoch selbst. Der neuseeländische Dollar ist die Landeswährung.

Feldfrüchte, Perlen und Touristen

Lange war die Landwirtschaft der Haupterwerbszweig der Bevölkerung. Angebaut wurden vor allem Kumara (Süßkartoffel), Brotfrucht, Taro, Bananen, Jams, Maniok, Okra, Orangen und Kokosnüsse. Fischfang diente den Cook-Insulanern vor allem zur Eigenversorgung. Nach dem 2. Weltkrieg begann auf Rarotonga eine bescheidene Industrialisierung mit der Herstellung von Textilien, Muschelschmuck und Obstsäften, vornehmlich für den Export nach Neuseeland. Auf den nördlichen Inseln Penrhyn und Manihiki hat sich eine kleine Perlen- und Perlmuttindustrie etabliert. Heute stellt der Tourismus die Haupteinnahmequelle dar, mit mehr als 100 000 Besuchern – vor allem aus Neuseeland, Australien, Kanada; weniger aus Europa.

Oben: Albert Henry, der einst umstrittene Premierminister (1965-78), auf dem CICC-Friedhof von Avarua. Rechts: Reiche Beute.

RAROTONGA

Avarua – die Hauptstadt

Avarua, eher ein Südseedörfchen als eine geschäftige „Hauptstadt", verdankt seine Entwicklung zum Regierungs- und Verwaltungszentrum der Inselgruppe einer natürlichen Gegebenheit: Der Rarotonga umgebende Riffgürtel wird hier von zwei Passagen durchbrochen; dies ermöglichte den Bau von Hafenanlagen. Während Frachtschiffe und größere Jachten wegen der größeren Wassertiefe im 1 km westlich des Stadtzentrums gelegenen **Avatiu Harbour** vor Anker gehen müssen, legen die kleineren Fischerboote im **Avarua Harbour** an.

Der Weg in die Stadt führt an den farbenprächtigen Ständen des **Punanga Nui Market** vorbei. Neben Obst und Gemüse werden auch T-Shirts, Muschelketten und Pareos angeboten. Einige hundert Meter weiter beginnt die zweispurige Hauptgeschäftsstraße **Ara Tapu**, die entlang der Küste verläuft. Ältere Häuser im Kolonialstil und nüchterne neue Gebäude reihen sich aneinander. Hier befinden sich die größeren Geschäfte, einige Restaurants, Banken und Reiseagenturen. Geht es tagsüber sehr geschäftig zu, wirkt die Stadt ab 16

» Karte S. 184, Info S. 189-191

Uhr wie ausgestorben. Die romantische Sonnenuntergangsstimmung genießt man am besten in einer der am Wasser gelegenen Bars und Restaurants, wie z. B. **Trader Jacks** oder **Waterline**, bei einem tropischen Cocktail.

Das riesige Gebäude der neuen **Police Station** (eine Spende der Chinesen) wirkt etws deplatziert. Hier werden die lokalen Führerscheine ausgestellt: Touristen benötigen die *Cook Islands Drivers Licence* zum Mieten eines motorisierten Fahrzeugs (wer keinen Motorradführerschein besitzt, wird zu einer kurzen Testfahrt gebeten). Von der Ara Tapu zweigt die Tutakimoa Road ab. Beim **CITC**, dem einzigen Warenhaus der Insel, findet man die **Cook's Corner** und die Haltestelle der Busse. Der *Island Bus* ist eine preiswerte Alternative zu Mietautos.

Weiter östlich an der Ara Tapu passiert man das Informations-Büro der **Tourism Cook Islands** und erreicht den Kreisverkehr. Rechts biegt die Takuvaine Road ab. Im **Post Office** bekommt man die bunten **Cookinsel-Briefmarken**. Cookinsel-Münzen verkaufen die Banken.

Gegenüber der Post fällt ein großes neues, asiatisch geprägtes Gebäude auf: auch eine „Spende" der chinesischen Regierung. Es beherbergt das Gericht. Davor steht der **Seven-in-One Coconut Tree**, eine Gruppe von Palmen, die in einem Kreis wachsen und dieselben Wurzeln haben.

Vom Kreisverkehr aus verläuft die Küstenstraße weiter in Richtung Osten; linkerhand fällt nach 200 m ein hübsch restauriertes Gebäude auf: Es wurde 1845 von der London Missionary Society als Schulhaus errichtet und beherbergt heute einige Geschäfte, eine kleine Galerie und ein nettes, luftiges Café.

Biegt man in die Makea Tinirau Road gegenüber ein, präsentiert sich die stattliche **Cook Island Christian Church** (1853). Einen sonntäglichen Gottesdienst, für den sich alle in Schale werfen und die Frauen ihre breitkrempigen Hüte aus dem Schrank holen,

Foto: Hubert Stadler

sollte man auf keinen Fall versäumen. Auf dem Friedhof haben Missionare und Persönlichkeiten ihre letzte Ruhestätte gefunden. Auffallend ist das Grab von **Albert Henry** (1907-1981) neben dem Haupteingang der Kirche. Die mit Muschelketten geschmückte Statue des ehemaligen Premierministers ist (meist) mit einer echten Brille versehen – was Souvenirjäger immer wieder in Versuchung führt! Das Grab des amerikanischen Schriftstellers **Robert Dean Frisbie** (*The Book of Pukapuka*), der 24 Jahre in der Südsee lebte und 1948 auf Rarotonga starb, ist etwas schwerer zu finden. Steht man vor der Eingangspforte des Friedhofs, liegt es in der äußersten rechten Ecke.

Auf dem Grundstück gegenüber der Kirche sieht man den **Para O Tane Palace** (um 1990 restauriert; nicht zu besichtigen). Im 19. Jh. diente er Makea Takau *Ariki* („Königin" des Bezirks Avarua) als Residenz, und hier unterzeichnete sie 1888 den Protektoratsvetrag mit den Briten. In dem kleinen **Museum and Library of the Cook Islands** an der

Makea Tinirau Road sind traditionelle Kostüme, Trommeln, Kanus, Muscheln und historische Dokumente ausgestellt. Im 1842 von der *London Missionary Society* erbauten **Takamoa Theological College** weiter südlich wird noch heute Priesternachwuchs geschult.

300 m östlich befindet sich an der Victoria Road das 1992 eröffnete **National Cultural Centre**. Es beherbergt u. a. die **Nationalbibliothek**, das **Nationalmuseum** mit südpazifischen Artefakten und ein **Auditorium**, das 2000 Menschen Platz bietet; hier finden jährlich die sehenswerten Folklorewettbewerbe statt. Die Skulpturen vor dem Gebäude stammen großteils von ausländischen Künstlern.

Rund um Rarotonga

Um die 67 km^2 große Hauptinsel Rarotonga mit ihren 13 000 Bewohnern kennen zu lernen, ist ein Fahrrad oder ein Motorroller ideal. Nehmen Sie sich für die Inselumrundung auf der 32 km langen asphaltierten Küstenstraße, der **Ara Tapu**, mindestens einen halben Tag Zeit. Bequemer und schneller geht es natürlich mit dem Auto. Es gibt keine befahrbare Straße durch das Inselinnere, aber landeinwärts verläuft – parallel zur Ara Tapu – die einst aus Korallengestein erbaute **Ara Metua**, angeblich vor tausend Jahren angelegt. Ihre Streckenführung ist weitgehend erhalten geblieben, auch wenn von der alten Straße selbst nicht mehr viel auszumachen ist. Die Ara Metua führt durch die landwirtschaftlich intensiv genutzten Regionen der Insel, vorbei an bunten Gärten und Plantagen, und vermittelt ein gänzlich anderes Bild von der Insel als die Küstenstraße.

Beginnt man die *Circle Island Tour* entgegen dem Uhrzeigersinn (von Avarua Richtung Westen), fallen 1 km vom Avatiu Harbour entfernt am rechten Straßenrand große Bäume ins Auge. Viele von ihnen sind Barringtonia (*Bar-*

Rechts: Tänze als Willkommensgruß für Gäste am Flughafen Rarotongas.

» Karte S. 184, Info S. 189-191

Foto: Holger Leue

ringtonia asiatica), die mit ihren großen, eckig geformten Früchten und bizarren Blüten an Pinselschöpfe erinnern. Die Kerne wurden früher, getrocknet und zerrieben, als Fischgift verwendet. Das Pulver schlug man in Tücher ein und steckte diese in die Korallenspalten. Einige Zeit später trieben die betäubten Fische an der Wasseroberfläche und konnten bequem eingesammelt werden. Heutzutage ist das Fischen mit Barringtonia-Gift im Südpazifik verboten.

Biegt man auf der Avatiu Road landeinwärts ab, ist gegenüber von Mike Tavionis Carvings das interessante **Cook Islands Whale and Wildlife Centre**, Partner einer internationalen Forschungsgesellschaft, mit Ausstellung und Café.

2 km westlich der Stadt befindet sich der internationale **Flughafen** Rarotongas, 1 km weiter liegt an der Küste das **House of Parliament**. Bald erreicht man das Ende der Landebahn, die hier bis an die Küstenstraße heranreicht. Kurz hinter dem **Rarotongan Golf Club** (Mo-Fr auch für Besucher geöffnet, 9 Löcher) erhebt sich direkt vor der Küste der schwarze Lavafelsen **Black Rock**. Ein wahrlich mystischer Ort, von dem aus angeblich in vorchristlicher Zeit die Seelen der Verstorbenen ihre Reise in das Totenreich der Urheimat (*Avaiiki*) angetreten haben. Nach wenigen hundert Metern führt links eine Stichstraße zum Krankenhaus. Ein 5- bis 10-minütiger Fußweg vom Parkplatz auf den **Hospital Hill** hinauf eröffnet einen herrlichen Blick auf Arorangi.

Ein Stück weiter auf der Ara Metua kommt linkerhand **Cook Islands Prison**. Im **Gefängnisshop** – eine originelle Idee – kann man Handwerksarbeiten der Insassen erwerben.

In früheren Zeiten war der **Distrikt Arorangi** politisch sehr mächtig, Missionare gründeten hier ihr erstes Dorf. Heute hat sich an der Westseite der Insel das touristische Zentrum mit den größten Hotels und Bungalowanlagen angesiedelt. Über weite Strecken säumt schöner weißer Sandstrand die Küste, allerdings ist das Baden im Meer bei Ebbe kaum möglich.

» Karte S. 184, Info S. 189-191

Foto: Günther Lahr

1 km weiter, jedoch an der Küstenstraße, wecken zwei betagte Gebäude Interesse: Der im Kolonialstil erbaute **Tinomana Palace** (eigentlich: **Au Maru**), ein liebevoll restauriertes Holzhaus, war einst die Residenz des Großhäuptlings Tinomana, der vom tahitianischen Missionar Papeiha, seinem späteren Schwiegersohn, getauft wurde. Die große **Kirche** der Cook Island Christian Church daneben stammt von 1849; hier wurde Papeiha bestattet, sein Grab trägt einen Gedenkstein.

Weiter südlich zweigt eine Straße links zum **Highland Paradise Cultural Centre** (Tel. 21924) ab, ein **Freilichtmuseum** mit polynesischen Hütten in einem botanischen Garten. Geführte Touren, täglich vormittags, vermitteln einen lebhaften Einblick in die Kultur des Landes. Mittwochs und freitags findet ein temperamentvolles polynesisches **Fest** statt. Im Garten erstreckt sich etwas erhöht eine archäologische Anlage. Vom **Restaurant** hat man einen schönen Blick auf das Riff.

Oben und rechts: Traditionelle Speisenzubereitung im Erdofen und geschnitzte Götterfigur auf Rarotonga.

Das **Rarotongan Beach Resort** weiter südlich war das erste große Hotel und verwöhnte seine illustren Gäste, lange bevor der Tourismus auf den Inseln Einzug hielt. Die Küstenstraße führt jetzt nahe am Wasser entlang, der Blick schweift über die bewaldeten, steilen Berghänge im Inselinneren.

Die Bauruine des **Sheraton Resort Hotel** ist für viele Einheimische ein anschauliches Beispiel für nationale und internationale Vetternwirtschaft. Der 1989 begonnene Bau wird möglicherweise nie fertiggestellt werden.

In **Titikaveka**, der südlichsten Gemeinde der Insel, steht eine hübsche, 1841 aus Korallenfels errichtete Kirche. Die 3 km entfernte Ortschaft **Muri** lässt mit ihrem weißen **Sandstrand**, dem blaugrün schimmernden Wasser der **Lagune** und den vorgelagerten Inseln Südseeträume wahr werden. Auch die Einheimischen schätzen die guten Bade- und Wassersportmöglichkeiten

» Karte S. 184, Info S. 189-191

Foto: Volkmar E. Janicke

am **Muri Beach**, wo man schwimmen und schnorcheln sowie Outrigger-Kanus und Windsurfboards leihen kann.

Eine Straße führt am Südufer des **Avana Stream** ins Inselinnere – eine gute Gelegenheit für eine Wanderung.

Ngatangiia (oder **Avana**) **Harbour**, nördlich der Flussmündung, wird auch von Jachten und Fischerbooten als Ankerplatz genutzt. Einer Legende nach haben hier im 13. Jh. von die großen Kanus abgelegt, von denen schließlich sieben Boote nach einer 3000 km weiten Reise Neuseeland erreichten. Die wagemutigen Seefahrer werden von der dortigen Maori-Bevölkerung als ihre Urahnen verehrt. Das **Te Vara-Nui Village** bietet Einblicke in die traditionelle Inselkultur und ein köstliches Dinner mit exotischer Folkloreshow.

Von der Ara Metua aus bietet sich eine weitere Möglichkeit, entlang dem **Turangi Stream** ins Inselinnere zu wandern.

Die Küstenstraße führt weiter in nördliche Richtung. Kurz vor Avarua zweigt links die Straße zum Komplex **Arai Te Tonga** ab. Vor Ankunft der Europäer fanden hier Zeremonien zur Amtseinführung hoher Häuptlinge statt. Die Kultstätten gelten auch heute noch als heilig und dürfen nicht betreten werden.

Wanderwege unterschiedlicher Schwierigkeitsgrade führen ins Inselinnere: So schlängelt sich der *Cross Island Trek* mitten durch die Insel hinauf zur bizarren Felsformation **Te Manga** (413 m, von den Einheimischen als *the Needle* bezeichnet) und weiter über den **Wigmore's Waterfall** und den **Papua Stream** zur Südküste (ca. 4-5 Std.). Broschüren informieren über Wandermöglichkeiten und gute Führer.

AITUTAKI

Die bezaubernde, nur knapp 20 km^2 große Insel **Aitutaki** liegt ca. 225 km nördlich von Rarotonga. Die hügelige Hauptinsel mit dem 124 m hohen **Maungapu** ist vulkanischen Ursprungs, während im Osten und Süden über ein Dutzend kleine, unbewohnte Koralleninseln (*motus*) wie eine Perlenkette aufgereiht sind – diese Zusammenstellung ist aus geologischer Sicht recht ungewöhnlich. Das die Inselgruppe umgebende Barriere-Riff besitzt keine Passage für größere Schiffe.

Die türkis schimmernde **Lagune** Aitutakis zählt zu den schönsten der Südsee und macht die Insel heute zu einer beliebten Touristenattraktion – Fischfang, Kopra und Bananen sowie finanzielle Hilfe von Rarotonga und Neuseeland-Emigranten waren vor Beginn des Tourismus die einzigen Einnahmequellen der ca. 2100 Bewohner. Obwohl auf der Insel vorzügliche Gästezimmer zur Verfügung stehen, erleben die meisten Besucher Aitutaki nur im Rahmen einer organisierten Tagestour. Diese sollte wegen der begrenzten Flugkapazitäten bereits im Heimatland gebucht werden.

Als erster Europäer sichtete 1789 Kapitän William Bligh in seiner *HMS Bounty* Aitutaki, die ersten Missionare gingen 1821 an Land. Die im II. Weltkrieg auf der Insel stationierten amerikanischen

» Karte S. 184, Info S. 189-191

Foto: Udo Siebig (Mainbild)

Soldaten bauten den Flughafen und die Arutanga Wharf im Hauptort **Arutanga** an der Westküste.

Die Koralleninseln am Rand der Lagune, mit weißen, feinsandigen Stränden, sollte man auf einer Bootstour erkunden. Die berühmteste Insel ist **Tapuaeta'i**, auch One Foot Island genannt – Motiv für viele Postkarten.

ATIU

Die gehobene Koralleninsel **Atiu** (ca. 15 km^2 groß, 180 km nordöstlich von Rarotonga) fasziniert mit Tropfsteinhöhlen, lieblichen Buchten, weißen Sandstränden, roter Vulkanerde sowie den bizarren *makateas*, küstennahen Felsformationen aus Korallenkalk. Die ca. 480 Inselbewohner (Tendez fallend) leben in fünf Dörfern auf einem 70 m hohen, vulkanischen Plateau im Landesinneren und pflanzen Taro und Kaffee an. Plantage und Rösterei von **Atiu Island Coffee** von Jürgen Manske-Eimke kann bei vorherigem Anruf (Tel. 33031) besichtigt werden. Seine Frau Andrea leitet das **Atiu Fibre Arts Studio** (www.adc.co.ck), wo farbenprächtige Tivaevaes, für die die Cook-Inseln berühmt sind, hergestellt werden. Sie hat auch ein kleines Gästehaus. Individualtouristen fühlen sich auf Atiu wohl: man kann herrlich wandern und viele Höhlen, u. a. die **Takitaki Cave** im Südosten, mit einem Führer besuchen, oder an einem der schönen Strände faulenzen (schwimmen ist hier wegen der Korallen nicht möglich) – z. B. am **Taungaroro Beach** im Westen, oder am **Oneroa Beach** und **Takauroa Beach** im Osten. Eine Besonderheit von Atiu sind Tumunus, sogenannte Buschbier-Brauereien. Buschbier besteht aus mit Zucker vergorenen Früchten und wird im Rahmen einer Tumunu-Sitzung getrunken, bei der bestimmte Rituale einzuhalten sind (Infos in der Unterkunft). Die **Landepiste** liegt im Norden, der **Taunganui Harbour** im Nordwesten.

Oben: Aitutakis herrliche Lagune zieht immer mehr Besucher an.

» Karte S. 184, Info S. 189-191

WEITERE COOK-INSELN

Mangaia (57 km², 180 km südöstlich von Rarotonga) ist umgeben von einem bis zu 60 m hohen *makatea*-Kranz. Im Inselinneren erstrecken sich sumpfiges Gelände und fruchtbarer vulkanischer Boden. Auch hier gibt es Höhlen zu besichtigen, z. B. **Teruarere Cave** im Norden. Die höchste Erhebung beträgt 169 m. **Oneroa**, die größte Ortschaft, liegt im Westen.

Mitiaro (24 km², 230 km nordöstlich von Rarotonga) ist eine gehobene Koralleninsel mit *makateas* und einem niedrig gelegenen, teils sumpfigen Gebiet. Die Siedlungen liegen an der Westküste, der Flughafen im Norden.

Die ebenfalls gehobene Insel **Mauke** (20 km², 240 km nordöstlich von Rarotonga) besitzt eine Anzahl von Höhlen, die teils mit Wasser gefüllt sind. Die ca. 300 Einwohner leben in den Dörfern **Areroa**, **Ngatiarua** und **Kimiangatau**. Die meisten Küstenabschnitte sind wegen der Korallenfelsen zum Schwimmen nicht geeignet. Die Einheimischen ziehen deshalb den Süßwassersee der **Vaitaongo Cave** vor, die 10 Minuten von Ngatiarua entfernt ist.

Das **Palmerston Atoll** mit 35 winzigen Inselchen erstreckt sich 360 km westlich von Aitutaki. Es wurde um 1860 von dem Engländer William Masters und seiner Familie besiedelt.

Sechs Atolle bilden die isolierte **Northern Group**, wo traditionelles Leben noch weitgehend erhalten ist: **Nassau**, **Pukapuka**, **Rakahanga**, **Manihiki**, **Penrhyn** und das unbewohnte **Suwarrow**, das häufig von Jachten angelaufen wird. Ein Verwalter mit Familie lebt deshalb auf dem Atoll.

Manihiki hat sich in den letzten Jahren einen Namen in der **Perlenzucht** für schwarze Perlen gemacht. Aus diesem Grund gibt es öfter Flugverbindungen dorthin. Mehrere einfache Gästehäuser stehen auch zur Verfügung. Flüge zu allen anderen Atollen gibt es nur auf Charterbasis.

COOK-INSELN (☎ 00682)

Deutschland: Cook Island Tourism, Karin Zwiers, Karl-Marx-Allee 91A, 10243 Berlin, Tel. 030-4225 6285, europemanager@cookislands.travel. **Cook-Inseln**: PO Box 14, Rarotonga, Tel. 29435, www. cookislands.travel, www.atiu.info.

EINREISE: Reisende erhalten ein Touristenvisum von 31 Tagen bei Vorlage eines gültigen Reisepasses und eines Weiter- oder Rückflugtickets.

GESUNDHEIT: Impfungen sind nicht notwendig. Auch gibt es keine giftigen oder gefährlichen Tiere an Land. Vorsicht ist jedoch im seichten Wasser der Lagunen geboten. Hier gräbt sich der giftige Stonefish (Steinfisch) ein. Ein Tritt auf dessen Stachel ist sehr schmerzhaft und kann einen Schock auslösen. Deshalb immer Badeschuhe tragen.

ANREISE: **Von Europa**: Air New Zealand bietet einen Anschlussflug von Los Angeles direkt nach Rarotonga (www.airnewzealand.com); bei Flügen nach Auckland/Neuseeland über USA kann ein Stopp in Rarotonga eingebaut werden. Virgin Blue (www.virginblue.com) fliegt von Australien und Neuseeland mehrmals pro Woche. **Von Neuseeland** mit Air New Zealand. Viele Flüge landen mitten in der Nacht, der Transfer zur Unterkunft ist immer organisiert.

REISEN IM LAND: Air Rarotonga, Tel. 22888, www.airraro.com, fliegt alle bewohnten Inseln an, Aitutaki mehrmals täglich, einige jedoch nur auf Charterbasis. **Cook's Island Bus** fährt von 6-16 Uhr stündlich um die Insel.

VERKEHR, LEIHWAGEN: Auf den Cook-Inseln wird links gefahren. Für das Mieten von Mopeds und Pkws ist ein Führerschein der Cook-Inseln (*Cook Island Driver Licence*) erforderlich. Man erhält ihn unbürokratisch gegen eine Gebühr von 20 NZ$ bei der Polizei in Avarua. Eine Gebühr von 6 NZ$ muss man beim Mieten von Mopeds für die praktische Prüfung zahlen. Helmpflicht für Mopeds, die schneller als 40 km/h fahren können. Mopeds, Roller, Fahrräder und Autos gibt es rund um die Insel zu mieten. Avis, Tel. 22833, rentacar@avis.co.ck; Budget, Tel. 20895, www.budget.co.nz; Rarotonga Rentals, Tel. 22326, www.rarotongarentals.co.ck. **Aitutaki:** Rino's Rentals, Tel. 31197; Popoara Rentals, Tel. 31739.

***WÄHRUNG*: Cook Island Dollar** sind nur noch als 3 $-Schein und Münzen in Umlauf, und außerhalb des Landes haben sie keinen Wert – abgesehen vom Sammlerwert; bezahlt wird mit **Neuseeland-Dollar** (1:1); 1 Euro ≈ 1,70 NZ$. Kreditkarten sind weit verbreitet. Bares auf Kreditkarte bei Banken und Geldautomaten in Rarotonga und Aitutaki. Auf die anderen Inseln Bargeld mitnehmen.

RAROTONGA

Rund um die Insel gibt es **Obst- und Gemüsestände**; der farbenfroheste und fotogenste ist kurz nach Titikaveka Church. **Wigmores Superstore** an der Südküste (7 Tage geöffnet) hat mittags leckere einheimische Gerichte, wie Fisch in Kokosnuss, Curries und Rotis. Der **Punanga Nui Market** in Avarua am Hafen ist Samstagvormittag ein Muss, am besten mit leerem Magen hingehen, Kamera nicht vergessen.
Tahiti Café, exzellente polynesische Küche mit frischesten Fisch in jeder Form, nur mittags geöffnet, Avarua, gegenüber Beachcomber Gallery. Restaurants in Rarotonga sind zahlreich und gut.
Tamarind, tropisches Ambiente in einem der letzten Kolonialhäuser Rarotongas, exzell.Küche, ab 10.30 Uhr geöffnet; Tel. 26487.
Trader Jack's, bereits eine Legende der Südsee, ob zum Snack, Drink oder Dinner, luftiger Platz überm Wasser, Fisch und Meeresfrüchte, in Avarua am Wasser, Tel. 26464.
Salsa Café, nett, tagsüber unter dem großen Flametree, Internet, guter Kaffee, gute Pizzas, abends oft Livemusik, im CITC, Tel. 22215. **The Café**, schöner stiller Innenhof zum Meer, bester Kaffee, leckere Kuchen und Sandwiches, im Beachcomber Building in Avarua gegenüber der Kirche, Tel. 21238. **Sails**, gutes Essen und guter Platz um Strand- und Lagunenleben zu beobachten, abends sehr romantisch, im Sailing Club in Muri, Tel. 27349.
Waterline, bestes Pub mit gutem Essen und tropischer Dekoration, schön zum Sunset, sonntags BBQ, in Arorangi, Tel. 22161.

Highland Paradise Cultural Centre, tropische Gartenanlage und Freilichtmuseum in den Bergen mit Führung, Mittwoch- und Freitagabend fröhliches polynesisches Fest mit Büffet, Abholung vom Hotel, Tel. 21924.
National Cultural Centre, nette kleine Ausstellung über Geschichte, Kultur und Tradition des Landes, Tel. 20725.
Te Vara-Nui Village ist ein kleines Freilichtmuseum mit einer Showbühne über einem Teich. Die **Show** am Abend ist spektakulär, wenn auch touristisch, das **Büffet** auch. Tour und Show 3x pro Woche ab 17 Uhr, Muri Beach, Tel. 24006.

***ISLAND NIGHTS*:** Fast täglich finden irgendwo *Islands Nights* statt; temperamentvolle, farbenfrohe polynesische Tanzshows mit Büffet. Eine Liste hat das Cook Islands Tourist Office, donnerstags und freitags Infos dazu auch in den *Cook Islands News*.

Die Freitagnacht ist die heißeste Nacht der Insel. In Bars und vielen Restaurants spielt Live-Musik und es wird heftigst dazu getanzt. Allerdings erst ab 22 Uhr. Eine organisierte Nightlife Tour fährt Freitagabend von Bar zu Bar. Über Unterkunft buchen.
Trader Jack's hat auch unter der Woche geöffnet, Tel. 26464.
Waterline, Arorangi, bestes Pub der Insel und auch das schönste, Tel. 22161.
Die **Whatever Bar** hinter TJ's in Avarua ist sehr populär, mit einer Bar im Freien und Blick aufs Meer (Tel. 22299).

Irgendwann ist immer ein Fest auf den Cook-Inseln. Hier die drei wichtigsten:
Blumenfest: In der zweiten Novemberwoche findet alljährlich das *Tiare Festival of Flowers* statt. Die Krönung der Blumenkönigin und eine Blumenparade bilden den Höhepunkt.
Tanzfest: Dritte Aprilwoche, Tanzwettbewerb über eine Woche, die beste Tänzerin und der beste Tänzer der Inseln gekrönt.
Unabhängigkeitsfeier: Das größte Fest, in der 1. Augustwoche, mit Sportwettbewerben, großen Tanzshows, Musikwettbewerben etc.

***AUSFLÜGE*: Island Hopping:** Wer die Cook-Inseln sucht, wie sie früher waren, sollte einen Ausflug zu einer Außeninsel unternehmen. **Aitutaki** ist eines der schönsten Südseeatolle, gefolgt von der Insel **Atiu**. Wer mehrere Insel aufsuchen möchte, ist mit Packagetouren gut beraten, die Flüge und Übernachtung kombinieren. Diese Pakete können auch vor Ort gebucht werden.

Island Hopper Vacations an der Hauptstraße zum Flughafen, Tel. 22576, www.islandhopper-vacations.com; **Jetsave Travel**, Tel. 27707, Fax 28807, www.jetsave.co.ck; **Tipani Tours**, Tel. 25266, Fax 23266, www.tipanitours.com. Die deutsche Auswanderin **Ingrid Caffery** bietet Inseltouren (und Bungalows) an; Tel. 682 28543, www.atupaorchids.co.ck.

Tagestrip nach Aitutaki: Eine Bootsfahrt durch die Lagune von Aitutaki erfüllt Südseeträume von einsamen Stränden und kristallklarem Wasser. Ein Tagestrip von Rarotonga beinhaltet Hin- und Rückflug, Inselrundfahrt, Bootsfahrt und Mittagessen auf einer Insel in der Lagune. Buchung über die Reiseagenturen in Avarua oder direkt bei Air Rarotonga.

AKTIVITÄTEN: **Strände:** Kein Mangel an Stränden, die schönsten Strandabschnitte liegen zwischen Muri und Titikaveka.

Jeep-Safari ins Inselinnere: Im offenen Jeep durchs bergige Landesinnere, der Fahrer erklärt dabei die steinernen Kultstätten und die vielfältige Flora im Dschungel. **Raro Safari Tours**, Tel. 23629.

Wandern: Der **Cross Island Trek** ist eine gute Gelegenheit, Flora und Fauna der Insel kennen zu lernen. Der Trek führt quer durch die Insel und dauert 5 Stunden. Die beste Tour macht **Pa**, Tel. 21079, der unterwegs auch die medizinische Bedeutung diverser Heilpflanzen erklärt.

Tauchen: Die Cook-Inseln haben zwar nicht so sensationelle Tauchreviere wie Fidschi, sind aber doch auch unter Wasser interessant und vielseitig. **The Dive Centre**, die Besitzer Sabine und Sascha kommen aus Deutschland, Tel. 20238; **Pacific Divers**, Tel. 22450, www.pacificdivers.co.ck; **Dive Rarotonga**, Tel. 21873, www.diverarotonga.com.

GESCHÄFTSZEITEN: Mo-Fr 8-16 Uhr, Sa bis 12 Uhr; kleinere Läden abends länger und sonntagnachmittag, Post Mo-Fr 8-16 Uhr, Banken Mo-Fr 9-15 Uhr, Sa bis 12 Uhr, in Aitutaki Mo-Do 9.30-15 Uhr.

INTERNET-SERVICE: Internet-Cafés gibt es rings um die Insel.

AITUTAKI

Samade on the Beach, Topplage am O'otu Beach an der Lagune, beliebter Sonntagsbrunch mit *Umukai*, Tel. 31526. **Tauono's Garden Café**, Zutaten aus eig. Bio-Garten, Besitzerin Sonja offeriert Südseespeisen mit österreich. Einschlag, Wifi, Tel. 31562. **Café Tupuna**, Inhaberin ist Künstlerin, deren bunte Gemälde die Wände schmücken, exzell. Seafood, hinter dem Hospital, Richtung Gina's, Tel. 31678. **Kuku's**, grüne Hütte zwischen Ort und Pacific Resort, Tische unter einem großen Baum, frische Früchte, Frühstück, Burger, Tel. 31071. **Koru Café**, kurz vor O'otu Beach, gutes Frühstück und Lunch, Internet, nette Souvenirs, Wifi.

Die **Island Nights** sind auf Aitutaki ursprünglicher als auf Rarotonga: Shows gibt es im Aitutaki Lagoon Resort, Pacific Resort, Tamanu Beach und Samade am Ootu Beach. Zeiten bei der Unterkunft erfragen.

AKTIVITÄTEN: **Strände:** Schöne Strände gibt es rings um die Insel, bei Ebbe ist das Wasser aber meist zum Schwimmen zu flach. O'otu Beach gegenüber vom Aitutaki Resort ist gut zum Schnorcheln, Kajaks mieten und für einen Drink. Traumstrände finden sich auf den *Motus* in der Lagune, der beste auf **One Foot Island** (*Tapuaeta'i*), das von Bootstouren angelaufen wird.

Lagoon Cruises: Ein Muss für jeden Besucher, zwischendurch langer Stopp an einer der Inseln, zum Baden und Schnorcheln. **Bishop's Lagoon Cruises**, Tel. 31009; **Kia Orana Cruise**, Tel. 31442.

Tauchen: Bubbles Below, Tel. 31537, www.diveaitutaki.com.

olkmar E. Janicke

Der Mt. Pahia (661 m) auf Bora Bora

Foto: Matthias Eberhardt

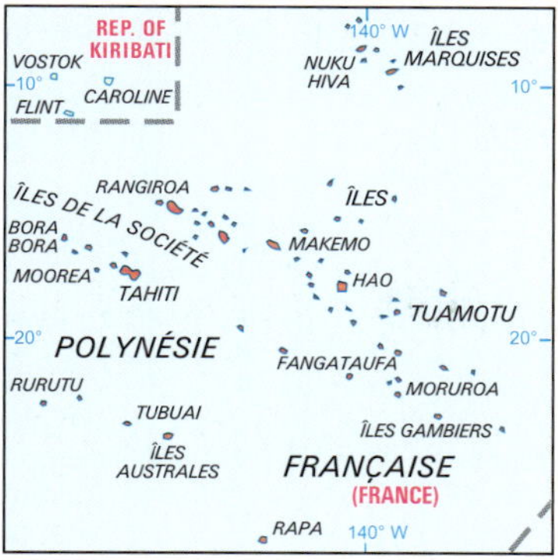

FRANZÖSISCH-POLYNESIEN

TAHITI
MOOREA
HUAHINE
RAIATEA UND TAHAA
BORA BORA
TUAMOTU-ARCHIPEL
MARQUESAS-INSELN

Der Name Tahiti steht, mehr noch als der anderer Inseln im Südpazifik, für den Traum vom Südseeparadies. Von 1768, als der französische Graf Louis-Antoine de Bougainville Tahiti besuchte, bis heute, haben unzählige schwärmerische Reiseberichte, sehnsuchtweckende Filme und Hochglanzbroschüren der Touristik den Mythos vom Paradies lebendig gehalten.

Und obwohl es in der Realität auch Schattenseiten gibt, können Tahiti und seine Inseln noch immer Urlaubsträume wahr werden lassen: Kristallklares Wasser, dessen Farbtöne von Tintenblau bis Türkis abgestuft sind, üppige Vegetation mit sattgrünen Tälern, Regenwäldern und kaskadenartigen Wasserfällen, wehende Kokospalmen vor tiefblauem Himmel und perlweiße, einsame Sandstrände garantieren ungetrübte Südseeromantik – *Maeva e Manava* (Willkommen)!

Größer als Frankreich...

Mit seinen mehr als 4 Millionen km^2 Meeresgebiet nähme Französisch-Polynesien auf einer Europakarte einen Raum von Südschweden bis Sizilien und von Ostspanien bis zum Schwarzen Meer ein. Das riesige französische Überseegebiet gliedert sich in fünf Inselgruppen mit zahlreichen Naturbesonderheiten:

Die von Kapitän James Cook benannten **Gesellschaftsinseln**, zu denen u. a. Tahiti, Moorea, Huahine, Raiatea, Bora Bora und Maupiti gehören, sind die bekanntesten und am häufigsten besuchten Inseln Französisch-Polynesiens. Dicht bewaldete Berge – Überreste alter Vulkane – ragen vielerorts eindrucksvoll fast senkrecht in die Höhe. Mit 2241 m ist der Orohena auf Tahiti der höchste Berg des Landes.

Der **Tuamotu-Archipel** besteht aus 76 von Kokospalmen bestandenen, sich nur zwei bis drei Meter über dem Meer erhebenden Koralleninseln und Atollen, die über Hunderte von Quadratkilometern im östlichen Pazifik verstreut liegen. Für den Tourismus bedeutsam sind insbesondere die Inseln Rangiroa, Manihi, Tikehau und Fakavava. Im Inneren der Lagunen präsentiert sich die Natur in vollendeter Schönheit: Korallengärten, farbenprächtige Anemonen, Perlaustern, Seesterne und Fischschwärme in allen Regenbogenfarben lassen Schnorchler- und Taucherherzen höher schlagen – ein guter Grund zum Abtauchen!

Die **Marquesas-Inseln** im Norden bezaubern durch unberührte Natur. Auf diesen vulkanischen Inseln mit dichter

Links: Blütenkränze flechten zum Eigengebrauch und als Geschenk für Gäste.

» Karte S. 198-199, Info S. 220-223

Foto: Jürgen Pelzing

tropischer Vegetation, steil aufragenden Bergen und schwer zugänglichen, tief eingeschnittenen Tälern tragen auch die steilsten Berghänge in der Regel noch ein Pflanzenkleid. Die Küsten sind rau, da sich hier keine schützenden Korallenriffe ausbilden konnten.

Die kleineren, aus zehn felsigen Vulkan-Eilanden bestehenden **Gambier-Inseln** liegen innerhalb eines großen Riffgürtels. Dichte Vegetation und einzelne Plantagen sind ausschließlich in den Küstenebenen anzutreffen.

Die fünf hohen **Austral-Inseln** (und ein Atoll) erstrecken sich etwa 600-700 km südlich Tahitis. Wegen des deutlich kühleren Klimas gedeihen Kartoffeln, Karotten, Tomaten, Salat und andere Gemüse gut und werden zu den Gesellschaftsinseln exportiert.

Die Inseln Französisch-Polynesiens entstanden aus submarinen Vulkanen, die sich über vier verschiedenen *hot spots* bildeten (siehe Einleitung). Keine der Inseln weist derzeit aktiven Vulkanismus auf, doch entstehen im Südosten neue submarine Vulkane.

Oben: Die raue Küste der Marquesas. Rechts: Beim Heiva i Tahiti-Festival im Juli werden alte polynesische Tänze und Zeremonien vorgeführt.

Klima

Entsprechend seiner großen Nord-Süd-Ausdehnung weist Französisch-Polynesien unterschiedliche Klimazonen auf. Die Austral-Inseln, weit südlich des Äquators, liegen bereits im subtropischen Klimagürtel und erhalten Niederschläge zwischen 2000 und 3000 mm pro Jahr. Auf den anderen Archipelen, die zu den Tropen gerechnet werden, schwanken die jährlichen Niederschlagsmengen beträchtlich, so werden z. B. in Tahiti-Faaa 1700 mm, auf der leewärtigen Seite von Tahiti mehr als 3000 mm und in den Bergen im Inselinneren fast 10 000 mm gemessen. Insbesondere von Dezember bis März kann es nachts zu heftigen tropischen Regengüssen kommen. Die Tageshöchsttemperaturen liegen in dieser Periode zwischen 30 und 32 °C, die nächtlichen Tiefstwerte bei 23 °C.

In der trockeneren Zeit von Juni bis September herrschen „kühlere" Temperaturen, tagsüber steigt das Thermometer auf 28-29 °C und sinkt nachts auf Werte um 20 °C. Auch die Luftfeuchtigkeit ist in diesen Monaten deutlich niedriger.

Grundsätzlich gilt: Je näher eine Insel am Äquator liegt, desto geringer sind die Temperaturunterschiede im Jahresverlauf. Je flacher das Relief einer Insel, desto geringer die Unterschiede zwischen Tag und Nacht. Im Einflussbereich der Südostpassate liegend, bringt eine abweichende Seitenströmung vorherrschend nordöstliche Winde nach Französisch-Polynesien.

Die Meerestemperatur liegt im Jahresmittel bei 28,3 °C. Jedoch ermöglichen kühlere Grundwasserquellen in Ufernähe vielerorts dennoch ein erfrischendes Bad.

» Karte S. 198-199, Info S. 220-223

Foto: Paul Spierenburg

Geschichte

Untersuchungen zur Vorgeschichte belegen, dass Französisch-Polynesien im Rahmen der austronesischen Wanderungen wohl von Samoa und den Tonga-Inseln aus besiedelt wurde. Diese Wanderungen erreichten etwa vor 2200 Jahren die Marquesas-Inseln und dann die Gesellschaftsinseln, von denen Raiatea zum religiösen Zentrum wurde. Raiatea galt lange Zeit als *Hawaiki* (Urheimat). Die streng hierarchische Gesellschaft wurde absolutistisch regiert. Götter und Halbgötter, von denen die Herrscherfamilien ihre Abstammung herleiteten, bestimmten das Alltagsleben, Tabus und Freiheiten gleichermaßen. Puritanische Lebensvorschriften wie im christlichen Europa waren weitgehend unbekannt.

Viele der waghalsigen Seeleute, die sich im 18. Jh. auf eine Entdeckungsreise in den noch unbekannten Pazifik wagten, hatten in ihrer Heimat nicht viel zu verlieren. Von den extrem schlechten Lebensbedingungen an Bord der Schiffe nicht gerade verwöhnt, waren sie von der Lebensart der Eingeborenen und der bezaubernden, unberührten Natur der Inseln fasziniert. Sie wurden wie Könige empfangen, es gab ein angenehmes Klima, frische Lebensmittel im Überfluss und schöne Frauen, die offenherzig ihre Liebe anboten.

1767 entdeckte der britische Kapitän Samuel Wallis als erster Europäer Tahiti. Doch vor allem die schwärmerischen Reiseberichte des Grafen Louis Antoine de Bougainville, der 1768 während einer Weltumsegelung zehn Tage auf Tahiti verweilte, machten die Insel *La Nouvelle Cythère*, wie er sie nach der Geburtsinsel der griechischen Göttin der Liebe nannte, in Europa berühmt. Sein Buch *Voyage autour du monde* wurde ein Bestseller, und bereits ein Jahr nach der französischen Ausgabe erschien eine englische Übersetzung, verfasst von dem jungen Danziger Georg Foster, der an James Cooks zweiter Reise teilnahm. Der kräftige junge Tahitianer Aotourou, den Bougainville mit nach Frankreich brachte, schien ein lebender Beweis zu sein für die „Edlen Wilden",

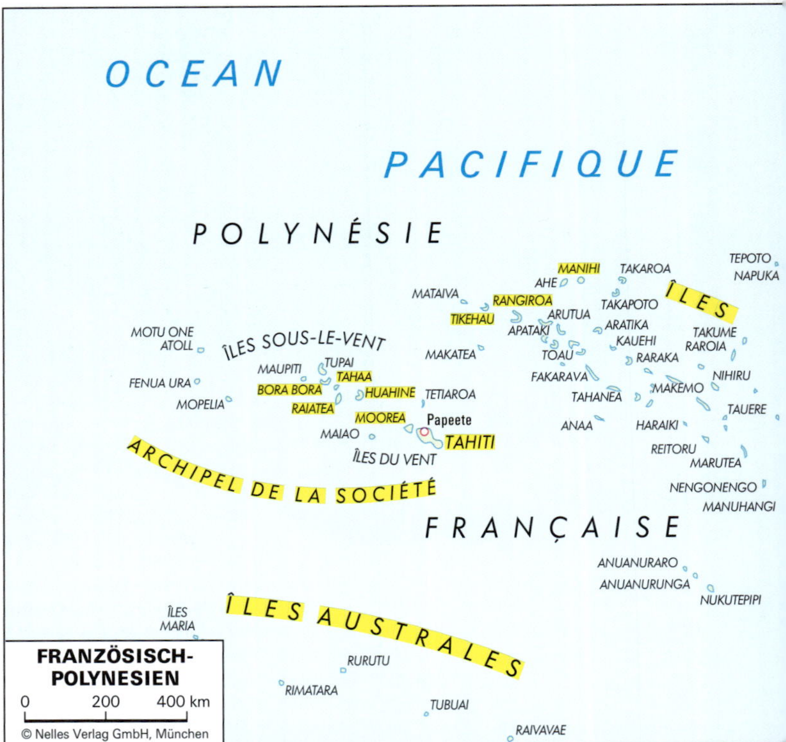

die ein respektvoll geordnetes, sorgloses Leben in üppiger Natur führten.

1768 bis 1779 durchforschte der englische Kapitän James Cook auf vier Reisen die Südsee. Die umfangreichen kartografischen Aufzeichnungen seiner Wissenschaftler lieferten erstmals ein exakteres Bild einer Inselgruppe im heutigen Französisch-Polynesien, und so erhielten die Gesellschaftsinseln (*Archipel de la Société*) ihren Namen zu Ehren der Königlich Britischen Gesellschaft der Wissenschaften, die Cooks Expedition mitfinanziert hatte. Der Mythos von den „Glücklichen Inseln" fand seine Fortsetzung, und die Kunde vom gefunden Paradies verbreitete sich rasch in der Alten Welt.

Meuterei auf der Bounty

Als Kapitän William Bligh 1788, gerade 20 Jahre nach der Entdeckung Tahitis, die Mannschaft für seine *HMS Bounty* zusammenstellte, um Setzlinge des Brotfruchtbaums von Tahiti nach Britisch-Westindien zu bringen, konnte er unter zahlreichen Freiwilligen auswählen. Nach einem mehr als fünfmonatigen paradiesischen Leben auf Tahiti weigerte sich die Besatzung, in die Karibik weiter zu segeln. In tongaischen Gewässern kam es zu der berühmten Meuterei auf der Bounty. Bevor sich die restlichen Meuterer auf den Weg zur Insel Pitcairn machten, kehrte das Schiff 1789 auf Umwegen nach Tahiti zurück,

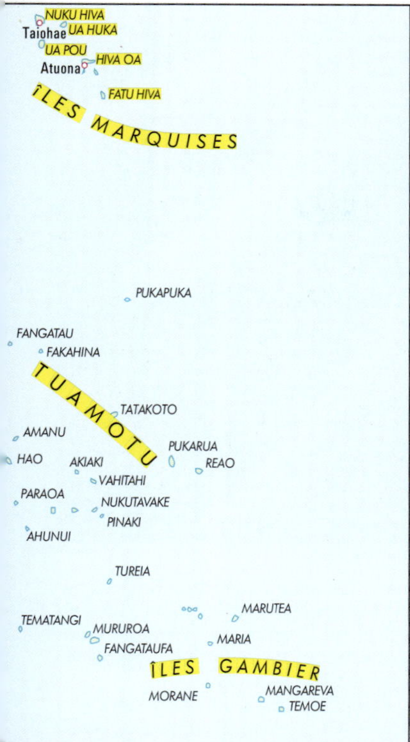

um einen Teil der Besatzung abzusetzen. Auch Kapitän Bligh kam 1792 noch einmal mit zwei Schiffen nach Tahiti. Von den Meuterern traf er allerdings keinen mehr an. Zwei wurden ermordet, die restlichen waren ein Jahr zuvor von Kapitän Edwards gefangen genommen und auf der *HMS Pandora* ins Mutterland zurückgebracht worden.

Bligh sammelte wieder Brotfruchtbäumchen ein und brachte sie, seine ursprüngliche Aufgabe erfüllend, in die Karibik, wo sie als ertragreiche Nahrungsquelle für die Sklaven auf den britischen Plantagen angepflanzt wurden. Von diesem, seinem letzten Aufenthalt auf Tahiti, war William Bligh enttäuscht. Die „guten alten Zeiten" hatten sich durch den europäischen Einfluss geändert. Die Tahitianer liefen in zerschlissenen Kleidungsstücken umher, sprachen Kauderwelsch, benutzten englische Kraftausdrücke, besaßen Musketen und gebrauchten sie auch – welch ein Verfall der einstigen Würde und Eleganz. Too, ursprünglich nur einer unter vielen Landesfürsten auf Tahiti, konnte mit Hilfe der neu eingeführten Waffen der Europäer die anderen Häuptlinge unterwerfen und ließ sich zum König Pomare I. ernennen.

Ankunft eines neuen Gottes

Am 5. März 1797 ging nach einer langen, beschwerlichen Reise das Schiff *Duff* unter dem Kommando von Kapitän Wilson schließlich in der Matavai-Bucht vor Tahiti vor Anker. Von den an Bord befindlichen protestantischen Missionaren der *London Missionary Society* blieben 14 fromme Handwerker und vier Pastoren auf Tahiti zurück.

Es dauerte nicht einmal ein Jahr, und elf der frommen Neuankömmlinge verließen enttäuscht wieder die Insel. Dennoch führte ihre begonnene Missionsarbeit schließlich zum Erfolg: Im Jahr 1819 ließ sich König Pomare II. auf eigenen Wunsch als erster Tahitianer taufen. Mit Hilfe der Missionare etablierte er ein Königreich nach europäischen Vorbildern. Nach seinem Tod 1821 folgte ihm sein einjähriger Sohn auf den Thron. Als dieser im Alter von nur sieben Jahren starb, wurde seine 14jährige Schwester Aimata zur Königin Pomare IV. gekrönt.

In französischer Hand

1842 traf der Konteradmiral Du Petit-Thouars – nachdem er die Marquesas-Inseln für Frankreich in Besitz genommen hatte – auf Tahiti ein und erklärte es zum französischen Protektorat. Weder die Königin Pomare IV. noch die englischen Missionare waren in der Lage, sich dem französischen Machtstreben zu widersetzen. Hilfeersuchen

Foto: Paul Spierenburg

an England blieben unbeantwortet. Wegen ein paar kleiner Inseln auf der anderen Seite der Erde wollte man in Europa keinen Krieg mit Frankreich provozieren; die neuen britischen Kolonien Australien und Neuseeland waren wichtiger. Ohne britische Unterstützung verloren die Einheimischen den Tahitianisch-Französischen Krieg (1842-44) aufgrund der Waffenüberlegenheit der neuen Kolonialmacht.

1877 starb Königin Pomare IV.; ihrem Sohn, schon unter französischem Einfluss erzogen, fehlten Macht und Autorität, 1880 trat er Tahiti und seine Inseln gegen eine stattliche Leibrente für sich, seine Frau und die beiden Brüder in einem Kolonialvertrag endgültig an Frankreich ab. Bis 1945 leistete Frankreich wenig für die Entwicklung seiner Kolonie. Erst nach dem 2. Weltkrieg, in dem Polynesien sich General de Gaulle angeschlossen hatte, begann Paris sich mehr für seine pazifischen Besitztümer zu interessieren. Dennoch blieb das verschlafene Französisch-Polynesien ein Geheimtipp für Künstler, Abenteurer und reichere Touristen.

Oben: Schimmernde schwarze Perlen, kultiviert in den Lagunen des Tuamotu-Archipels, sind ein wichtiges Exportprodukt.

Nachdem sich die Bevölkerung Tahitis 1954 für den Verbleib bei Frankreich ausgesprochen hatte, beschloss die französische Regierung, ihre Atomversuche aus der Sahara in den Pazifik zu verlegen. Trotz der Investition von vielen Millionen Francs in die Infrastruktur kam es 1958/59 zu Unruhen bei der unzufriedenen Bevölkerung. Der Oppositionsführer Oopa wurde für acht Jahre verbannt und die Oppositionspartei RDPT 1963 aufgelöst.

Unabhängig? Noch nicht

1946 „Französisches Übersee-Territorium" geworden, erhielt Französisch-Polynesien 1984 mehr innere Autonomie und wurde 2004 zum „Übersee-Land". Es gibt Parteien, ein Parlament, Minister und einen einheimischen Präsidenten. Alle überregionalen Aufga-

» Karte S. 198-199, Info S. 220-223

ben werden allerdings von Frankreich wahrgenommen, und der französische Hochkommissar ist Oberhaupt des Gebiets. Französisch-Polynesien wird durch zwei Abgeordnete und einen Senator in der französischen Nationalversammlung vertreten und stellt (zusammen mit Neukaledonien und Wallis und Futuna) ein Mitglied des Europaparlaments – obwohl Französisch-Polynesien nicht Teil der EU ist; aber alle Einwohner besitzen einen französischen Pass und sind somit auch EU-Bürger.

Bei den Wahlen 2013 unterlag die Unabhängigkeitspartei *Tavini Huiraatira* den Konservativen. Im selben Jahr verabschiedete jedoch die UN-Vollversammlung eine Resolution, die das französische Überseegebiet auf die Entkolonialisierungsliste setzt; Frankreich hatte diese UN-Sitzung boykottiert.

Schwarze Perlen und Tourismus

Heute besuchen nur ca. 170 000 Touristen pro Jahr die Inseln (Hawaii: 7 Millionen), viele mit dem Kreuzfahrtschiff. Das liegt sicher einerseits an der nicht so guten globalen Wirtschaftlage, andererseits aber auch an den wegen hoher Einfuhrsteuern sehr hohen Übernachtungs- und Verpflegungskosten. Dabei ist der Fremdenverkehr die wichtigste Einnahmequelle des Landes.

An zweiter Stelle steht der Handel mit den einzigartigen Schwarzen Zuchtperlen. Die sie produzierende Auster *Pinctada mageritifera* ist nur in Polynesien heimisch und wird seit 1968 in den ruhigen Lagunen des Tuamotu-Archipels (v.a. Gambier-Inseln) und Tahaa kultiviert. Der größte Teil des Exports geht nach Japan, Europa und den USA.

Landwirtschaftliche Exporte haben die Inseln (außer etwas Kokosöl und Vanille) kaum aufzuweisen. In der jüngsten Zeit hat sich eine noch kleine Kosmetikindustrie mit parfümiertem Kokosöl (*Monoï*), Seifen, Cremes etc. etabliert. Auch exotische Blumen werden zunehmend nach Übersee verkauft.

Wirtschaftsfaktor Nummer eins ist noch immer der französische Staat. Sicher würde Französisch-Polynesien ohne die Unterstützung aus Frankreich nicht so wohlhabend sein – rund 50 % aller Arbeitnehmer auf Tahiti beziehen ihr Einkommen direkt oder indirekt aus der französischen Staatskasse.

1996 hat Frankreich seine heftig kritisierten Atomversuche auf den Tuamotu-Inseln Fangataufa und Mururoa (ca. 1100 km südöstlich von Tahiti) endgültig eingestellt. Noch einmal einigten die Politiker sich auf einen 10jährigen Entwicklungsplan, der Französisch-Polynesien große Summen garantierte. Dass die Gelder aus Frankreich danach stark reduziert wurden, war zu erwarten gewesen. Seither sieht die langfristige Planung vor, Wirtschaftszweige wie den Fischfang, die Perlenzucht und den Tourismus zu stärken sowie andere Fördermittel zu mobilisieren.

Ethnische Mischung

Das ethnisch stark gemischte Französisch-Polynesien hat rund 270 000 Einwohner. Zahlenmäßig spielen Europäer (10 %) und Asiaten (12 %) zwar keine große Rolle, in wirtschaftlicher Hinsicht sind sie jedoch von großer Bedeutung. Die Chinesen waren als Arbeitskräfte vom Schotten William Stewart für seine Baumwollplantagen Anfang der 1860er Jahre aus Hongkong nach Tahiti geholt worden. Nach Ablauf ihrer Kontrakte verhalfen ihnen Anpassungsfähigkeit, Handelsgeist, Fleiß und Geschicklichkeit allmählich zu großen Besitztümern. Von den ca. 10 % Europäern lebt und arbeitet der größte Teil nur temporär im Territorium.

Offiziell wird der Bevölkerungsanteil der so genannten *demis*, der Mischlinge zwischen Europäern und Maohis, zwar nur mit 9,3 % angegeben – aber weit mehr Polynesier besitzen unter ihren Vorfahren mindestens einen Nicht-Polynesier.

» Karte S. 198-199, Info S. 220-223

Foto: Peter Fischer

TAHITI

Papeete – eine geschäftige Stadt

Wer ein verträumtes, idyllisches Südseestädtchen erwartet, wird wohl ebenso enttäuscht sein wie Paul Gauguin bei seiner Ankunft vor mehr als hundert Jahren: **Papeete**, die Hauptstadt Französisch-Polynesiens, ist schon immer eine quirlige Geschäfts- und Handelsstadt gewesen, ein Umschlagplatz für Güter aus aller Welt und Versorgungsstation für ein riesiges Gebiet mitten im Ozean. Doch trotz geschäftigem Treiben und einer nicht enden wollenden Blechlawine, die sich tagsüber durch die engen Straßen schlängelt, hat das moderne Papeete seinen Charme nicht verloren.

Papeete erlangte als Hafen und Stadt erst Anfang des 19. Jahrhunderts zentrale Bedeutung, als die Missionare hier ihren Stützpunkt errichteten und die polynesische Königin Pomare IV. es zur Residenz erkor. Das französische Militär und die Kolonialverwaltung folgten nach. In den 1830er Jahren, der Blütezeit des Walfangs im Südpazifik, als jährlich zwischen 50 und 80 Walfangschiffe in die Bucht kamen, entstanden am Ufer Geschäfte, Bars, Billardsalons und das für eine Hafenstadt unvermeidliche Rotlichtmilieu, das heute noch am oberen Ende der Uferpromenade angesiedelt ist.

Oben: Papeete, die Hauptstadt von Französisch-Polynesien.

Mit seinem schönen Blick auf den Hafen reihen sich am **Boulevard Pomare** stadteinwärts Boutiquen, Restaurants und Cafés aneinander – mediterranes Ambiente gemischt mit polynesischer Exotik. In der Touristen-Information **Tahiti Tourisme** erhält man kostenlos Reiseinformationen und einfache Übersichtskarten. Direkt davor breitet sich der **Place Vaiete** aus, an dem sich abends die **Roulottes** (Imbisswagen) aufbauen. Gelegentlich spielen hier auch Live-Bands.

Den zentralen Treffpunkt bildet das Einkaufszentrum **Centre Vaima** mit seinen auf drei Etagen verteilten Geschäften und Reiseagenturen. Im dortigen Ki-

» Karte S. 208, Stadtplan S. 203, Info S. 220-223

osk sind auch internationale Zeitungen und Zeitschriften erhältlich.

Im Erdgeschoss zur Rue Jeanne d'Arc liegt das **Robert Wan Musée de la Perle** mit einer Ausstellung über Geschichte und Zucht der schwarzen Perlen. Nebenan im Laden von Robert Wan, dem größten Perlenhändler, kann man sein frisch erworbenes Wissen testen.

Die Fähren und Katamarane nach Moorea gehen von einem Kai inmitten der Stadt ab. In unmittelbarer Nähe legen am **Quai d'Honneur** die riesigen Kreuzfahrtschiffe an. Die Boote der einheimischen Fischer, die *bonitiers*, entladen ihren Fang und bieten diesen in der Markthalle oder direkt vom Schiff zum Verkauf an. Daneben ankern Charterboote und Jachten. Stadtauswärts reihen sich am Ufer die **Auslegerboote** der Kanuclubs aneinander.

Die helle, luftige **Markthalle** liegt nur einen Block vom Wasser entfernt – ein Ort der Ruhe inmitten der hektischen Stadt. Im Erdgeschoss werden exotische Blumen und Früchte, Öle, Vanille, fangfrischer Fisch, Muscheln und Schalentiere sowie Fleisch, duftende Backwaren und vielerlei Köstlichkeiten angeboten. Hier kann man in schillernde Farben und verlockende Gerüche eintauchen. Im oberen Stockwerk ist die Auswahl an traditionellem Kunsthandwerk der Inselgruppen unübertroffen. Eine auch bei den Einheimischen beliebte **Cafeteria** bietet sich als ideale Verschnaufpause während einer Shopping-Tour an – *die* Gelegenheit, ganz ungezwungen in Kontakt mit Polynesiern zu kommen.

In der Nähe, südlich der Markthalle, steht die katholische **Cathédrale Immaculée Conception** (1875) mit polynesisch inspirierten Kreuzweg-Gemälden im Inneren. Das **Hôtel de Ville** (Rathaus), nördlich des Marktes, ist eine Besichtigung wert. 1990 wurde es zum 100jährigen Jubiläum der Vergabe der Stadtrechte eingeweiht. Die Architektur orientiert sich an dem in den 1960er Jahren abgebrochenen, ehemaligen Palast der Königin Pomare IV. Im Gebäude der **Hauptpost**, zwischen Boulevard Pomare und Avenue du General de Gaulle, befindet sich das **Centre Philatélique**,

Foto: Thierry Borredon

in dem man farbenfrohe Briefmarken und Telefonkarten erwerben kann.

Am gegenüberliegenden **Place Tarahoi** sind das Parlamentsgebäude (*Assemblée Territoriale*) und der Sitz des französischen Hochkommissars untergebracht. Am **Parc Bougainville** ehrt ein Denkmal den ersten französischen Weltumsegler, und zwei Schiffskanonen aus dem Ersten Weltkrieg erinnern an Graf Luckners *Seeadler* und das französische Patrouillenboot *Zélée*.

Ebenfalls am Boulevard Pomare, aber etwas weiter stadtauswärts, steht die **protestantische Hauptkirche** und, am Ende der Straße, das **Centre Culturel** mit der Stadtbücherei.

Inselerkundung auf Tahiti

Die größte (1042 km^2) und wirtschaftlich bedeutendste der Gesellschaftsinseln ist Tahiti. Hier leben fast 70 % der Gesamtbevölkerung von Französisch-Polynesien. Aus zwei erloschenen Vulkanen zusammengewachsen und von einem Korallenriff umgeben, besitzt die Insel eine wild zerklüftete Oberfläche, die von tropischer Vegetation bedeckt ist. Mit 2241 m erreicht sie am Mount Orohena ihren höchsten Punkt.

Oben: Kulinarische Schätze aus der Südsee in der Markthalle von Papeete. Rechts: In der Rue des Ecoles, Papeete, fängt das Leben am Abend erst so richtig an.

Um den großen Inselteil, der *Tahiti Nui* genannt wird, verläuft zwischen Gebirge und Ozean eine 114 km lange Küstenstraße. Auf der kleineren Halbinsel Taiarapu (*Tahiti Iti*), die eher selten von Besuchern erkundet wird, führt eine jeweils 20 km lange Straße von Taravao aus an beiden Küsten entlang.

Mit den ortsüblichen Leihwagen, die bereits am Flughafen oder in den Hotels angemietet werden können, lassen sich alle Sehenswürdigkeiten bequem erreichen.

Geführte Wanderungen durch den tropischen Dschungel, Bootstouren entlang der Küste, Jeep-Safaris ins Landesinnere und Ausritte in der grandiosen Insel-Landschaft kann man vor Ort

» Karte S. 208, Info S. 220-223

Foto: Thierry Borredon

bei einer Reihe von erfahrenen Reiseveranstaltern buchen.

Alle Entfernungen auf Tahiti werden von der Stadtmitte Papeetes ab in Kilometerpunkten (Pk) angegeben. So kennzeichnet „Pk 6,4 – côté est“ einen 6,4 km entfernten Ort an der Ostküste und „Pk 6,4 – côté ouest“ eine entsprechende Ortschaft an der Westküste. Von Papeete aus gegen den Uhrzeigersinn fahrend, passiert man in der Gemeinde **Faa'a** den gleichnamigen internationalen **Flughafen** (Pk 5,5 – ouest). Am Meer steht das geschlossene Hilton Hotel Tahiti.

Zu den Top-Adressen im Insel-Paradies zählt das **Intercontinental Resort Tahiti** (Pk 7,2) mit Überwasser-Bungalows und fantastischem Blick nach Moorea. In der parkähnlichen Anlage findet am Wochenende während eines Buffets eine farbenprächtige polynesische Show statt.

Die an den Berghängen gelegenen Villen in der Gemeinde **Punaauia** zählen wegen der herrlichen Aussicht auf Moorea zu den begehrtesten Wohnlagen. 1, 5 km nördlich des modernen Rathauses wurde ein großes Einkaufszentrum erbaut: Beeindruckend ist **Carrefour**, der größte Supermarkt der Südsee. Hier kann man sich gut und relativ preiswert verpflegen und auch Souvenirs kaufen.

Aus dem **Tal von Punaruu** (Pk 14,8) stammt das Erd- und Gesteinsmaterial, mit dem ein Teil der Landebahn des Flughafens auf dem Riff aufgeschüttet wurde. Heute haben sich im Tal Kleinbetriebe verschiedener Branchen angesiedelt. Kurz darauf zweigt rechts die Straße zum **Musée de Tahiti et des Îles** (Pk 15,1) ab, das etwa 500 m von der Hauptstraße entfernt am **Pointe des Pêcheurs** liegt. Den Besuch des Museums mit seiner erstklassigen Ausstellung zur Natur- und Kulturgeschichte Französisch-Polynesiens sollte man nicht versäumen. In der Gemeinde **Paea** (Pk 21,9) finden sich zwei schöne im Kolonialstil errichtete neuere Gebäude, das weiße **Hôtel de Ville** (Rathaus) und die benachbarte Post. 200 m weiter, kurz nach der Brücke, liegt links die aus Korallenfels gebaute **katholische**

» Karte S. 208, Info S. 220-223

Foto: Thierry Borredon

Dorfkirche. Hier erwartet einen von Dezember bis ca. Mitte Februar ein botanisches Wunder der Tropen, wenn die flammendroten Blüten der Flamboyantbäume ihren Zauber versprühen.

Um zum **Marae Arahurahu**, einem der letzten sichtbaren Überbleibsel der alten polynesischen Kultur auf Tahiti, zu gelangen, biegt man bei Pk 22,5 von der Hauptstraße ab. Der mystische Kultplatz wurde in den 1960er Jahren liebevoll restauriert. Anlässlich des jährlich im Juli stattfindenden *Heiva i Tahiti* werden hier vor historischer Kulisse alte polynesische Tänze und Zeremonien abgehalten. Die mit der Pflege der denkmalgeschützten Anlage betraute Familie hat ringsherum Obst und Gemüse angepflanzt. Brotfruchtbäume, Avocados, Pomelos, Mangos, Limonen, Papayas, Korasol, Bananen, Ananas und Kaffeesträucher verwandeln den Ort in einen botanischen Garten. Blumen wie wilder Ingwer, Frangipani, Tiare Tahiti und Heliconien verströmen ihren betörenden Duft.

Oben: Im Musée de Tahiti et des Îles. Rechts: Das Musée Gauguin dokumentiert das Leben und Werk Paul Gauguins in Polynesien.

Bei Pk 28,5 lohnt die Besichtigung eines kühlen, tiefen Süßwassersees in der Farnhöhle von **Mara'a**. Der schöne sanft geschwungene schwarzesandige **Plage de Taharuu** bei Pk39 ist beliebt bei Einheimischen. Bei einem Snack im Café kann man den Surfern in der Brandung zusehen.

Von dem einst wohl größten Kultplatz (*marae*) Tahitis, **Mahaiatea** (Pk 39,2 am Meer), den Kapitän James Cook in seinen Reisebeschreibungen als elfstufige Pyramide mit einem Fundament von 81 x 26,5 m und einer imposanten Höhe von 13,5 m erwähnt, sind leider nur noch kleine Steinhaufen übrig geblieben.

Weiter geht die Fahrt durch die breiteste Küstenebene Tahitis. In **Atimaono** (Pk 41) ließ der Schotte William Stewart während des amerikanischen Bürgerkrieges ausgedehnte Baumwoll- und Zuckerrohrplantagen anlegen, die allerdings wenige Jahre später in den Ruin gingen. Mittlerweile ist auf dem leicht hügeligen Gelände der ehemaligen

» Karte S. 208, Info S. 220-223

Foto: Peter Fischer

Plantage den einzigen 18-Loch-Golfplatz Französisch-Polynesiens.

In dem kleinen idyllischen Dorf **Mataiea** lebte von 1891 bis 1893 der französische Maler Paul Gauguin (1848-1903) mit seiner polynesischen Frau Teha'amana in der Hoffnung, eine Welt fern der Zivilisation zu finden; in nur anderthalb Jahren malte er 66 Bilder.

Der von steilen Bergwänden umgebene **Lac Vaihiria** (470 m über NN) wird zur Stromerzeugung genutzt. Die unbefestigte Straße dorthin (Pk 47,6) kann nur bei trockener Witterung sicher befahren werden.

Wieder zurück auf der Inselstraße, zweigt bald nach dem Restaurant **Gauguin** – das vorzügliche Küche anbietet – ein Seitenweg zum Musée Gauguin und zum **Jardin Botanique** (Pk 51,2) ab. Die herrliche Gartenanlage wurde 1919 von dem amerikanischen Physiker Harrison W. Smith angelegt, der sich auf Tahiti „zur Ruhe" setzte, um sich seiner Liebhaberei, der Botanik, zu widmen. Viele Bäume, Sträucher und Blumen, die man heute überall in den Gärten der Insel findet, wurden einst von ihm aus aller Welt ins Land gebracht. Die beiden Galapagos-Schildkröten im Botanischen Garten leben bereits seit 1930 auf Tahiti; besonders die größere männliche lässt sich gerne am Hals kraulen. Im kleinen, direkt am Wasser gelegenen **Restaurant** des Musée Gauguin werden schmackhafte Gerichte und sonntags ein hervorragendes tahitianisches Erdofenessen (*Ma'a Tahiti* – Reservierung erforderlich) zubereitet.

Das 1965 eröffnete **Musée Gauguin** in Papeari zeigt eine interessante Ausstellung zum Leben und Werk des französischen Künstlers, der 1901 von Tahiti auf die Marquesas-Insel Hiva Oa übersiedelte, wo er, von Krankheit geplagt, im Streit mit der Kirche und der französischen Verwaltung 1903 starb. Das Museum stellt Gemäldekopien, Fotos, Gegenstände, geschnitzte Holzlöffel, zwei Keramiken sowie den farbigen Entwurf für eine Fächerbemalung aus, Originale sucht man vergebens. Das Museum ist etwas vernachlässigt, es gibt keine Finanzmittel dafür.

» Karte S. 208, Info S. 220-223

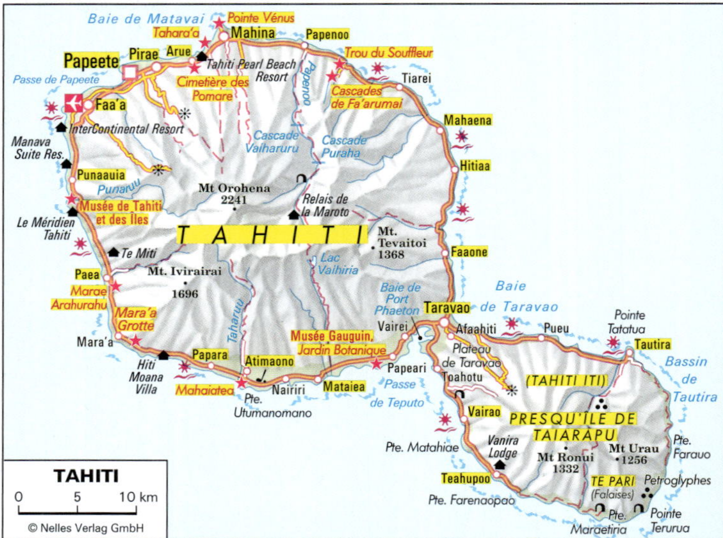

Kurz bevor man die Landenge von Taravao erreicht, führt die Straße, uferseits von hohen Strandkasuarinen gesäumt, entlang der **Baie de Port Phaeton**, die gerne von Jachten als Ankerplatz genutzt wird. Das Städtchen **Taravao** (Pk 60) ist nach Papeete die zweitgrößte Ansiedlung Tahitis. Das **Fort** (Pk 53 – est) am Ortsausgang von Taravao stammt aus der Zeit des tahitianisch-französischen Krieges Mitte des 19. Jh. und weist teilweise noch altes Mauerwerk mit Schießscharten auf. Im 2. Weltkrieg diente es als Internierungslager für vier Deutsche und einen Italiener. Der kleine **Hafen** (Pk 52 – est), erst 1994 erbaut, wird aufgrund seiner unsicheren Lage kaum genutzt.

Durch die Gemeinde **Faaone** geht die Inselrundfahrt weiter nach **Hitiaa**. Links und rechts der Straße liegen viele kleine Wochenendhäuser. Die Gärten unterscheiden sich von denen der Westküste durch mehr Obst- und Gemüsepflanzen. 1786 ging Graf Louis-Antoine de Bougainville mit seinen beiden Schiffen *La Boudeuse* und *L'Etoile* hier vor Anker (Pk 37,6 – est). Er hatte die zwei kleinen vorgelagerten Inseln für die Schenkel einer Bucht gehalten. Vor der Brandung nur wenig geschützt, verlor er an diesem unsicheren Liegeplatz in nur 10 Tagen sechs seiner Anker.

In **Mahaena** (Pk 32,5) kam es 1844 zur ersten großen Schlacht zwischen französischen und tahitianischen Truppen. Die tahitianischen Widerstandskämpfer mussten sich trotz zahlenmäßiger Übermacht den besseren Waffen geschlagen geben.

Bei Pk 22,1 weist links ein Wegweiser zu den **Cascades de Fa'arumai**: drei imposanten Wasserfällen, von denen der höchste, der **Vaimahuta**, durch einen fünfminütigen Spaziergang vom Parkplatz leicht zu erreichen ist. Auf diesem Abstecher erhält man einen guten Eindruck von der typischen tropischen Vegetation und den kleineren Ansiedlungen in den Tälern Tahitis.

Ein Naturschauspiel bietet das **Trou de Souffleur** von **Arahoho** (Pk 22): Bei

Rechts: Kühles Bad am Vaimahuta-Wasserfall.

» Karte S. 208, Info S. 220-223

starker Brandung wird das Meerwasser durch eine Höhle im Felsgestein gepresst und schießt durch kleine Kanäle als Fontäne empor. Es empfiehlt sich, genau darauf zu achten, bis wohin der Boden nass ist!

Im Dorf **Papenoo** (Pk 17,1) überquert man den gleichnamigen Fluss, er ist der längste und zugleich wasserreichste der Insel; er entspringt im Krater des erloschenen Vulkans, der Tahiti Nui bildet. Die Küste vor Papenoo ist bei Wellenreitern und Surfern wegen ihrer idealen Bedingungen sehr beliebt.

Um zum berühmten **Pointe Vénus** und zur **Baie de Matavai** (Bucht von Matavai) zu gelangen, muss man in der Gemeinde **Mahina** rechts von der Hauptstraße abzweigen (Pk 10). Kapitän James Cook gab dieser kleinen Halbinsel ihren Namen, weil er dort im Jahr 1769 ein Observatorium errichtete, um den Venus-Durchgang vor der Sonne zu beobachten. Auf dem Weg zum Strand ehrt das kleine, umzäunte **Cook-Denkmal**, mit einer Kugel als oberem Abschluss, den berühmten Navigator; das **Missionars-Denkmal** erinnert an die Ankunft der ersten Mitglieder der *London Missionary Society* am 5. März 1797. Hier, an der nördlichsten Spitze der Insel, steht auch der einzige **Leuchtturm** Tahitis, der heute noch in Betrieb ist. Er wurde vom Vater des Schriftstellers Robert Louis Stevenson („Die Schatzinsel") entworfen. Der schwarze **Vulkansandstrand** dieser Landzunge, die **Plage Lafayette**, ist ein bei den Einheimischen sehr beliebtes Bade- und Ausflugsziel. Im östlichen Abschnitt steht das Tahiti Pearl Beach Resort.

Auf dem Weg zurück zur Hauptstraße bietet sich bei klarer Sicht vom **Aussichtspunkt** der Anhöhe **Tahara'a** (Pk 8,1) ein großartiges Panorama auf die vorgelagerte Küste, die umgebenden Berge und die Insel Moorea. Die Klippen, an die sich die verlassenen Gebäude eines Hotels anlehnen, wurden schon von Captain Wallis dem Entdecker Tahitis, beschrieben; er nannte sie Scharmützel-Hügel (*Skirmish Hill*), da er hier 1767 feindliche Einheimische mit seinen Schiffskanonen bombardierte. Als Captain Cook zwei Jahre später hier ankerte, benannte er den Ort **One Tree Hill**, nach einem einzelnen Baum auf der Anhöhe.

Foto: Holger Leue

Das charmante tahitianische Wohnhaus des Schriftstellers **James Normann Hall** (Pk 5,5 – est; links) in **Arue**, wenige Kilometer vor Papeete, kann besichtigt werden. Der Garten und ein kleines Café laden zum Verweilen. Hall schrieb gemeinsam mit **Charles Nordhoff** viele Südseegeschichten, unter anderem auch die *Meuterei auf der Bounty*. Ebenfalls in Arue liegt das auffällige **Grabmal von König Pomare V.** (Pk 4,7 – est), dem letzten Herrscher der Pomare-Dynastie. Ganz in der Nähe befand sich einst die heilige Anlage des **Marae Taputapuatea**. Nach seinem Übertritt zum Christentum ließ Pomare II. die Anlage jedoch zerstören und an deren Stelle ein 217 m langes, 16 m breites und 5,5 m hohes Gotteshaus mit einem Fassungsvermögen für ca. 6000 Personen errichten.

Foto: Volkmar E. Janicke

Den **Chinesischen Friedhof**, der durch seine weißen Grabstätten schon aus der Ferne gut auszumachen ist, erblickt man auf dem Weg zum Zentrum links am Berghang. In **Pirae**, dem östlichen Vorort von Papeete, schlängelt sich der unbefestigte Fare Rau Hape-Weg zum **Le Belvédère**, Ausgangspunkt zahlreicher Trekking-Touren und beliebtes Ausflugslokal in einer Höhe von 600 m mit einem einzigartigen Panorama bei Sonnenuntergang: Papeete und im Hintergrund die Vulkaninsel Moorea.

Die Halbinsel Tahiti Iti

Die im Südosten gelegene Halbinsel Tahiti Iti, auch *Taiarapu*, das „Kleine Tahiti", genannt, ist – vom Tourismus kaum berührt – ruhig und beschaulich.

Entlang der Nordküste führt eine Straße von Taravao nach **Tautira** (18 km). Die größte Ortschaft Taiarapus, in der Ebene des Vaitepiha-Flusses gelegen, ist sehr geschichtsträchtig. Kapitän Domingo Boenechea, ausgesandt vom spanischen Vizekönig in Peru, traf 1772 mit zwei katholischen Missionaren hier ein, um Tahiti für die spanische Krone zu annektieren. Die beiden Priester, denen die „Wilden" nicht geheuer waren, reisten jedoch schon ein Jahr später unverrichteter Dinge wieder ab.

James Cook ankerte 1773 während seiner zweiten Südseereise vor Tautira. Ein dort durch widrige Winde und Strömungen verloren gegangener Anker schmückt heute den Eingang des Musée de Tahiti et des Îles. Auch der amerikanische Schriftsteller Robert Louis Stevenson verweilte 1888 mit seinem Segelboot Casco zwei Monate in dieser herrlichen Bucht. Vom Ende der befestigten Straße aus können Exkursionen zur Ostküste der Halbinsel bis nach **Te Pari** unternommen werden. Der Weg führt durch die üppige Vegetation tropischer Wälder, vorbei an bizarren Höhlen und grandiosen Wasserfällen, hin zu unberührten Stränden, die von wil-

Oben: Auf der Halbinsel Taiarapu gibt es noch unberührte Natur und einsame Strände zu entdecken (bei Tautira).

» Karte S. 208, Info S. 220-223

den Klippen gesäumt sind. Doch diese Schönheiten der Natur sind nur schwer zugänglich und erfordern gute Kondition. Touren mit erfahrenen Führern starten in Tautira.

Eine weitere asphaltierte Straße, die am Krankenhaus in Taravao beginnt, führt, vorbei an Weiden, zu einem 600 m hohen Aussichtsplateau (**Plateau de Taravao**). Hier lohnt ein herrlicher Blick über die Inselwelt die etwas strapaziöse Anfahrt. Ebenfalls landschaftlich sehr reizvoll ist ein Abstecher von Taravao entlang der Südküste über **Vairao** nach **Teahupoo** (18 km).

MOOREA

Die „herzförmige", 14 km nordwestlich von Tahiti gelegene Insel **Moorea** zählt zweifelsohne zu den schönsten des Archipels. Die beliebte Ferieninsel, durch einen zehnminütigen Flug oder eine halbstündige Bootsfahrt leicht von Tahiti aus zu erreichen, hat sich mittlerweile zu einer Art „Vorort" von Papeete und einer Idylle für Tahiti-müde Künstler entwickelt.

Moorea besitzt bei einer Fläche von 132 km^2 dennoch einen ganz eigenen Charakter, es hat nichts von der emsigen Geschäftigkeit Tahitis und keine sich über die Küstenstraßen quälenden Blechlawinen. Fahrradfahren macht hier noch Freude. Und obwohl sich auf Moorea etwa ein Drittel aller Hotelbetten befindet, ist das alltägliche Leben eher beschaulich geblieben. Das Intercontinental Resort und Spa Moorea ist die größte Hotelanlage des Landes.

Neben dem Tourismus stellt die Landwirtschaft die zweite, allerdings weitaus unbedeutendere Einnahmequelle der ca. 16 000 Einwohner dar.

Moorea ist, geologisch gesehen, mindestens doppelt so alt wie Tahiti; die Landschaft der Insel wird von vulkanischen Gipfeln und zwei tief eingeschnittenen Buchten, der Baie de Cook und Baie d'Opunohu, geprägt. Der Mount Tohiea ist mit 1207 m die höchste Erhebung. Rund um die Insel reihen sich ruhige, durch Riffe geschützte Buchten mit weißen Korallensand aneinander. Das glasklare Wasser in den Lagunen glitzert in allen erdenklichen Blau- und Grünschattierungen.

Ebenso wie die anderen Gesellschafts- Inseln wurde auch Moorea erst vor ca. 1500 Jahren besiedelt, und bis ins 18. Jh. nannte man sie *Aimeho*. Der heutige Name Moorea, was in der Sprache der Einheimischen soviel wie „gelber Gecko" bedeutet, geht auf die Vision eines Oberpriesters zurück.

Als erste Europäer erreichten 1767 der Engländer Samuel Wallis, 1768 der Franzose Antoine de Bougainville und 1769 der Engländer James Cook die Insel. Cook ließ dort auf einer vorgelagerten kleinen Insel ein Observatorium zur Venusbeobachtung errichten. Als er 1777 in der Bucht von Opunohu ankerte, stahlen Einheimische ihm eine Ziege. Daraufhin ließ Cook Häuser niederbrennen und Kanus zerstören.

1792 eroberte Pomare I. mit Hilfe der Waffen der *HMS Bounty* die Insel Moorea und wählte Papetoai zu seinem Regierungssitz. 1805 begleiteten einige Missionare Pomare II. hierher in sein Exil, wo 1817 mit einer aus England eingeführten Druckerpresse der erste Katechismus in tahitianischer Sprache gedruckt wurde. Im Jahr 1818 wurden von Mitgliedern der *London Missionary Society* die ersten Zuckerrohr-, Kaffee- und Baumwollpflanzungen angelegt.

Die im folgenden beschriebene Rundfahrt – mit einem Leihwagen, Motorroller oder Fahrrad – entlang der etwa 60 km langen Küstenstraße beginnt am **Flughafen Temae** und führt gegen den Uhrzeigersinn um die Insel. Nach jeder Straßenbiegung bieten sich neue Ausblicke, mal auf Badebuchten mit kristallklarem Wasser, dann wieder auf Kokospalmenhaine oder prächtige Gartenanlagen. Sinnigerweise haben die Kilometersteine (PK) auf Moorea die Form der Insel.

In der Gemeinde **Maharepa**, einem

» Karte S. 213, Info S. 220-223

Foto: Matthias Eberhardt

der Hauptorte der Insel, werden an der Straße bunte *pareos* und allerlei Kunsthandwerk angeboten. Gegenüber dem **Moorea Pearl Resort** (Pk 4) steht das um die Jahrhundertwende im Kolonialstil erbaute **Maison Blanche**. Im einstigen Wohnhaus eines reichen Vanilleplantagenbesitzers werden heute tahitianische Souvenirs angeboten.

Von der Bar des Club Bali Hai bietet sich ein herrlicher Blick auf die **Baie de Cook** und die sie umgebenden steil aufragenden Berge. Um den 899 m hohen Berg **Rotui**, an dessen Hängen schon aus der Ferne Ananaspflanzungen auszumachen sind, erzählt man sich folgende Legende: Hiro, eine Gottheit von der Insel Raiatea, wollte den heiligen Berg eines nachts stehlen und hatte bereits ein großes Seil um ihn gelegt (die Einschnitte des Taus sind im Profil leicht erkennbar). Als dies jedoch der Halbgott Pai auf Tahiti bemerkte, schleuderte er seinen Speer, der sich in den Gipfel des Berges Mouaputa bohrte (das Loch ist weithin sichtbar), hinüber. Durch das Zischen des fliegenden Speeres erwachten die schlafenden Vögel, und ihr Gezwitscher verjagte den Dieb. So blieb der Rotui dort, wo man ihn heute bewundern kann.

Kaum ein Weltumsegler, der in dieser malerischen Bucht nicht vor Anker geht. Eine der größten kulinarischen Köstlichkeiten Polynesiens sollte hier probiert werden: *Poisson cru* – roher, in Zitronensaft marinierter Fisch, der in Kokosnussmilch serviert wird. In einer **Kapelle** in der kleinen, aber lebhaften Ortschaft **Pao Pao** hat der Künstler P. Heyman die Heilige Familie im tahitianischen Stil gemalt. Kurz vor dem Ortseingang führt eine Straße ins Inselinnere (Pk 9). An kleinen Ananasfeldern, Pampelmusen- und Papayaplantagen vorbei, schlängelt sich der nicht asphaltierte Weg, umgeben von üppiger Vegetation, hinauf zum **Le Belvédère**. Allein der unvergleichliche Blick von diesem Aussichtspunkt auf den Mount Rotui und die beiden Buchten ist schon einen Ausflug nach Moorea wert.

Oben: Die fjordartige Baie de Cook, Moorea, ein guter Ankerplatz für Segeljachten.

» Karte S. 213, Info S. 220-223

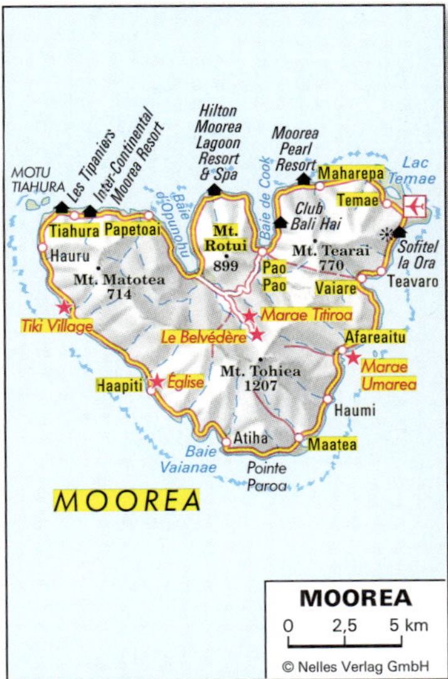

Entlang des Weges befinden sich eine Reihe alter polynesischer *marae*. Diese den Göttern geweihten Plätze standen einst im Mittelpunkt des kultischen Lebens der Einheimischen. Informationstafeln geben über die Bedeutung der Anlagen Auskunft. Vom Parkplatz am **Marae Titiroa** empfiehlt sich ein kurzer Spaziergang in den **Mape-Wald** (tahitianische Kastanien). Wenn man die Fahrt, an der Landwirtschaftsschule vorbei, fortsetzt, gelangt man am südlichen Ende der **Baie d'Opunohu** bei einer Krabbenzucht wieder auf die Küstenstraße (Pk 18). An der ausgelassenen Strecke zwischen den beiden Buchten liegt eine kleine **Fruchtsaftfabrik** (Pk 11); im Rahmen einer Besichtigung können hier Säfte und Liköre probiert werden.

In **Papetoai** (Pk 22), am Nordende der Bucht, steht die älteste erhaltene Kirche Französisch-Polynesiens. Als Zeichen des Triumpfs über das Heidentum erbauten Missionare auf den Grundmauern eines alten *marae* eine achteckige Kirche. Ein kleiner Obelisk erinnert an den alten polynesischen Kultort. Die Mission richtete hier auch ihre erste Schule mit dem klingenden Namen *Academy of the South Seas* ein.

Entlang der schönsten Strände der Insel erreicht man nun den Teil Mooreas mit der größten Hoteldichte. Das **Intercontinental Moorea Resort** (Pk 28) mit Überwasserbungalows und künstlichen Wasserstraßen ist das größte der Insel, zur Anlage gehört auch ein **Delphinarium**. Das Gelände des ehemaligen Club Med sieht verwaist und traurig aus; der Club hat sich aus Moorea zurückgezogen, nachdem die einheimischen Anteilsbesitzer mehr Geld forderten. Gegenüber ist das kleine Einkaufszentrum **Le Petit Village**.

Südlich von **Tiahura** sollte man unbedingt das **Tiki Village** besuchen. In einem nachgebauten polynesischen Dorf leben junge Künstlerfamilien, die die alten Traditionen ihrer Vorfahren lebendig halten. Lassen Sie sich einweisen in die Kunst des Blumenbindens, das Färben von Pareos und das Raspeln von Kokosnüssen, genießen Sie die Tanzvorführungen und das polynesische Essen, oder unternehmen Sie eine Fahrt mit dem Auslegerboot. Gäste werden auf Wunsch vom Hotel abgeholt.

Die Angaben auf den Kilometersteinen nehmen von diesem Punkt aus wieder ab – die halbe Insel ist umrundet. Die nun folgende Südwest-, Süd- und Südostküste ist vom Fremdenverkehr kaum beeinflusst. Die von Osterinsulanern aus Korallenfels erbaute **Kapelle** im Dorf **Haapiti** (Pk 24) bietet vor dem bergigen Hintergrund ein attraktives Fotomotiv.

Durch die verträumte Ortschaft **Maatea** (Pk 14) gelangt man schließlich nach **Afareaitu** (Pk 10), dem Verwaltungszentrum Mooreas mit einer 1912 erbauten Kirche und einem Krankenhaus. Papetoai und Afareaitu waren schon vor 200 Jahren die am dichtesten besiedelten Gebiete der Insel. Hier errichteten die Missionare ihre zweite Station, eine Schule und eine Druckerei. Der **Marae Umarea**,

Foto: Reinhard Schmid (Schapowalow)

am Wasser gelegen und nicht sehr gut erhalten, scheint der älteste Kultplatz Mooreas (ca. 900 n. Chr.) zu sein.

In der Bucht von **Vaiare** (Pk 5) legen die Fährschiffe aus Papeete an. Vom **Aussichtspunkt** über dem Sofitel Moorea la Ora Beach Resort (Pk 1) genießt man einen schönen Blick auf die Lagune, die Passage von Vaiare und nach Tahiti.

HUAHINE

Maler und Schriftsteller haben oft das besondere Licht auf dieser Insel gerühmt – eine Art Provence der Südsee. **Huahine** (175 km nordwestlich von Tahiti) zählt zu den Gesellschaftsinseln, genauer zu den Inseln unter dem Wind. Wegen ihrer Ursprünglichkeit und wilden Schönheit erfreut sich Huahine besonders bei den Einheimischen großer Beliebtheit. Die Insel besteht aus zwei Vulkanmassiven, dem größeren **Huahine Nui** im Norden und dem kleineren **Huahine Iti**. Beide sind durch eine Brücke verbunden und von einem schützenden Korallenriff umgeben. Eine Vielzahl von Lagunen und Buchten charakterisieren dieses Kleinod, eingetaucht in einen in allen Blaugrüntönen schimmernden Ozean. Auf keinen Fall sollte man eine Inselumrundung mit dem Auto versäumen.

Die höchste Erhebung ist der **Mount Turi** mit 669 m. Das Inselinnere ist steil und dicht bewachsen. Eine Straße windet sich, vorbei an Dörfern mit farbenfrohen Häusern, um die beiden Inseln.

In **Maeva** wurde einer der größten altpolynesischen Kultplätze der Gesellschaftsinseln entdeckt. Bisher konnte allerdings nur ein Teil freigelegt werden. Viele der archäologischen Arbeiten auf Huahine wurden von Dr. Y. H. Sinoto vom Bishop Museum in Honolulu geleitet. Er fand hier die bislang ältesten Zeugnisse (ca. 700 n. Chr.) der Besiedlung der Gesellschaftsinseln. Im malerischen Hauptort **Fare** im Nordwesten der Insel Huahine wird morgens **Markt**

Oben: Polynesische Show im Tiki Village/Moorea.
Rechts: In Maeva, Huahine, haben Archäologen eine der größten altpolynesischen Kultstätten freigelegt.

» Karte S. 198-199, Info S. 220-223

Foto: Volkmar E. Janicke

gehalten, abends fahren die Fischer den Fang ein. Mittags ist der Ort jedoch wie ausgestorben.

RAIATEA UND TAHAA

Gut 30 km westlich von Huahine liegen die beiden, nur durch eine 3 km breite Wasserstraße voneinander getrennten, aber von einem gemeinsamen Barriereriff umschlossenen Schwesterinseln Raiatea und Tahaa. Mit einer Fläche von etwa 200 km² ist **Raiatea** die zweitgrößte der Gesellschaftsinseln, ihre Ortschaft **Uturoa** (ca. 3800 Einwohner) fungiert als Verwaltungszentrum der Inseln unter dem Wind (*Îles sous le Vent*). Landschaftlich ist sie den anderen Gesellschaftsinseln sehr ähnlich. Besuchern eröffnen sich im Landesinneren üppig grüne Täler mit zahlreichen Plantagen und Wasserfällen. Raiateas höchster Berg, der Mount Toomaru, erreicht 1032 m; die höchsten Erhebungen der viel kleineren Insel Tahaa bleiben unter 600 m. Raiatea kommt besondere geschichtliche Bedeutung zu. Den Vorfahren der heutigen Polynesier war Raiatea als geheiligtes *Hawaiki* bekannt. Es stellte zur damaligen Zeit das politische und religiöse Zentrum des Archipels dar.

Eine Inselrundfahrt entlang der etwa 100 km langen Küstenstraße führt zu einer Reihe von historischen Anlagen. Der **Marae Taputapuatea** bei Opoa (Pk 32) mit seiner stattlichen Grundfläche von 43 x 8 m macht die Insel für archäologisch Interessierte reizvoll. Auch wenn nur einige steinerne Plattformen am Strand erhalten sind, geht von dem Ort doch ein geheimnisvoller Zauber aus. Zwischen der **Baie Faaroa** und der **Baie Faatemu** führt eine Verbindungsstraße durch das Inselinnere.

Tahaa strahlt einen ursprünglichen Charme aus. Wegen seiner Vanilleplantagen wird es auch *L'Île Vanille* genannt. Die 67 km lange Küstenstraße führt von der **Baie Apu** im Süden zum Hauptort **Patio** im Norden. Landwirtschaft, Fischfang und die jüngst begonnene Perlenzucht sichern den etwa 5000 Einwohnern ihr Einkommen.

» Karte S. 198-199, Info S. 220-223

Foto: Jürgen Pelzing

BORA BORA

Fast jeder Südsee-Tourist hat Bora Bora fest in sein Programm eingeplant: **Bora Bora**, nur 240 km nordwestlich von Tahiti, kann bequem mit dem Flugzeug oder per Schiff erreicht werden. Bereits beim Anflug auf das mit seiner Landebahn weit draußen vor der Hauptinsel gelegene Korallenriff fasziniert die traumhafte **Lagune**, die in allen Blautönen leuchtet. Auf der anschließenden Überfahrt nach Vaitape wähnen sich die meisten Besucher am Ziel ihrer Wünsche. Wasser, Palmen, Sand; blau, grün, weiß – das ist es. Über allem ragen der 727 m hohe **Otemanu** und der 661 m hohe **Pahia** auf, Reste eines erloschenen Vulkans.

Die Hauptinsel ist dann eher ernüchternd. Keine netten polynesischen Dörfer säumen die 32 km Küstenstraße, von der man das Meer hinter den Hotelanlagen nur ahnen kann. Der einzige nennenswerte Sandstrand **Matira Beach** ist meistens voll. Auf den einst unbewohnten Inseln in der Lagune, die wie ein Kranz die Hauptinsel umrahmen, befinden sich Luxus-Resorts.

Die Schönheit Bora Boras liegt im sagenhaften Türkis der Lagune, vor der Kulisse der Bergspitzen. Deshalb ist ein Ausflug in die Lagune ein Muss. Haifischfütterung, Schnorcheln im Korallengarten und BBQ auf einem der Motus sind meist inklusive.

Vaitape, der Hauptort, ist ein kleines, verträumtes Dorf mit Geschäften, Banken und Cafés. Das **Centre artisanal** (Kunsthandwerkszentrum) gegenüber der Schiffsanlegestelle ist einen Besuch wert.

Bora Bora war bis zur französischen Annektion im Jahr 1888 unabhängig. Amerikanische Soldaten, die hier im 2. Weltkrieg eine Versorgungsstation einrichteten, brachten das Leben der Insulaner (heute ca. 8800) mächtig durcheinander. Mit ihnen kam der Tourismus.

In der **Baie Povaie** liegt das **Bloody Mary's**, ein Gourmettempel, der am Eingang mit Stolz auf seine zahlreichen

Oben: Anflug auf Bora Bora.

» Karte S. 217, Info S. 220-223

illustren Gäste hinweist. Im **Jardin Gauguin** können schöne Skulpturen, bunte Pareos, T-Shirts, Muscheln und schwarze Perlen erworben werden.

In der Nähe der **Baie de Faanui** zeugen die Überreste von *marae* (**Marotetini**, **Taianapa**, **Fare Opu**) von alter polynesischer Kultur.

Das Atoll **Maupiti** wird wegen der Ähnlichkeit gerne das kleine Bora Bora genannt. Hochaufragende Felsen der Hauptinsel in der Mitte einer Lagune, umgeben von kleinen Motus. Auf einem ist der Flughafen. Hier gibt es herrliche Strände, freundliche Insulaner und wenig Tourismus. In den kleinen Privatpensionen wird man herzlich aufgenommen und gut versorgt. Die Insel hat nur eine Straße, kaum Autos, nur Mopeds. Die Attraktion liegt in der Lagune. Anreise: Maupiti Express von Bora Bora oder per Flugzeug ab Papeete; der Flughafen liegt nahe dem Hauptort **Vaiea** auf dem **Motu Tuanai**.

TUAMOTU-ARCHIPEL

Ein Atoll ist für viele der Inbegriff der Südsee, und keine Inselgruppe der Südsee hat so viele Atolle wie die Tuamotus. 77 dieser flachen, ringförmigen Koralleninseln sind über eine Meeresfläche verstreut, die so groß ist wie Mitteleuropa. Sie erfüllen alle Erwartungen an die Südsee: schneeweiße Strände, von Palmen gesäumt, in vielen Türkis- und Blautönen schimmernde Lagunen, kristallklares Wasser und eine üppige Unterwasserwelt.

Die Zeit scheint hier stehen geblieben zu sein. Die Vegetation ist spärlich, man lebt von der Kopraproduktion, vom Fischfang – und von der Perlenzucht, die mittlerweile zu den Haupteinnahmequellen Französisch-Polynesiens zählt. Für die schwarzen Perlen sind die Tuamotus berühmt. Temperaturen und Strömung scheinen hier ideal dafür zu sein. Überall in den Lagunen stehen auf Pfählen die Hütten der **Perlenfarmen**, die auch besichtigt werden können.

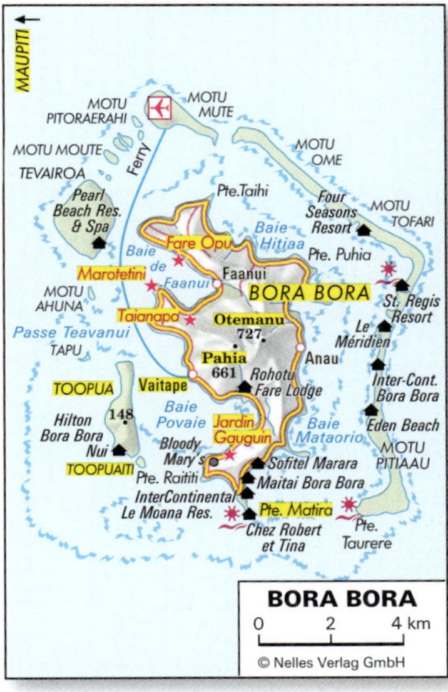

Touristisch am meisten erschlossen ist Rangiroa, mit Unterkünften in allen Preiskategorien, einigen kleinen Restaurants, Cafés und Tauchbasen; aber auch auf Manihi, Tikehau und Fakarava gibt es kleine Hotels und Pensionen. Alle Flüge nach Manihi und Tikehau gehen über Rangiroa, so dass man zwei Atolle besuchen kann. Ein Besuch einer der Tuamotu-Inseln garantiert stressfreien Urlaub, ideal für Ruhesuchende und Wassersportler. Den zeitweise lästigen *Nono*-Mücken sollte durch ein Insektenschutzmittel vorgebeugt werden.

320 km von Tahiti entfernt, präsentiert sich in der 67 km langen und 26 km breiten, türkisfarbenen Lagune von **Rangiroa** das zweitgrößte Atoll der Welt in vollendeter Schönheit. An den zwei auch für große Schiffe sicheren Einfahrten in die Lagune liegen die beiden Orte **Avatoru** und **Tiputa**.

Das Atoll **Manihi** mit seiner einzigartigen Unterwasserwelt befindet sich ca. 520 km nordwestlich von Tahiti. Kopra und Perlenzucht sichern den etwa 800 Bewohnern die zum Leben notwendi-

Foto: agustavop (iStockphoto)

gen Einkünfte. An der Einfahrt in die über 34 km lange und fast 6 km breite Lagune liegt die Ortschaft **Turipaoa**.

Einen Service der besonderen Art bietet das **Manihi Pearl Beach Resort**: Gästen in den Overwater-Bungalows werden auf Wunsch die Mahlzeiten mit dem Auslegerkanu gebracht.

Auf dem fast kreisrunden Atoll **Tikehau** westlich von Rangiroa leben etwa 500 Einwohner, alle auf der Insel **Tuherahera**, wo auch der Flugplatz liegt. Es gibt einige kleinere Unterkünfte mit Bungalows, zwei Tauchbasen, Familienrestaurants, Snackbars und einen Lebensmittelladen. Die Strände sind endlos und teils rosafarben, die Lagune gehört zu den fisch- und artenreichsten der Erde. Die Menschen sind freundlich und gelassen.

Auf dem **Motu Tavania**, 10 Bootsminuten von Tuherahera entfernt, liegt das **Tikehau Pearl Beach Resort**.

Oben: Märchenhafte Blautöne im Rangiroa-Atoll. Rechts: Die Bungalows des Manihi Pearl Beach Resort sind auf Stelzen ins Wasser gebaut.

Fakarava ist mit 60 km Länge und 21 km Breite eines der größten und schönsten Atolle der Südsee. Erst kürzlich wurde es von der UNESCO zum Biosphärengebiet erklärt. Touristisch noch relativ unerschlossen ist es ein Paradies für Schnorchler und Taucher und Alle, die absolute Erholung suchen und Polynesien pur erleben möchten. Rosafarbene Strände, eine sagenhafte Unterwasserwelt mit einem unfassbaren Fischreichtum und nette Familienpensionen garantieren dafür. Der Hauptort ist **Rotoava**, mit dem Flugzeug täglich ab Papeete zu erreichen.

MARQUESAS-INSELN

Vor mehr als 2200 Jahren von Seeleuten aus Samoa und den Tongainseln besiedelt, umfasst der Marquesas-Archipel zahlreiche Inseln, die wie Perlen auf einer Fläche von 1270 km^2 verstreut liegen. Drei Flugstunden von Tahiti entfernt, findet man im Norden die Inseln **Ua Pou**, **Ua Huka** und **Nuku Hiva**, das Verwaltungs- und Wirtschaftszentrum

» Karte S. 198-199, Info S. 220-223

Foto: Thierry Borredon

der Marquesas. Im Südosten liegen **Hiva Oa**, **Tahuata** und **Fatu Hiva**. Mit Ausnahme des Atolls Clark sind alle Inseln vulkanischen Ursprungs. Auf fast allen Inseln steigt eine zentrale Bergkette mit Steilwänden auf, die zum Teil unvermittelt zur Küste abfallen. Das Klima ist feuchtheiß; tropischer Regenwald bedeckt die Ostabhänge. Ihren Namen, *Las Islas Marquesas de Don Garcia Hurtado de Mendoza de Canete*, erhielt die Inselgruppe von Alvaro de Mendaña im Jahr 1595 zu Ehren der Gemahlin des damaligen Vizekönigs von Peru. Die Einheimischen nennen die Inselgruppe **Te Henua Enata** („Land der Menschen").

Zahlreiche historische Kultplätze (*marae*), Tanz- (*tohua*) und Hausplattformen (*paepae*), Befestigungsanlagen (*akaua*), Stein-*tikis* und Petroglyphen hat die austronesische Kultur hier hinterlassen. Vor allem die exzellenten Holzschnitzereien (*tikis*, Schalen, Speere usw.) sind über Französisch-Polynesien hinaus bekannt und begehrt.

Auf einer Seereise lernt man die fast unberührte Inselwelt am besten kennen – entweder während eines Segeltörns mit einem Katamaran oder auf einer 16tägigen Fahrt mit dem Frachtschiff *Aranui*. Landausflüge mit Geländewagen oder Ausritte sind möglich.

Hiva Oa (ca. 320 km^2) ist die wichtigste Insel der Süd-Marquesas; landschaftlich eindrucksvoll sind die **Baie de Taaoa** und das Tal von **Puamau** mit seinem großen steinernen **Tiki**. Der französische Maler **Paul Gauguin** (gest. 1903) und der belgische Chansonnier **Jacques Brel** (gest. 1978) haben die Marquesas geliebt und der abgelegenen Inselgruppe viel Popularität verschafft. Auf Hiva Oa, in dem verträumten Ort **Atuona**, können das **Gauguin-Museum**, das **Brel-Museum** (mit Brels Flugzeug Jojo) und ihre **Gräber** (im Calvaire-Friedhof) besucht werden.

Nuku Hiva (330 km^2), die Hauptinsel der Nordgruppe, zählt die meisten Einwohner (2800). Ökonomisches Zentrum ist **Taiohae**; einen Besuch wert sind die Bucht von **Hatiheu** und der einzige weiße Sandstrand der Marquesas von **Anaho**.

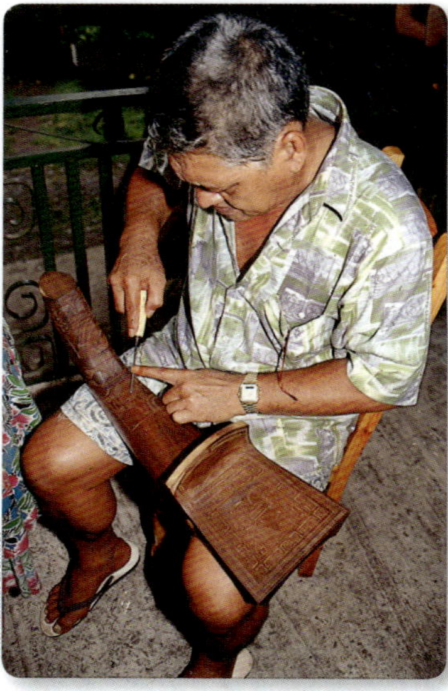

Foto: Matthias Eberhardt

Ua Huka (60 km²) liegt 20 Seemeilen östlich von Nuku Hiva. Männer und Frauen der Insel verkaufen getrennt in unterschiedlichen Geschäften ihre außergewöhnlichen Holzschnitzereien.

Ua Pou (115 km²) besitzt mit dem **Mount Oave** (1252 m) den höchsten Berg der Marquesas. Tausende Seevögel brüten auf einem vorgelagerten *motu*.

Tahuata, mit einer Fläche von 50 km² die kleinste der bewohnten Inseln, bietet Ausflüge zu Pferd ins **Hanatahau Valley** und den dortigen berühmten Petroglyphen.

Fatu Hiva (80 km²) ist die südlichste und niederschlagsreichste der Marquesas-Inseln. Thor Heyerdahl verbrachte hier 1937-38 ein Jahr, bevor er zu seiner Kon-Tiki-Expedition aufbrach.

Ein ca. 18 km langer Wanderweg verbindet die beiden einzigen Orte der Insel, **Hanavave** (mit der malerischen Bay of Virgins) und **Omoa**.

Oben: Die Bewohner der Marquesas sind berühmt für die hohe Qualität ihrer Holzschnitzarbeiten.

FRANZÖSISCH-POLYNESIEN (☎ 00689)

Deutschland, Österreich, Schweiz: Eyes-2market, Fasanenstraße 2, 25462 Rellingen, Tel. 0 4101 6968802, www.tahiti-tourisme.de. **Tahiti**: Tahiti Tourism, Fare Manihi, Boulevard Pomare, Tel. 505700, Fax 436619, www.tahiti-tourisme.com.

EINREISE: EU-Bürger brauchen kein Visum bei Aufenthalt bis zu 3 Monaten. Voraussetzung ist ein noch 6 Monate gültiger Reisepass u. ein Weiter- oder Rückflugticket.

WÄHRUNG: Es gilt der fest an den Euro gebundene CFP-Franc (Pacific Franc/XPF). 1 Euro = 119,33 CFP. Bargeld auf Kreditkarte gibt es von den Banken in Papeete; auf Inseln mit wenig Tourismus kann man nicht mit Kreditkarte bezahlen.

ANREISE: **Deutschland, Österreich**: Mit **Air Tahiti Nui** über Paris und Los Angeles, Tel. (D) 06105 206082, Österreich über Frankreich 0033 1 56811335 (www.airtahitinui.com). **Air France**, über Paris u. LA, Tel. 0180 5 830 830, www.airfrance.com). **Air New Zealand** mit Air Tahiti Nui u. Lufthansa über London oder Paris und LA, Tel. 0800 1817778 (www.airnz.com). **LAN** von Frankfurt über Chile u. Osterinsel nach Tahiti, Tel. 069 29800133, www.lan.com). **Qantas** über Singapur und Sydney in Koop. mit Air Tahiti Nui, Tel.01805250620, www.qantas.com.au.
Faa'a International Airport liegt 10 km außerhalb Papeetes. Viele Flüge kommen in der Nacht an, Transfer zum Hotel ist organisiert.
REISEN IM LAND: **Flugzeug: Air Tahiti**, Tel. 864242, Fax 864069, www.airtahiti.com, fliegt alle wichtigen Inseln an und bietet preiswerte Rundflugtickets mit mehreren Inseln. **Air Moorea** fliegt im Shuttle-Service nach Moorea, Dauer 10 Min. Tel. 864141. Keine Vorausbuchung nötig, www.airmoorea.pf.
Für Charterflüge: **Air Archipels**, Tel. 813030, www.airarchipels.com; **Tahiti Helicopteres**, Tel. 504075, www.tahiti-helicopters.com.
Fähre nach Moorea: Dauer 30 Minuten bis 1 Stunde, je nach Anbieter. Aremiti 5 und Aremiti Ferry, Tel. 505757, www.aremiti.pf. Bis zu 10 Fäh-

 » Karte S. 198-199, Info S. 220-223

ren täglich, auch am Wochenende, ab Ferrydock in Papeete nach Vaiare.
Gesellschaftsinseln mit Frachter: Hawaiki Nui, Tel. 549954.
Maupiti von Bora Bora, Raiatea,Tahaa: Maupiti Express, Tel. 676669.
Tuamotus und Marquesas mit Frachter: Als bester Bootstrip in der Südsee gilt jener mit der **Aranui 3**. Sie fährt regelmäßig ab Papeete zu den Marquesas, mit Stopps an allen wichtigen Inseln. Dauer 16 Tage, ein Teil kann auch geflogen werden. Die Aranui ist ein neuer Frachter mit komfortablem Passagierteil. Tel. 426242, Fax 434889, www.aranui.com.
Bus: Der öffentliche Bus heißt *Le Truck* und hält auf Handzeichen. Auf Tahiti verkehrt er regelmäßig, auch abends, auf den anderen Inseln mit Tourismus nur von und zu den Fähren.
***VERKEHR, LEIHWAGEN**:* Es herrscht Rechtsverkehr. Außerhalb Papeetes und auf den anderen Inseln gibt es nur wenig Verkehr. In Papeete braucht man keinen Leihwagen, auf den anderen Inseln nur stunden- oder tageweise. Ein Internationaler Führerschein ist nicht notwendig. Avis Pacificar und Europcar sind die verbreitetsten Autoverleiher auf den Inseln. Buchungen über **Tahiti Avis Pacificar**, Airport Tel. 850284; **Europcar**, Tel. 866196, www.europcar-tahiti. com. Auch in allen größeren Hotels vertreten.
***KREUZFAHRTEN**:* Die **MS Paul Gauguin** wurde speziell für die flachen Gewässer zwischen den Inseln gebaut. Das Keuzfahrtschiff bietet Platz für 332 Passagiere. Von Papeete läuft es die Gesellschaftsinseln, die Atolle der Tuamotus, die Marquesas und sogar die Cook-Inseln Tonga und Fidschi an. Dauer von 7 bis 14 Tage. Paul Gauguin Cruises, www.pgcruises.com.
Das Motorschiff **Haumana** fährt die schönsten Inseln und Strände der Gesellschaftsinseln und Tuamotus (sogar bis Fakarava) an. Die Cruises dauern jeweils 6 Nächte/7Tage. Start in Papeete, Bora Bora oder Rangiroa. Zur Zeit nur Charter oder Gruppen, Tel. 500674, www.tahiti-haumana-cruises.com.

Paul Gauguin Museum, tägl. 9-17 Uhr, Papeari, Tel. 571058.
Museum of Tahiti and the Islands, Di-So 9.30-17.30 Uhr, Pointe des Pecheurs, Punaauia, Tel. 548435.
James Norman Hall Home, Di-Sa 9-16 Uhr, Arue, Tel. 500161. **Robert Wan Pearl Museum**, Mo-Sa 9.30-17 Uhr, Vaima Centre, Papeete, Tel. 461555.

Juli: **Heiva Nui**, das größte Festival des Landes, eine Woche lang Tänze, Musik, Wettbewerbe, in Papeete. Oktober: **Hawaiki Nui Va'a**. Mehr als 100 Kanus (*Va'a*), Wettrennen zwischen Huahine, Raiatea und Bora Bora.

***AKTIVITÄTEN / AUSFLÜGE**:*
Strände: Schwer zu glauben: Französisch-Polynesien hat keine spektakulären Strände, zumindest nicht auf den Gesellschaftsinseln. Traumstrände auf den Atollen der Tuamotus und auf kleinen Inseln (*Motus*) in den Lagunen innerhalb der Riffe von Moorea, Huahine, Raiatea/Tahaa und Bora Bora.
Tauchen: Tauchbasen gibt es auf allen Inseln mit Tourismus, oft einem Hotel angeschlossen. Die besten Tauchreviere sind die Gewässer um Raiatea in den Gesellschaftsinseln, Rangiroa, Manihi, Tikehau, Fakarava in den Tuamotus. Live-aboard in den Tuamotus mit **Dive Tahiti Blue**, Tel. (310) 4641490, www.divetahitiblue.com.
Segeln: Die Gesellschaftsinseln sind ein ideales Segelrevier. Auf vielen Inseln kann man Segelyachten chartern. **Raiatea** ist der Stützpunkt für internationalen Charterunternehmen. Von hier lassen sich Bora Bora, Huahine, Moorea und die Atolle Maupiti und Tupai leicht erreichen. **The Moorings**, Tel. 663593, Fax 662094, www.moorings.com, Deutschland: Tel. 089/693508-10, Fax 089/693508-17. **Sunsail**, Tel. 600485, www.sunsail.com.au, **Tahiti Yacht Charter**, Tel. 662880, Fax 662885, www.tahitiyachtcharter.com. **Dream Yacht Charters**, Bareboat oder mit Crew, Archipels Croisières, Tel. in Deutschland 0511/327937.

***GESCHÄFTSZEITEN**:* Läden Mo-Do 7.30-17 Uhr, Fr 16 Uhr, Sa bis 12 Uhr; Banken Mo-Do 8.16 Uhr, Fr bis 15 Uhr. Markt in Papeete Mo-Sa 5-18 Uhr, So 5-10 Uhr.

TAHITI

L'o a la Bouche, ein Spitzenrestaurant, modernes gehobenes Bistro mit interessanten Gerichten, mittags und abends geöffnet, Passage Cardella, Tel. 452976.
Les 3 Brasseurs, Minibrauerei mit Deftigem aber

auch kleinen Gerichten, Sandwiches, Salate, Blvd. Pomare, gegenüber Moorea Ferry, Tel. 506025.

Brasserie de Remparts, im Pubstil, mit belgischem Bier, Küche definitiv französisch, Av Georges Clemenceau, Tel. 428000.

L'Oasis du Vaima, lebendiges schnelles Café für Frühstück und Snacks, Salatbar, im hinteren Teil des Vaima Centre, Tel. 454501.

La Api'zzeria, relativ preiswerte Pizzeria, kein Außenbereich, etwas laut, Blvd. Pomare zw. Stadt und Flughafen, Tel. 429830.

Vigne en Verre, modernes, cooles Restaurant und Café, beliebt bei Einheimischen, Pasta und Herzhaftes, neben der gleichnamigen Weinhandlung, Rue Paul Gauguin, gegenüber vom Rathaus, Tel. 42 28 28.

Blue Banana in Punaauia, mit Blick nach Moorea, zum Sonnenuntergang Tisch auf dem Deck buchen, Seafood, preiswert nach Tahiti-Preisstandard, Tel. 412224, PK10.

Lou Pescadou ist ein langjähriger Renner unter den Italienern. Beim Dekor von rotweiß-karierten Tischdecken, Kerzen und Chianti-Flaschen kommt Nostalgie auf. Der Pizzaofen steht im Restaurant, bei den Pastagerichten kommt man ins Schwärmen. Passage Cardella, keine Reservierung.

Cafeteria du Marchè, lebhafte Snackbar mit tahitianischen Gerichten und Live-Musik, nur tagsüber, im 1. Stock des Marktes. Im hinteren Teil des Erdgeschosses viele Imbissstände mit exzellenten Snacks.

Les Roulottes, Imbisswagen mit leckeren Gerichten und Getränken und einfachen Plätzen zum Sitzen, täglich ab 18 Uhr, Place Vaiete, am Hafen, hinter dem Tourismusbüro.

Polynesische Tanzshows mit und ohne Büffet regelmäßig in den großen Hotels. In der lebendigen **Barszene** entlang dem **Boulevard Pomare** und in den Seitenstraßen mischen sich französische Matrosen, Einheimische und Touristen.

Die **Piano Bar** bietet **Transvestitenshows** am Wochenende nach 24 Uhr.

Die **Tanzshow** im **Intercontinental Resort** ist spektakulär. Mittwochs und freitags, aber die Samstagsshow ist die Beste. Tel. 865110.

AUSFLÜGE: Tahiti lässt sich mit einem Leihauto umrunden. Bei einer organisierten Tour erfährt man jedoch mehr über Land und Leute. **Jeep-Safaris** in die Berge im Inselinneren mit Stopp an Ausgrabungsstellen, Wasserfällen und Lake Vaihiria; nur bei gutem Wetter: **Tahiti Safari Expeditions**, Patrice Bordes, Tel 421415, Fax 421007, www. tahiti-safari.com; **Adventure Eagle Tours**, William Leeteg, Tel. 772003. Circle Island Tour mit Stopps an allem Sehenswerten und Abstecher in die Berge.

Golf: Ein 18-Loch-Golfplatz liegt im Süden bei PK 40.2 Mataiea, Tel. 574341.

MOOREA

Moorea hat eine gute Auswahl an Restaurants. Die meisten bieten einen Pick-up-Service vom Hotel an.

Bei **Snack Mahana** sitzt man direkt am Wasser, innen waltet Heifara am Herd und zaubert hervorragende lokale Küche mit frischem Fisch, wie Tuna Tartar, Tuna Salat oder Tuna Burger, zwischen Opunoho Bay und Papetoai, Tel. 564170.

Ebenso empfehlenswert ist **Chez Fifi** an der Opunohu Bay.

Le Mayflower, die Spezialität des Hauses ist Hummer-Ravioli und Tuna Carpaccio, Haapiti, Hauru Point, Tel. 565359.

Roulottes, in Pao Pao und neben dem La Petit Village in Haapiti ab 18.30 Uhr.

Restaurant Le Tipaniers, Pasta, frischer Fisch, Steaks, Salate, nur tagsüber, Haapiti, direkt am Strand, Tel. 561267.

Im Kikipa Centre gibt es bei **Maria@Tapas** zum Internetservice gutes Frühstück, kleine Tex-Mex-Gerichte und abends ein kühles Bier und Live-Musik im Freien, Tel. 550170.

Tiki Village Theatre, polynesisches Freilichtmuseum mit Künstlerwerkstätten, Perlenfarm, Shows etc., Di-Sa 11-15 Uhr, Haapiti, Tel. 550250, www.tikivillage.pf.

Polynesische Tanzshows gibt es in allen größeren Hotels. Tahitianer lieben es, Sonntagmittag mit Familie zu einem *Ma'a Tahititan Feast* zu gehen, mit Musik, Tanzshow und viel Essen und Wein. In vielen Hotels, aber am Schönsten am **Painapo Beach**, Tel. 283370 (www.painapo.com), unbedingt vorbuchen.

STRÄNDE: Die besten sind an der Westküste beim **Hotel Tipaniers** und Umgebung und an der Ostküste beim **Sofitel la Ora Hotel**, langer öffentlicher Strand in **Temae**. **Inselrundfahrt** mit Auto oder Moped mit Abstecher nach

Belvedere (nicht für Mopeds), einem Aussichtspunkt in den Bergen ab Pao Pao, Baie de Cook.

HUAHINE

Selbstversorger können sich unter der Woche tagsüber am Markt am Hafen in Fare eindecken.
Fare Mauarii, exzell. Südsee-Lokal, direkt am Wasser, idealer Stopp bei der Inselrundfahrt, Parea, Huahine Iti, Tel. 688649.
Terrace Restaurant, von Chez Guynette, der beste Ort um dem gemütlichen Treiben in Fare zuzusehen, Frühstück, kühles Bier, Snacks in Fare direkt am Hafen, Tel. 688375.
Restaurant New Te Marara, ideal für Sunset und Happy Hour, Burger und einheimische Gerichte, Fare am Hafen, Tel. 687081.
Roulottes, Imbisse am Hafen nach 18 Uhr

AUSFLÜGE / AKTIVITÄTEN:
Strände: guter Strand beim Sofitel Hotel, bessere Strände im Westen von Huahine Iti und im Süden beim Relais Mahana.
Geführte Touren zu den **Archäologischen Fundstätten**: **Enite Tours**, Tel. 688237, Fax 730507; **Felix Tours**, Tel. 688169; **Huahine Land**, Tel. 688921, Jeeptouren in die Berge, Vanillefarmen, Ausgrabungen. Auch kombinierte Tour mit Boot und Jeep.
Lagoon Tours um die Insel und zu Motus: **Vahine Api Cruises**, Tel. 688402, Fax 688030; **Huahine Nautique**, Tel./Fax 688315.
Reiten mit **La Petite Ferme**, Tel. 688298, www.la-petiteferme.com.

RAIATEA / TAHAA

Dank der Charterbootgesellschaftenexistiert in **Uturoa** ein hervorragender **Supermarkt** für Selbstversorger, an 6 Tagen geöffnet, im 1. Stock auch Souvenirs.
La Napoli, gute Pizza, Pasta, nördlich von Uturoa am Flughafen, Tel. 661077.
Restaurant Bar Le Voile d'Or, schöne Lage am Meer am Jachthafen Apooiti, ab Mittag geöffnet, preiswert, Tel. 661297.
Brasserie Maraamu, einfache Snacks, chinesisch-polynesisch, preiswert, im Gare Maritim am Hafen, Tel. 664664.
Sea Horse, chinesisch-polynesiche Küche, preiswert und gut, Gare Maritim, Tel. 661634
Roulottes stehen abends am Gare Maritim, an Wochenenden bis nach Mitternacht.

AUSFLÜGE / AKTIVITÄTEN:
Strände: Raiatea hat keine Strände. Schön sind die auf den Motus in der Lagune.
Bootstouren inkl. Marae von Taputaputea, Picknick auf einem Motu, Tahaa-Umrundung. **Manava Excursions**, Tel. 662826, www.manavapension.com; **Trucky Tour**, Tel. 782336; Faaroa River Tours mit **Kajak Lagon Aventure**, Tel. 663445.
Jeep-Safaris um die Insel und in die Berge: **Almost Paradise Tours**, Tel. 662364; **Jeep Safari Raiatea**, Tel. 661573. **Reiten** mit **Kaoha Nui Excursions**, Tel./Fax 662546.

BORA BORA

La Bounty, tropisches Ambiente, Pasta, Pizza, Fisch und Snacks, Live-Musik, Matira, Tel. 677043.
Fare Manuia, gute Pizza, relativ preiswert, Matira, Tel. 676808.
Bloody Mary's Restaurant & Bar, berühmt, gut, aber nicht billig, Povai Bay, Tel. 677286.
Am Abend: **Roulottes** in Vaitape und Matira. Einige Restaurants bieten Hoteltransfer.

Polynesische **Tanzshows** in allen größeren Hotels. Sonst kaum Nachtleben.

AUSFLÜGE / AKTIVITÄTEN:
Strände: der beste am **Pointe Matira**, ansonsten auf den *Motus* in der Lagune. Die Insel ist per Rad problemlos zu erkunden.
Bootstouren gehen zu den schönsten Plätzen in der Lagune. Meistens ist Haifischfütterung und Picknick auf einem *Motu* inklusive. Teremoana Tours, Tel. 677138, Moana Adventure Tours, Tel. 676141; Keishi Tours, Tel. 676731.
Landtouren mit Jeep in die Berge, Vavau Adventures, Tel. 720121, Tupuna Mountain Safari, Tel. 677506.
Der **Flughafen** liegt auf einem *Motu*, Passagiertransfer per **Schnellboot** nach Vaitape.

Grandioser Sonnenuntergang mit
Schattenriss des Ahu Vai Uri, Osterinsel

Foto: Manfred Storck

DIE OSTERINSEL (Rapa Nui / Isla de Pascua)

RUND UM RAPA NUI

Mit ihren monumentalen, aus vulkanischem Tuffstein erschaffenen Skulpturen (*moai*) zählt die Osterinsel zu den geheimnisvollsten Reisezielen der Südsee. 887 dieser tonnenschweren Kolosse mit langgezogenen Köpfen auf massiven Rümpfen sind auf der kleinen Insel verstreut. Über Jahrhunderte entzündeten sich an diesen Figuren die Fantasien von Reisenden und Wissenschaftlern. Viele vermuteten in ihnen Überreste des versunkenen Kontinents „Mu" oder einer unbekannten „Urkultur". Heute gilt es als erwiesen, dass die Osterinsulaner mit diesen steinernen Statuen ihre Ahnen ehrten. Ähnliche Figuren, nur viel kleiner, findet man auf den Marquesas- und Tuamotu-Inseln.

Auch landschaftlich ist die Osterinsel mit ihren rauen Küsten und Kraterseen reizvoll. Hier leben herzliche Menschen, die unter außergewöhnlichen Bedingungen an einem der abgelegensten Orte der Erde Besucher willkommen heißen. Die Bewohner nennen ihre Insel, sich selbst und ihre polynesische Sprache *Rapa Nui*. Offiziell heißt die zu Chile gehörende Insel *Isla de Pascua*, und Amtssprache ist Spanisch.

Seit 1995 zählt die gesamte Osterinsel als **Nationalpark Rapa Nui** zum UNESCO-Welterbe.

Links: Bedrohlich oder hilfreich? Ein Moai des Ahu Tongariki.

Landschaft

Weit östlich vom Tuamotu-Archipel, auf dem ostpazifisch-antarktischen Rücken, liegt der Vorposten polynesischer Kultur: die Osterinsel mit den vorgelagerten Inselchen Motu Nui, Motu Iti und Motu Kao Kao. Sie gehören mit der ca. 400 km entfernten Insel Sala y Gomez zu Chile, obwohl ihre Distanz zu Südamerika ca. 3500 km beträgt.

Die 166 km^2 große, dreieckig geformte Insel befindet sich bereits im subtropischen Klimabereich. Sie besteht aus vulkanischem Gestein, Tuffen, Schlacken und Basalt. Alte, zum Teil von den erosiven Kräften zerstörte Vulkankrater prägen das Gesicht Rapa Nuis – kegelförmig emporragend oder durch Abtragung zu Hügeln verflacht. Die drei Inselspitzen werden von Vulkanen markiert. Trinkwasser lieferten früher zwei Kraterseen; heute wird das Wasser für Hangaroa aus unterirdischen Reservoirs hochgepumpt.

Die ältesten Gesteine des 370 m hohen Maunga Puakatiki auf der Halbinsel Poike wurden auf etwa 2,5 Millionen Jahre datiert, die des 316 m hohen Rano Kau auf ca. 1 Million Jahre. Mit nur 250 000 Jahren ist der 507 m hohe Maunga Terevaka der jüngste und größte der drei Vulkane. Die letzte vulkanische Aktivität war vor mehr als 2000 Jahren. Bis auf wenige Abschnitte, darunter die

Foto: Manfred Storck

beiden schönen Badestrände von Anakena und Ovahe im Nordosten, ist die Küste rau und felsig, mit bis zu 300 m hohen Klippen. Es gibt weder ein schützendes Korallenriff noch einen sicheren natürlichen Hafen.

Klima

Der maritime Einfluss wirkt ausgleichend auf die Temperaturen. In den „kalten" Monaten von Juni bis August kann das Thermometer nachts bis auf 10 °C abfallen, während die Werte oft tagsüber auf 18-22 °C ansteigen. In der „wärmeren" Jahreszeit von Dezember bis Februar herrschen tagsüber meist 27-30 °C, nachts noch 20 °C. Die Luftfeuchtigkeit liegt bei 83 %. Die niederschlagsarme Periode dauert von Juli bis Oktober, die regenreichere von März bis Juni, aber die Unterschiede sind nicht stark ausgeprägt.

Oben: Am Kraterrand des Kano Kau.

Flora und Fauna

Nur verhältnismäßig wenige Tier- und Pflanzenarten haben die Insel ohne menschliche Hilfe erreicht. Taro, Yams, Banane, Zuckerrohr und Flaschenkürbisse wurden wahrscheinlich von polynesischen Siedlern auf die Insel gebracht. Ananas, Avocados, Papayas, Zitrusfrüchte und Gemüsepflanzen wie Salat, Tomaten, Mais und Bohnen sind von den Europäern eingeführt worden.

Die ursprüngliche Vegetation umfasste wohl auch hochwüchsige Bäume; der *Sophora toromiro*, der auf der Insel als ausgestorben galt, wird heute wieder angepflanzt. Hauptsächlich gedeihen Eukalyptusbäume, Kokospalmen und Guavensträucher sowie der chinesische Holunder, *Miro tahiti*, der für Holzschnitzarbeiten Verwendung findet. Im Inselinneren herrscht Grasland vor. Von den einheimischen Pflanzenarten konnten nur geringe Bestände überleben. Die ersten Europäer, die die Insel besuchten, berichteten von der vegetationsarmen Landschaft

» Karte S. 229, Info S. 236-237

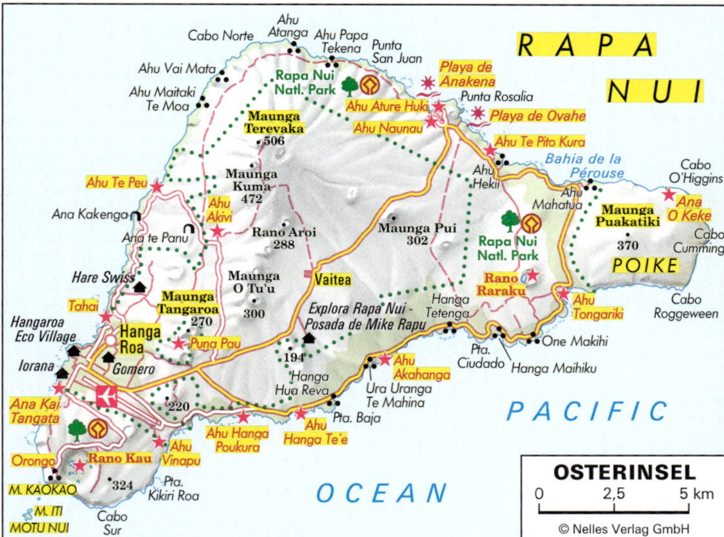

– anscheinend hatten die Insulaner alle Bäume abgeholzt. Exzessive Rinder- und Schafhaltung führte im 19. Jh. zur endgültigen Zerstörung der noch verbliebenen Flora.

Auf natürlichem Weg haben nur einigen Insekten, Vögel und zwei Gecko-Arten die Osterinsel erreicht. Die Polynesier brachten Ratten und Hühner mit, andere Haustiere und heute wildlebende Tierarten trafen später mit europäischen Expeditionen ein. Der heute weit verbreitete Geierfalke (*manu toke toke*) wurde auf der Insel angesiedelt.

Europäische Entdecker, Sklavenhändler und Missionare

Wissenschaftler vermuten, dass die Osterinsel bereits um 500 n. Chr. von Polynesiern besiedelt wurde, wahrscheinlich von den Marquesas- oder Tuamotu-Inseln aus. Möglicherweise haben auch mehrere Einwanderungswellen stattgefunden. Der Überlieferung nach – und davon sind fast alle Einheimischen überzeugt – war es der polynesische König oder Häuptling Hotu Matua, der als erster mit ausgewählten Stammesmitgliedern auf der Osterinsel an Land ging, um dort eine neue Siedlung zu gründen. Man nimmt an, dass dieses Ereignis um 1200 stattfand, aber genau weiß es niemand.

Auch die Ankunft der ersten Europäer liegt im Dunkeln – hatte der englische Pirat Edward Davis, der 1687 eine Insel auf 27° 20' südlicher Breite fand, die Osterinsel entdeckt? Sicher ist, dass der Holländer Jacob Roggeveen, auf der Suche nach dem von Davis beschriebenen Land, am 6. April 1722, einem Ostersonntag, die Insel erreichte und sie *Paasch Eyland* (Osterinsel) nannte. Er berichtete von „bemerkenswert hohen Bildsäulen", die ihn und seine Leute in Erstaunen versetzten, und von mehreren Tausend Eingeborenen. 1770 annektierte Don Felipe Gonzales im Auftrag des Vizekönigs von Peru die Insel und brachte sie als *San Carlos* in spanischen Besitz. 1774 kam Kapitän Cook, und obwohl er nur vier Tage blieb, konnte er mit seinen Wissenschaftlern und Zeichnern ein recht genaues Bild von Land und Leuten liefern. Nach vielen Stammesfehden zeigte sich die Insel zum Teil verwüstet, rivalisierende Parteien hatten Plattformen zerstört und Statuen umgestürzt.

1786 besuchte eine französische Expedition unter La Pérouse die Insel. Die Franzosen schenkten den Insulanern Schweine, Ziegen und Schafe und ließen Obstbäume und Feldfrüchte pflanzen. Der Kontakt mit Europäern brachte den Insulanern im 19. Jh. viel Unglück: 1805 hatten nordamerikanische Robbenfänger verheerend auf der Osterinsel gewütet, Frauen vergewaltigt und entführt; zwischen 1859 und 1862 wurden dann Tausende Insulaner von skrupellosen peruanischen Seefahrern zur Zwangsarbeit auf südamerikanische Haciendas und Guano-Inseln verschleppt. Die wenigen Überlebenden, die zurückkehren konnten, brachten Pocken und Tuberkulose nach Rapa Nui, an denen der größte Teil der Bevölkerung starb. 1876 lebten nur noch 53 Männer, 26 Frauen und 31 Kinder auf der Insel.

Schon 1864 erkannte der französische Kapitän Jean Dutrou Bornier das Potential der Insel für die Schafzucht, „kaufte" den größten Teil der Osterinsel und warb Arbeitskräfte an.

Ebenfalls im Jahr 1864 traf der katholische Missionar Eugen Eyraud auf der Osterinsel ein; schon zehn Monate später reiste er enttäuscht wieder ab – angeblich wegen ständiger Streitigkeiten unter den Einheimischen. Nachdem er die Einrichtung einer „richtigen" Mission bei seinen Vorgesetzten erwirkt hatte, kehrte er 1866 mit einem weiteren Missionar nach Rapa Nui zurück. Der an Pocken erkrankte Eyraud erlebte nur wenige Tage vor seinem Tod noch die Taufe von mehr als 800 Osterinsulanern. Nach gewalttätigen Auseinandersetzungen mit dem despotischen Plantagenbesitzer Bornier wurden die Missionare 1871 von der Osterinsel vertrieben; Bornier wurde 1877 von einem Insulaner umgebracht.

Erst 1937 endete die priesterlose Zeit, als Sebastian Englert (1888-1969), ein bayrischer Kapuzinerpater, die Seelsorge übernahm. Über dreißig Jahre verbrachte er auf der Osterinsel. Umfangreiche wissenschaftliche Arbeiten zur Kultur und Sprache der Rapa Nui verhalfen ihm zu internationaler Reputation.

Rechts: Vulkane, riesige Moais, Grasland und Pferde – so präsentiert sich die Osterinsel den Touristen.

Ein mühsamer Weg in die Freiheit

Im Jahr 1888 annektierte Chile die Osterinsel. Die Chilenen verpachteten die Weideflächen ihres neuen „Protektorats" an eine englische Wollfirma, die von 1897 bis 1953 intensive Schafzucht auf der Osterinsel betrieb. 1954 übernahm die militäreigene Firma Corfo die auslaufenden Pachtverträge der Engländer, an der katastrophalen Lebenssituation der Einheimischen änderte sich dadurch leider nichts.

Bis Mitte der 1960er Jahre besaßen die Osterinsulaner keinerlei demokratische Grundrechte. Von wenigen Ausnahmen abgesehen durften sie ihre Insel gar nicht und das Dorf Hanga Roa nur mit Militärgenehmigung verlassen. Ein kleines Gebiet wurde ihnen im Umkreis von Hanga Roa als Siedlungsraum zugestanden, während der Rest der Insel für intensive Viehzucht genutzt wurde. Erst durch abenteuerliche Fluchtversuche der Insulaner – meist in offenen kleinen Booten – und durch Publikationen in der internationalen Presse wurde die Weltöffentlichkeit auf die unglaubliche Lage aufmerksam. 1966 verabschiedete die chilenische Regierung schließlich ein Gesetz, das der Osterinsel einen neuen Status verlieh und die Öffnung der Insel nach außen einleitete.

Nach der Wiederherstellung der Demokratie auf dem chilenischen Festland bildeten sich auf der Osterinsel verschiedene politische Strömungen unter den Einheimischen heraus; alle forder-

 » Karte S. 229, Info S. 236-237

Foto: Andreas M. Gross

ten von Chile mehr Selbstbestimmung und Wirtschaftsförderung, ohne jedoch die Unabhängigkeit für Rapa Nui durchsetzen zu wollen.

Heute leben ca. 6000 Menschen, darunter ca. 800 Chilenen, auf Rapa Nui. Die Einheimischen sind polynesischen Ursprungs (*Maohi*), aber fast jede Familie kann mindestens einen europäischstämmigen Vorfahren aufweisen.

Die Osterinsel gehört administrativ, als Provinz mit nur einer Kommune, zur chilenischen Region Valparaiso. Dem lokal gewählten Bürgermeister steht ein von der chilenischen Regierung eingesetzter Gouverneur vor. 2008 erhielt die Osterinsel den Status eines *Territorio Especial* innerhalb Chiles.

Einziges Städtchen der Osterinsel ist Hanga Roa („große Bucht"), und der einzig nennenswerte Wirtschaftsfaktor ist der Tourismus mit jährlich ca. 70 000 Besuchern, größtenteils von Kreuzfahrtschiffen. Der 1964 von den US-Amerikanern als Notlandebahn für ihre Weltraumflüge erbaute (und 1997 verbesserte) **Flughafen Mataveri** wird im Linienverkehr von der chilenischen chilenischen Fluggesellschaft LAN angeflogen. Finanzielle Unterstützung erhalten die Bewohner durch im Ausland – meist in den USA oder in Chile – lebende Osterinsulaner. Alle Pläne, die Agrarproduktion für den Export auszuweiten, scheiterten bislang an den hohen Transportkosten.

Moai, Ahu und Rongorongo

Ehrfurchtgebietende Wahrzeichen der Osterinsel sind die massiven Steinplattformen (*ahu*), auf denen sich gigantische Steinskulpturen (*moai*) erheben. Diese Figuren, als Ahnenbilder gedeutet, entstanden wahrscheinlich zwischen 1100 und 1700 n. Chr. Heute existieren 887 Statuen auf der Insel, und Experten streiten darüber, wie sie vom Steinbruch am Vulkan Rano Raraku zu den Plattformen transportiert wurden. Die meisten Statuen blicken von der Küste aus landeinwärts. Ursprünglich trugen sie zylinderförmige „Haarschöpfe" (*pukao*) aus roter Vulkanschlacke,

einige besaßen Augeneinsätze aus weißen Korallen.

Die Osterinsel ist die einzige polynesische Insel, auf der hölzerne Tafeln mit Schriftzeichen, *Rongorongo,* gefunden wurden. Mit großer Wahrscheinlichkeit handelt es sich nicht um eine Schrift, sondern vielmehr um Zeichen, die als Gedächtnisstütze und Lehrhilfe für traditionelle Gesänge dienten. Die einzelnen Zeichen können für ein Wort, einen Satz oder ein ganzes Ereignis stehen. Sie beginnen in der linken unteren Tafelecke und laufen nach rechts weiter. In jeder zweiten Zeile stehen die Zeichen auf dem Kopf, so dass beim „Lesen" die Tafel am Zeilenende jeweils um 180° gedreht werden musste. Der einzige in Deutschland zugängliche *rongorongo* wurde 1883 vom Berliner Völkerkundemuseum erworben, die restlichen Tafeln befinden sich in verschiedenen Museen der Welt.

Oben: Felsmalerei mit Vogelmenschen im Archäologischen Museum von Hanga Roa. Rechts: Hanga Roa ist die einzige Ortschaft von Rapa Nui.

RUND UM RAPA NUI

Die Insel lässt sich gut zu Fuß oder mit dem Geländewagen erkunden. Auf geführten Touren mit Minibussen oder Pferden gelangt man auch an abgelegenere Stellen.

Der kleine Ort **Hanga Roa** mit Gästehäusern, Hotels, Restaurants, dem einzigen Supermarkt, Post, Bank und Krankenhaus ist der Ausgangspunkt für die Inselerkundung. Fast alle Unterkünfte liegen in Hanga Roa. Den Bürgermeistern der Familie Edmunds ist es gelungen, das Städtchen zum Besseren zu entwickeln: Sie ließen u. a. Bäume anpflanzen und die wichtigen Straßen nicht asphaltieren, sondern mit Ziegeln pflastern. Die „Lebensader" Hanga Roas ist die von kleinen Geschäften gesäumte Hauptstraße **Avenue Atamu Tekena**.

Etwas außerhalb des Zentrums liegt die 1958 geweihte katholische **Kirche** mit schönen Holzschnitzereien lokaler Künstler. Das Grab von Pater Sebastian Englert befindet sich direkt neben der Kirche. Auf dem **Kunsthandwerksmarkt** ein Stück weiter nördlich kann man vor allem traditionelle Holz- und Steinskulpturen erstehen. Die Preise richten sich oft danach, wie wohlhabend Kunden eingeschätzt werden und wie freundlich sie sich zeigen.

Am nördlichen Ortsrand von Hanga Roa findet man das kleine **Archäologische Museum** der Insel; es wurde von Pater **Sebastian Englert** gegründet und enthält, neben Skulpturen, Felszeichnungen und Holzschnitzereien, das Auge eines *moai* aus weißer Koralle und roter Vulkanschlacke, das 1978 bei Anakena gefunden wurde. Verbinden lässt sich der Museumsbesuch mit einem Abstecher ans Meer zur nahegelegenen Zeremonialanlage **Tahai**, die von 1968 bis 1970 freigelegt wurde. Zu sehen sind hier drei Plattformen: die monumentale **Ahu Vai Uri** mit fünf stark verwitterten *moai* und die beiden kleineren Plattformen **Ahu Tahai** und **Ahu Ko Te Riku**. Zwischen den Plattfor-

 » Karte S. 229, Info S. 236-237

Foto: Andreas M. Gross

men wurde ein Hafen angelegt; über eine Rampe konnten dort Kanus ins Meer gelassen werden. Der Ahu Tahai weist regelmäßig behauene und fein ineinander gefügte Steinblöcke auf. Die über 5 m hohe Statue auf dem Ahu Ko Te Riku trägt einen roten Haarschopf (*pukao*) und neu eingesetzte Augen.

Von zwei Schlafhütten (*hare paenga*) sind die elliptischen Grundrisse erhalten geblieben. Diese Hütten bestanden einst aus einem Holzgerüst, das mit Gras und Schilf bedeckt wurde. Die fensterlose Konstruktion, in die man hineinkroch, ähnelte einem umgedrehten Kanu. Des weiteren sind ein Erdofen sowie ein Hühnerhaus und ein Bootshaus zu sehen.

5 km nördlich ragen die Reste des **Ahu Te Peu** auf, in dessen Nähe sich ebenfalls Grundrisse von Schlafhütten finden.

Von Hanga Roa führt die Küstenstraße südwärts zu einem etwa 1000 m entfernten Parkplatz. Direkt am Meer, am Fuß der bis 300 m hohen, zerklüfteten Klippen, liegt die große Höhle **Ana Kai Tangata** (für die Touristen wird sie gerne als „Höhle der Kannibalen" bezeichnet). An den Wänden erkennt man noch (stark beschädigte) Reste von Zeichnungen: in der Luft wirbelnde Seeschwalben wurden in roter und weißer Farbe überaus lebendig ausgeführt.

Die Straße biegt nun ins Landesinnere ab und führt durch ein Eukalyptuswäldchen aufwärts zum Vulkan **Rano Kau**. Linkerhand auf einem Hügel liegt eine der **Obsidian-Fundstellen** der Insel. Obsidian ist ein natürliches vulkanisches Glas, aus dem Speerspitzen, Klingen, Schaber und andere Werkzeuge hergestellt wurden.

Die Straße endet in **Orongo**. Dieses in voreuropäischer Zeit wichtige Zeremonialdorf in sehr exponierter Lage (Höhenangst sollte man nicht haben) ist ein bedeutender Teil des **Rapa Nui National Park** (am Eingang wird 45 € Parkeintritt erhoben), und bald ist man begeistert von der fantastischen **Aussicht** in den **Kratersee** und auf die der Küste vorgelagerten **Motus**: die

Foto: Manfred Storck

Inselchen Motu Kaokao, Motu Iti und Motu Nui.

Die Blütezeit Orongos war im 15./16. Jahrhundert. Früher versammelten sich die Familienrepräsentanten in Orongo einmal im Jahr, um den regierenden Häuptling zu bestimmen. In einem Wettkampf, dem **„Vogelmannkult"**, versuchten die Vertreter der verschiedenen Häuptlinge, als erste ein ganz besonderes Ei – das der Seeschwalbe, die auf der Insel Motu Nui nistete – unbeschädigt nach Orongo zu bringen. Es galt also, die fast 300 m hohe Klippe hinabzusteigen, etwa 2 km in kleinen Binsenflößen zurückzulegen, das auf der Insel gefundene Ei (gut verpackt in einem Stirnband) zurück zu transportieren und einem Clanchef zu übergeben, der dann als Vogelmann verehrt wurde. Dieser Kult wurde in Kevin Costners spektakulärem Film *Rapa Nui* (1993) ausführlich in Szene gesetzt.

Oben: Die Einwohner von Rapa Nui leben heute vorwiegend vom Tourismus. Rechts: Der Ahu Tongariki mit seinen 15 Statuen wurde erst 1995 restauriert.

52 restaurierte **Steinhäuser** sind in Orongo zu sehen. Ausdrucksstarke **Felsreliefs** von Menschen mit Vogelköpfen und Flügeln zieren die Felsen; immer wieder ist der Gott *Makemake* dargestellt, z. B. in der Nähe des Eingangs als freistehende Kopfskulptur.

Wer gut zu Fuß ist, kann von Hanga Roa auch die 6 km zum Kratersee hochwandern. Von Hanga Roa aus fährt man mit dem Auto entlang der Nordseite des Flughafens zur Südwestküste, zur Bucht von **Vinapu**. Bald sind die zwei Steinplattformen des **Ahu Vinapu** (O Tahiri) erreicht, die von umgestürzten Statuen umgeben sind. Die fast nahtlos zu einem zyklopischen Mauerwerk zusammengesetzten Blöcke zeugen noch heute von der außerordentlichen Geschicklichkeit und handwerklichen Begabung der alten Rapa Nui. Wie schon Thor Heyerdahl feststellte, lassen Präzision und Ästhetik der polynesischen Architektur Ähnlichkeiten zur Bauweise der Inka erkennen.

3 km weiter östlich folgt der weitgehend zerstörte **Ahu Hanga Poukura**, der noch eine eindrucksvolle Mauer aus wuchtigen Steinquadern besitzt. Die acht Steinfiguren des **Ahu Hanga Te'e** (Ahu Vaihu), 1 km weiter, liegen mit dem Gesicht nach unten.

Nach 3 km gelangt man zum **Ahu Akahanga**, einer der größten Steinplattformen der Insel mit vier umgestürzten Statuen. Der Überlieferung nach soll in der Nähe das Grab des legendären Häuptlings Hotu Matu liegen. Kurz darauf führt links die **Te Ara Moai** („Straße der Moai") ab. Diesen alten Transportweg für Monumentalskulpturen, der von vielen umgefallenen Statuen gesäumt ist, kann man nur mit einem Geländewagen befahren. Ratsamer ist es deshalb, die nächste Stichstraße links zum Vulkan **Rano Raraku** und der „Bildhauerwerkstatt" der *moai* einzuschlagen.

95 % aller *moai* wurden an den Hängen des Ranu Raraku gefertigt; sein Tuffstein lieferte ideales Material für die

» Karte S. 229, Info S. 236-237

Foto: Udo Bernhart

örtlichen Bildhauer. Noch heute sind auf dem Gelände fast 400 fertige oder unvollendete Figuren verstreut: Köpfe mit fast identischen, starren Gesichtszügen scheinen im Gras zu ruhen oder aus ihm emporzuwachsen, und in einer Felsnische liegt die größte aller gefundenen Figuren, ein unvollendeter *moai* mit der eindrucksvollen Höhe von 21 m. Von hier aus wurden die bis zu 80 Tonnen schweren Statuen kreuz und quer über die Insel transportiert. Der Blick vom Kraterrand auf den teils mit *Totora*-Binsen bewachsenen Kratersee und über die Insel ist einzigartig.

1 km von der Abzweigung entfernt erheben sich 15 Statuen auf dem 1995 von Japanern restaurierten **Ahu Tongariki**. Diese Formation verwitterter, fast surreal erscheinender Kolosse ist atemberaubend. Auf dem Platz davor sind interessante **Petroglyphen** zu sehen.

Die Halbinsel **Poike** mit dem 370 m hohen Vulkan **Maunga Puakatiki** ist nicht durch Straßen erschlossen. Den Vulkan erkennt man an seinem „Schopf" von Bäumen im flachen Krater. Die Route verläuft an der Basis des Vulkans entlang zur Nordostküste. Hier lohnt ein Abstecher rechterhand zur Höhle **Ana O Keke**, die man zu Fuß querfeldein in ca. 1,5 Stunden erreicht.

Nahe der Bucht **La Pérouse** liegt beim **Ahu Te Pito Kura** der größte je errichtete *moai* (10 m) mit dem Gesicht nach unten; er soll demnächst restauriert werden.

Direkt an der rauen vulkanischen Küste sieht man einen Kreis aus schwarzen Steinen, der eine große Steinkugel umschließt. Dieser Ort wird **Te Pito O Te Henua** genannt, was gerne als „Nabel der Welt" übersetzt wird. *Henua* bedeutet aber auch „Land" und „Heimat".

In den Buchten von **Ovahe** und **Anakena** bezaubern weiße **Sandstrände**, Anakena lockt zusätzlich mit dem einzigen **Kokospalmenhain** und einem **Picknickareal**, das besonders an Wochenenden bei den Einheimischen beliebt ist. An diesem Strand findet man den teilrestaurierten, großartigen **Ahu**

Naunau. Fünf der ursprünglich sieben *moai* auf dieser Zeremonialplattform sind besonders gut erhalten, vier von ihnen tragen Hüte (*pukao*) aus rotem Tuffstein. Mit ihren fein gearbeiteten Gesichtszügen und detailliert gestalteten Ohren wirken sie außerordentlich lebendig. Sogar Brustwarzen und Nabel sind erkennbar, und die unteren Rückenpartien wurden mit filigranen Ornamenten im Relief geschmückt (s. Bild S. 34). An dieser Bucht wurde das aus weißer Koralle und roter Schlacke geformte Auge gefunden, das heute im Museum von Hanga Roa ausgestellt ist. Rekonstruierte Augen werden oft den Statuen bei Festlichkeiten (z. B. bei der Tapati-Festwoche) eingesetzt und später wieder entfernt. Ein Fußpfad führt zum **Ahu Ature Huki**, wo Thor Heyerdahl 1955 die erste der Figuren restaurierte und wieder aufrichten ließ.

Die inzwischen asphaltierte Straße ins Landesinnere passiert ein mit **Eukalyptusbäumen** aufgeforstetes Gebiet der staatlichen Forststation **Vaitea**. 3 km vor Hanga Roa biegt man rechts in die Straße zum Ahu Akivi ab (Ausschilderung). Kurz darauf führt links ein Feldweg zum **Krater** des **Maunga Tangaroa** mit dem Tuff-Steinbruch **Puna Pau**, aus dem die roten Kopfsteine (*pukao*) der *moai* stammen. Im Gras sind noch viele herumliegende *pukao* zu erkennen.

Weiter Richtung Norden erhebt sich im Inselinneren der restaurierte **Ahu Akivi**; seine verwitterten, schon von weitem sichtbaren sieben *moai* sind zum Meer hin ausgerichtet.

Ein kleines Stück weiter nördlich biegt rechterhand ein **Track** ab, der über die Flanke des Vulkans **Maunga Terevaka** führt und an der Nordküste entlang bis zur Anakena-Bucht verläuft. Er ist nur mit Allradwagen befahrbar und gut geeignet für Wanderer und Reiter. Entlang dieser Route liegen drei versteckte **Höhlen**, die man am besten mit einem Guide oder auf einer Pferdetour erkundet.

OSTERINSEL (☎ 005632)

Camera de Turismo isla de Pascua, Hanga Roa Atamo Tekana, Isla de Pascua, Chile, Tel. 2550 055. Deutschsprachige Informationen unter www.osterinsel-info.de und www.rapanuitravel.bizland.com. **Sernatur** (Servicio Nacional de Turismo, Fremdenverkehrsamt), Hanga Roa, Calle Tu'u Maheke, Tel. 2100 255. Informative Website ist www.easterislandtourism.com.

EINREISE: EU-Bürger erhalten bei Einreise eine Touristenkarte für 90 Tage, der Reisepass muss dafür noch mindestens sechs Monate Gültigkeit haben.

ANREISE: Von Deutschland: **Lan**, Frankfurt, Tel. 1805340767, www.lan. com, fliegt mehrmals wöchentlich Santiago de Chile – Tahiti mit Stopps auf der Osterinsel. Büro in Hanga Roa Tel. 2100 920.

VERKEHR, LEIHWAGEN: Rechtsverkehr. Keine öffentlichen Busse. Taxis sind preiswert, vor längeren Fahrten Preis aushandeln. Die Insel ist klein, ein Leihwagen nicht unbedingt nötig, höchstens stundenweise. Es gibt nur eine Tankstelle. Ein beliebtes Fortbewegungsmittel sind Pferde. Auch Fahrräder sind zu mieten. Für das Ausleihen von Autos, Mopeds oder Motorrädern wird ein Internationaler Führerschein benötigt. Viele Läden und Unterkünfte vermieten Autos (meist 4WD). Der Preis ist verhandelbar. Insular Rent A car, Tel. 2100 480, www.rentainsular.ce.

WÄHRUNG: Es gilt der Chilenische Peso (Ch$). 1 Euro ≈ 750 Peso. Es kann auch mit US Dollars und, seltener, mit Kreditkarte bezahlt werden. Neben dem Chilenischen Peso gilt der US-Dollar als „inoffizielle" Währung. Die einzige Bank in Hanga Roa ist Mo-Fr von 8-13 Uhr geöffnet, ATM und Bares auf Visa-Karte gibt es nur hier.

Alle Restaurants sind in Hanga Roa, der Ort ist klein und überschaubar. Besitzer wechseln oft, so auch die Qualität. Die Gerichte sind relativ teuer, der Service meist langsam. Abends wird spät gegessen, Fisch und Meeresfrüchte sind auf den Speisekarten am häufigsten vertreten.
Mikafè, neben dem Tauchgeschäft am Hafen, hat

» Karte S. 229, Info S. 236-237

das beste Eis der Insel, außerdem Sandwiches und Kuchen, Tel. 2551 059.
Im **Manuia** gibt es leckere Empanadas der Insel, Fisch in jeder Form, Pasta, Salat, als Cocktail empfiehlt sich Pisco Sour; gegenüber dem Friedhof.
Sehr empfehlenswert ist auch das belgische **Au bout du monde**, in Hafennähe, mit Meerblick. Am schönsten zum Sonnenuntergang auf der Dachterrasse. Das Mousse au Chocolat mit belgischer Schokolade ist ein Muss! Calle Policarpo Toro, Tel. 2552 060.
Café Ra'a hat richtigen Kaffee und Snacks. Exzellente Fischgerichte bekommt man im rustikalen **Te Moana**, berühmt für Fisch in Kokosmilch.
Im **Aloha Pub** und Restaurants treffen sich Einheimische und Touristen zum Essen und auf einen Drink, lebhafte, angenehme Atmosphäre, gutes Essen.

Museo Antropológico Sebastián Englert, hier steht u. a. die einzige weibliche Moai, Di-Fr 9.30-17.30 Uhr, Sa,So 9.30-12.30 Uhr, am nördlichen Ortsrand, Tel. 2551 020, www.museorapanui.cl.

Besonders viel ist nicht los in Hanga Roa.
Matatoa Dance Group ist eine Tanzgruppe mit Shows in Restaurants. Aufführungsdaten bei Sernatur oder im Hotel erfragen.
Topa Tangi Pub ist von Do bis Sa der ideale Ort für ein kühles Bier und gute Gesellschaft.
Te Ra'ai Restaurant veranstaltet regelmäßig traditionelle Abende mit polynesischer Tanzshow und Speisen aus dem Erdofen, Tel. 2551460.

Das **Tapati Rapa Nui-Fest** mit Ausstellungen, traditionellen Wettkämpfen, Folklore, Kunsthandwerk, kulturellen Veranstaltungen und Wahl der Miss Rapa Nui (Ende Jan-Anfang Feb). Mit nachgestellter Landung von König Hotu Matua am Anakena-Strand und weltweit einzigartigem „Bananenstauden-Rodeln" über einen Vulkanhang.
Chilenischer Unabhängigkeitstag (18. Sept) mit Parade.

INTERNET: Internet-Cafés gibt es in der Stadt, auch viele Unterkünfte bieten Internetzugang.

Der **Mercado Artesanal** Kunsthandwerksmarkt nördl. der Kirche bietet traditionelle Holz- und Steinskulpturen.
Galeria de Arte Aukara, Ausstellung traditioneller Bildhauerei und von Zeichnungen auf pflanzlichem Papier, Kurse für Touristen, Ave. Pont.

FISCHEN: per Angel, Harpune oder vom Boot aus. Touren organisieren die Hotels.

TENNIS: im **Hotel Iorana**, nach anderen Plätzen in der Unterkunft fragen.

TOUREN: Die Insel ist gut alleine zu erkunden, empfehlenswert ist aber mindestens eine geführte Tour, auch deutschsprachig möglich. Es werden Halb- und Ganztagstouren angeboten, mit und ohne professionelle archäologische Begleitung. Reitausflüge, Bootstouren zu Vogelinseln, Fahrradtouren.
Rapa Nui Travel, Halb- und Ganztagstouren in deutscher Sprache, Tel. 2100 548, www.rapanuitravel.bizland.com. **Kia Koe Tour**, Tel./Fax 100 282, www.kiakoetour.co.cl. **Mahinatur Services**, Tel./Fax 2100 635, www.mahinatur.cl.

TAUCHEN: Die Gewässer um die Insel sind sehr klar. Wassertemperaturen um 18 Grad, beste Zeit Okt. bis April.
Orca Diving Center, Caleta Hanga Roa, Tel. 2550 375, www.seemorca.cl; **Rapa Nui Diving Center**, nebenan, Tel. 3186 767, www.rapanuidivingcenter.cl.

REITEN: **Pferde** können mit und ohne Führer ausgeliehen werden. Ideal für Besichtigung der archäologischen Stätten. Zu buchen über Sernatur oder die Unterkunft.

GESCHÄFTSZEITEN: Mo-Fr 9-13.30, 17-21 Uhr.

REISEVORBEREITUNGEN

Südsee-Informationen

Die nationalen Zentralen der Touristenbüros sind auf den Info-Seiten am Ende der einzelnen Reisekapitel aufgeführt.

Folgende südpazifische Länder haben sich als **South Pacific Tourism Organisation SPTO** zusammengeschlossen und unterhalten gemeinsame Büros: Cook-Inseln, Fidschi, Französisch-Polynesien, Kiribati, Marshall-Inseln, Nauru, Neukaledonien, Niue, Papua Neuguinea, Salomonen, Samoa, Tonga, Tuvalu und Vanuatu. Hauptbüro: **SPTO Head Office**, PO Box 13119, 343-359 Victoria Parade, Suva, Fiji Islands, Tel. 3304177, Fax 3301995, info@spto.org, www.south-pacific.travel, gibt komplette Übersicht über Südsee.

Reisegepäck

Neben leichter, luftiger Kleidung (am besten aus Naturfasern) sollte in den Monaten Mai bis Oktober für Besuche der tropischen Inseln ein dünner Pullover oder eine Strickjacke im Reisegepäck nicht fehlen. In Neukaledonien, auf den Austral-Inseln und auf der Osterinsel benötigt man in diesen Monaten zusätzlich warme Kleidung. Nur in den Werbeprospekten der Reiseveranstalter zeigt die Südsee immer einen blauen Himmel, also: leichte Regenkleidung einpacken, am besten solche, die man gut auf Tagesausflüge mitnehmen kann.

Sonnenbrille, Kopfbedeckung und Sonnencreme mit hohem Lichtschutzfaktor und Insektenschutzmittel gehören ebenso ins Gepäck wie stabile, möglichst geschlossene Badeschuhe (am besten aus Plastik). Sie sind auf vielen Inseln nur schwer oder gar nicht zu erhalten. Wer schnorcheln möchte, sollte sich nicht auf Gerät verlassen, das vor Ort ausgeliehen werden kann. Es ist, wenn überhaupt vorhanden, oft in schlechtem Zustand. Taucherbrille und Schnorchel genügen.

Es empfiehlt sich, eine leichte wasserfeste Tasche oder ein paar stabile Plastiktüten mitzunehmen, damit bei Ausflügen mit kleineren Booten zumindest die Fotoausrüstung, die Ersatzkleidung und das Handtuch trocken bleiben. Ein Taschenmesser erweist sich oft als nützlich, eine Taschenlampe erleichtert die Orientierung bei Stromausfall, was auch in besseren Hotels durchaus vorkommen kann.

Von wichtigen Dokumenten (Flugscheine, Pass, Führerschein, Scuba Diving Licence etc.) sollte man eine Kopie machen und separat aufbewahren.

Visa und Einreisebestimmungen

American Samoa: Rück- oder Weiterflugticket, gültiger Reisepass. Bei der Einreise wird ein 30 Tage gültiges Visum ausgestellt, welches bis zu 90 Tagen verlängert werden kann.

Cook-Inseln: Rück- oder Weiterflugticket, gültiger Reisepass, ausreichende finanzielle Mittel und schriftliche Reservierungsbestätigung einer Unterkunft (für mindestens eine Nacht). Bei der Einreise wird ein 31 Tage gültiges Visum erteilt, das monatlich bis zu 6 Monaten verlängert werden kann.

Fidschi: Rück- oder Weiterflugticket, mindestens drei Monate gültiger Reisepass und ausreichende finanzielle Mittel für den Aufenthalt werden benötigt. Fast alle Nationalitäten erhalten ihr Visum bei der Einreise, nur wenige müssen es vorher beantragen.

Französisch-Polynesien: Rück- oder Weiterflugticket, gültiger Reisepass. Bei der Einreise wird EU-Bürgern und Bürgern der Schweiz ein 3 Monate gültiges Visum gegeben, das bis auf 6 Monate verlängert werden kann.

Neukaledonien: Rück- oder Weiterflugticket und ein mindestens 3 Monate gültiger Pass. Schweizer und EU-Bürger erhalten bei der Einreise ein 3 Monate gültiges Visum. Bei Fragen wendet man sich vor der Einreise an die französische Botschaft oder das französische Generalkonsulat im Heimatland. Auskunft erteilt auch: Haut Commissariat, Bureau des Étrangers, Rue Paul Doumer, BP C5 Nouméa, Nouvelle Calédonie.

Osterinsel: Rück- oder Weiterflugticket, gültiger Reisepass, Reisenden aus Deutschland, Österreich und der Schweiz wird bei der Einreise das Visum ausgestellt (90 Tage gültig, Verlängerung ist um weitere 90 Tage möglich).

Salomon-Inseln: Rück- oder Weiterflugticket, gültiger Reisepass und ausreichende finanzielle Mittel für den Aufenthalt. EU-Bürger erhalten das Visum bei der Einreise (1 Monat gültig).

Samoa: Rück- oder Weiterflugticket, gültiger Reisepass. Bei der Einreise wird ein 30 Tage gültiges Visum erteilt.

Tonga: Rück- oder Weiterflugticket, gültiger Reisepass und ausreichende finanzielle Mittel für den Aufenthalt. Alle Nationalitäten erhalten ein 30 Tage gültiges Visum bei der Einreise. Es kann bis auf 6 Monate verlängert werden.

Vanuatu: EU-Bürger sowie Staatsangehörige der Schweiz erhalten bei der Einreise ein 1 Monate gültiges Visum, welches bis auf 4 Monate verlängert werden kann. Visa sind erhältlich von The Immigration Department, PMB 014, Port Vila, Vanuatu.

Da es auf den südpazifischen Inseln keine Tollwut gibt, sind verständlicherweise die Quarantänevorschriften für die Einfuhr von Haustieren extrem strikt. Falls Sie mit einer Jacht unterwegs sind und Haustiere an Bord haben, könnten Sie in einigen Häfen Schwierigkeiten bekommen. Siehe auch die Einfuhrvorschriften unter „Zoll", S. 246.

Währungen / Geld

Die Währungen der Inselstaaten sind zuhause nicht oder nur schwer zurückzutauschen, also: nicht zuviel Geld in Landeswährung umwechseln.

Generell empfiehlt sich etwas Bargeld in US$; in den französischen Gebieten besser Euro, der in fester Parität zum Pazifischen Franc (XPF) steht. In den größeren Städten kann man in der Regel auch Australische Dollar, Neuseeland-Dollar und die bekannteren europäischen Währungen tauschen.

Unter den Kreditkarten sind Visa und Mastercard am weitesten verbreitet. Man kann oftmals auch mit Maestro-EC-Karte Bargeld an Automaten bekommen.

Gesundheitsvorsorge

Für keines der Länder ist der Nachweis einer Impfung vorgeschrieben, es sei denn, man reist aus einem Risikogebiet ein – z. B. benötigt man eine Gelbfieberimpfung, wenn man aus bestimmten afrikanischen Staaten einreist, oder eine Cholera-Impfung, wenn man aus Mikronesien kommt. Reisenden, die sich in abgelegenere Gebiete vorwagen, sei empfohlen, den Tetanus- und Polioschutz auffrischen zu lassen; für einige Gegenden ist eine Malaria-Prophylaxe ratsam (siehe „Ärztliche Versorgung", S. 242).

Der Abschluss einer Reisekrankenversicherung im Heimatland mit Krankenrücktransport wird dringend empfohlen, ebenso die Mitnahme einer kleinen Reiseapotheke.

Medikamente, die Sie ständig einnehmen müssen, sollten Sie – in ausreichenden Mengen für den gesamten Urlaub – mit sich führen. Außerdem sollte Ihre Reiseapotheke folgendes enthalten: Pflaster, Verbandszeug, Desinfektionsmittel, Schmerztabletten (Aspirin), Antibiotika, Jodsalbe oder -tinktur, Mittel gegen Durchfall, Abführmittel, Mittel gegen Erkältung und Fieber, eine entzündungshemmende Salbe, Mittel zur Behandlung von Sonnenbränden und Insektenstichen sowie ein Fieberthermometer.

Je nach Aufenthaltsort ist es ratsam, Flohpulver, ein Desinfektionsmittel für Wasser (s. S. 245) und eventuell ein Moskitonetz dabeizuhaben.

REISEWEGE IN DIE SÜDSEE

Anreise

Flugpläne und -angebot ändern sich weltweit laufend. Die Flugpreise basieren häufig auf für Laien nicht nachvollziehbaren Entscheidungen, so dass es unter Umständen günstiger sein kann, Umwege in Kauf zu nehmen als das Reiseziel direkt anzufliegen.

Verschiedene Reisebüros und Fluggesellschaften bieten oft sehr unterschiedliche Tarife an. Es lohnt in jedem Fall ein Vergleich. Wichtig ist, sich genau nach den Bedingungen zu erkundigen, die an die Flüge gebunden sind. So sollte man z. B. feststellen, ob es Möglichkeiten gibt, während der Fahrt Umbuchungen vorzunehmen und ob eine bestimmte zusätzliche Flugstrecke, die man unterwegs ins Programm einbauen möchte, im jeweiligen Inselstaat zum gleichen Preis angeboten wird wie in der Heimat.

Air New Zealand verfügt über das umfangreichste Streckennetz im Südpazifik. Neben Pauschalreisen und Sondertarifen empfehlen sich Flugpässe, wenn man auf einer Rundreise mehrere Zwischenstopps einlegen möchte.

Von den USA und Kanada aus ist die Anreise in den Südpazifik auf diejenigen Fluggesellschaften beschränkt, die – von Europa kommend – im Westen Nordamerikas Zwischenstopps einlegen, oder auf die wenigen Airlines, die Los Angeles vom Pazifik aus anfliegen. Hawaiian Airlines fliegt (noch) als einzige amerikanische Linie von Honolulu (Hawaii) aus Tahiti und Amerikanisch Samoa an.

Von Europa aus gibt es z. T. sehr günstige Weltreiseangebote von Qantas und Air New Zealand in Verbindung mit Partnergesellschaften der beiden Unternehmen. Air New Zealand fliegt zweimal wöchentlich die Route Frankfurt – Los Angeles – Hawaii, und von dort weiter entweder nach Fidschi oder nach Samoa, Tonga und Tahiti.

Die chilenische Fluglinie Lan fliegt die Route Frankfurt – Santiago de Chile – Osterinsel – Papeete fünfmal in der Woche. Air France bietet von Paris aus Flüge nach Papeete an, in Verbindung mit anderen Linien wie Air Calin (Air Calédonie International) auch *Round the World-Tickets*.

Die australische Fluglinie Qantas fliegt täglich Frankfurt – Brisbane – Sydney (dreimal wöchentlich über Singapore, viermal wöchentlich über Bangkok und Singapore), und von Australien weiter nach Tahiti und zu den Fidschi-Inseln, die sich als Ausgangspunkt für den Besuch weiterer Inselstaaten anbieten. Quantas bietet als Agent für Pacific Air den günstigen *Visit South Pacific Pass* an, der zeitlich nicht begrenzt ist. Für diverse Strecken gelten Coupons: die erste Strecke muss im Heimatland gebucht werden, zusätzliche Coupons kann man vor Ort bei Partnergesellschaften kaufen.

Air New Zealand: gebührenfreie Reservierung und Tarife für Deutschland: 0800 1817778; für Österreich: 0800 295838; für die Schweiz: 0800 557778.

Air France Deutschland: 0180 5830830. **Lan** Deutschland: 01805 340767. **Qantas** Deutschland: 0180 5250620. Österreich: Info über BFS Touristic, Wien, Tel. (01) 5877 771. Schweiz: Qantas-Büro Zürich, Tel. (043) 8887878.

REISEN IN DER SÜDSEE

Reisen zwischen den Inselstaaten

Bis auf die Osterinsel verfügen alle in diesem Buch beschriebenen Inselstaaten über eigene Fluggesellschaften, die meist auch internationale Verbindungen anbieten (siehe Info-Seiten der einzelnen Reisekapitel).

Reisende mit viel Zeit können auch per Schiff die Strecken zwischen Fidschi, Tonga, Samoa, Neukaledonien und den Salomonen zurücklegen. Es erfordert allerdings eine Menge Geduld, eine Schiffspassage zu arrangieren. Informationen im Hafen von Suva (Fidschi), in der *Fiji Times* oder von Carpenters Shipping, Suva; Pacific Forum Line, Suva; Shipping Services Ltd., Suva.

Reisen innerhalb eines Landes

In fast allen Staaten sind Inlands-Flugpässe zum Besuch mehrerer Inseln erhältlich – auch hiermit lässt sich viel Geld sparen. Die Flugpässe lohnen sich meist schon, wenn man außer der Hauptinsel zwei oder drei andere Inseln sehen möchte. Die Angebote wechseln häufig. Es empfiehlt sich, bei den jeweiligen nationalen Fluglinien genaue Auskünfte einzuholen. Die Adressen finden Sie in den Infoboxen am Ende der Kapitel.

Fähren: Eine geruhsame Art des inter-insularen Transports sind Fähren, die zwischen den größeren Inseln verkehren. Romantisch sind solche Überfahrten aber nicht. Man muss viel Zeit, Geduld und Toleranz mitbringen und auf keinen Fall zur Seekrankheit neigen. Die Schiffe sind oft alt und auch von der Bauart her für die Überfahrten nicht geeignet. Schifffahrtspläne werden von Wind und Wetter bestimmt und können oft nicht eingehalten werden. Die Fähren sind meistens übervoll, bei rauer See werden auch Einheimische seekrank.

Info in *American Samoa:* **Polynesia Shipping**, Pago Pago, Tel. 7337041. *Cook-Inseln:* Die einzige Shipping-Gesellschaft für die Outer Islands ist **Taio Shipping** in Rarotonga, leider liegt das Schiff seit einiger Zeit auf einem Riff, auf ein neues Schiff wird gewartet, Tel. 24905. Fidschi: **Blighwater Shipping**, Tel. 3318247 und **Consort Shipping**, Tel. 3302877. In *Französisch-Polynesien* lässt sich die Inselwelt von Papeete aus als Passagier auf Frachtschiffen erkunden – z. B. nach Moorea und Bora Bora oder zu den Marquesas und den Tuamotu-Inseln. Informationen vom Touristenbüro. *Neukaledonien:* **Ballande Maritime**, Nouméa, Tel. 283384, Fax 287388. **Société Maritime des Îles Loyauté**, Tel. 289318. *Samoa:* **Samoa Shipping Corporation**, Apia, Tel. 20935, Fax 22352. *Vanuatu:* **Ifira Shipping**, Port Vila, Tel. 22929, Fax 24351. Betuchtere Reisende können eine Jacht inklusive Besatzung chartern oder an einer Kreuzfahrt teilnehmen.

Die meisten größeren Inseln verfügen über ein ausgezeichnetes Busnetz, so dass man auch ohne Mietwagen gut herumkommt – eine gute Gelegenheit, Kontakt mit Einheimischen zu bekommen.

Besonders die flacheren Inseln laden geradezu zum Rad fahren ein. Viele Unterkünfte vermieten Fahrräder, allerdings sind diese oftmals nicht für längere Strecken geeignet. Plant man eine Tour mit dem eigenen Rad (vorzugsweise einem robusten Mountainbike), besteht die Möglichkeit, das Rad auf internationalen Flügen entweder kostenlos oder gegen eine geringe Frachtgebühr mitzunehmen. Auch auf Fähren werden Fahrräder befördert. Für eine längere Tour sollten Sie genügend Ersatzteile dabeihaben und ein Fahrrad reparieren können!

Einige Inseln lassen sich gut auf dem Rücken der Pferde erkunden – besonders stimmungsvoll sind Ausritte auf der Osterinsel und auf 'Eua (Tonga).

Autofahren

Mietwagen (oder Motorräder) bieten auf vielen Inseln die einzige Möglichkeit, auch abgelegene Gegenden zu besuchen.

Rechtsverkehr: in Neukaledonien, Vanuatu, Amerikanisch Samoa, Französisch-Polynesien und auf der Osterinsel. Linksverkehr: Cook-Inseln, Fidschi, Samoa, Tonga, Salomonen. Örtliche Vorschriften:

Cook-Inseln: Ein lokaler Führerschein ist erforderlich. Er wird von der *Police Station* in Avarua gegen Vorlage des Führerscheins und NZ$ 20 ausgestellt. Moped-Prüfung kostet NZ$ 6.

Neukaledonien: Mindestalter zum Mieten eines Wagens: 25 Jahre.

Samoa: Ein internationaler Führerschein wird akzeptiert. Wer keinen besitzt, bekommt den des Landes gegen die Vorlage seines nationalen Führerscheins und WS$ 12 Gebühr im *Police Department* (Mindestalter 21 Jahre).

Tonga: Man benötigt einen lokalen Führerschein, der gegen Vorlage des Passes, des gültigen nationalen Führerscheins und der Bezahlung von T$ 60 auf der *Central Police Station* erhältlich ist (Mindestalter 21 Jahre).

Vanuatu: Mindestalter zum Mieten des Autos: 23 Jahre (17 Jahre für Motorräder). Der eigene Führerschein muss älter als ein Jahr sein.

PRAKTISCHE TIPPS

Ärztliche Versorgung

Die kleinen südpazifischen Inselstaaten besitzen nicht die finanziellen Mittel für eine medizinische Versorgung von hohem Standard. Es fehlt an Geräten, Medikamenten und Ärzten. In den größeren Städten findet man einige freipraktizierende Ärzte; Besucher sollten eher deren Dienste in Anspruch nehmen, denn die Wartezeiten in Krankenhäusern sind oft lang. Bei schweren Erkrankungen empfiehlt es sich, den nächsten Flug in die USA, nach Neuseeland oder Australien zu nehmen. Nur in Neukaledonien und Französisch-Polynesien ist man auch im Ernstfall bestens versorgt.

American Samoa: Mittelmäßiger medizinischer Standard. Krankenhaus (Tel. 633-1222) in Faga'alu südlich von Fagatogo, mehrere Drugstores.

Cook-Inseln: Mittelmäßiger medizinischer Standard auf Rarotonga, Krankenhaus (Tel. 20066) östlich von Airport; Zahnklinik. Versorgung auf den anderen Inseln schlecht. Krankenwagen: Tel. 998.

Fidschi: Mittelmäßiger bis guter medizinischer Standard in den Städten, auf dem Land schlecht. Lautoka Hospital (Tel. 660399), mit Zahnklinik. Keine Malaria, aber Dengue-Fieber; Geschlechtskrankheiten und Aids sind auf dem Vormarsch.

Französisch-Polynesien: Der medizinische Standard ist hoch (ausgenommen die kleinen abgelegenen Inseln), die Behandlungen relativ teuer. Es besteht Aids-Risiko. Papeete: Mamao Hospital, Privatkliniken, z. B. Clinique Paofai, Blvd. Pomare, Tel. 430202. 24-Std. Notdienst: S.O.S. Médécins, Tel. 423456. Krankenwagen, Tel. 15. Insel *Moorea:* Krankenhaus (Tel. 561197) in Afareaitu, es gibt mehrere Ärzte, eine Pharmacie (Tel. 561051). *Bora Bora:* Privatklinik (Tel. 677062) und Zahnklinik (Tel. 677055) Nähe Fähranleger in Vaitape, Pharmacie.

Neukaledonien: Der medizinische Standard in Nouméa ist hoch, Krankenhaus (Tel. 272121), Av. Paul Doumer, nur für Notfälle; ansonsten Privatkliniken, z. B. Clinique Magnin, Tel. 272784. Gemeindekrankenhäuser findet man auch in Kleinstädten. Aids-Risiko. Krankenwagen, Tel. 15, oder S.O.S. Médécins, Tel. 286600.

Osterinsel: Medizinischer Standard ist niedrig, Krankenhaus in Hanga Roa, Tel. 2100 215.

Salomon-Inseln: Mittelmäßiger medizinischer Standard in den Städten, auf dem Lande schlecht. Apotheken nur in Honiara, Krankenhaus nördl. Chinatown (Tel. 23600) nur für Notfälle; sonst Privatkliniken, z. B. In-the-Zone Medical Center, auch Dekompressionskammer, Tel. 23485. Zahnklinik, Ashley St., Tel. 22754. Hohes Malaria-Risiko, Prophylaxe empfohlen.

Samoa: Mittelmäßiger medizinischer Standard. Krankenhaus Apia, Tel. 21212.

Tonga: Mittelmäßiger medizinischer Standard in Nuku'alofa (Vaiola-Hospital, Tel. 23200; auf dem Land ist die Versorgung schlecht.

Vanuatu: Mittelmäßiger medizinischer Standard in Port Vila, Insel *Efate* (Krankenhaus Nähe Erakor Lagoon, Tel.

22100, Privatärzte) und Luganville, *Espiritu Santo* (Krankenhaus, Tel. 36345), auf dem Lande schlecht. Hohes Malaria-Risiko, Prophylaxe für Aufenthalte außerhalb Port Vila dringend angeraten.

Ausländische Vertretungen

American Samoa: keine ausländischen Vertretungen und keine Behörde, die Visa für die USA ausstellt.

Cook-Inseln: Hochkommissariat: Neuseeland. Honorarkonsulat: Deutschland.

Fidschi: Botschaften: Australien, Neuseeland, Papua-Neuguinea, Vereinigte Staaten von Mikronesien. Konsulat: Deutschland, Dänemark, Finnland, Niederlande, Norwegen.

Französisch-Polynesien: Honorarkonsulate: Dänemark, Deutschland, Finnland, Neuseeland, Niederlande, Norwegen, Österreich, Schweden, Schweiz.

Neukaledonien: Generalkonsulat: Australien. Konsulate / Honorarkonsulate: Neuseeland, Niederlande.

Osterinsel: keine Vertretungen.

Salomon-Inseln: Hochkommissariate: Australien, Neuseeland, Papua Neuguinea. Delegation der Kommission der Europäischen Union.

Samoa: Hochkommissariate: Australien, Neuseeland. Honorarkonsulate: Deutschland, Niederlande, Schweden.

Tonga: Hochkommissariate: Australien, Neuseeland. Honorarkonsulate: Deutschland, Schweden.

Vanuatu: Hochkommissariate: Australien, Neuseeland.

Elektrizität

In American Samoa beträgt die Netzspannung 120 Volt, in allen anderen Inselstaaten 230 Volt Wechselstrom. Außerdem gibt es unterschiedliche Steckdosen: solche für zweipolige Flachkontakt-Stecker in Amerikanisch-Samoa; zweipolige Euro-Stecker hingegen in den französischen Territorien, dreipolige „alte" englische Stecker wiederum auf den Inseln mit britischer Kolonialvergangenheit. Bringen Sie also für eine große Südseereise einen Reise-Steckeradapter von zuhause mit!

Feiertage

Besondere Feste und Veranstaltungen sind auf den Info-Seiten der einzelnen Inselstaaten genannt. In den anglikanisch beeinflussten Ländern werden die nicht christlichen Feiertage, wenn sie nicht auf einen Montag oder Samstag fallen, meist auf den darauffolgenden oder vorhergehenden Montag oder Samstag gelegt. Überall gelten folgende Feiertage:

1. Januar (Neujahr); März/Apri (Karfreitag und Ostern); 1. Mai (Tag der Arbeit); Mai/Juni (Pfingsten); Mai/Juni (Christi Himmelfahrt); 25. Dezember (Weihnachten) und zusätzlich:

American Samoa: 3. Montag im Januar (Martin Luther King Day); 3. Montag im Februar (President's Day); 17. April (Flag Day); letzter Montag im Mai (Memorial Day); 4. Juli (Independence Day); 1. Montag im September (Labor Day); 2. Montag im Oktober (Columbus Day); 11. November (Veterans' Day).

Cook-Inseln: März/April (Ostermontag); 25. April (ANZAC Day); 1. Montag im Juni (Queen's Birthday); 26. Oktober (Gospel Day); 27. Oktober (Flag Raising Day); 26. Dezember (Boxing Day).

Fidschi: Freitag im März (National Youth Day); März/April (Ostermontag); Montag Ende Mai (Ratu Sir Lala Sukuna Day); Montag nach dem 14. Juni (Queen's Birthday); Montag Ende Juli (Constitution Day); Montag Ende Juli oder Anfang August (Prophet Mohammed's Birthday); 10. Oktober oder Montag davor (Fiji Day); Oktober/November (Diwali); 26. Dezember (Boxing Day).

Französisch-Polynesien: 5. März (Arrivée de l'Évangile); März/April (Lundi de Pâques, Ostermontag); Mai/ Juni (Lundi de Pentecôte, Pfingstmontag); 14. Juli (Fête Nationale); 15. August (Assomption, Mariä Himmelfahrt); 1.

November (Toussaint, Allerheiligen); 11. November (Armistice 1918).

Neukaledonien: 14. Juli (Fête Nationale); März/April (Lundi de Pâques, Ostermontag); Mai/Juni (Lundi de Pentecôte, Pfingstmontag); 15. August (Assomption); 24. September (Nouvelle Calédonie); 1. November (Toussaint, Allerheiligen); 11. November (Armistice 1918).

Osterinsel: März/April (Ostersamstag); 21. Mai (Batalla); Mai/Juni (Cuerpo Cristi); 15. August (Asuncion de Maria, Mariä Himmelfahrt); 11. September (Pinochet); 18./19. September (Independencia de Chile); 12. Oktober (Descubrimiento de America); 1. November (Todos los Santos, Allerheiligen); 8. Dezember (Fiesta Religiosa).

Salomon-Inseln: Mai/Juni (Whit Monday; Pfingstmontag); 2. Freitag im Juni (Queen's Birthday); 7. Juli (Independence Day); letzter Montag im August (Liberation Day); 26. Dezember (National Thanksgiving Day).

Samoa: 2. Januar (Day after New Year's Day); März/April (Easter Monday, Ostermontag); 25. April (ANZAC Day); 1. Montag im Mai (Mother's Day); 1. bis 3. Juni (Independence Celebrations); Okt/November (Palolo Day); November (Arbor Day), 26. Dezember (Boxing Day).

Tonga: 25. April (ANZAC Day); 4. Mai (HRH Crown Prince Tupoutu'a's Birthday); 4. Juni (Emancipation Day); 4. Juli (King Taufa'ahau Tupou IV's Birthday); 4. Dezember (King George I's Birthday); 26. Dezember (Boxing Day).

Vanuatu: 5. März (Custom Chief's Day); 24. Juli (Children's Day); 30. Juli (Independence Day); 15. August (Assumption Day, Mariä Himmelfahrt); 5. Oktober (Constitution Day); 29. November (National Unity Day); 26. Dezember (Family Day).

Foto, Film und Video

Wer Personen fotografieren möchte, sollte immer vorher um Erlaubnis bitten, dies betrifft auch Fotos von Kindern! Sie wird in aller Regel erteilt, vielerorts freuen sich die Leute sogar darüber, aufgenommen zu werden. Wenn die Genehmigung nicht gegeben wird, sollte dies unbedingt respektiert werden. Es kommt vor, dass für das Fotografieren oder Filmen eine Gebühr verlangt wird.

Mittagszeit für Aufnahmen meiden (sehr helles Sonnenlicht), Skylight- oder Polarisationsfilter helfen.

Handeln

In der Südsee ist es nicht üblich, um einen Preis zu handeln – die einzige Ausnahme bilden die von Indern geführten Geschäfte auf den Fidschi-Inseln.

Man kauft die auf Märkten oder am Straßenrand angebotene Waren immer in der Einheit, in der sie zusammengestellt sind, also: einen Haufen von fünf Mangos, ein Bündel von drei Ananas oder eine Schnur Fische. Es ist nicht üblich, nur einen Teil davon zu nehmen; was man nicht braucht, kann man – dem Gemeinschaftssinn der Insulaner entsprechend – z. B. verschenken.

Internet

Internet-Cafés gibt es in allen größeren Orten. Die meisten Unterkünfte bieten diesen Service an, außerdem Post- und Telekom-Büros.

Kriminalität

Im Vergleich zu den westlichen Ländern der Erde ist die Kriminalitätsrate auf den südpazifischen Inseln gering. Besucher stehen zudem unter dem Schutz der Gastfreundschaft. Diebstahl hat jedoch in den letzten Jahren zugenommen. Dies gilt – wie überall auf der Welt – besonders für die Städte, aber auch für einige einsame Strände, die hin und wieder von Touristen besucht werden. Besondere Vorsichtsvorkehrungen zu treffen ist nicht notwendig, aber man sollte Wertgegenstände nicht gerade offen und unbeaufsichtigt herumliegen lassen und Mietwagen abschließen. Auch in der Südsee gilt: Gelegenheit macht Diebe!

Besonders an Wochenende kommt es, nach heftigem Alkoholgenuss, in Diskotheken und Tanzlokalen immer wieder zu handgreiflichen Auseinandersetzungen. Touristen sind selten darin verwickelt, dennoch, wer sicher gehen will, sollte mit Scharfsinn und Feingefühl die allgemeine Stimmung gut im Auge behalten und sich beizeiten davonmachen.

Frauen sollten sich, um sexuelle Belästigungen zu vermeiden, wie zuhause nicht alleine in alkoholträchtigen Gegenden und Männergesellschaften aufhalten. Auch wenn in der Regel keine Gefahr besteht, kann dies als provokatives Verhalten aufgefasst werden.

Post und Telekommunikation

Grundsätzlich gilt: Je häufiger die internationalen Flugverbindungen sind, desto schneller kommen Briefe und Postkarten im Bestimmungsland an. So sollte man Post nur von den Hauptinseln absenden, und auch dort am besten von der Hauptstadt oder vom Flughafen. Leider ist auch dies nicht immer eine Garantie für eine schnelle Beförderung.

In günstigen Fällen erreicht die Post innerhalb etwa einer Woche Australien, Neuseeland und die Westküste der USA, von Neukaledonien und Tahiti aus auch Europa. Ansonsten sollte man nach Europa mindestens mit 1 bis 3 Wochen rechnen. Post, die nicht auf dem Luftweg befördert wird, ist zwischen 3 und 6 Monaten unterwegs. Alle südpazifischen Inselstaaten geben wunderschöne, farbenprächtige Briefmarken heraus, die nicht nur Sammlern Freude bereiten.

Gute internationale Telekommunikationsmöglichkeiten bestehen von den größeren Städten und großen Hotels aus, Telefonate von Hotels sind verhältnismäßig teuer. Kartentelefone gibt es auf den Cook-Inseln, Fidschi, Neukaledonien und Tahiti.

Sport und Touren

Nicht jeder reist in die Südsee, um an einsamen Stränden in der Hängematte zu liegen und die Seele baumeln zu lassen. Auch Aktivurlauber kommen voll auf ihre Kosten, v. a. beim Wassersport. In den Infoboxen am Ende der Reisekapitel finden Sie Unternehmen, die diverse Sportarten und Touren im Programm haben – von organisierten Tauch- und Angelferien, Scuba Diving für Profis, Surfen, Kayaking und Jacht-Exkursionen bis hin zu individuellen Öko-Wandertouren, Vogelbeobachtungen sowie Ausflügen mit dem Rad und zu Pferde.

Trinkgeld

In vielen Reiseführern kann man lesen, dass auf den Südseeinseln keine Trinkgelder gegeben werden – ja, sie sogar unerwünscht sind. Einige begründen dies damit, dass der Beschenkte in einen Gegenleistungszwang gebracht wird, den er oder sie nicht erfüllen kann. Richtig ist, dass niemand ein Trinkgeld erwartet. Man kann aber auch Trinkgeld geben, wenn man einen besonderen Service, bzw. eine besondere Leistung erhalten hat. Aber auch das in Maßen.

Keine Kellnerin wird verstehen, wenn man in einem Restaurant einfach ein paar Münzen auf dem Tisch liegen lässt.

Damit ist die Situation geklärt, denn das Geldgeschenk ist die Gegenleistung für bereits Erbrachtes.

Trinkwasser

Die Wasserqualität ist auf den Inseln recht unterschiedlich, das heißt, auch innerhalb eines Landes sehr verschieden. Als Richtlinie gilt: hohe vulkanische Inseln besitzen meist genügend und gutes Wasser, auf Atollen und anderen

Koralleninseln ist Wasser knapp und manchmal leicht salzig.

Die Güte des Leitungswassers hängt, neben der Desinfektion, auch entscheidend vom Speicher- und Leitungssystem ab, das vielerorts veraltet und unhygienisch ist. Sich vor Ort zu erkundigen hilft selten – die einheimischen Mägen sind anders eingestellt.

Oft hängt die Wasserqualität auch von der vorhergehenden Wetterperiode ab: lange Trockenzeiten und starke Regenperioden können sich nachteilig auswirken. Wer ganz sicher gehen will, sollte Wasser zum Trinken abkochen (mindestens 7 Minuten) oder desinfizieren.

Auf vielen Inseln gibt es in Flaschen abgefülltes, lokales Quellwasser zu kaufen. Zum Zähneputzen ist das Leitungswasser meist zu verwenden. Die folgenden Angaben sind als grobe Orientierung zu verstehen: *American Samoa:* Leitungswasser ist trinkbar. *Cook-Inseln:* Leitungswasser ist zumindest auf Rarotonga trinkbar. *Fidschi:* in Städten und Hotelresorts ist das Leitungswasser trinkbar. *Französisch-Polynesien:* Leitungswasser besitzt nur in Papeete Trinkwasserqualität. *Neukaledonien:* Die Trinkwasserqualität ist überall im Land, bis auf die kleineren Außeninseln, recht gut. *Osterinsel:* Leitungswasser besitzt Trinkwasserqualität. *Salomon-Inseln:* empfehlenswert ist, nur abgekochtes oder desinfiziertes Wasser zu trinken und zum Zähneputzen zu verwenden. *Samoa:* Leitungswasser ist nur in Apia trinkbar. *Tonga:* Das Leitungswasser ist trinkbar, schmeckt aber nicht gut. *Vanuatu:* in Port Vila und Luganville kann das Leitungswasser getrunken werden, Vorsicht ist aber nach langen Trockenperioden geboten.

Zeitzonen

Von den Salomonen (GMT +11 Std.) bis zur Osterinsel (GMT -6 Std.) durchquert man 8 Zeitzonen und passiert jenseits von Fidschi auch noch die Datumsgrenze – eigentlich der 180. Längengrad, aber mit einigen politisch gewollten „Ausbuchtungen“, die z.B. bewirken, dass Samoa (Östliche Hemisphäre, GMT +13 Std.) und Amerikanisch-Samoa (Westliche Hemisphäre, GMT -11 Std.) zwar im selben Archipel liegen, es aber in Samoa schon Montag ist, während man auf Amerikanisch-Samoa noch Sonntag hat.

Beim Überqueren der Datumsgrenze gilt: „Von Ost nach West halts Datum fest, von West nach Ost lass Datum los“.

Zoll (Einfuhr)

Generell gilt für alle Länder, dass die Einfuhr von Drogen sowie Fotos, Filmen oder Büchern mit pornografischen Inhalten verboten ist.

Für die Einfuhr von Waffen und Munition müssen vorher Genehmigungen eingeholt werden, in einigen Staaten ist das Mitbringen von Waffen untersagt.

Grundsätzlich ist überall der Import von Pflanzen, Tieren, Fleisch, Wurst, Früchten, Gemüse, Samen und Lebensmitteln nicht erlaubt oder unterliegt scharfen Quarantänebestimmungen. Diese Vorschriften werden von vielen Besuchern als übertrieben empfunden, sind aber durchaus gerechtfertigt. Denn jedes Jahr werden durch Unachtsamkeit neue Insektenarten, Bakterien und Viren auf die Inseln gebracht. Sie können in den sensiblen ökologischen Systemen verheerende Schäden anrichten – Beispiele dafür gibt es genug.

Muscheln und Korallen sind beliebte Andenken, und kaum ein Südsee-Besucher hat sie nicht im Gepäck, wenn er von einer Insel zur nächsten reist. Wichtig ist, dass sie sorgfältig von Sand und Erde – die ein Medium für Mikroorganismen darstellen – gereinigt werden, um Einreise-Schwierigkeiten zu vermeiden.

Aus dem gleichen Grund sind etwa Camping-Ausrüstungen in fast allen Südsee-Ländern beim Zoll anzumelden und prüfen zu lassen.

Wer auf einer Durchreise „verbotene“

Mitbringsel im Gepäck hat, erleichtert sich die Einreise, in dem er sie dem Zoll bis zur Abreise zur Aufbewahrung übergibt. Zollfrei eingeführt werden dürfen:

American Samoa: zollfrei, Reisende in die USA dürfen 1 Gallone Alkoholika und 400 Zigaretten mitnehmen.

Cook-Inseln: 200 Zigaretten, 50 Zigarren oder 0,5 (engl.) Pfund Tabak, 2 l Alkoholika oder Wein oder 4,5 l Bier sowie weitere zollpflichtige Waren im Wert von NZ$ 250.

Fidschi: 500 Zigaretten, 500 g Tabak oder Zigarren, 4 l Bier oder Wein oder 2 l Alkoholika, andere zollpflichtige Waren bis zu einem Wert von F$ 400.

Französisch-Polynesien: (Reisende ab 17 Jahren) 200 Zigaretten, 100 Zigarillos, 50 Zigarren oder 250 g Tabak, 2 l Alkoholika, 50 g Parfum, 500 g Kaffee sowie 40 g Tee.

Neukaledonien: 200 Zigaretten, 50 Zigarren oder 250 g Tabak, 2 l Wein oder 1 Flasche Alkoholika, Parfum für den eigenen Bedarf.

Osterinsel: (Reisende ab 18 Jahren) 400 Zigaretten und 500 g Tabak und 50 Zigarren plus 50 Zigarillos, 2,5 l Alkoholika, Parfum für den eigenen Bedarf.

Salomon-Inseln: 200 Zigaretten, 50 Zigarren oder 250 g Tabak, 2 l Alkoholika, andere zollpflichtige Waren bis zu einem Wert von SI$ 40.

Samoa: 200 Zigaretten, 1 Flasche Alkoholika (max. 40 fl. Ounces).

Tonga: 400 Zigaretten, 2 l Alkoholika.

Vanuatu: (Reisende über 15 Jahre) 200 Zigaretten, 50 Zigarren o. 250 g Tabak, 1,5 l Alkoholika und 2 l Wein, 25 cl Eau de Toilette, 10 cl Parfum, Waren bis zu einem Wert von Vatu 20 000.

Zoll (Ausfuhr)

Grundsätzlich ist in allen Ländern die Ausfuhr von Artefakten mit besonderem archäologischen, ethnologischen oder historischem Wert verboten. Gegebenenfalls sollte man sich bei den örtlichen Behörden über die einzelnen Bestimmungen informieren und im Zweifelsfall eine offizielle Genehmigung besorgen.

Viele Südseeländer haben das Washingtoner Artenschutzabkommen nicht unterzeichnet. Es ist deshalb wichtig, sich nach den Einfuhr-Bestimmungen des nächsten Reise- bzw. des Heimatlandes zu erkundigen. Australien, Neuseeland, die USA und Kanada haben sehr strenge Regelungen, aber auch in Europa kann die Einfuhr z. B. von geschützten Muschel- und Schneckenarten zu hohen Strafen führen.

Auch wenn eine Muschel im Herkunftsland weit verbreitet ist, bedeutet dies nicht, dass sie nicht geschützt ist. Dies gilt u.a. für schwarze Korallen, die auf Tonga überall angeboten werden und für Walfischzähne (übrigens ist auch die Ausfuhr von *tabua* – Pottwal-Zähne, die für rituelle Zeremonien benutzt werden – auf Fidschi verboten).

Reisende über 15 Jahren dürfen abgabenfrei ins Heimatland mitnehmen: 200 Zigaretten, 50 Zigarren oder 250 g Tabak, 1 l Spirituosen mit über 22 Vol. % Alkohol oder 2 l Spirituosen unter 22 Vol.-% Alkohol (Schweiz: jeweils 15 Vol.-%), 4 l Wein und 16 l Bier, andere Waren bis zu einem Wert von maximal 430 € (Personen unter 15 Jahren 175 €) bzw. 300 CHF.

KLEINER SÜDSEE-KNIGGE

Südsee-Insulaner sind sehr höfliche Menschen und Fremden, ob Einheimischen oder Touristen, wird besonderer Respekt entgegengebracht, der sich oft auch in übertrieben scheinender Zurückhaltung ausdrückt.

In der Regel werden Ausländern Verstöße gegen die üblichen Umgangsformen nachgesehen – dennoch: weiter kommt, wer sich gleich richtig verhält. Wer versehentlich grobe Verletzungen der Sitten und Bräuche begangen hat, sollte sich vertrauensvoll an einen kompetenten Einheimischen wenden und erfragen, in welcher Form Wiedergutmachung geleistet werden kann.

Einige der nachfolgend aufgeführten Grundsätze, die im großen und ganzen für die gesamte Südsee gelten, verstehen sich eigentlich von selbst, dennoch sind sie hier der Vollständigkeit halber noch einmal aufgeführt.

Dorfbesuch

Kein Dorf sollte ohne vorherige Erlaubnis besichtigt werden. Man fragt vor Betreten des Dorfes nach dem Häuptling. In der Regel wird er oder sein Vertreter die Genehmigung zum Besuch geben, wenn man sich vorstellt und den Grund erläutert. Auch einfache Erklärungen wie: „Die Häuser sind besonders schön, ich möchte sie gerne fotografieren, um sie meinen Freunden zuhause zu zeigen" reichen aus. Angebracht ist, ein kleines Geschenk zu offerieren, welches an das Oberhaupt auch in Geldform (ab einigen Dollar) als Beitrag für ein geplantes Dorfprojekt oder als Kirchenspende gegeben werden kann.

Übernachtungsgäste

Wer ein oder mehrere Tage zu Gast bei einer Familie wohnt, sollte durch Geld (etwa US$ 10 po Tag) und/oder Haushaltsmittel dem Gastgeber mindestens seinen Kostenanteil und eine zusätzliche Aufwandsentschädigung leisten. Dinge, die die Familie kaufen muss, sind am wichtigsten – also keine Fischkonserven, sondern Seife, Zucker, Mehl, Butter, Brot, Schulhefte etc.

Gastfreundschaft zu gewähren, gilt auf den Inseln als unumstößliches Gesetz, und Besuchern ist oft nicht klar, dass eine Familie gerade für einen Gast ihr letztes Schwein geschlachtet hat oder gar Schulden macht. Natürlich wird dies dem Gast keiner sagen. Es gibt zahllose Beispiele, wie Besucher die Gastfreundschaft der Insulaner gedanken- und schamlos missbraucht haben.

Gastgeschenk

Auch bei kürzeren Besuchen (egal, ob man in ein Dorf oder von einer einzelnen Familie eingeladen wurde), ist es üblich, ein Gastgeschenk mitzubringen. Hier bieten sich Lebensmittel oder Zigaretten an, auf den Fidschi-Inseln sollten nie *waka* (Kavawurzeln) fehlen.

Essens-Einladungen

Vielfach ist es üblich, dass in hierarchischer Folge gegessen wird: Der Gast beginnt alleine oder mit dem (den) höchsten Gastgeber(n), nachfolgend essen dann die anderen Männer, dann Frauen und Kinder. Wichtig ist, sich so zu verhalten, dass die Mahlzeit für alle reicht! Also nicht alle drei Langusten vertilgen und für die anderen nur Brotfrucht und Maniok übriglassen.

Unterhaltungsniveau

Man unterhält sich auf gleicher Ebene – nicht unbedingt auf geistig gleicher, aber zumindest auf körperlicher. Also, entweder sitzen oder stehen die Beteiligten. Im Sitzen ist es nicht nur bequemer, sondern auch viel höflicher. Wird man in ein Haus eingeladen (Schuhe vor der Tür bitte ausziehen!), setzt man sich hin, bevor man anfängt, zu sprechen.

Sitz-Angelegenheit

A propos „sich niederlassen"! Das fällt vielen Fremden nicht gerade leicht. Gewöhnlich setzt man sich in eine Runde (immer nach dem zugedachten Platz fragen und nicht etwa einfach den besten für Fotoaufnahmen auswählen!), und das im Schneidersitz auf eine Bodenmatte.

Auf diese Art zu sitzen ist Übungssache. Manch einer schafft es ein oder zwei Stunden lang, mancher 30 Minuten, manchmal sind schon wenige Minuten eine Qual. Südseeinsulaner, das ist sicher, schaffen es bis in alle Ewigkeit. Die Beine können auch seitlich nach links oder rechts hinten abgewinkelt werden. Nie aber sollten die Beine nach vorn in die Runde gestreckt werden.

Wer es im Schneidersitz nicht mehr aushält, sollte mit einem „Entschuldigung" aufstehen, sich nach hinten entfernen und sich abseits der Runde die Beine vertreten.

Wunderschön!!!

Wer etwas, das dem Gastgeber gehört, zu überschwänglich bewundert, läuft Gefahr, dass ihm der Gegenstand zum Geschenk gemacht wird. Geschenke verpflichten immer zu einer Gegenleistung!

Immer teilen – besonders Essen

Nie essen, ohne anderen davon anzubieten, und immer wieder zum Essen einladen! Auf vielen Inseln hat man sogar nur vorbeigehende Fremde seit alter Zeit mit einem „komm' essen" gegrüßt. Diese Tradition hat bis heute ihre Bedeutung nicht verloren.

Essen zwischen Tür und Angel

Es gilt als sehr unhöflich, im Stehen oder gar im Gehen zu essen – außerdem schmeckt es im Sitzen sowieso viel besser!

Grundbesitz

In der Südsee werden Grundstücke nur selten eingegrenzt. Dies bedeutet nicht, dass Fremde ohne Einwilligung beliebig herumspazieren dürfen.

Früchte und Gemüse

Obst und Gemüse, auch wenn sie weitab jeder Siedlung wachsen, sind keinesfalls Allgemeingut. Wer sich etwas nehmen möchte, muss um Erlaubnis fragen. Das gilt nicht nur für die Bananen an der Staude, sondern z. B. auch für heruntergefallene Kokosnüsse.

Eintritts- und Nutzungsgebühr

Auf Vanuatu, Samoa und den Salomon-Inseln (besonders auf Malaita) ist es generell üblich, für die Benutzung oder den Besuch von bestimmten Orten (Strände, Höhlen, Süßwasser-Pools zum Baden, Wasserfälle, historische Stätten etc.) eine Gebühr (*custom fee*) an die Besitzer zu bezahlen. Dies kann eine geringe Summe oder – in touristischeren Regionen – auch ein gesalzener Betrag sein.

Grüßen

Außer in den größten Städten ist es ansonsten üblich, Leute, denen man begegnet, zu grüßen – auch von einem fahrenden Auto oder Motorrad aus (z. B. durch Handzeichen). Man grüßt nicht nur beim Eintritt in ein Ladengeschäft, sondern auch am Marktstand, bevor man sich die Auslage im einzelnen betrachtet oder fotografiert – in welcher Sprache, ist völlig egal, es ist die Geste, die zählt.

Augen(brauen)-Sprache

Viel wird mit den Augen kommuniziert, mit einem Zwinkern, einem Augenaufschlag, einem Seitenblick... Das für Fremde deutlichste Zeichen ist das kurze Hochziehen der Augenbrauen. Besucher sollten es gleich am ersten Abend in der Südsee vor dem Hotelspiegel üben. Man braucht es beim Aneinander-Vorbeigehen auf der Straße als knappen Gruß, als kurze Versicherung der Übereinstimmung in Diskussionen und als kurzes „Ja" in Gesprächen. Man braucht es eben! Ein Tourist, der sich auf den schnellen Augenbrauenzug versteht, hat bereits eine große Verständigungshürde genommen. Und diejenigen, die mehr von dieser Südseesprache lernen möchten, brauchen nur mit etwas Einfühlungsvermögen auf die oft sehr zurückhaltende Mimik und die Gesten der Einheimischen zu schauen.

Anbieten

Die Höflichkeit gebietet, ein Angebot zunächst abzulehnen; der Anbieter wiederholt dann sein Angebot und macht damit deutlich, dass es sein eigener Wunsch ist, dass es angenommen wird.

Laut werden

Es ist unhöflich, laut zu sprechen oder in einem Gespräch plötzlich die Stimme zu erheben. Es zeigt, dass man selbst die Fassung und die Achtung vor dem anderen verloren hat.

Kopffreiheit

Man sollte vermeiden, den Kopf von Leuten zu berühren – weder ein kumpelhafter Nackenstüber noch das zärtliche Über-den-Kopf-Streichen bei Kindern ist angebracht. Es gilt als schlechtes Benehmen, über dem Kopf eines anderen herumzufuchteln oder etwa einen Gegenstand über ihn hinwegzuheben. Sollte es nicht zu vermeiden sein, hat man sich – am besten mehrfach – bei der Aktion zu entschuldigen.

Mit Hemd und Hose

Auch in den teuren Hotelresorts wird abends bequeme sportliche Kleidung akzeptiert, Sakko und Krawatte werden nicht benötigt.

Frauen sollten außerhalb der Touristenzentren in der Öffentlichkeit immer Kleidung tragen, die Schultern und Oberarme bedeckt und mindestens bis zum Knie reicht. Das gilt auch für die Gegenden in Melanesien, in denen die Einheimischen fast nackt herumlaufen. Für Frauen sind Hosen in der Kirche nicht angebracht und gelten auch sonst in konservativen Kreisen als etwas anstößig.

Männliche Besucher sollten in der Öffentlichkeit keinen freien Oberkörper zeigen, egal ob die Einheimischen dies tun oder nicht.

Badekleidung

Badekleidung wird nur am Strand oder am Swimmingpool akzeptiert. Einheimische Frauen bevorzugen meist einen Wickelrock und ein T-Shirt – empfehlenswert für abgelegene Gebiete.

Nur in Nouméa und auf den von Touristen häufiger besuchten Inseln Französisch-Polynesiens ist es erlaubt, „oben ohne" zu baden. So manche Touristin ist schon in große Schwierigkeiten gekommen, weil sie glaubte, an einem einsamen Strand unbeobachtet zu sein.

Respekt

Allgemein bringen sich die Menschen auf den Inseln untereinander großen Respekt entgegen und begegnen sich mit ausgewählter Höflichkeit. Besonderer Respekt gilt älteren Menschen, den Trägern traditioneller Titel, und Gästen. Es ist sehr wichtig, diese Achtung zu erwidern und auch immer daran zu denken, dass die Position einer Person im modernen Wirtschaftsleben nichts über seine Stellung im traditionellen System aussagt. Ein Busfahrer, Hotelportier oder Taxichauffeur kann durchaus ein wichtiger Großhäuptling sein!

Zeit haben

Ruhe und Gelassenheit sind wichtige Grundzüge des Gemeinschaftslebens und Ausdruck von Höflichkeit dem anderen gegenüber. Hektik und Aufregung sollte man vermeiden und sich etwas Zeit nehmen (was im Urlaub eigentlich nicht schwer fallen sollte). Das beginnt schon mit einem kurzen Stehen bleiben, um jemanden mit Handschlag zu begrüßen.

INTERNET-ADRESSEN

Allgemeine Linklisten und Portale
www.spto.org
www.south-pacific.travel

www.pacifica.info
www.southpacific.org
www.janeresture.com

Amerikanisch Samoa
www.americansamoa.travel

Cook-Inseln
www.cookislands.travel
www.cookislandsatoz.com
www.aitutaki.com
www.atiutourism.com
www.ciherald.co.ck
www.cook-islands.gov.ck
www.cinews.co.ck
www.atiu.info

Fidschi
www.fiji.travel
www.fijiatoz.com
www.fiji-savusavu.com
www.fijibeaches.com
www.fijibudget.com

Französisch-Polynesien
www.tahiti-tourisme.de
www.tahiti-tourisme.com
www.boraboraisland.com
www.moorea.com
www.raiatea.com
www.tahiti-tahaa.com
www.marquises.pf

Neukaledonien
www.office-tourisme.nc
www.newcaledoniatourism-south.com
www.iles-loyaute.com
www.amedeeisland.com

Osterinsel
www.easterislandtourism.com
www.osterinsel-info.de
www.rapanuitravel.bizland.com

Samoa
www.samoa.travel
www.samoa-islands.com
www.savai.info

Salomonen
www.visitsolomons.com.sb
www.janeresture.com/solhome

Tonga
www.thekingdomoftonga.com
www.vavau.to
www.tongaatoz.com
www.haapai.to

Vanuatu
www.vanuatu.travel
www.vanuatuatoz.com

AUTOREN

Michael Brillat, Project Editor und Hauptautor des *Nelles Guide Südsee,* bereist seit über 40 Jahren die Südseeinseln. Nach mehrjähriger Tätigkeit als Wissenschaftlicher Mitarbeiter am Geografischen Institut der TU Berlin beschloss er, sich vollends der Südsee zu widmen und Tahiti zu seinem Zuhause zu machen. Er arbeitet dort als Studienreiseleiter.

Marianne Weissbach bereist die Südsee seit mehr als 30 Jahren und hat auch in einigen Südseeländern gelebt. Sie hat mehrere Reiseführer über die Südseeinseln verfasst und diese Ausgabe umfassend überarbeitet. Seit über 20 Jahren lebt sie in Neuseeland.

A

B

C

D

E

F

O

P

R

S

HOTELVERZEICHNIS

2 SALOMONEN (☎ 00677)

Die Salomonen sind u. a. bei Australiern beliebt. Viele Taucher zieht es hierher, auch immer mehr Surfer und Honeymooner.

Guadalcanal / Honiara

Solomon Islands Village Stays, Ökotourismus-Initiative, ermöglicht Touristen, in einem Dorf-Gästehaus zu leben und so den Dorfbewohnern zu einem Einkommen zu verhelfen. Eine Familie versorgt die Gäste. Nähere Informationen über www.visitsolomons.com.sb/eco-lodges.

$$$ *(ab SIS 1000 pro DZ)* **Heritage Park Hotel**, neues cooles Businesshotel im Zentrum mit Doppelzimmern und kompletten Apartments, Pool, Fitness. Mendana Ave, Tel. 24007, www.heritage-parkhotel.com.sb.

Kitano Mendaña Hotel, 96 klimat. Zimmer, Restaurant, Bar, Pool, Dive-Shop, an kleinem Strand ohne guter Bademöglichkeit im Meer, Honiara, Tel. 20071, Fax 23942.

$$ *(unter SI$ 1000 pro DZ)* **Honiara Hotel**, klimat. Zimmer, Bar, Pool, auch einige einfache, preiswerte Zimmer, Nähe Chinatown, Tel. 21737, Fax 20376, www.honoriahotel.com.

AUSSERHALB HONIARAS: $$$ **Tavanipupu Resort**, sechs Luxusbungalows an der Lagune, Restaurant und Bar, Prince William und Duchess Kate hat es im Jahr 2012 hier sehr gefallen, Marau, Guadalcanal, 30 Minuten Flug von Honiara oder mit dem Boot, Tel. 36081, www.tavanipupu.com.

Malaita

Langa Langa Lagoon und Lausali Island sind berühmt für ihre künstlichen Inseln.

$$ **Serah's Lagoon Hideaway** ist ideal, um diese Inseln und Dörfer kennenzulernen. Einige Bungalows stehen auf Stelzen im Wasser. Strände gibt es keine, dafür absolute Stille und ein gutes Restaurant. Serah Kei kann Touren in ihr Dorf arrangieren, Tel. 40344, 72344.

Western Province

$$$ *(ab SI$ 100 pro DZ)* **Uepi Island Resort**, Topplage, 6 Bungalows, 4 Zimmer, Bar, Tauchbasis, fantastisches Tauchgebiet, Bootstouren, Dorfbesuche, Marovo Lagoon, New Georgia Islands, www.uepi.com; in Deutschland über: Schöner Tauchen, Tel. 0421/450010, Fax 0421/450080.

Gizo Hotel, Zimmer klimat. oder Ventilator, Restaurant, Pool, (Tauch-)laden, Gizo, Tel. 60199.

Sanbis Resort, auf Mbabanga Island, moderne Bungalows im knöcheltiefen Sand am Wasser, Restaurant, Tauchbasis mit eigenem Wrack vor der Insel, Anreise mit Boot ab Gizo (7. Min.). Besitzer ist der Schweizer Hans Mergozzi, Tel. 7443109, www.sanbisresort.com.

$$ **The Wilderness Lodge**, Tauchresort, kulturelle Ausflüge, Wanderungen, Vogelbeobachtung, Gatokae Island, Marovo Lagoon, Tel. via Satellit 0061-2929 94633, www.thewildernesslodge.org.

Agnes Lodge, Zimmer div. Standards und Preise, Restaurant, Bar, Touren, Tauchen, Munda / New Georgia Island, Tel. 61133, Fax 61225, www.agnes-lodge.com.

3 VANUATU (☎ 00678)

Vanuatu hat eine gute touristische Infrastruktur mit vielen Unterkünften in allen Kategorien, besonders auf und um Efate und Espirito Santo. Viele Australier verbringen ihre Ferien dort.

Insel Efate

(Wenn nicht anders angegeben, befinden sich die Einrichtungen in oder nahe Port Vila).

$$$ *(über 100 US$)* **The Grand Hotel & Casino Vanuatu**, groß, modern, Toplage am Wasser, Zi. mit Balkon, Superblick von der Dach-Bar, Pool, Restaurant, Shuttle-Service nach Irikiri Island zum Strand und Schnorcheln, Tel. 28882, www.grand-vanuatu.com

Iririki Island Resort, 24-stündiger kostenloser Fährservice, 70 klim. Bungalows, Restaurant, Bar, Pool, Strand, Wassersport, auf Privatinsel Iririki, dem Zentrum Port Vilas vorgelagert, Tel. 22388, Fax 23880, www.iririki.com.

Warwick Le Lagon Resort & Spa, 140 klim. Zimmer, Bungalows, 2 Restaurants, Nachtclub, 2 Pools, eigener Strand, Golf, Tennis, Wassersport, 3 km südlich von Port Vila an der Erakor Lagoon, Tel. 22313, Fax 22665.

Holiday Inn Resort, Restaurants, Bar, Pool, Strand, Kasino, Wassersport, Tennis, Golf, 2 km westlich des

Zentrums an der Erakor Lagoon, Tel. 22040.
Chantilly's on the Bay, neue attraktive Anlage, 20 Zimmer mit Kochnische, fantastischer Blick, Restaurant, Pool, Fatumaru Bay, Port Vila, 5 Gehminuten vom Zentrum, Tel. 27079, Fax 28111, www.chantillysonthebay.com.
Erakor Island Resort, 18 Bungalows mit Ventilator, schöner weißer Sandstrand, Restaurant, Bar, Wassersport, 5 km südl. von Port Vila an der Erakor Lagoon, 5 Min. per Fährboot (24-Std.-Service), Tel. 26983, Fax 22983, www.erakor.vu.
Eratap Beach Resort, wunderschönes kleines Boutique-Resort mit 12 Luxus-Bungalows an einem Traumstrand, 20 Minuten südöstlich von Port Vila, Tel. 5545007, www.eratap.com.
The Havannah, abgelegene kleine Luxusanlage am Strand, 30 Min. von Vila am Samoa Point, 16 Bungalows, Spa, totale Entspannung, Tel. 551 8060, www.thehavannah-com.
$$ *(über 50 US$)* **Coral Motel**, 10 Studios mit Kochnische, Bistro und Bar, nördlich von Vila Bay, zwischen Flughafen und Stadt, Tel. 24755, coralmotel@vanuatu.com.vu.
Hideaway Island Resort & Marine Sanctuary, Bungalows mit Kochnische, Restaurant, Bar, Wassersport, Tauchen, oft überlaufen, auf der kleinen Insel Mele 9 km nordwestlich von Port Vila, Tel. 22963, Fax 23867, hideaway@vanuatu.com.vu.
Vila Chaumières, 4 klim. Bungalows mit Kochnische, Restaurant, Bar mit Terrasse über dem Wasser, keine Kinder, 4 km östlich von Port Vila an der Straße nach Forari, Tel. 22866, Fax 24238, vilchaum@vanuatu.com.vu.
$ *(unter 50 US$)* **Traveller's Budget Motel**, mehrfach ausgezeichnete Unterkunft, nicht nur für Backpacker, Zimmer mit Küchenzeile, BBQ und Pool, Ave du Stade, Tel. 23940, www.thetravellersmotel.com.
Tropicana Lagoon Resort, 12 neue moderne Ferienwohnungen in unterschiedlicher Größe am Strand, Second Lagoon oder Emten Lagoon, deutsche Besitzer/Manager, Tel. 22202, www.tropicanalagoon.com.

Insel Tanna

$$$ **Tanna Lodge**, 12 attraktive neue Bungalows im Vanuatu-Stil, Indoor und Outdoor-Duschen, schwarzer Strand, Pool, Restaurant, Lenakel, Tel. 30061/30062, www.tannalodge.com.
$$ **White Grass Ocean Resort**, 11 Bungalows, Restaurant, Bar, nördl. Westküste, sehr isoliert, Tel. 30010, Fax 30011.
Tanna Evergreen Bungalows, hübsche Lage unter einem großen Banyan-Baum an der Westküste, Schnorchelstrand, Vulkan-Touren, Restaurant, 5 Minuten vom Airport, Tel. 88774, www.tevergreenresort-tours.vu.

Insel Espiritu Santo

LUGANVILLE: $$$ **Ratua Private Island**, einzigartige Bungalowanlage über drei fiktive Dörfer verteilt, mit alten indonesischen Häusern, innen modern und komfortabel. Tauchbasis, Reiten, Fischen etc., die kleine Insel liegt vor der südlichen Spitze von Santo, 30 Bootsminuten entfernt, Tel. 30020, www.ratua.com. **Lope Lope Adventure Lodge**, sehr großzügige moderne Bungalows im melanesischen Stil an der türkisen Lagune, jede Menge Aktivitäten wie Tauchen, Reiten, Insel- und Villagetouren etc., East Coast Road, Tel. 36066, www.lopelopeadventurelodge.com.
$$ **Deco Stop Lodge**, Blick auf Segond Channel, Mehrbettzimmer, Doppelzimmer, Restaurant Bar, Pool, Tel. 36175, www.decostop.com.vu.
UMGEBUNG: $$$ **Aore Island Resort**, kinderfreundliches Resort am weißen Sandstrand, 10 Bungalows mit Bad/WC; Restaurant, Bar, Pool, Kreditkarten werden akzeptiert, Tauchen, Touren, auf der Plantage wird Kaffee, Kopra und Kakao produziert, auf Aore Island gegenüber Luganville, Transfer 10 Minuten, Tel. 36705, Fax 36703, www.aoreresort.com.
Bokissa Private Island Resort, auf Koralleninsel zwischen Aore und Tutuba, tolle Tauchgründe, 12 Bungalows am Strand, Restaurant, Bar, Pool, Wassersport, 10 km von Luganville, Tel. 30030, www.bokissa.vu.
Oyster Island Resort, 11 Bungalows, Restaurant, Bar, Scuba Diving, 15 km nördlich von Pekoa Airport auf kleiner Insel, Tel./Fax 36283, www.oysterisland.com.
$ **Lonnoc Beach Bungalows**, einfache Bungalows ohne Strom, Gemeinschaftsdusche/-toilette, Restaurant, Bar, herrliche Tauch- und Schnorchelgründe, 1 km westlich von Champagne Beach, lonnocbungalows@gmail.com, Tel. 5695140.

4 NEUKALEDONIEN (☎ 00687)

Grande Terre – Region Nouméa

$$$ **Le Lagon**, 59 klim. Apartments mit Ventilator, Restaurant, Bar, Wassersport, 143 Route de l'Anse Vata, Anse Vata, Tel. 251255, Fax 261244, www.lelagon.com.
Le Méridien, 253 klim. Zimmer, Suiten, Restaurant, Bar, Casino, Fitness, Poollandschaft, Wassersport, Tennis, Strand, Südspitze von Anse Vata, Tel. 265000, www.lemeridien-noumea.com.
Le Stanley Noumea, größere Timeshareanlagen mit Ferienwohnungen außerhalb des Toruisenzentrums am Ende einer Halbinsel, hübscher Blick, Bus in die Stadt, Ste. Marie Bay, Quémo, Tel./Fax 232323, mwww.lestanley.nc
Hilton Noumea La Promenade Residences, größere Anlage vom Strand durch eine Straße getrennt, große Apartments mit Küche, Balkon und top ausgestattet, 109 Prom. Roger Laroque, Anse Vata Tel. 244600, www.3.hilton.com.
$$ *(unter 100 US$)* **Tour Le Monde**, sogenannter „Flackpacker" mit kleinen Bungalows und Gemeinschaftsanlagen, Pool und Restaurant, Interieur spiegelt die diversen Weltreisen des Besitzers wider, Tel. 351278, www.tour-du-monde.nc.
Best Western Hôtel Le Paris, 48 klim. Zimmer, Restaurant, Nightclub, 45/47 Rue de Sébastopol, Nouméa, Tel. 281700, www.bestwesternleparis.com.
$ *(unter 60 US$)* **Motel Anse Vata**, 22 einfache, klim. Apartments, 19 Rue Gabriel Laroque, Anse Vata, Tel. 262612, Fax 259060.
l'Auberge des Jeunesse (Jugendherberge), sauber, gute Lage, Garten, auch Doppelzimmer, alle mit Blick auf Port Moselle, 51 bis Rue Pasteur Marcel Ariège, Tel. 275879, www.aubergesdejeunesse.nc.

Ausserhalb von Nouméa

$$$ **Malabou Beach Hotel**, große Bungalows am weißen Strand von Baie de Néhoué, 15 km südlich von Poum an der westlichsten Spitze der Insel, 4,5 Stunden Autofahrt von Noumea, Tel. 476060, Fax 486070, www.grands-hotels.nc.
Hotel Evasion, nette Zimmer u. komfortable Bungalows an kleinem Fluss, Pool, nettes Café, eine der besten Unterkünfte außerhalb Noumeas; Sarramea, zwischen La Foa und Canala. Tel. 445578, www.hotel-evasion.com.
$$ **Auberge du Mont Koghi**, Dumbéa, auf 470 m über dem Meer mit Blick nach Noumea, Chalets und kleine Hütten im Wald, Tel. 412929.
Tontoutel Hotel, Paita, 45 km vom Nouméa, 31 einfache Zimmer, Restaurant und Pool, ideal für frühen Abflug, Tel. 351111, www.tontoutel.nc.
Hotel Koniambo, Zimmer und Apartments, Restaurant und Pool, Kone, Tel. 473940, www.grands-hotels.nc.
Monitel Koumac, Koumac, Tel. 476666, Fax 476285, www.monitel.nc.
$ **Hotel Banu**, historisches Gebäude im Kolonialstil, Zimmer mit und ohne Bad sowie komfortable Bungalows, Pool, Restaurant, Bar, an der Hauptstraße gegenüber der Post, La Foa, Tel. 443119, Fax 443550.
Hotel La Néra, 8 Zimmer, am Fluss, netter Pool und Restaurant, an der RT1, deshalb nicht ganz ruhig, Bourail, Tel. 441644, Fax 441831.
L'Escale de Koné, kleines, einfaches Hotel mit Restaurant, gegenüber der Post, Koné, Tel. 472109.
Ouano Surf Camp, neue Bungalows und Safarizelte mit Moskitonetz am Wasser, zur Welle muss man mit dem Boot fahren, gutes Restaurant, Pool, coole Camp-Atmosphäre, Tel. 469090, www.ouanosurf.com.

Île des Pins

$$$ **Le Meridien Ile des Pins**, Hotel der Superlative, 29 Bungalows, 10 Suiten, Topplage an Baie d'Oro, fantastische Poollandschaft, Tel. 461515, Fax 461516, www.lemeridien-iledespins.com.
Kou Bugny Hotel, kleine feine Anlage an der Baie de Kuto, 12 Bungalows, gutes Restaurant, Pool, Tel. 461800, Fax 461823, www.kou-bugny.com.
Oure Tera Beach Resort, 25 geräumige Bungalows, kleiner Strand, Restaurant, Baie de Kanumera, Tel. 431315, Fax 431344, www.tera-hotels-resorts.com.
$$ **Relais le Kuberka**, 8 nette Zimmer, 3 Bungalows, familiäre Anlage, gut geführt, nicht weit vom Strand, Kuto, Tel. 461118, Fax 461158.

Andere Inseln

LIFOU: $$ **Drehu Village**, 20 Bungalows am Strand, beste Anlage der Insel, Restaurant, Pool, Baie de Chateaubriand, Tel. 450270, Fax 450271, www.drehu.grands-hotels.cc.

$ **Oasis de Kiamu**, 15 ansprechende Zimmer, nette Anlage in einem Palmenhain oberhalb des Strands, Restaurant, in Jozip, Tel. 451500, Fax 451600, oasis@canl.nc.
Liloréve, drei runde melanesische Bungalows oberhalb Baie du Santal, mit eigenem Sandstrand, wahlweise mit Verpflegung, Gemeinschaftsanlagen, Camping, Fahrradverleih, Tribu de Xepenehe, Tel. 451423.
MARÉ: $$ **Nengone Village**, 15 attraktive Bungalows am Strand, Pool, luftiges Restaurant, großartige Lage, Schnorchelriff, Cengeite, Tel. 454500, Fax 454464, www.hotelnengonevillage.nc.
OUVÉA: $$$ **Paradis d'Ouvea**, neue, teuerste Anlage der Insel, 15 Luxus-Bungalows am blendendweißen Strand, Restaurant, Pool, Pointe de Mouly, Tel. 455400, Fax 455401.

5 FIDSCHI (FIJI, ☎ 00679)

Viti Levu – Nadi und Umgebung

Denarau Island

Die Insel kurz vor Nadi ist über eine kleine Brücke mit dem Festland verbunden. Sie ist inzwischen touristisch voll entwickelt, mit sieben großen Luxushotels, einem 18-Loch-Golfplatz, Tennisplätzen und einem Luxus-Wohngebiet entlang eines Kanals. Von Port Denarau gehen Fähren zu den Inselresorts der Mamanucas und Yasawas. Dort gibt es ein Shoppingcenter und zahlreiche Restaurants und Cafés. Alles ist mit einem Shuttle-Transport verbunden. Die Hotels bilden das ideale Sprungbrett für Tagestouren zu den Inseln, zum Sightseeing auf Viti Levu oder zu einer Tour ins Hochland. Alle liegen am Meer, mit Pools und Wassersportangebot, und lassen keine Ferienträume offen.
$$$ *(über F$ 300)* **Worldmark Wyndham Vacation Resort**, Ferienwohnungen, www.worldmarktheclub.com. **The Radisson Resort**, www.radisson.com/fiji. **Sheraton Fiji Resort**, Sheraton Denarau Villas, www.starwoodhotels.com/sheraton.
The Westin Denarau Island Resort & Spa, www.starwoodhotels.com/westin. **Sofitel Fiji Resort & Spa**, www.sofitel.com/fiji. **Fiji Beach Hotel**, managed by Hilton. **The Terraces**, zwischen Port Denarau und Golfkurs, Ferienwohnungen, Pool, www.theterraces.com.fj.

Sonaisali Island Resort, 110 Bungalows und Zimmer mit Meerblick, Poollandschaft, kleine Insel südlich von Nadi, 25 Minuten vom Airport, Shuttle-Boot 3 Minuten, Tel. 670 6011, Fax 670 6092, www.sonaisali.com.
$$ *(F$ 150 bis 300)* **Hotel Novotel Nadi**, 128 Zimmer, Blick in die Berge, Pool, Restaurant, Bar, 9-Loch-Golfplatz, Tennis, 1 km vom Flughafen, ideal für Stopover, Tel. 672 2000, Fax 672 0324, www.novotel.com. **Tanoa International Hotel**, 135 Zimmer, in Sichtweite vom Novotel, gut für Stopover, Tel. 672 0277, Fax 672 0191, www.tanoahotels.com.
$ *(bis F$ 150)* **Nadi Bay Hotel**, kleines Hotel auf dem Weg nach Wailoaloa Beach (schwarzer Strand), Apartments, Doppel- und Mehrbettzimmer, sauber, Pool, Restaurant, Tel. 672 3599, www.fijinadibayhotel.com. **Tanoa Skylodge Hotel**, geräumige Standardzimmer in großer Gartenanlage, teilweise mit Küchenzeile, Mehrbettzimmer, Pool, ideal für Stopover oder früher/später Abflug, Queens Road, Namaka, Airportnähe, Tel. 672 2200. **Smugglers Cove**, sogenannter Flashpacker mit einem Mix von verschiedenen Schlafmöglichkeiten vom Apartment bis Mehrbettzimmer, ideal vor und nach Island Hopping in den Yasawas, Wailoaloa Beach beim Flughafen, Tel. 672 4578, www.smugglersbeachfiji.com. **Stoney Creek Resort**, nettes, einfaches Resort in den Bergen zwischen Nadi und Lautoka, ideal für Bergtouren, Tel. 672 2206, www.stoneycreekfiji.com.

Viti Levu – Queens Road / Coral Coast

$$$ *(über F$ 300)* **Maui Palms**, Timeshareanlage für Selbstversorger, große Luxushäuser direkt am Strand. Auf Wunsch wird man bekocht. Restaurants in der Nähe. Tauchen, Reiten, Touren möglich, gut für längeren Aufenthalt. Tel. 6507082, www.mauipalms-accommodation.com.
Fiji Golf Resort & Spa (Intercontinental Hotel), neueste Luxusanlage im großen Stil am schönsten Strand von Viti Levu, supermodernes Interieur, teilweise mit Badewanne am Balkon, mehrere Pools, Bars und Restaurants, fabelhafter Golfplatz in Toplage, Natadola Beach, Tel. 673 3300, www.ichotelsgroup.com. **Shangri-La's Fijian Resort**, 436 Zimmer mit Meerblick, größte Anlage des Landes, schöner Strand, weitläufiges Gelände, mehrere Pools und Restaurants, Tauchbasis, Golfplatz, tolles

Kinderprogramm, 45 Autominuten von Nadi, auf kleiner Insel, durch Brücke mit Festland verbunden, Tel. 652 0155, Fax 650 0402, www.shangri-la.com. **Warwick Fiji Resort**, luxuriöses Strandhotel mit 250 Zimmern und Spa, exzellentes Seafood-Restaurant, Korolevu, Tel. 653 0555, Fax 653 0010, www.warwickfijihotel.com.
Outrigger Fiji Beach Resort, 207 Zi., 47 Bures, etwas sterile Anlage, Pool, Tennis, 5 km von Sikatoka, Tel. 650 0044, Fax 652 0074, www.outrigger.com.
$$ *(F$ 150 bis 300)* **Fiji Hideaway Resort**, beliebte Anlage am Meer auf halbem Weg zwischen Nadi und Suva, etwas eng, kleine moderne Bungalows, großer Pool, Tauchbasis, Tel. 650 0177, Fax 650 0025, www.hideawayfiji.com. **Tambua Sands Beach Resort**, 26 Bures an einem netten langen Strand, ruhige Anlage, Pool, Teil der Warwick-Kette, Tel. 650 0399, www.warwicktambuasandsfiji.com.
The Uprising Beach Resort, Bungalows mit Atrium-Dusche, Pool, Restaurant, Bar, am kilometerlangen Pacific Harbour Beach, Tel. 6578 3452 200. www.uprisingbeachresort.com.
$ - $$ *(bis F$ 150)* **The Beachhouse**, in Kokosplantage am Meer, Doppel- u. Mehrbettzimmer, Cottages, Restaurant im früheren Plantagenhaus, Tel. 653 0500, www.fijibeachouse.com.

Inseln südlich von Viti Levu

$$$ *(über F$ 300)* **Kulu Bay Resort**, exklusives Tauchresort an schönem Strand, große Bungalows mit Deck, Beqa Island, Bootsanreise ab Pacific Harbour, http://kulubay.com. **Beqa Lagoon Resort**, 25 Luxus-Bures auf Beqa Island, Top-Tauchresort, Boot ab Pacific Harbour od. Wasserflugzeug, Tel. 330 4042, Fax 3304042, www.beqalagoonresort.com
Lalati Resort, Luxusresort mit großen, eleganten Bungalows, Tauchbasis, Kajaktouren, Trekking, Wassersport, Beqa Island (Transfer von Pacific Harbour), Malumu Bay, Tel. 347 2033, www.lalati-fiji-com.
$ - $$ *(F$ 150 bis 300)* **Lawaki Beach House**, kleine umweltfreundliche Anlage mit Doppel-Bures und Mehrbett-Bures, schweizer-fidschianische Besitzer, Beqa Island, Tel. 992-1621, www.lawakibeachhouse.com.

Viti Levu – Suva

$$$ *(über F$ 300)* **Holiday Inn**, 130 Zimmer, praktisches Hotel in zentraler Lage gegenüber der Regierungsgebäude und Fiji Museum, Pool, Victoria Parade, Suva, Tel. 330 1600, Fax 330 0251.
$$ *(F$ 150 bis 300)* **Best Western Suva Motor Inn**, 45 saubere Apartments mit Küche, Pool, eher für einen kurzen Aufenthalt zu empfehlen, Mitchell/Ecke Gorrie Street, Tel. 672 4274, http://www.suvamotorinn.com.
Island Accommodation ist eine nette Frühstückpension im kühleren Stadtteil Tamavua, oberhalb Suvas, sauber und hell mit großer Gemeinschaftsküche und hübschem Garten, hier steigen auch gerne Zeitarbeiter aus Australien oder Neuseeland oder Gastärzte und Studenten vom naheliegenden Krankenhaus ab, 50 Extension Street, Tel. 3316316.

Viti Levu – Kings Road und Inseln nördlich

Transport mit Minibus ab Nadi, nach Nananu-I-Ra dann Boot ab Ellington Wharf.
$$$ *(über F$ 300)* **Wananavu Beach Resort**, 15 Bures, 3 Villen am Meer mit hübschem Blick, schöner Pool, Tauchbasis, Tennis, 2 Autostunden von Nadi im Norden bei Rakiraki, Tel. 669 4433, Fax 669 4499, www.wananvu.com.
$$ - $$$ **Volivoli Beach Resort**, kleine Halbinsel auf der nördlichsten Spitze Viti Levus, sehr abgelegen und ruhig, neue große Bures stehen oberhalb der Bucht und sind nur über Treppen zu erreichen, dafür entschädigt der Blick vom Deck, Restaurant nicht ganz billig, Tauchbasis, Pool, gut für ein paar Tage zur Erholung, Tel. 6694511, http://volivoli.com.
$ - $$ **Safari Lodge**, an einem langen Strand auf Nananu-i-Ra, gut für aktive Urlauber, Kitesurfing, Tauchen, Wasserski, Backpacker-Unterkunft mit Resort-Preisen, Tel. 669 3333, www.safarilodge.com.fj.
$ *(unter F$ 50)* **Rakiraki Hotel**, einfaches Hotel, ideal für Stopover auf Inselumrundung, gutes Restaurant, Kings Road bei Rakiraki, Tel. 669 4101. **McDonald's Nananu Beach Cottages**, gepflegte kleine Anlage am Strand, geführt von Maxine, die hier geboren wurde, Bungalows für Selbstversorger, kleines Restaurant und Shop, Schnorchelrevier vor der Tür, Tauchen bei Safari Lodge, Bootstransfer von Ellington Wharf, Tel. 6283118, www.macsnananu.com.
Charlie's Cottages, ein winziges, familiäres Resort für Selbstversorger, Cottage und Mehrbett-Bure, guter Strand, neben McDonalds, Tel. 713 9880.

Mamanucas

Fähren zu den Mamanucas ab Port Denarau bei Nadi, Bustransfer dorthin von allen Hotels in Nadi ist bei Buchung organisiert. Oder mit dem Flugzeug ab Nadi nach Mana Island und Malolo Lailai.

$$$ *(über F$ 500)* **Tokoriki Island Resort**, eines der besten Resorts der Gruppe, ruhig, 29 attraktive große Bures mit originellen Bädern, Pool, Tauchbasis, Tennis, Tel. 672 5928, www.tokoriki.com.

Vomo Fiji Island Resort, ein umweltbewusstes Luxusresort auf der gleichnamigen Insel, große Bungalows oder weitläufige Privathäuser, langer Strand, Golfplatz, Tauchen, kein motorisierter Wassersport, Anreise mit Hubschrauber, Wasserflugzeug oder Boot, Tel. 6667955, www.vomofiji.com.

$$$ *(bis F$ 500)* **Castaway Island Resort**, 66 große Bures, schöner Strand, mehrere Restaurants, für Familien, Tauchbasis, Galito Island, Tel. 666 1233, www.castawayfiji.com. **Mana Island Resort**, 128 Bures, 32 Hotelzimmer, größtes Resort der Gruppe, schöner langer Strand an der Nordseite, Pool, Tauchbasis, Tennis, Tel. 665 0423, Fax 665 0788, www.manafiji.com.

Matamanoa Island Resort, 20 große Bures, 13 Hotelzimmer, etwas eng, winzige Insel, kleiner schöner Strand, Pool, Tauchbasis, Tel. 672 3620, Fax 672 0282, www.matamanoa.com.

Musket Cove Resort, verschiedene Unterkünfte wie Bures, Ferienhäuser, Luxus-Villen, Hotelzimmer, 9-Loch-Golfplatz, Tennis, weitläufige Anlage auf Malolo LaiLai Island mit Jachtclub, Tel. 666 2215, Fax 666 2633, www.musketcovefiji.com. **Navini Island Resort**, 10 Bures, ruhige kleine Insel mit schönem Strand ringsherum, Ausflüge, Wassersport, Tel. 6662188, Fax 666 5566, www.navinifiji.com.fj.

$$ *(F$ 150 bis 300)* **Beachcomber Island Resort**, für Junge und Junggebliebene, Bures, Doppelzimmer, Mehrbettzimmer, winzige Insel mit großem Namen, 3x Büffet am Tag inklusive, jeden Abend Live-Musik, Tauchbasis, Wassersport, Ausflüge, nichts für Ruhesuchende, Tel. 666 1500, Fax 666 4496, www.beachcomberfiji.com.

Yasawa Islands

Die Inseln sind durch die Fähre Yasawa Flyer (www.awesomefiji.com) miteinander verbunden. Sie geht täglich ab Port Denarau zu den Inseln.

$$$ *(über F$ 500)* **Turtle Island Resort**, legendäres Luxus-Resort auf Nanuya Levu des Amerikaners Richard Evanson, 14 exklusive Bures am Traumstrand, nur für Paare, beide *Blue Lagoon*-Filme wurden hier gedreht, Tel. 672 2921, Fax 672 0007, www.turtlefiji.com. **Yasawa Island Resort**, Top-Resort vom Feinsten auf Yasawa Island mit eigenem Flugplatz, 16 große elegante Bures mit eigenem Strand, Tauchbasis, Jeepsafaris, Tel. 672 2266, Fax 672 4456, www.yasawa.com.

Navutu Stars Resort, das neueste unter den Luxusresorts der Inselgruppe, klein und fein mit nur 9 sehr komfortablen Bures mit Luxusausstattung an einem schönen Strand, Tel. 6640553, www.navutustarsfiji.com.

$$ - $$$ **Viwa Island Resort**, westlich von Waya Island, kleine Luxusanlage mit 11 großen Bures an einem Bilderbuchstrand, Tauchbasis, Dorfbesuche, Schnorcheltrips, Kajaks, Pool und Restaurant, das Rundumpaket für einen romantischen Südsee-Urlaub, Tel. 6030066, www.viwaislandresort.com.

$$ *(ca. F$ bis 500)* **Octopus Resort**, großzügig ausgebaute Anlage mit fidschianischen Bures (verschiedene Kategorien), Mehrbettbungalows und Privathäusern, sehr lebendig, schöner Strand, Tauchbasis, Waya Island, Tel. 442 9998, Fax 666 6210, www.octopusresort.com. **Nanuya Island Resort**, auf der gleichen Insel wie Turtle Island Resort, Tel. 6667633, www.resort.nanuyafiji.com. **Botaira Beach Resort**, fidschianische Besitzer, die lange in großen Hotels gearbeitet haben, gut geführt, sehr nette Bungalows mit fidschianischem Touch, auf Naviti Island, Tel. 6030200, www.botaira.com.

$ *(unter F$ 150)* Die Yasawas haben ein dichtes Netz von preiswerten kleinen Unterkünften. Man wohnt in traditionellen Bures oder Bungalows und wird vom Dorf oder einer Familie betreut und verpflegt. Die Unterkünfte bieten einen gewissen Standard an Sauberkeit, Komfort und Service. Siehe dazu www.fijibudget.com, Tel. 722291. Es gibt auch Pauschalangebote inklusive Fähre und Island Hopping.

Nabua Lodge, südliches Ende von Nacula Island, Bures unter Palmen am Strand, mit und ohne Bad, Mehrbettbures, Mahlzeiten inkl., Tel. 666 9173, www.nabualodge-yasawa.com. **Otto & Fanny's Place**, etablierte gefällige Anlage mit einfachen Unterkünften, gutes Restaurant, nicht nur für Hausgäste, Tauchbasis, auf Tavewa Island, Tel. 624 0952, www.ottoandfanny.com.

Vanua Levu

$$$ *(über F$ 300)* **Nukubati Island Resort**, 7 Bungalows am Meer, Tauchbasis, Tennis, schöner Strand, Ausflüge, Bibliothek, exquisites Luxusresort auf einer Insel, 50 km von Labasa, Tel. 603 0919, www.nukubati.com.

Koro Sun Resort, großräumige Anlage vom Meer bis in den hügeligen Regenwald, 29 große Luxusbungalows, 2 Restaurants, Pool, Spa, 9-Loch-Golfplatz, Fitness, Tauchbasis, 12 km von Savusavu an der Küste, Tel./Fax 885 0262 ext. 303, www.korosunresort.com.

Namale Resort and Spa, Besitzer ist der erfolgreiche amerikanische Life Coaching-Guru und Selfhelp-Autor Tony Robbins, hier dreht sich alles um inneren Frieden, Romantik und Spiritualität, großartige Bungalows im Regenwald oberhalb einer Bucht, alles sehr exklusiv und vom Feinsten, hier steigen Celebrities und Wirtschaftsbosse ab, die sich ungestört erholen wollen, Tel. 885 0435, www.namalefiji.com.

Jean-Michael Cousteau Fiji Resort, Tauchresort des (nicht selbst anwesenden) Sohns des berühmten Tauchers, elegante Bungalows, großes Gelände, Strand ist nicht besonders, Pool, 6 km außerhalb Savusavu, Tel. 885 0188, www.fijiresort.com.

Moody's Namena Island, 6 luftige Bungalows auf den Klippen, feiner Strand, Tauchbasis, ausgezeichnetes Tauchrevier, 1,5 Stunden Bootsfahrt von Savusavu, Tel. 828 0577, www.moodysnamenafiji.com.

$$ **Naveria Heights Lodge**, Wellness mit der Gastgeberin, einem Personal Trainer, Verpflegung aus biologischem Anbau, Wanderungen, Kajaktouren, Mountainbiking, Erholung garantiert. Drei geschmackvolle Zimmer mit eigenem Sonnendeck, Oberhalb von Savusavu Bay mit großartigem Blick, Tel. 885 0348, www.naveriaheightsfiji.com.

La Dolce Vita, das süsse Leben direkt am Wasser, moderne Bungalows mit zwei Schlafräumen, Poolanlage, Restaurant. 40 Autominuten von Savusavu Tel. 8280824, www.ladolcevitafiji.com.

Hans' Place, 3 gut ausgestattete Cottages mit Küche, Dusche und Terrasse, in einem üppigen Garten mit Ausblick auf die Bucht, Langzeitmiete möglich, Hans kommt aus Deutschland, Savusavu, Tel. 885 0621, www.fiji-holiday.com.

$ **Hot Springs Hotel**, 46 einfache Zimmer in einem nüchternen Gebäude mit tollem Blick auf Savusavu Bay vom oberen Stockwerk, o.k. für einen kurzen Aufenthalt, in Savasavu, Pool, Tel. 885 0195, wwwsavusavufiji.com.

Taveuni

$$$ *(über F$ 300)* **Taveuni Palms**, Luxus pur in großen Häusern mit Garten, Pool und eigenem Personal wie Koch, Wellness-Therapeut, Barkeeper, Hausmädchen etc., als 'beste Honeymoon-Destination der Welt' ausgezeichnet. Tel. 888 0032, www.taveunipalms.com.

Garden Island, komplett renoviert, neu und ultraschick, 30 Zimmer mit Balkon; direkt am Wasser, kein Strand; Tauchbasis, Spa, Restaurant, Bar, zentraler Treffpunkt der Insel, Waiyevo, Tel. 888 0286, www.gardenislandresort.com.

Taveuni Island Resort, 7 runde Bungalows auf den Klippen mit Blick und Freiluftbädern, Pool, Tauchbasis, Matei, Tel. 888 0441, Fax 888 0445, www.taveuniislandresort.com.

Nakia Resort & Dive, 4 moderne Bungalows im fidschianischen Stil auf einer Klippe mit tollem Blick, Besitzer stammen aus Kalifornien und führen das Resort nach ökologischen Gesichtspunkten, Restaurant, Pool, Tauchbasis, südlich von Matai, Tel. 888 1111, www.nakiafiji.com.

$$ *(ca. F$ 150-300)* **Coconut Grove Beachfront Cottages**, 3 charmante luftige Bures mit Küche und Blick aufs Meer und Freiluftduschen aus Vulkangestein, gutes Restaurant, Matei, Tel. 888 0328, www.coconutgrovefiji.com.

Aroha Taveuni, zwischen Flughafen und Hauptort am Meer, 2 große Bungalows mit Küche, Restaurant für Hausgäste, Pool, Landzeitmiete möglich, Tel. 8881 882, www.arohataveuni.com.

In **Karin's Garden** steht ein Bungalow mit zwei Schlafräumen und Küche direkt am Wasser, Karin kommt aus Deutschland und hat ihre Küche an bestimmten Abenden auch für Gäste geöffnet, Tel. 8880511, www.karinsgardenfiji.com.

MATAGI: $$$ *(über F$ 500)* **Matangi Private Island Resort**, elegante Bures, Tauchbasis, netter Strand, Restaurant, Pool, nordöstl. von Taveuni, Anreise mit Boot ab Taveuni, Tel. 888 0260, www.matangiisland.com.

QAMEA: $$$ **Qamea Resort & Spa**, 17 elegante sehr große Bures, schöner Strand, attraktiver Pool, ruhige Anlage, Tauchbasis, Wellness, Anreise mit Boot ab Taveuni, Tel. 888 0220, Fax 888 0092, www.qamea.com.

Kadavu

$$$ **Matava Resort**, 9 einfache fidschianische Bures an einem Hang oder am Wasser, Tauchbasis, Kajaktrips, Surfen, Wanderungen, stimmungsvolles Restaurant, Tel. 603 0685, www.matava.com.
$$ - $$$ *(über F$ 300)* **Papageno Eco Resort**, 7 große Bures im Plantagenstil, ruhige Anlage, attraktiver langer Strand, gutes Restaurant, Tauchen, Ausflüge, 20 Bootsminuten vom Flugplatz, Besitzerin Anneliese stammt aus Deutschland, Tel. 330 3355, Fax 330 3533, www.papagenoecoresort-fiji.com.
Tiliva Resort, kleines Resort im Nordosten Kadavus an einem langen Strand, moderne Bures, Tauchbasis, Kajak, Tel. 333 7127, www.tilivaresort-fiji.com.
$$ *(F$ 100 bis 200)* **Matana Beach Resort**, 10 Bures am Meer, netter Strand, Tauchbasis, 10 Bootsminuten vom Flugplatz, Tel. 368 3502, www.divekadavu.com.
Waisalima Beach Resort & Dive Centre, einfache fidschianische Doppel- und Mehrbett-Bures mit und ohne Bad, Tauchbasis, im Nordosten der Insel, Tel./Fax 331 6281, www.waisalimafiji.com.

Andere Inseln

OVALAU: $$ **Levuka Homestay**, 4 individuelle Zimmer mit Bad, australische Gastgeber, fantastischer Blick, tolles Frühstück, Bibliothek, bester Platz auf der Insel, Tel. 344 0777, www.levukahomestay.com.
$ **The Royal Hotel**, Fidschis ältestes Hotel mit viel Charme, einfache Zimmer, Bar, Billard, Tel. 344 0024, www.royallevuka.com.
The New Mavida Lodge, wurde vom Backpacker zum Hotel umgewandelt, jedes der 12 Zimmer mit Bad, hell und freundlich, Tel. 3440477, www.levukafiji.com/mavida.
NAIGANI: $$ **Naigani Island Resort**, ehemaliges Timeshare-Projekt mit 17 Villen in verschiedenen Größen und Ausstattung, guter Strand, Restaurant, Bar, Ausflüge nach Ovalau, Tauchbasis. Anreise ab Suva mit Bus/Boot, Tel. 331 2433, www.naiganiisland.com.
WAKAYA: $$$ *(über F$ 500)* **The Wakaya Club**, 10 exklusive Villen auf einer privaten Inseln eines kanadischen Milliardärs, jede mit eigenem Strand und Luxus-Ausstattung, mit mehreren Schlafräumen und kompletter Küche für den eigenen Koch (auf Wunsch), Tauchbasis, Tennis, Golf, Flugplatz, kein Ort für Sparsame, Anreise mit inseleigenem Jet ab Nadi oder Suva, Tel. 344 8128, www.wakaya.com.

6 SAMOA-INSELN

SAMOA (☎ 00685)

Auf Samoa wird man unweigerlich auf so genannte **Beach Fales** treffen. Fale ist das samoanische Wort für Haus, in diesem Fall eine ovale Hütte. Man wohnt auf einer Plattform mit Dach und offenen Wänden, Bei Bedarf kann man rolloartige Matten herunterlassen, um sich vor Wind, Wetter und neugierigen Blicken zu schützen. Die Fales sind mit Matratze, Moskitonetz und Betttüchern ausgestattet. Frühstück und Abendessen ist im Preis inklusive. In der Regel sind die Fales sehr sauber. Sie stehen entlang der Strände an der Süd- und Ostküste Upolus und auf Sava'i. Eine Nacht in einem Fale am Meer zu schlafen ist der ultimative Südseetraum und ein unvergessliches Erlebnis. Gewarnt wird vor kleinen Diebereien. Eine Liste aller Beach Fales ist vom Samoa Visitor Bureau in Apia erhältlich.

Upolu – Region Apia

$$$ *(US$ 150 und mehr)* **Sheraton Samoa Aggie Grey's Resort**, sehr schöne, luxuriöse Anlage, mäßiger Strand, 18-Loch-Golfplatz, Tel. 45611, www.aggiegreys.com.
Sheraton Samoa Aggie Grey's Hotel & Bungalows, legendäres Südseehotel, 1933 eingeweiht, wurde nach Hurrikanschäden erneuert, erweitert auf 175 Zi. und 2016 wiedereröffnet, Tel. 22880, www.aggiegreys.com.
Le Manumea Resort, 12 moderne Suiten auf dem kühleren Hang oberhalb von Apia mit Panoramablick mit Küchenzeile u. Innen/Außen-Dusche, Pool, Restaurant und Bar, Insektenschutz wichtig, Tel. 27755 oder 757 6268, www.manumearesort.com.
Hotel Tanoa Tusitala, 94 klim. Zimmer, Restaurant, Bar, Pool, Tennis, am Beginn der Mulinu'u-Halbinsel, Tel. 21122, www.tanoatusitala.com.
$$ *(US$ 50 bis 150)* **Amanaki Hotel**, das kleine saubere Hotel wird von einer Familie aus Tokelau geführt; alle Zimmer mit Blick auf die Hafenbucht, Pool, Restaurant, Bar; in Laufweite vom Zentrum, Muliniu'u Road, Tel. 27889, www.amanakihotel.com.

Lynn's Getaway, gutes Bed and Breakfast mit Bergblick, Pool und Zimmer mit/ohne Bad, Abendessen empfehlenswert, Lynn Netzler hat deutsche Kolonialvorfahren, organisiert jede denkbare individuelle Tour, in Motootua an der Cross Island Road in Apia, Tel. 20272, www.lynnsgetaway.com.
Vaea Hotel, nettes Boutiquehotel, alle Zi. mit Balkon bzw. Terrasse, am Fuß von Mount Vaea, mit netter Garden Bar, nicht weit vom Zentrum, Tel. 22714, www.vaeahotel.com.
Samoan Outrigger Hotel, Mehrbettzimmer, Doppelzimmer, Fales, mit u. ohne Bad, renoviertes Kolonialhaus im Grünen, gut gebucht, Apia Moto'otua, Cross Island Road, Tel./Fax 20042, www.samoanoutriggerhotel.com.

Upolu – Außerhalb Apia

$$$ *(US$ 100 und mehr)* **Seabreeze Resort Samoa**, große Bungalows mit orignellen Außenduschen. Paradise Cove ist eine verträumte Sandbucht im Südosten mit kleinen Felsinseln davor, luftiges Restaurant, Pool, Tel. 41391, www.seabreezesamoa.com.
Coconuts Beach Club Resort & Spa, luxuriöse Fales am Wasser, Restaurant, Bar, origineller Swimmingpool, Tauchbasis, Wassersport, Südküste, 30 Min. Fahrt von Apia, Tel. 24849, Fax 20071, www.coconutsbeachclub.com.
Sinalei Reef Resort, 25 Fales mit bepflanzten Open-Air-Bädern, schön angelegter tropischer Garten mit Pool, Wellness- und Beautybereich, Tauchbasis, 9-Loch-Golfplatz, eine Oase der Ruhe, Siu'mu an der Südküste, 30 Autominuten von Apia, Tel. 25191, Fax 20285, www.sinalei.com.
Le Vasa Resort, große Bungalows am Wasser, Blick nach Manono Island, Pool, Restaurant, kein Strand, 10 km westlich von Faleolo Airport, Tel. 46028, www. levasaresort.com. **Sa'Moana Resort**, kleine Bungalows mit Bad und Veranda am Strand, Pool, Restaurant, am schönen Salamumu Beach an der Südküste, sehr abgelegen, Tel. 28880, www.samoanaresort.com.
$$ *(US$ 30 bis 100)* **Litia Sini Beach Resort**, geschlossene Beachfales mit Terrasse, die besten natürlich in der vordersten Reihe direkt am Wasser, moderne Sanitäranlagen, blitzsauber, Restaurant mit einheimischer Küche, Litia ist die perfekte Gastgeberin, nicht für Ruhesuchende – hier ist immer was los, Tel. 41050, www.litiasinibeach.ws.
Beach Fales am Tafatafa Beach an der Südküste, eines der schönsten Strände des Landes: **Brenda's Beach Fales**, einfache Fales, kalte Duschen, direkt Strand, Tel. 7785688. Etwas professioneller geführt sind **Vaiula Beach Fales** am gleichen Strand mit Sunset-Bar, Tel. 7792754, vaiulabeachfales.com.

Savai'i

$$$ **Le Lagoto Resort** in Fagamalo hat 10 moderne Bungalows am Wasser und einige Hotelzimmer, Pool, gutes Restaurant, Tel. 58189, www.lelagoto.ws.
Amoa Resort, hat 2015 eine komplette Umwandlung mitgemacht; die ehemaligen einfachen Fales sind jetzt elegante Bungalows um einen Pool herum, der Strand ist auf der anderen Seite der Straße, Parenzo's Bar und Restaurant ist nicht nur Hausgästen vorbehalten, Tel. 53518, www.amoaresort.com.
$ *(unter US$ 30)* $ Entlang des langen Strandes von Manase im Norden der Insel gibt es eine Reihe kleiner netter Fale-Anlagen mit offenen, halbgeschlossenen oder ganz geschlossenen Beachfales. Im Gegensatz zu Aleipata ist es hier ruhig. Alleinreisende Frauen sollten nicht in den abgelegenen Beachfales übernachten. Transport von der Fähre mit Bus oder Taxi. Hier eine Auswahl:
Regina's Beach Fales, unter schattigen Bäumen am Wasser, Tel. 54054. **Janes's Beach Fales**, halboffen mit einer Veranda davor, ruhige Anlage neben Tanu's, Restaurant, Tel. 54066, www.janesbeach.ws. **Vacation Beachfales**, Anlage am Wasser, aber nicht alle Fales stehen am Strand, Restaurant, Bar, Tel. 54001, www.vacationsbeach fales.com.
Tanu Beach Fales, bei mehr als 30 Fales bleibt nicht viel Tropenromantik, zur rührigen Großfamilie bekommt man kaum Kontakt, das Essen ist nicht der Höhepunkt des Tages, dafür der Strand umso schöner, im hübschen Dorf Manase im Norden der Insel, Tel. 54050, www.samoa-experience.com.
Satuiatua Beach Resort, 10 Fales unter riesigem Banyanbaum am Strand, gutes Restaurant, Laden, Westküste, Tel. 8464119, sbr.bookings@gmail.com.

AMERIKANISCH SAMOA (☎ 00684)

Tutuila Island

Tourismus gibt es wenig, deshalb ist die Auswahl an Unterkünften sehr beschränkt.

$$$ **The Tradewinds Hotel**, neuer nüchterner Bau mit mehr als 100 Zimmern, einem guten Restaurant und großem Pool, auf dem Weg vom Flughafen in die Stadt, Tel. 6991000, www.tradewinds.as.
$$ **Sadies by the Sea**, in einem etwas renovierten Teil des ehemaligen Rainmaker Hotels, Pool, Restaurant, Bar.
Sadie Thompson Inn, 12 große Zimmer, einige mit Küche, im gleichen Gebäude wie Sadie's Restaurant, Tel. 6335981, www. sadieshotels.com.

Manu'a-Inseln

$$ *(US$ 40 bis 50)* **Vaoto Lodge**, 10 Zimmer, am Strand, Ofu Airport, Tel. 6551120, www.vaotolodge.com.

7 TONGA (☎ 00676)

Tongatapu – Nuku'alofa

Website für Unterkünfte: www.tongaholiday. com.
$$$ *(über T$ 100)* **International Dateline Hotel**, 125 Zimmer, Pool, 2 Restaurants, 2 Bars, Das größte Hotel im Land, aber bei weitem nicht das beste. Erbaut 1966; nach Renovierung und Umbau Neueröffnung 2017. Tel. 23411, www.datelinehotel.com.
Waterfront Lodge, Gebäude im Kolonialstil am Wasser, 8 helle Zimmer mit tiefen Balkonen und Ausblick, Tel. 25260.
Seaview Lodge, 12 freundliche Zimmer mit Garten- oder Meerblick, Restaurant, österreichische Besitzer, gut für Stoppover, Vuna Road, hinter dem Königspalast, Tel. 23709, www.seaview-lodge.com.
Villa Apartments Eastside. 5 helle, luftige Zimmer in renov. Kolonialvilla, Aufenthaltsraum, im Anbau einige nette Apartments für Selbstversorger mit Blick aufs Meer, beste Unterkunft in Nuku'alofa, zentral, Vuna Road, Tel./Fax 24998, www.tongavilla.com.
$$ *(T$ 50 bis 100)* **Alibaba's Guest House**, einfach, freundlich und sauber, mit kleinem Restaurant, in einer Nebenstraße der Stadt, Tel. 25154.
$ - $$ **Toni's Guesthouse**, grünes, blaues und gelbes Haus für Backpacker und zwei Häuser mit Küche für Familien oder Freunde, Toni macht auch Inseltouren, seine Kava-Sitzungen mit seinen Gästen sind legendär, Tel. 21049, www.tonisguesthouse.com.

AUSSERHALB VON NUKU'ALOFA: $$ **Heilala Holiday Lodge**, ist von Nuku'alofa zum schönen Ha'atafu Beach gezogen, Waltraud und Sohn Sven Quick bieten neue Bungalows mit und ohne Bad, auch einfachere Zimmer, Restaurant, Tel. 41600, www.heilala-holiday-lodge.com.
Ha'atafu Beach Resort, Surfresort auch für Nichtsurfer mit schönem Strand und guten Schnorchelrevieren, 10 einfache, nette Bungalows mit Gemeinschaftsduschen, fantastisches Essen im Preis inkl., 21 km westlich von Nuku'alofa auf Hihifo Peninsula, Tel. 41088, www.surfingtonga.com.
INSELRESORTS VOR TONGATAPU:
$$$ *(über T$ 100)* **Fafa Island Resort**, kleines Südseeparadies mit 13 sehr schönen Fales/Bungalows mit Bad direkt am Strand, parkähnliche Anlage, gutes Restaurant, Wassersport, täglich Shuttleboot zur Stadt, deutschsprachig, 6 km vor Nuku'alofa, Tel. 22800, www.fafaislandresort.com.
Royal Sunset Island Resort, 24 Bungalows, frisch renoviert, schöner Strand, Pool, Restaurant, Bar, Atata Island, Tel. 24923, www.royalsunset.biz.
$ *(unter T$ 50)* **Pangaimotu Island Resort**, 6 sehr einfache Bungalows, etwas vernachlässigt, Restaurant, Wassersport. Am Wochenende sehr belebt, Pangaimotu Island, 2 km nordöstl. von Nuku'alofa, Tel. 15762.

Ha'apai

$$$ *(über T$ 100)* **Sandy Beach Resort**, vom Vater-Sohn-Team Jürgen und Boris Stavenow aus Deutschland, 12 Fales an einem langen Traumstrand an der Nordspitze von Foa, Tauchbasis, Restaurant und Bar, Tel. 69600, www.sandybeachresort.de.
Matafonua Lodge, 10 moderne Mini-Bungalows mit Veranda und Gemeinschaftsduschen, tolle Lage an der nördlichen Spitze der Insel, Café, Fahrräder, Kajaks Tauchen, Foa, Tel. 69766, www.matafonua.com.
Serenity Beaches Resort auf der unbewohnten Insel Ouleva gehört Patti, einer Massagetherapeutin aus New York, die sich hier einen Traum erfüllt hat; Ruhe, Erholung, Wellness und Massage bestimmen den Tagesablauf. Tel. 8734934 oder 13010, Empfang ist manchmal gestört, www.serenitybeaches.com.
$ *(auch unter T$ 50)* **Fifita Guest House**, Zimmer, Gemeinschaftsdusche, Mahlzeiten, Kochgelegenheit, Insel Lifuka, Pangai, Tel. 60213, Fax 60374.

'Evaloni's Guest House, Zimmer, Gemeinschaftsdusche, Mahlzeiten, Lifuka, Pangai, Tel. 60029.

Vava'u-Inseln

Von allen Unterkünften können Whale-Watching-Touren unternommen werden.

$$$ *(über T$ 150)* **Tongan Beach Resort**, 12 hübsche helle Zimmer in Doppel- oder Dreifach-Bungalows am Wasser, schöner Strand, Restaurant, Tauchbasis, alle Bootstouren, Walbeobachtung, Halbinsel Utungake, durch Brücke mit Festland verbunden, Tel./Fax 70380, www.thetongan.com.

Reef Resort, kleines elegantes Boutique-Resort mit nur 4 Bungalows, das beste in Vava'u. Josef bereitet sehr leckere Mahlzeiten und Renate kümmert sich liebevoll um die Gäste, Kapa Island liegt 30 Bootsminuten vom Airport, Tel. 59279, www.reefresortvavau.com.

Mystic Sands Beach, 10 Minuten von Neiafu entfernt an einem weißen Strand, Restaurant 5 Minuten entfernt, Bungalows für Selbstversorger, Tel. 7584027, www.mysticsands.net.

$$ *(T$ 100 bis 150)* **Blue Lagoon Resort**, 8 tonganische Bungalows, teils auf Stelzen, mit Traumstrand, gutes Restaurant, beliebter Ankerplatz der Yachties, deutschsprach. Besitzer, Foi'ata Island, Tel. 8671300, www.tongabluelagoon.com.

Hilltop Hotel, 8 einfache Zimmer, toller Blick auf Port of Refuge, gutes Restaurant, Holopeka Hill, Neiafu, Tel./Fax 70209, www.hilltop-hotel-vavau.com.

Hakula Lodge, moderne Ferienwohnungen mit Hafenblick, Toula, 10 Radminuten von Neiafu, Tel. 70872, www.hakulalodge.com.

$ - $$ *(unter T$ 100)* **Lucky's Beach Houses**, vier kleine Bungalows mit Kochgelegenheit und ein älteres Backpacker-Fale, am Talihau Beach auf Utungake. Tel. 71075, www.luckysbeach.com.

8 COOK-INSELN (☎ 00682)

Rarotonga

Bei Einreise muss mindestens eine Übernachtung im Voraus gebucht werden. Viele Flüge landen mitten in der Nacht. Transfer zum Hotel ist immer organisiert. Rarotonga hat viele neue bzw. aufgewertete Resorts. Die Auswahl ist groß und die Küste nun relativ dicht bebaut.

$$$ *(über NZ$ 200)* **Sea Change Rarotonga**, 8 elegante moderne Bungalows an einem schönen Strandabschnitt, jeder mit Pool, moderne Küche, Südküste, Tel. 22532, Fax 22730, www.sea-change-rarotonga.com.

Pacific Resort, 72 Apartments und Bungalows mit 1 bzw. 2 Schlafräumen am Strand, Kochgelegenheit, Restaurants, Bar, schöne Gartenanlage, Pool, Muri Beach (Südostküste), Tel. 20427, Fax 21427, www.pacificresort.com.

Crown Beach Resort, 21 elegante Villen, schöner Strandabschnitt, Pool, Wellness, Arorangi (Nordwestküste), Tel. 23953, Fax 23951, www.crown-beach.com.

Edgewater Resort, 250 klim. Zi., Restaurant, Bar, Pool, Tennis, nüchterner Hotelbau; Nordwestküste, Tel. 25435, Fax 25475, www.edgewater.co.ck.

The Rarotongan Beach Resort & Spa, 156 klim. Zimmer und Bungalows, Pool, Restaurant, Bar, Tennis, Wellness, Wassersport, Südwestküste, von Reisegruppen bevorzugt, Tel. 25800, Fax 25799, www.rarotongan.com.

Muri Beachcomber, 22 Einheiten m. Küche, Muri Beach (Südostküste), Tel. 21022, Fax 21323, www.beachcomber.co.ck.

Palm Grove, 13 schöne Bungalows am blendendweißen Strand, Südküste, Tel. 20002, Fax 21998, www.palmgrove.net.

Takitumu Royale, 10 Bungalows an einem schönen Strand, gute Ausstattung, mit Kochgelegenheit, ruhige Anlage, Pool, Titikaveka Lagoon, Tel. 24682, www.royaletakitumu.com.

Sunset Resort, 35 Apartments mit Küche, Pool, netter Strand, Arorangi, Tel. 28028, www.thesunsetresort.com.

Rumours Luxury Villas & Spa, 7 elegante Villen am Strand, mit Pool und allem, was man sich von einem Luxusurlaub wünscht, Tel. 22551, www.rumours-rarotonga.com.

Little Polynesian, gehört zu den besten Unterkünften Rarotongas, 14 Luxus-Bungalows unter Palmen am besten Strandabschnitt der Insel. Sehr gepflegte Anlage, Pool und ausgezeichnetes Restaurant und Café, Tel. 24280, www.littlepolynesian.com.

Black Rock Villas, 2 moderne kühle Bungalows für Selbstversorger, Pool, tropischer Garten, nicht weit zur Stadt, am Wochenende öffnet das hauseigene Restaurant, gegenüber vom mystischen schwarzen Felsen, Tel. 21233, www.blackrockvillas.com.

Cooks Bay Villas, 5 neue Bungalows an der

Südküste am Strand, mit Küche, nicht weit von Wigmore's Supermarkt. Vaimaanga, Tel. 22922, www.cooksbayvillas.com.
$$ *(NZ$ 80-200)* **Dorothy's Muri Beach Bungalows**, zweite Reihe vom Strand, 4 komplett eingerichtete Bungalows für Selbstversorger, netter Außenbereich, ruhig, gute Lage, alle Geschäfte, Restaurants und Hotels in Muri sind zu Fuß zu erreichen; und der Preis stimmt auch, besser geht's nicht in Raro, Tel. 21400, www.dorothysmuribeachbungalows.co.ck.
The Black Pearl at Puaikura, 12 große Moteleinheiten mit Küche, frisch renoviert, Pool, kleiner Strand gegenüber auf anderer Straßenseite, Südwestküste, Tel. 23537, Fax 21537, www.puaikura.co.ck.
$ *(unter NZ$ 80)* **Kii Kii**, 24 Apartments mit Küche am Wasser, kein Strand, Pool, etwas angejahrt, 2 km von Avarua, Tel. 21937, Fax 22937, www.kiikiimotel.co.ck.
Aremango Guesthouse, sauberes Haus mit 10 Zimmern, nicht weit vom Strand, in Muri, Tel. 24362, www.aremango.co.ck.
Rarotonga Backpackers, Ableger liegt direkt am Strand mit Units für Selbstversorger, Doppelzimmern und Mehrbettzimmern, Westküste, an der Ara Metua, Tel./Fax 21590, www.rarotongabackpackers.com.
Airport Motel Tiare Village Hostel, Mehrbettzimmer u. Bungalows mit Küche, an der Back Road hinter d. Flughafen, Tel. 23466, Fax 21874, www.tiarevillage.co.ck.

Aitutaki

$$$ **Pacific Resort Aitutaki**, 28 Deluxe-Bungalows, Suiten, Villen am Strand, große Veranden, gehobene Ausstattung, Marmorbäder, Pool, Restaurant, großflächige Anlage, dramatische Sonnenuntergänge, Tel. 31720, Fax 31719, www.pacificresort.com.
Aitutaki Lagoon Resort, 41 Bungalows (7 über Wasser), Restaurant, Bar, Pool, schöner Strand, Akitua Island, südöstl. v. Airstrip, Tel. 31203, www.aitutakilagoonresort.com.
Tamanu Beach, ansprechende Bungalows am Wasser, Pool, Restaurant, Tel. 31810, Fax 31816, www.tamanubeach.com.
Paradise Cove Lodges, 12 polynesische Bungalows auf Stelzen, in Kokosplantage am Meer, aber eng beieinander, etwas überteuert; einfache Zimmer mit Gemeinschaftsbad in einem Haus, Tel. 31218, Fax 31456, www.paradisecove.co.ck.
$$ **Rino's Motel**, 11 Strandapartments m. Küche u. Waschmaschine, Dekoration ist gewöhnungsbedürftig, Ureia Village, Tel. 31197, Fax 31559.
Popoara Oceanbreeze Villas, kleine Anlage mit freistehenden sehr einfachen Bungalows an der östlichen Spitze der Insel, Tel./Fax 31739, www.popoara.com.
$ **Matriki Beach Huts**, einfache, nette Hütten mit Kochgelegenheit, Restaurants und Shops in Laufnähe, an der Lagune, Tel. 31564, www.matrikibeachhuts.com.

Andere Inseln

Alle Unterkünfte (im voraus buchen!) bieten Kochmöglichkeiten oder Verpflegung an.
ATIU: $$ **Atiu Villas** (statt Atiu Motel), 4 Bungalows für 4-6 Personen mit Kochgelegenheit, Restaurant, Tel. 33777, www.atiuvillas.com.
$ **Atiu Guesthouse**, nettes Haus mit 3 Doppelzimmern, Gemeinschaftsküche, Besitzerin Andrea Eimke hat auch das Atiu Fibre Arts Studio und die Kaffeeplantage mit ihrem Mann, Tel. 33031, Fax 33032, www.atiu-guesthouse.com.
MANGAIA: $$$ **Mangaia Villas**, Bungalows für Selbstversorger, modern u. hell, Frühstück inkl., auf Wunsch mit Abendessen, an der Westküste mit Meerblick und Sonnenuntergang, Tel. 29882, www.mangaiavillas.com.
MAUKE: $ **Tiare Cottages**, 4 einfache Cottages mit Gemeinschaftsbad und -küche, Tel./Fax 35270.
MITIARO: $ **Seabreeze Lodge**, Gästehaus mit 3 einfachen Zi. und einem Apartment für Selbstversorger, Tel. 36165. **Nane's Homestay**, die fröhliche Gastgeberin Nane vermietet Betten in einem großen Haus, keine privaten Zimmer, alles freundlich und sauber, mit Rundumversorgung, Tel. 36107.

9 FRANZÖSISCH-POLYNESIEN (☎ 00689)

Tahiti

$$$ *(über US$ 200)* **Tahiti Inter-Continental**, 263 klim. Zimmer, Bungalows, Restaurant, Pool, Tennis, Wassersport, Tauchen, 7 km südwestl. von Papeete am Meer, Tel. 865110, Fax 865130, www.tahiti.intercontinental.com.

Le Méridien, 138 Zi., 12 Bungalows, modern, Restaurant, Bar, Pool, Punaauia, Tel. 470707, Fax 470708, www.lemeridientahiti.com.

Tahiti Pearl Beach Resort, 165 Zimmer, Pool, Restaurants, Meeresblick, neues Luxus-Hotel 7 km nördl. von Papeete am Meer, Tel. 488888, www.tahitipearlbeach.pf.

Hotel Tahiti Nui, schickes neues Hotel mit Zimmern und Apartments in 6 Stockwerken, alle Zimmer mit Balkon, gutes Restaurant, mitten in der Stadt, Av du Prince Hinoi, Tel. 463899, www.hoteltahitinui.com.

$$ *(über US$ 100)* **Tahiti Airport Motel**, sauberes Hotel, ideal für kurzen Aufenthalt vor dem Weiterflug, 5 Gehminuten vom Flughafen Faaa, Tel. 504000, www.tahitiairportmotel.net.

Hotel Tiare Tahiti, ideales Stopover-Hotel mitten in der Stadt, nahe dem Hafen, praktische Zimmer, etwas laut, aber sauber, Bd. Pomare, Tel. 500100, www.hoteltiaretahiti.com.

$ - $$ **Fare Suisse**, kleine Pension mit netten Zimmern u. Garten, Kochgelegenheit, 10 Min.Fußweg vom Zentrum, kostenloser Transfer vom Flughafen, Beni der Besitzer spricht deutsch, englisch und französisch, Tel. 768121, www.fare-suisse.com.

$ *(unter US$ 100)* **Pension Te Miti**, Zimmer, Schlafraum, Kochmöglichkeit, Paea, 19 km südwestl. von Papeete, Tel./Fax 584861, www.pensiontemiti.com.

Pension de la Plage, nette kleine Anlage, freundliche Apartments mit Küche, Pool, Strand über der Straße, 15 km von Papeete in Punaauia, an der Bergseite, Tel. 455612, Fax 828548, www.pensiondelaplage.com.

Moorea

$$$ *(über US$ 200)* **Inter-Continental Moorea**, 143 Zimmer, Bungalows, Restaurant, Pool, Tennis, Wassersport, Strand, Nordküste westl. von Papetoai, PK 24, Tel. 551900, Fax 551955, www.ihg.com.

Hilton Moorea Lagoon Resort & Spa, Topanlage, 103 Zi. und Bungalows, 56 über Wasser, Pool, Wellness, Tel. 551111, Fax 551155.

Sofitel la Ora, 110 Bungalows, 20 über Wasser, an einem der schönsten Strände, Restaurant, Tennis, Wassersport, Ostküste zw. Vaiare u. Airport, Tel. 551212, www.sofitel.com.

Moorea Pearl Resort, 95 Zimmer und Bungalows, 8 über Wasser, Topanlage, großer Pool, Tauchbasis, Tel. 551750, Fax 551751, www.spmhotels.coms.

$$ - $$$ **Club Bali Hai**, eine Institution auf Moorea, Timesharing-Modell mit kompletten Wohnungen bzw. Hotelzimmern in bester Lage, an der Cooks Bay mit grandiosem Blick auf Mount Rotui, Restaurant und Bar am Wasser, Tel. 561368, www.clubbalihai.com.

Atuana Lodge, elegantes Bed & Breakfast an Vaiare Bay, plus ein Bungalow mit Küche nebenan, Tel. 553603, www.atuanalodge.com.

$$ *(über US$ 80)* **Les Tipaniers**, 31 Bungalows z. T. mit Küche, exzell. Restaurant, schöner Strand, Nordwestküste bei Tiahura, Tel. 561267, Fax 562925, www.lestipaniers.com.

Pension Aute, Bungalows mit und ohne Küche am Strand Maatea im Süden, Auto erforderlich, Tel. 564919, www.pensionaute.com.

Fare Arana, 4 hübsche Bungalows mit Küche u. Platz für 4, charmant eingerichtet, am Hang mit tollem Blick, Pool, großer Garten, Haapiti, Tel./Fax 564403, www. farearana.com.

Village Temanoha, 6 große Bungalows für je vier Pers., Obstplantage, großer Garten, Pool, in großartiger Umgebung, Baie de Cook in den Bergen, Tel. 563200, www.villagetemanoha.com.

Huahine

$$$ *(über US$ 200)* **Royal Huahine**, luxuriös, 41 Bungalows, 16 über Wasser, Südwesten von Huahine Iti, nur mit dem Boot erreichbar, Tel. 606050, Fax 606051, http://www.royalpolynesiahotel.com.

Maitai Lapita Village, neues Hotel, wo früher mal das Bali Hai Hotel stand. Polynesischen Bungalows um einen See herum, üppige tropische Gartenanlage am Wasser in Fare, Tel. 688080, www.huahine.hotelmaitai.com.

$$ *(über US$ 100)* **Pension Mauari'i**, 4 originelle Bungalows im Garten, 2 direkt am Wasser, ausgezeichnetes Restaurant, Parea, Tel./Fax 688649, www.mauarii.com.

Relais Mahana, 32 polynesische Bungalows im Garten und am Wasser, schöner Strand, gutes Restaurant, Pool, Parea, Tel. 606040, Fax 688508, www.relaismahana.com.

Rande's Shack, zwei Bungalows am Meer im Garten des Gastgebers, einem Amerikaner mit tahitianischer Frau, komplett eingerichtet für Selbstversorger, sauber, Fahrräder und Kajaks sind dabei, nur ein paar Minuten von Fare, Tel. 688627, randesshack.yolasite.com.

Raiatea

$$$ *(über US$ 200)* **Hawaiki Nui Hotel**, 28 Zimmer und Bungalows, 9 über Wasser, kein Strand, Pool, zentrale Lage, schöner Blick, Restaurant, Tel. 600500, www.hawaikinui.pf.

Opoa Beach Hotel, große Bungalows ganz in Weiss mit Deck, Restaurant, Pool, Beachbungalows haben direkten Zugang zum Wasser, an der Südostküste, 35 Minuten vom Flughafen, Tel. 600510, www.hotel-raiatea.com.

$$ *(über US$ 80)* **Sunset Beach Motel**, 22 große Bungalows für 4, mit Küche und schattiger Veranda, in weitläufiger Kokosplantage am Meer, auf Wunsch Frühstück auf der eigenen Veranda, im hinteren Teil der Plantage ist ein Campingplatz, 5 km von Uturua, Tel. 663347, Fax 663308, www.sunset-raiatea.pf.

Raiatea Lodge Hotel, nur 5 Minuten vom Flughafen, neues Boutique-Hotel mit 15 Zi., Blick nach Bora Bora, weitläufige Gartenanlage mit Pool, gute Schnorchelmöglichkeit vom Steg, Tel. 662000, www.raiateahotel.com.

$ - $$*(unter US$ 80)* **Villa Temehani**, Bed & Breakfast an der Nordwestküste, 3 moderne saubere Zimmer mit eigener Terrasse, Gastgeber sind Künstler und gute Köche, Tel. 661288, www.vacances-tahiti.com.

Tahaa

$$$ *(über US$ 200)* **Le Taha'a Island Resort & Spa**, 60 Luxus-Bungalows, 40 über Wasser, Strandbungalows mit eigenem Pool, großartige Architektur, Restaurant, Pool, Wellness, Tel. 608400, www.letahaa.com.

Vahine Island Resort, 9 Bungalows, Restaurant, Wassersport, auf der idyllischen Koralleninsel Tuuvahine nordöstl. von Tahaa, Tel. 656738, Fax 656770, www.vahine-island.com.

$$ **L'Hibiscus**, 7 nette polynesische Bungalows, alle im Garten, gutes Restaurant und Bar am Wasser, beliebt bei Seglern aus aller Welt, Haamene Bay, Tel. 656106, www.hibiscustahaa.com.

Pension Titaina, drei reizende Bungalows mit Küche am Wasser, im großen Garten der tahitianischen Gastgeber, Restaurant, Kajaks, Fahrräder; Poutoru, Tel. 656958, www.pension-titaina.com.

Bora Bora

Bora Bora hat die größte Ansammlung von Luxus-Anlagen in der Südsee, viele auf Motus in der Lagune von Bora Bora. Transfer vom Flughafen und zum Hauptort ist organisiert. Viele Resorts haben Überwasserbungalows auf Stelzen mit Top-Ausstattung – gut und teuer.

$$$ *(über US$ 300)* **Four Seasons Resort Bora Bora**, das neueste Resort und auch das luxuriöseste, wenn das noch möglich ist auf Bora Bora, von den 121 Bungalows liegen 100 über Wasser, dank der Lage auf dem Motu Omee mit dem besten Blick auf Mount Otemanu, der Bora Bora so berühmt macht, Tel. 603130, www.fourseasons.com/borabora.

Bora Bora Pearl Beach Resort, liegt auf dem weißen Sand vom Motu Tevaiaroa, mit Überwasser- und Strandbungalows, von deren Deck man direkt in die türkisfarbenen Lagune steigt. Ansonsten Wellnessbereich, Restaurants und Bars, nicht ganz so teuer wie die anderen, Tel. 605200, www.spmhotels.com.

Sofitel Bora Bora Marara Beach Resort, 65 Bungalows, Restaurant, Pool, relaxte Atmosphäre, Matira Point, Tel. 605500, Fax 677403, www.sofitel.com.

Hilton Bora Bora Nui Resort & Spa., 120 Bungalows, 84 über Wasser, Topresort, Wellness, mit allem Komfort, Motu Toopua, Tel. 603300, Fax 603201, www.boraboranui. com.

St. Regis Bora Bora Resort, an einem Traumstrand, ziemlich neu, mit großen Bungalows bis zu 400 m^2, auf dem Motu Ome'e, Tel. 607888, www.starwoodhotels.com/stregis.

$$ *(über US$ 150)* **Hotel Matira**, am Matira Point, 14 Bungalows ohne Moskitogitter, nahe der oft lauten Inselstraße, Tel. 677051, www.hotel-matira.com.

Rohotu Fare Lodge, originell: drei polynesische Bungalows auf Stelzen, liebevoll ausgestattet, viel Holz und Kunst, große Bäder, Veranda u. Küche, Hanglage oberhalb von Povaie Bay. Gutes Preis-Leistungs-Verhältnis.Tel. 707799, www.rohotufarelodge.com.

Le Maitai Bora Bora, gutes Preis-Leistungs-Verhältnis für die Insel, die Gebäude mit den Zimmern stehen auf der Bergseite, Pool, Restaurant und Bar am Strand gegenüber, die Überwasserbungalows sind etwas klein, Tel. 603000, www.bora.hotelmaitai.com.

$ *(unter US$ 150)* **Chez Robert et Tina**, hervorragend gelegenes Haus am Strand, 9 allerdings wenig gepflegte Zimmer, Kochgelegenheit, Matira Point, Tel. 676355, Fax 677292.

Rangiroa

$$$ *(über US$ 300)* **Hotel Kia Ora**, 60 Villen und Überwasser-Bungalows, Gourmetrestaurant Te Poerava, Rangiroa, östl. vom Airport, Tel. 931111, www.hotelkiaora.com.
Le Maitai Rangiroa, 38 kleinere Bungalows auf engem Raum an Felsstrand, französ. Restaurant u. Bar an der Lagune, Tel. 603040.
$$ *(über US$ 150)* **Tevahine Dream**, freundliche Familienpension in Avatoru, drei schicke polynesische Bungalows am Wasser, zwei im Garten, Fahrräder, Kajaks, Rundumversorgung durch die Gastgeber, Frühstück u. Abendessen inklusive, das Beste auf der Insel, Tel. 931275, www.tevahinedream.com.
Les Relais Josephine, charmante kleine Unterkunft mit sehr schönen Bungalows, am Tiputa Pass, Rangiroa, Tel. 960200, www.relaisjosephine.free.fr.
$ *(bis US$ 150)* **Pension Bounty**, gute kleine Familienpension mit 4 Studios mit Kochecke, Frühstück inkl., Dinner auf Wunsch, Fahrräder, neben Kia Ora Resort am Strand. Tel. 965502, www.pensionbounty.com.

Tikeau

Einige Familienpensionen und kleinere Bungalowanlagen auf der Hauptinsel. Luxus bieten **Pearl Beach Resort** u. **Tikehau Ninamu Resort**, beide liegen auf Motus in der Lagune. Selbstverpfleger können sich im chines. Laden auf der Hauptinsel eindecken. Infos: english.tahiti-pensions.com/en.

Fakarava

Luxusanlagen gibt es keine auf Fakarava, dafür bekommt man schnell Kontakt mit den Einheimischen in Pensionen und kleinen Bungalowanlagen. Es gibt Geschäfte und Gemüseläden. Infos: english.tahitipensions.com/en.

Marquesas

HIVA OA: $$ **Hanakee Hiva Oa Pearl Lodge**, 20 Bungalows, Restaurant, herrliche Aussicht, Atuona, Tel. 927587, Fax 927595, www.pearlresorts.com.
Pension Kahanau, 4 Bungalows mit Bad und tahitian. Dekor, Restaurant beliebt bei den Yachties, die hier ankern, Blick auf Tahauku Bay, Tel. 917131, www.pensionkanahau.com.
NUKU HIVA: $$ **Keikahanui Nuku Hiva Pearl Lodge**, 20 Bungalows, schöner Blick, Restaurant, Taiohae, Tel. 920710, Fax 920711, www.pearlresorts.com.
$ **Pension Paahatea Nui**, Zi. im eigenen Haus, kleine Bungalows mit Bad im Garten, in Taiohae. Frühstück inklusive. Tel. 920097.

10 OSTERINSEL (☎ 005632)

Hanga Roa

Hotel-Halbpension muss nicht sein, denn es gibt zahlreiche Restaurants im Ort.
$$$ *(über US$ 300)* **Posada de Mike Rapu**, auf einem Hügel mit tollem Blick, 5 km von Hanga Roa, professionelle Führungen in kleinen Gruppen, im sehr hohen Preis sind alle Mahlzeiten, Exkursionen und Transfers inklusive, Tel. 750 6699, www.explora.com.
Hangaroa Eco Village & Spa, luxuriös und dabei umweltfreundlich, großartige Architektur, der Kultur und Landschaft angepasst, mit Pool, Wellness mit finnischer und Sandsauna, Kneipp-Pool etc., Restaurant und Bar. Blick auf den Pazifik, zwischen Flughafen und Hanga Roa, Tel. 957 0300, www.hangaroa.cl.
$$ *(US$ 100-300)* **Taha Tai**, kleine Bungalowanlage, Restaurant, Pool, schöner Meerblick, Tel. 255 1199, www.hoteltahatai.cl.
Hotel Iorana, 32 geräumige Zimmer mit Frühstück, z. T. mit Meerblick, Pool, Restaurant, Bar, Tennis, ca. 25. Min. Fußweg in die Stadt, Avenida Atamu Tekena, Nähe Flughafen auf den Klippen am Meer, Tel. / Fax 210 0312.
Hotel Taura'a, nettes kleines Hotel im Herzen von Hanga Roa im Grünen, Superfrühstück, Tel. 2100463, www.tauraahotel.cl.
Kaimana Inn, 6 saubere Zimmer mit Bad, gutes Restaurant und Pub, zentral, ruhig mit Garten, Besitzer organisieren alle möglichen Touren, Tel. 09 81863298, www.kaimanainn.com.
Hare Swiss, drei Bungalows mit tollem Meerblick und Gemeinschaftsküche, schweizer Besitzer, Tou-

ren auch in deutscher Sprache, Tel. 2552221, www.hareswiss.com.

Ⓢ - ⓈⓈ **Hotel Gomero**, ruhiges, nettes Haus mit 8 Zi., Restaurant, Bar; Erdofenessen (*kuranto*) nach Voranmeldung, der österreich. Besitzer bietet Inseltouren auf Deutsch, Englisch u. Spanisch an, Tuukoihu, Nähe Kirche, Tel./Fax 210 0313, www.hotelgomero.com.

Ⓢ **Hotel Aloha Nui**, 6 Zi., beliebtes Bed & Breakfast, gepflegte Zimmer, großer Garten, am Ortsrand Nähe Flughafen, Tel. 210 0274.

Hotel Victoria, 16 Zi., kleines Restaurant, zentral, schöner Blick, Av. Pont, Tel. 210 0272.